ギリシア人が来た道

トマス・ケイヒル

森 夏樹＊訳

青土社

ギリシア人が来た道

目次

序――ギリシア人がやってきた道　11

1　戦士――戦い方について　25
パリスの審判　『イリアス』　アガメムノンとアキレウスのいさかい　トロイア戦争とゲーム理論　ヘクトルとアンドロマケ　ホメロスの描く戦闘場面　市民性と殺人マシーンの結びつき　「圧倒的な軍事力」

2　さすらい人――感じ方について　77
デモクラシー　アルファベットの出現　セム人の贈り物　ホメロスは読み書きができたか　放浪の吟遊詩人　ヘパイストスの楯　オデュッセウスの帰還　ジョイスの『ユリシーズ』　オーデンの「さすらい人」

3　詩人――酒宴の開き方について　113
シモーヌ・ヴェイユ　ウェルギリウスの『アエネイス』　ユートピアとしてのトロイア　ギリシアの旋法　『その男ゾルバ』　「一〇番目のムーサ」サッポー　コロ

ス（合唱歌舞団）　愛の神エロス　ギリシアの食事　ヘタイライ　ディテュランボス

4 政治家と劇作家——治め方について　145

穏健派ソロンの改革　バシレイアとテュラノス　ドラコンの法律　僭主ペイシストラトス　アメリカのデモクラシー　陶片追放　レイトゥルギア　ソポクレスの『オイディプス王』　エウリピデスの『メデイア』

5 哲学者——考え方について　193

ニーチェの『悲劇の誕生』　喜劇王アリストパネス　パンタ・レイ　「笑う哲学者」　アインシュタインの「思考実験」　ピュタゴラス教団　『饗宴』のディオティマ　ソクラテス裁判　アカデメイアとリュケイオン　歴史の父・ヘシオドス　トゥキュディデスのヒストリアイ

6 芸術家——見方について　265

豊饒なギリシア語　エジプトの測量法　ギリシア建築　青年裸像クーロス　キー

ツとギリシア古壺　「クリティオスの少年」　「クニドスのアプロディテ」　ヒッポクラテスによる医学変革　アテナイの衰微　リアリズムの台頭　ディオニュソスの登場

7 ギリシア人が向かっていった道
——グレコ・ローマ世界とユダヤ・キリスト教世界の邂逅　321

変貌するギリシアの神々　ペリクレスの追悼演説　ケネディの大統領就任演説　理想主義と写実主義　ストア派とエピクロス派　エレウシスの秘教　キリスト教の登場　物質と精神の二元論　「ベアの魔女」　ビザンティン帝国の文化

原注　367　**参考文献**　380　**ギリシア年表**　391　**ギリシア小辞典**　394　**謝辞**　401
訳者あとがき　403　**索引**　i

ギリシア人が来た道

マデレイン・レングルに、
リーアとデズモンド・ツツ夫妻に、
そして
人生と芸術の師にして鑑である
ポーリン・ケールに。

「それほどまでに美しいあなたに対して、
私が心変わりすることなどけっしてない」

黒海
ビザンティウム
トラキア
サモトラケ
ソス
ムノス
プリュギア
ヘレスポントス
テネドス
トロイア
ミュティレネ
レスボス
リュデイア
小アジア
キオス
スミュルナ
クラゾメナイ
エーゲ海
コロポン
サモス
エペソス
イカリア
カリア
ミレトス
デロス
コス
ナクソス
クニドス
リュキア
コス
テラ
ス諸島
ロドス
クレタ
ノッソス
0 50 100 マイル
0 50 100 キロメートル

イリュリア
アドリア海
イタリア
パイオニア
マケドニア
ピリ
ペラ
カルキディ
オリュンポス山
エペイロス
テッサリア
コルキュラ
テルモピュライ
マラト
エウボイア
イタケ
ヘリコン山
デルポイ
ボイオティア
テバイ
アカイア
コリントス
エリス
アルカディア
アルゴス
ミュケナイ
ペロポネソス
スパルタ
ピュロス
スー
アテナ
ペイライエ
シケリア（シチリア）へ
キュテラ
ギリシア世界
地中海

たとえ眠りについていようと、愛の営みをしているときですら、
人はよきことを十分に成し遂げることができる。

――ホメロス

ひとたび自然から出てしまえば、私は二度とふたたび
自然のものから、自分の肉体の形を作らないだろう。
私が選ぶのは、ギリシアの金細工師たちが、
眠そうな皇帝の目を覚ましておくために、
打ち延ばした金と金琺瑯でこしらえる形だ。
それはまた、ビザンティウムの殿方やご婦人方に、
過ぎてしまったこと、過ぎゆくこと、これからやってくることを
歌い聞かせるために、
金の枝の上に置かれるものの形だ。

――ウィリアム・バトラー・イェーツ

序——ギリシア人がやってきた道

デメテルの髪の毛は、熟れたトウモロコシのように黄色味を帯びていた。デメテルはトウモロコシの女主人である。なぜなら、彼女は「収穫の精」、農地と穀物の女神だったから。したがって脱穀場は、彼女がつねにたたずむ神聖な場所だった。ご婦人方（彼女たちこそ世界で最初の農民である）は当然、女神デメテルの信奉者となった（男たちはなお狩猟へ戦争へと、血なまぐさい雄叫びを上げながら山野を駆け巡っている）。デメテルに祈りを捧げていたのはもっぱらこのご婦人方だった。「小麦を一陣の風にさらして籾殻を飛ばし、デメテルが積み上げてくださったトウモロコシの山を、大きな唐箕《とうみ》で選り分ける仕事が、いつまでも私たちのものでありますように。そしてその間も、デメテルがにこやかに笑いながら、そばで見ていてくださるように。褐色の腕に穀物の束をたくさん抱え、豊かな胸を野の花々の中でひときわ目立たせながら」。

デメテルには娘がひとりいた。彼女にはもうそれで十分で、他にだれひとり必要としなかった。それもそのはず、ひとり娘のペルセポネは「春の精」だったからだ。さて、ここにいるのは「影と死の主人」、冥界の王ハデスである。この「目に見えない者」ハデスが、ペルセポネを漆黒の戦車に乗せてさらっていった。戦車を引いているのはこれも漆黒の馬たち。「大地」の裂目を通り抜けて、戦車は一路死の王国へと下っていく。娘をさらわれたデメテルは、九日間、悲しみに暮れながら大地へ海へ空へと娘を探してさまよい歩いた。

しかしだれひとり、娘に起こった出来事をわざわざデメテルに告げようとする者はいない。とうとう彼女は太陽（ヘイリオス）の元へとたどり着く。太陽は下界で起きた出来事のすべてを見て知っていた。ゼウスの助けによって母親は娘を取り戻すのだが、ペルセポネはすでにハデスに強要されて、死（冥界）の食べ物であるザクロの種子を食べていた。死の食べ物を食べたからには、ペルセポネはふたたび、ハデスの元へと戻っていかなくてはならない。ここで両者はひとつ休戦条約を結ぶことになる。それは次のようなものだった。ペルセポネはともかく、悲しみに打ちひしがれた母親の元へと帰る。しかし、一年の三分の一だけは暗闇の主人ハデスの元に戻らなくてはならない。これが妥協案だった。こうして春の女神（ペルセポネ）は毎年、四カ月の間だけは、冥界へ下っていくことになった。こうしたがってその期間中世界は冬を迎える。そして、ペルセポネが暗闇の王国から地上へと戻るたびに、彼女は地上の者たちを、あたかも墓所を思わせるような恐怖と死の臭いで打ちのめすのだった。

歴史は断片の形でしか学ぶことができない。その理由の幾分かは、われわれが過去そのものをばらばらにしかもつことができないことからきている。過去の断片といえば、それは陶器の破片であったり、オストラコン（筆記用に使われた陶片）であったり、ぼろぼろになったコーデックス（冊子本）であったり（しかもこれはページが欠落している）、また、ニュース映画の切れはしであったり、歌のひと節であったり、アイドルの顔写真であったりする（本人はとうの昔に死んでしまっているが）。こんな

断片がわれわれにのぞかせてくれるのは過去に起こった出来事だが、それはけっして現実の全体像ではない。それでは、われわれがのぞいた過去とはいったいどのような姿をしているのだろう。われわれはたしかに自分たちが生きている時代ですら、その全体像を把握することはできない。現実の人間はけっして部分以上のものを知ることなどできないからだ。そしてその部分にしても、「望遠鏡を通して、薄ぼんやりと」のぞけるだけだ。知識はすべて断片としてわれわれの元にやってくる。したがって、われわれが現に生きている現在にくらべれば、むしろ過去の方がいくらか理解がしやすいのかもしれない。理由は簡単、過去はすでに過ぎ去ってしまっているからだ。断片はそれぞれにきちんと整理され、吟味・検討が加えられ、比較・対照がなされている。そのためそこでは、容易に概観（全体像）を手に入れることができるからだ。

われわれは、自分がその中で活動している時代の雰囲気について、それがいかに奇妙で、いかに特殊かということを、今の時点では知ることができない。あたかもそれは、水中で泳いでいることに気づかない魚のようなものだ。しかし、これが別の時代となると話は違ってくる。その時代に近づけば、時代の特異性をはっきりと感じ取ることができる。それはまるで、その特異な点が時代のもっとも際立った性格ででもあるかのように。そして、この異質な地点に降り立ったときの感覚は、われわれが思い描く時代が古ければ古いほど、よりいっそう強烈なものとなる。自分とは異なる時代や場所で生きた人々に、私がはじめて接したのは、諺や物語や歌の世界だった。それは幼い頃に母が教えてくれた世界である。教えられたのは口承伝説と呼ばれたものの断片で、私が生まれる前にすでに死んでいた私の母の母、つまり祖母から母へと伝えられたものだった。祖母はゴールウェイ地方（アイルランド南部）の内陸部で育った田舎の女性である。母から教えてもらった言葉の多くは、二〇世紀にニューヨークで育った私にはとりわけ奇妙なものに感じられた。「私が鋤《すき》でならしたのと同じ広さの土地を、あなたが馬鍬《まぐわ》で耕してみれば、きっとそのときあなたは何かを知るでしょう」「自分の足元で石炭が燃えているとき、それを取り除いてくれるのがいったいだれなのか、あなたはけっして知ることがないだろう」「古い靴はすべて、古い靴下を見つけるもの」。私はかつて農場へいったことはある。しかし、一度として馬鍬や鋤が実際に使われているのを見たことがない。また私は、もちろん、石炭を見たことはある。しかし、燃えた石炭のまわりで自分の体を暖めた経験は一度もない。さらに私は、靴や靴下が何であるかはもちろん知っていた。が、アイルランドの田舎でおこなわれていた、昔ながらの結婚の風習については皆目見当がつかない。母は辛抱強く私に、三番目の諺について説明してくれた。それがオールドミスとその花婿候補をからかったものであることを。そして、この諺のもつ性的な意味合いについては、私が自分でそれを理解をするようにと母は仕向けてくれた。しかし母が語った言葉の束は、私に三重の効果をもたらした（しかもそれは同時に作用した）。第一の効果は、異国の人々が残した言葉という媒体を通して、私が異国の生活に触れる経験ができたこと。第二の効果は、こうして、時と場所を異にする人々とともに、とにもかくにも、人間の知恵を私が共有できたこと。そして最後に、濃縮され、隠喩に富んだ言葉が、それを耳にする聞き手に与えるスリルに満ちた満足感を経験できたこと。それはいってみれば、首のうしろで感じるぞくぞくとした感覚で、これこそまさに、詩神の到来を知らせる信号のようなものだった。効果は以上の三つである。

いずれにしても、われわれが過去や過去に生きた人々に触れるのは、ひとにぎりの言葉の束を通してであり、それはおそらく、われわれの興味を引きつけてやまない言葉の不完全なイメージによってなのかもしれない。私がニューヨーク市にあるイエズス会の高校に通っていたときのことだった。学校ではラテン語とギリシア語の読み方を教わった。私がはじめて、他の時代のもつ異質な感じを学問的な味わいとして感じたのはこのときだったと思う。ホメロスが語る神々や英雄たちの中に、またオウィディウスの『変身物語』[1]を読みながら、私はかつて存在した完全な世界の反照を、束の間ではあったが垣間見た気がした。そこではオデュッセウスがひとつ目の巨人（キュクロプス）の目をつぶしていた。大きな目は巨人の額にあり、不気味に光っていた。また、ニオベのたくさんの子供たちは、アポロンとアルテミスの矢に射られて一時に皆殺しにされた。ニオベはだれに助けを仰ぐこともできず、ただひとり立ちつくしていた（ニオベはタンタロスの娘で、テバイ人アンピオンの妻。七男七女の子に恵まれ、自らの美しさを誇って、レトをあざけった。そのために、レトの子アポロンとアルテミスによって復讐された）。悲しみに打ちしおれたニオベはついに、無感動な絶望へと落ち込んでいく。もちろん、オデュッセウスやニオベの経験したような窮状が私に降りかかったことなどこれまでに一度としてなかったし、これからもけっしてないだろう。私がキュクロプスに遭遇することなどあるわけがないし、アポロンに矢で射られることもないだろう。が、それにもかかわらず、彼らの被害者となった者たちがどんな気持ちを抱いたのか、それを私は感じ取ることができた。打ち負かすことのできない敵を前にして、緊張に身を引きつらせたオデュッセウスの気持ちや、このまま死ぬまで囚われの身となり、化け物にこき使われるのかと思う、希望の失われた彼の絶望感（私にはこれまで、せいぜい人に雇われたというほんのちっぽけな経験しかないのだが）などを経験することができた。また私は、ニオベの悲嘆に打ちのめされた心の痛み、それに、わが子を何とかして守りたいという必死な思い、さらには、絶望のあまり茫然自失となってしまった彼女の気持ちに共鳴することができた。私はこの世の中に、ありえないような敵が存在することも知ったし、母親が子供にどれほど深い愛情を注ぐものかについても理解した。

イエズス会の学校のそばにはメトロポリタン美術館があった。が、それを教えてくれたのはイエズス会士たちではない。私は自分でそれを見つけた。だいたいイエズス会の修道士たちは元来が言葉の人々であって、眼の人々ではなかった。美術館の古いギャラリーには古典期の芸術が収められていた。そこで私がはじめて発見したことは、古典期に作られた大理石の彫像の上に、かすかではあったが塗料の跡が残っていたことである。私はまたそこで、目のない青銅の像に、かつては本物のような瞳がはめ込まれていたことも知った。このギャラリーにはさらに、パルテノン神殿の正確な模型もあった。柱の上のフリーズには、神々や英雄の姿が浮き彫りにされていて、それには目もあやな色彩が大胆に施されていた。これを見て私ははじめて、古代ギリシアには、典雅な白い大理石の彫像だけがあったわけではなく、色彩にあふれた場所も存在していたことを理解した。そこで私は、五番街の美術館に今もなお立っているこれらの驚くべき彫像と、ホメロスの隠喩に見られる輝くばかりの色彩を結びつけてみた。隠喩というのは、たとえば「葡萄酒色の海」や「バラ色の指をした暁」といったものだが、私はそのときまでこんな結びつきを考えることすらできず、ただそれらの隠喩を文学上の修辞とばかり思い込んでいた。

こうした一連のことを、私は今でも読者にそのまま伝えることができる。それも、私の歴史へ近づく方法が子供のときから、あるいは青年時代を通じてほとんど変わりがなかったからである。どんな小片でもそこにあるものをまず集めてみること。そしてそれを比較・対照して、できるかぎり自分も小片の中にとどまるように努力すること。かつて生きた男や女が見、聞き、愛したものを、私もまた見、聞き、愛することができるようになるまでひたすらじっと待つこと。そうするとやがて、断片やかけらの間から生きた男や女が立ち現われてきて、動き出し、ふたたび生きはじめる。そのときがくればはじめて、私はこの感覚を読者に伝えようと努力することができる。そんなわけであるから、この本を読んでもあなたは何ひとつ疑問の解決や飛躍的な発展を見つけ出すことなどできない。もちろん最新の知識を期待することもできない。ただここで見つけることができるのは、もうひとつ別の時代の感情や感覚である(しかしこれも、私が読者に伝達することに成功した上での話だが)。それに加えて私は、できるかぎり男と女を全的にとらえて、彼らのリアルな姿を読者の前に提示したいと思う。それもこれも、私にとって歴史のもつ第一の任務とは、死者に生命を吹き込み、それを生き返らせることにあると思うからだ。

われわれが取り扱っている材料が、いかに断片にすぎないかという気持ちを忘れないために、各章の冒頭に小さな物語を付した。序文のはじめに置いたデメテルの物語のたぐいである。このような断片はわれわれが通常「神話」と呼んでいるものだが、それはギリシア人が丹精込めて作り上げてきた神話体系の片割れといってよいだろう。神話体系そのものは、多くがギリシアの先史時代(大部分は今なおわれわれに不可知の世界である)にたくさんの題材を元にして織り上げられた。神話の名残りはわれわれの世界でも、かすかとはいえ至るところで見つけることができる(たとえばデメテルの物語の中にも、注意深い読者は聖母マリアの暗い予兆を読み取っていたかもしれない。さらにはそこに、三月末か四月のはじめ、墓の中から忽然と姿を消してしまったわが子イエスを嘆き悲しむマリアを記念して、九日間にわたっておこなわれる、カトリックの祈りと礼拝の行事「ノビーナ」の予示を思い浮かべていたかもしれない)。また神話の断片は読者に、各章で示した材料に接近するもうひとつの方法を与えてくれるだろう。それによってのぞき見ることのできる、しかし、薄ぼんやりとしか見えないもうひとつの望遠鏡を。

が、ときに、私が読者の方々の手助けにと思って施した神話の数々が、まったく各章の内容とそぐわぬように感じられることがあるかもしれない。あたかも、ばらばらになったジクソーパズルからさ迷い出た小片のように。だが、そんなとき私は読者のみなさんに、しばしご辛抱を願いますと申し上げるより他はない。かならずやいつの日にか、小さな断片が低いながらもひとつの壁を作る日がやってくるからだ。そして第二の壁が最初の壁と直角に立ち上げられるときがくる。そうすれば、あとは支柱を立てて梁をかけ、粗末とはいえ、差しかけの小屋を自分で作り上げることができる。この小屋がしばしの間、生のままの歴史が送ってよこす逆方向の強風から、われわれの身を守ってくれるだろう。しかし、差しかけの小屋を立てるためには、各章でかなりの部分を説明に費やさなくてはならない。そして、そんな作業をせっせとしている内に、われわれが検証している断片が往々にして、より大きな全体とのつながりを失ってしまったかのように感じられるときがある。そんなときには少しあと戻りをして、もう一度遠くから見直して見ることだ。そうすれば読者は、風の中で立ち続けることのできる何かを、われわれが懸命になって組み立てていたことに気づくだろう。

＊＊＊

ギリシア人の起源は神秘に包まれている。彼らの祖先がいったいだれだったのか、彼らがいったいどこからやってきたのかについては、深い霧に覆われていて、定かに知ることができない。霧はまた先史時代のヨーロッパ全体を覆っていて、われわれの理解をはばんでいる。文字に書き記した記録がないためにわれわれには、言語学や考古学が提供してくれるヒントを頼りに、何とかこれを探っていくしか方法がない。推測の結果はおよそ次のようなものだった。紀元前二〇〇〇年期の中頃だろうか、馬に乗った戦士たちが、ギリシアの渓谷へと乗り入れてきた。彼らの故郷は黒海とカスピ海の間にあるコーカサスの山中である。侵略を専らにする騎馬軍団が徐々に南西に下り、バルカン地方を通り抜けてたどりついたところは、岩だらけの起伏の多い半島だった。そこにあったのは、生まれ故郷とはだいぶ姿の異なる山々や、エーゲ海に浮かぶ火山でできた島々、それに入江などである。が、この土地こそ、やがて彼らのついの住みかとなる場所だった。騎馬戦士の一群が話していた言葉は、インド・ヨーロッパ語族に属する複雑な言語である。そしてこれが意味するところは、彼らの話す言葉がわれ知らず、はるか遠くに住む好戦的な種族とのつながりを明かしていたという事実だった。その種族とは、傲慢で尊大なインドのアーリア人だったり、大いなる喜びと、それにもまして大いなる悲しみを内に秘めた、岩のように頑強なスラヴ人だったり、さらには、ガラテアや中央ヨーロッパ、ゴール、ブリテン、それにアイルランドなどに散在したケルト人だったり、また、氷のように冷酷・無慈悲なドイツ人やヴァイキングだったりした。彼らはコーカサス人と相前後して、仄暗い北方地方を馬で出発し、鎧を着た騎馬戦士と戦う準備などまったくできていなかった農耕民族を恐怖におののかせて征服した。

コーカサス人が南下の途次で遭遇した土着の農耕民族について、われわれの知るところはほとんどない。ただひとつ知られているのは、彼らの崇拝していた神が、天に住み、稲妻の矢をもつゼウスではなく、豊穣・多産の大地の神であったことだけだ。これこそ、農耕民族のもつ寛大さの淵源であり、ホメロスが「われらすべてに糧を与えてくれる大地」と呼んだ女神である。ギリシアに住んでいた土着の人々の習俗は、デメテルのような物語からもなお、うかがい知ることができる。それは、自然界が見せる年毎の死と再生の姿を描いた逸話だった。しかし、農耕民族とコーカサス人との間でおこなわれた戦いが、いかに悲惨なものだったとはいえ、土着の農民と外来の侵略者はやがては合流し、混じり合い、言語や宗教や習俗などで統合され、ひとつの文化を作り上げていくことになる。この統合された文化がどんなものになっていったかについては、一九世紀末から二〇世紀初頭にかけて、次々と発掘された考古学上の地層の中にそれを探るヒントが隠されていた。

クレタ島の中央北部にあるクノッソスで、イギリスの考古学者アーサー・エヴァンズ卿が、長い間打ち捨てられたままになっていた古代文明の王都を発見した。彼はこの文明を（伝説のミノス王にちなんで）「ミノア文明」と名付けた。王宮は優雅な作りで、地震にも十分に耐え、その中で営まれる洗練された生活を守ることができるように工夫されていた。鮮やかな色で描かれた王宮のフレスコ画は、われわれを見知らぬ世界へと誘ってくれる。そこには長髪をなびかせて、明るい色の服をまとったミノア人がいる。男はひげを生やさず、ベルトを締め、コードピース（股袋）をつけている。女はスカートをはき、コルセットを着用していた。コルセットで胴を締めつけ、胸ははだけたままだ。若い男女のアクロバット師たち（みんな裸体）が、牡牛の背中で軽々と宙返りをしている。ミノア人たちは、書き言葉の萌芽ともいうべき言語をもっていた。これは、いくつかの断片によって学者に知られているもので、「線文字A」[2]と呼ばれている。現在われわれにいえることは、この文字が象形文字でしかも音節文字であるということ、そしてそれがメソポタミアやエジプトの文字とよく似ていることだ。しかしこれらの文字はもっぱら、ミノア人たちが旺盛に繰り広げた商取り引きの結果を記録するため、つまりは在庫調べのために用いられたらしく、けっして文学上の目的で使われたものではない。この言葉がギリシア語を表現したものでないことは、ほとんど疑いのないところだろう。というのもミノア文明は、「大いなる母」を崇拝した土着の文化が最高潮に達したものと見てよいからだ。この文明は、およそ紀元前二〇〇〇年から一四〇〇年頃まで栄え、そして崩壊した。なぜ、どのようにして崩壊したのか。それを定かに知ることはできないが、おそらくは、テラ島（現在のサントリーニ島）で起きた火山の大爆発による溶岩で破壊されたのだろう。テラ島はクレタ島中部の真北の方角にあった。噴火が起こる前のテラ島は、噴火後にくらべると、はるかに大きな島だった。そのためにこの島が、失われたアトランティス「大陸」の伝説を生み出したのももっともなことなのである。

ミノア文明は一九〇〇年代のはじめに発見されたのだが、それ以前にも、ヨーロッパ中をびっくりさせるような発見がいくつかあった。一八七〇年には、ハインリヒ・シュリーマンがトロイアの遺跡を発見したと宣言した。シュリーマンはたたき上げのドイツ商人で、アメリカ人のバーナム（一八一〇―九一。アメリカの興行師、サーカス王）のような興行師でもあった。トロイアは『イリアス』に出てくる都市で、一〇年の間、ギリシア軍により包囲されたのち、例の木馬の企みによってあえなく陥落したとされる。シュリーマンはトロイアの遺跡とおぼしい場所でまた、数多くの宝庫を見つけている。彼はこれをトロイア王「プリアモスの宝庫」だと公言した。そして、ギリシア生まれの華奢な妻をおびただしい古代の装身具で飾り立て、その姿を写真に納めると、彼女こそトロイアのヘレネの生き写しだとこれみよがしに宣言した。シュリーマンが見つけた「プリアモスの宝庫」は、『イリアス』の舞台となった時代よりさらに一〇〇〇年か、それ以上も前にさかのぼる時代のものだった。しかしトロイアを、まさしくその場所にあったと思われるところでシュリーマンが発見したという事実は、もはや今では共通の了解事項となっている。そこは小アジアの海岸に沿った場所で、ヘレスポントス（今日のダーダネルス海峡）の入口に当たっていた。

トロイアの発見は、新聞に大見出しで取り上げられた。が、シュリーマンの発見の中で、これよりいちだんと重要なものがある（すくなくとも、ギリシア人の起源を知る上ではそうだ）。それは、彼がペロポネソス半島北東部のミュケナイ地方で、立て坑式の墓を発掘したことだった。ここを治めていたのは、トロイアを攻めたギリシア軍の総大将アガメムノンである。伝説によると、アガメムノンはトロイアとの戦争からこの地へ帰ってきた直後に、妻のクリュタイムネストラとその情人アイギストスによって殺された。シュリーマンはふたたびここでも、自分の感情を抑制することができない。彼は墓にアガメムノンの戦士たちが眠っているといい、伝説の王アガメムノン自身もここに黄金のマスクをつけて葬られているといった。「私はアガメムノンの顔を見た」とシュリーマンはいう。実際は黄金のマスクも立て坑式の墓も、作られたのはアガメムノンやトロイア戦争よりさらに数世紀もさかのぼる昔だった。が、シュリーマンの発見は多くの情報をわれわれにもたらしてくれた。それはギリシアへ入った侵略者たちが、土着の農民たちと徐々に融合していく姿を伝える貴重な資料だった。

アガメムノンがこの地を統治していた時期よりはるかに昔、立て坑式の墓に葬られていた彼の祖先たちは、典型的なインド・ヨーロッパ語族の戦士の格好をしていた(詩人のW・B・イェーツは、アイルランドで発見された同じような青銅時代の墓について、「墓では死者が、まっすぐに立っていた」と書いている)。墓の中の戦士たちは、背が高く、武器を手にして、貴金属を好み、それを誇示していた。が、陶器や宝石などにはすでに、「母なる女神」を崇拝する土着の信仰に順応しようとする兆しが見られた。英雄たちがいたミュケナイの王宮跡でも、同じように、ミノア人の建築方法に憧れてそれを借用した様子がうかがわれる。それはミノア人の建物にくらべると、いくらか壮大さに欠け、優雅さで劣り、手本にくらべてはるかに要塞の趣きを強めてはいるが、明らかにそこにはミノア文明の影響が見られる。ミュケナイ人の言語はギリシア語の初期の形をとどめていた。「線文字B」と呼ばれている言語体系がそれだが、象形文字と音節文字であることはなお、線文字Aとのつながりを示している。が、この文字にはギリシア語の語根や固有名詞がふんだんに含まれていた。線文字Bの性質が明らかになるにつれて、それがギリシア語の先駆けであることがますますはっきりとしてきた。しかしこの文字体系は、紀元前一〇世紀を越えたあたりから、ミュケナイ人にとってすでに失われたものとなる。ギリシアの歴史でいう「暗黒時代」への突入である。われわれはこの時代についてほとんど知るところがない（結局のところ、ギリシア人はのちに新しい書字システムを獲得することになる。そしてそれは、単に商業上の記録をとどめるだけではなく、文学上の要求にも十分に応えることのできる言語だった）。

しかし、文献出現前のミュケナイ文明では、ギリシアの他の地域と同様、すでに侵略者と土着の者たちとの間で融合が進み、足並みもそろっていた。ホメロスが『イリアス』の中でいっている通り、「言葉はとなりの言葉と混じり合っている」。そのために、カーテンが上がり歴史時代がはじまったときには、もはやそれぞれの民族をばらばらに分断するような、いかなる要素もそこには見られなかった。したがって、紀元前八〇〇年のギリシアの情況についていえば、かつてはばらばらに存在し、たがいに相争っていた勢力が、先史時代の薄暗がりから現われたときには、一方で多種多様な一面をもちながら、すでにひとつにまとまった世界を形作っていたのである。

1

戦士——戦い方について

ゼウスは雨と雲をつかさどっていた。手には恐ろしい稲妻の矢を携えている。彼は大空の主人である。そして神々の中の主神だった。が、最古の神ではない。ゼウスと他のオリュンポスの神々（ギリシアでもっとも高いオリュンポス山の頂上に住んでいた神々や女神たち）が登場する前に、さらに古い神々がギリシアを統治していた。それがのちに、オリュンポスの神々によって打ち倒されるティタン神族（巨神族）である。ティタン神族は「父なる天空」（ウラノス）と「母なる大地」（ガイア）によって作られた。ウラノスとガイアは、原初のカオス（空隙）から生じたもので、どの神々よりも前に存在していた。カオスの子供が「闇」（エレボス）と「死」（タナトス）だが、このふたりから、さらに「光」と「愛」（エロス）が生まれた（「夜」［ニュクス］は「昼」［ヘメラ］の母だから）。そして「光」と「愛」がウラノスとガイアの登場を可能にした。

ゼウスは、退位させられたティタン族クロノスの息子である。彼はたえず美しいご婦人方に恋を仕掛けては、求婚し、彼女たちをレイプした。彼の情事の相手として、不死の女神と死すべき人間の女性という区別はなかった。その結果、ご婦人方は神々や半神半人を産んだ。そしてそれがまた、オリュンポス神族の家族関係をいちだんと複雑なものにした。ゼウスの妹でもあり妻でもあったヘラは、たえず嫉妬の炎を燃やし続けた。そして、次から次へと現われるライヴァルに対して、残酷な報復を仕かけては、彼女たちを打ち負かす算段をした。しかし、嫉妬深いのは何もヘラだけに限らない。女神はことごとく、処女の女神に至るまで嫉妬深かった。そして、トロイア戦争を引き起こす原因となったのも女神たちのこの嫉妬という欠点だった。きっかけはリンゴである。それは、エデンの園でイヴがヘビにそそのかされてリンゴを食べたのとよく似ていた。

ここにひとりの女神がいる。名前はエリス。彼女はオリュンポスの神々ではない。他の神々はことごとに、この女神を晴れやかな祝いの場に招くのを避けた。それはエリスが争いの女神だったためだ。ペレウス王とテティス（海の精ニンフ）との婚礼の席にもやはりエリスは招待されなかった。これを恨みに思ったエリスは、彼女の性格にたがわず、オリュンポス山の宴会もたけなわの頃、席上に黄金のリンゴをひとつ投げ入れた。リンゴには「もっとも美しい女に」という文字が彫り込まれている。女神たちはみんな、われこそリンゴを手にする権利があると主張したが、最後に残ったのはもっとも力の強い三人の女神たちだった。雌牛の目をもつ女神ヘラ、戦いの女神アテネ（彼女はゼウスの子で、ゼウスの頭から飛び出てきた）、それにアプロディテである。ローマ人はアプロディテをウェヌスと呼んだ。海の泡から生まれた、ほほ笑みの絶えない、いとおしい愛の女神である。黄金のリンゴをめぐる争いは、この三人によっておこなわれることになった。

ゼウスは賢明にも、美人コンテストの審査員を辞退して、その役にトロイアの王子パリスを推薦した。パリスは当時、トロイアの宮廷から追いやられ、イダ山で羊飼いをしていた。それもこれも、父王のプリアモスが得た神託による。それはパリスが、いつの日にかトロイアを滅ぼす元凶となるというお告げだった。ゼウスはパリスこそ女性の美の審判者として最適だと断言した（そして他のことは何ひとつ付け加えなかった）。三人の女神たちはさっそく、びっくり仰天している羊飼いの王子の前に姿を現わし、自分が選ばれた暁には、その見返しに贈り物をしたいと申し出た。ヘラはパリスを世界（ユーラシア）の支配者にすると約束した。アテネは彼に、ギリシア人との戦いではつねにパリスに勝利を保証しようといった。そしてアプロディテは、彼に世界一の美女を進呈しようと申し出た。結局、パリスはアプロディテの申し出を受け入れた。そして、アプロディテは彼にヘレネを与えた。ヘレネはゼウスと死すべき人間レダとの間にできた娘である。

しかしここには少々面倒な事情があった。ヘレネはスパルタ王メネラオスと結婚していたからだ。しかもメネラオスはギリシアで最強の権力を誇るミュケナイ王アガメムノンの弟である。が、アプロディテの手助けによりパリスは、メネラオスの留守中にヘレネをこっそりと家から誘い出し、トロイアへ連れていくことに成功した。帰宅したメネラオスは留守中に起こったことを知ると、ギリシア中の支配者たちに加勢を呼びかけた。支配者たちは以前に、もし今度のようなことが起きたときには、メネラオスの夫としての権利をみんなで力を合わせて守ろうという誓いを立てていた。しかしこの中で、ヘレネ奪還の軍に加わることを渋った男がふたりいる。ひとりは賢明で抜かりのない現実家のオデュッセウス。イタケの王である。彼は故郷や家族をことの他愛していたために、しばしためらいを見せた。が、だまされてやっとこの冒険に加わることを承知した。そしてもうひとり、参加を躊躇したのはギリシア第一の勇者アキレウスである。アキレウスの母は海の精テティスだが、彼女はアキレウスがトロイアにいけば、かならずや死ぬことを知っていた。しかし、アキレウスは結局ギリシア軍に加わることになる。それもこれも、誇りを失ってなお弁々と生き長らえるより、むしろ戦いの中で栄光に輝く勝利を得ることを第一とするよう、彼は運命づけられていたためだ。こうしてギリシアの王たちを乗せたおびただしい数の船（それぞれの船には五〇人以上の戦士が乗っている）が、トロイアへ向けて船出をしていった。ヘレネの顔《かんばせ》を求めて。それはクリストファー・マーロー（一五六四―九三。イギリスの劇作家、詩人）の力強い詩の一行に書かれた通りである。「千艘もの船を船出させた顔《かんばせ》」。

「パリスの審判」と「デメテルの悲しみ」とでは、受け取る側の感じがずいぶん違う。パリスの方が本物の神話で、繰り返し現われる不変の悲劇を、宇宙的な悪夢のレベルで劇的に表現したものだとすれば、デメテルの方は、居間のテレビで見るオールドファッションのメロドラマといった感じだろうか。そこでは男と女の典型的な欠点が描かれている。事態は恐ろしい速度で進展し、それを止めることができない。そして、ついには、悲劇的なファルス（茶番劇）として終わりを告げる。もしデメテルがわれわれを農耕生活の時代へと連れ戻したらどうだろう。そこでは「大地」の女神と、その具体的な現われである母親の愛情に満ちた慈しみとが、さまざまな場面で見られるだろう。その中では、きいきいと不快な音を立てる他のオリュンポスの神々は、あきらかに、戦士文化のわずかに突出した一部として感じられただろう。断言はできないが、少なくともそんな風には「見えた」だろう。オリュンポスの神々といえば、たがいにあおりたて、たきつけ合っては、つねに相手を引きずり下ろそうと機会をうかがっている。男神はいつも戦いの用意に万端ぬかりがなく、性的な征服の準備にも怠りがない。女神はどうかといえば、もっぱら、甘言で相手を誘っては、たとえ回り道をしてでも支配権を握ろうとする。こうした神々はまさに、他の目的はすべて差しおいても、ともかく武力闘争における勝利を第一とする戦士文化が、わずかに突き出た部分として人々の目に映じたにちがいない。というのも、どのような社会でも、表面下にはかならず深い夢が存在しているからだ。それは、表面の明確な目的が目指す方角とはつねに別の方向へ走っている。ときには、まったく反対の方角へ向かっていることさえある。しかし、それはさておき、ともかくわれわれはまず、社会のはっきりと見える部分から吟味していくことにしよう。ぎらぎらと輝く金属と、がちゃがちゃと音を立てる武器とからなる好戦的な社会の目に見える部分から。

シュリーマンが発見したミュケナイの世界は、アガメムノンとその祖先たちの世界だった。それはホメロスが偉大なふたつの叙事詩、『イリアス』と『オデュッセイア』の中で歌った世界である。われわれの知るかぎり、この世界がはじまったのはエーゲ文明の時代で、紀元前二〇世紀頃といわれる。私はこの時代を「原史的」と名付けた。それは、一種の象形文字と見てよい線文字Bが、たとえ会計用の台帳のたぐいに限られるとはいえ使用されていたからである。この時代の物語は文字で保存されることはなかったが、さすらいの吟遊詩人たちによって、口承詩という形で記憶された。そしてそれは、ずっとのちの時代に至り、よりいっそう柔軟な文字が使われるようになると文字に写し取られた。すでにこのときには文字も、膨大な長さと優雅で繊細な表現をもつ叙事詩の世界を十分に記録することのできるものとなっていた。

『イリアス』の物語がはじまるのは、リンゴと女神たちの話からではない。それはさらに世俗的な争いからはじまる。ギリシア軍の総大将アガメムノンとギリシア軍第一の勇士アキレウスとのいさかいである。ギリシア軍の船がトロイアの海岸に引き上げられてから、すでに長い年月が過ぎていた。ギリシア軍の頭領たちは堅固な砦で固めたトロイアの町を包囲はしたものの、攻めあぐね、倦み疲れていた。トロイアの町は何と九年もの間、ギリシア軍の攻撃に耐えてきた。しかしここにきて、あの勇ましく向かうところ敵なしのアキレウスが戦場を離れた。ホメロスは彼を「ディオス」と呼んでいる。これは「高貴な」という意味で、この言葉のインド・ヨーロッパ語としてのルーツを探ると、「神のような」「神々しい星々のように輝く」という意味にたどりつく。そのアキレウスが戦列を離れた。それも傲慢なアガメムノンの仕打ちに対して怒り心頭に発したからである。アガメムノンがアキレウスの女を奪い取ったのが原因だった。女は戦利品としてアキレウスが手に入れたものだ。アガメムノンはアガメムノンで、自分がアキレウスの女を取り上げるのはしごく当然のことだと思っていた。それもこれも、アガメムノンもまた、思っても見なかったことで譲歩を余儀なくさせられ、やはり戦いで得た女を手放さざるをえなくなったからである。この女の父親クリュセスは、トロイアの近くにあったアポロン神殿の祭司だった。祭司はアポロンに嘆願をした。アポロンの怒りをギリシア人へ向けてほしいと頼んだのである。ホメロスはギリシア人たちを「アカイア人」「アルゴス人」「ダナオイ人」など、さまざまな名称で呼んでいる。彼はそのつど名前を自分が使う韻律に合わせて使い分けた。この物語についてはホメロスの聴衆も、隅から隅までこまごましたことまですでに知っていた。したがって、ホメロスがこんな風に物語をはじめても、まったく混乱することなどなかったのである。物語はふたりの人物の間で起こった争いをかいつまんで描くことからはじまる。ギリシア人とトロイア人の双方にとって、重大な結果をもたらす両者の争いを描くことから。

ムーサの女神よ、怒りを歌え、ペレウスの子アキレウスの怒りを。
この怒りこそ、アカイア人におびただしい苦難を与え、
多くの逞しい魂を、冥界へと投げ入れたもの。
大いなるあの戦士らの魂を。そして、彼らの骸《むくろ》を犬や野鳥の餌食のままにさせたもの。
その間にも、ゼウスの神意は遂げられていった。
ムーサよ、ふたりが仲たがいし、たがいに袂を分かったときから、
語り起こせよ。人々のあるじアガメムノンと勇将アキレウスのふたりが。

いかなる神が、あのように激しいいさかいに彼らを追いやったのか。
それは、ゼウスとレトの子アポロン。王（アガメムノン）のふるまいに激怒した神が、
悪疫を陣中に振り撒いた。戦士たちは次々と倒れていった。
これもすべては、アガメムノンがアポロンの祭司を侮辱したため。
そう、祭司のクリュセスがアカイア人たちの船脚速い船にやってきて、
娘を取り戻そうとした。値のつけられぬほど高価な身の代をもち、
黄金の笏杖を手にしながら。笏杖の上には神のしるしをつけていた、
遠矢の神アポロンのしるしを。彼はアカイア軍の戦士全員に、とりわけ中でも、
ふたりの大将、アトレウスのふたりの息子たちに願いを乞うた。
「アガメムノン、それにメネラオス。そして武具纏うたアルゴスの戦士のみなさん。
オリュンポスの宮居に住まう神々が、あなた方に味方して、

みなさんが、見事プリアモスの城を攻め落とし、ぶじ故郷へ帰ることができますように。

それにつけても、私の大事な娘を自由にしてやってください。ここにある贈り物、身の代と引き替えに。

さらには、遠い矢を射る神、ゼウスの子アポロンの威光を恐れ畏《かしこ》んで」。


　すると、アカイア人の戦士たちは、上も下もことごとくが叫んで賛意を示した。

「祭司を敬うべきだ。燦然と輝く身の代を受け取るべきだ」。

しかし、アガメムノンだけはひとりこの申し出が気に入らない。

王は祭司に手ひどい言葉を浴びせかけ、追い返してしまった。

祭司の耳に轟くような声で。「老いぼれめ。二度とふたたび、中の虚ろな船のそばで、この俺に姿を見せるんじゃない。

今、ここでうろうろすることもならぬし、これから先も、こそこそとここへ舞い戻ってくることもならぬ。

そのときには、笏杖も神のしるしもお前の助けにはならぬぞ。

ともかく、俺は女を手放す気などない。女がアルゴスの館で年老いてしまうまではな。

女は故国から遠く離れた地で、機を織りながらあくせくと働き、俺の夜伽《よとぎ》をして暮らすのだ。

　　　　　　　　　　　　　　　　さあ、とっとと立ち去れ。

俺を怒らせるなよ。お前がぶじにここを出たければな」。

老人は恐れをなして、いわれるがままに従った。

きびすをひるがえすと、黙々と足を引きずり、海辺へと降りていった。

渚では白い波が、砕けては引いていく。人気のないところまでやってくると、繰り返し、繰り返し、年老いた祭司は、艶やかな髪をしたレトの子アポロンに祈りを捧げた。

「私の願いを聞いてください。銀の弓をもつアポロン神よ。そは、クリュセ、そしてこの上なく神聖なキラの城壁を闊歩する神。

そして、テネドスの力豊かなあるじ、疫病の神スミンテウス（アポロンの異名）。

もしあなたが、かつて私の築いた社《やしろ》を喜び給うてくださるならば、
そして私が、牡牛、牡山羊の豊かな骨を焼いて、祭壇に捧げたことをお忘れなくば、どうぞ、このたびは私の願いを叶えてください。

ダナオイ人たちに、あなたの弓矢により、私の涙の償いをさせてやってください」。


彼の願いは天空へと昇っていき、ポイボス・アポロンの耳に届いた。

アポロンはオリュンポスの頂から大股で降りてきた。心に怒りを煮えたぎらせながら、肩には、弓と覆いのついた矢筒をかけて。

神が怒りで身を震わせ、進みゆくたびに、弓が背でカラカラと音を立てる。そして、彼は夜のように下り降りていった。

船から少し離れたところで、膝をつくと、やおら一矢を放つ。

大いなる銀の弓から、恐ろしい音が響きわたる。

はじめに彼が襲ったのはロバと走り回る犬どもだった。
ついで、鋭い矢を戦士たちに向けた。
次々に兵が倒れていく。
そして、屍を焼く火は、昼も夜も消えることなく燃え続けた。

私がここで長い引用をしたのは、ひとえに、読者にホメロス叙事詩のすばらしさを思い起こしていただきたかったからである。できることなら、先へ進む前に、ここで詩の全文を掲げたいほどだ。それほどまでに『イリアス』は輝かしい。まさしくこれこそ西洋文学の礎《いしずえ》となるべき作品である。ロバート・フェイグルズの新訳がいい。練り上げられた訳文は疵ひとつなく、おかげでわれわれは、ホメロスの正確この上ない描写を十分に堪能することができる。訳文はまるでアポロンの矢のように迅速な言葉で、ギリシアの青銅時代の恐るべき美を再現してくれる。「そして、彼は夜のように下り降りていった」。この半句の圧倒的な動かしがたい魅力はどうだろう——しかもそのすばやい言葉の中に、華麗な力強さを滑り込ませていて、それがディテイルに磨きをかけ、輝きを与えている。

アポロンが撒き散らした疫病は惨澹たる結果をもたらした。そして、ギリシア人たちはみな、ようやく自分たちの不幸の原因に気がつき、疫病を立退かせるためには、どうしても祭司の娘を父親の元へ戻さなくてはならないと悟った。戦士たちの合意に同意を余儀なくされた統帥アガメムノンは、その腹いせに、アキレウスの女を横取りした。そして、それに腹を立てたアキレウスは突然戦列から離脱して、陣地に引きこもってしまった。こうして、叙事詩全二四書中ほとんどの場面で、アキレウスは怒りのためにテントの中で待機することになった。ひとり座してアキレウスは考えた。このまま傍観者として戦場にとどまるべきなのか、あるいはギリシア人を見捨てて、早々に帆を上げ、故郷へ帰るべきなのか。彼の命令に従う同郷の仲間たちを連れて。

それにしても、ここで描かれている世界は何と風変わりな世界なのだろう。あまりにわれわれの世界とはかけ離れすぎている。ホメロスが詩の冒頭でわれわれに話しかけている通り、この叙事詩のテーマはひとりの英雄の怒りだった。しかし、怒りといえば、物語のどこを見てもそれが見られる。アキレウスにも、アガメムノンにも、そして祭司クリュセスにも、アポロンにも怒りがあり、冒頭の五〇行で紹介された登場人物のすべてに怒りがある。ホメロスはまず呼びかけの嘆願からはじめる。叙事詩の女神ムーサへの呼びかけだ。しかし、数行いくうちに、われわれは第二の嘆願を聞くことになる。祭司から提示されるあまたの名をもつ神、この上なく優雅だが「遠矢を射る」アポロンへの願い事だ。そして第三の神への呼びかけがある。呼びかけられた神はゼウス(戦線から離脱したアキレウスは、母テティスに名誉回復の訴えをする。テティスはそれをゼウスに嘆願した)。アキレウスとアポロンをともに「慈しむ」神ゼウス。そのゼウスはそれとなくほのめかされている通り、物語の背後に潜む力そのものとして君臨する神だ。あらゆる行為の糸を引いているのがこの神だった。それはホメロスが、印象的なフレーズでわれわれに語っている通りである。「その間にも、ゼウスの神意は遂げられていった」。

ホメロスは登場人物について、くだくだと説明することはしていない。登場人物たちはそれぞれに、言葉や行為によって自らの性格をあらわに表現している。そこに詩人の注釈はいっさいない。しかし、われわれがはじめから感じているのは、登場人物たち(これは人間だが)があたかも、引いていく潮の中で必死に泳いでいるかのように見えることだ。泳いでいる者たちは懸命になって波に逆らい泳ごうとするのだが、引いていく波の方が圧倒的に強い。泳者たちの必死の努力にもかかわらず、波が彼らを捕らえて、しかるべきところへと連れ去っていく。しかし同時にいえることは、この波が泳者たちとまったく異なる性質のものではないということだ。潮はむしろ、神々や人間たち、つまり登場人物たちをすべていっしょにした、その総体といった性格をもっている。神々も人間たちもともに駆り立てられているのは、一にかかって名誉を得たいという気持ちだった。アプロディテによって引き起こされたヘラとアテネの名誉失墜、さらには、パリスのせいで被ったメネラオスの恥辱、こうした不名誉や屈辱が戦争を避けがたいものにしてしまった。一方ではアポロンもまた、嘆願者の示した恥辱によって名誉を汚された。アガメムノンはアガメムノンで、自分こそ、並ぶ者なきギリシアの指導者として崇められるべきだと思っていたのに、その望みも、アキレウスのわれこそ最高の戦士だという誇りのために、あえなく砕かれてしまう。

ともかくわれわれが感じ取ることができるのは、こうした動機づけ（他のものはいまだ表面に現われてこない）が、叙事詩の中の行為をことごとく駆り立て、促して、その避けがたい終末へと向かわせているということだ。占い師カルカスが、アガメムノンの怒りを恐れていうように、

強大な王が、
身分の低い者に対して怒るとき、その勢いはあまりに強い。
たとえ、王がその日、怒りをいっとき飲み込んでこらえたとしても、
彼は、胸の中でなお恨みを抱き続ける、
やがていつの日にか、その恨みを晴らすときまで。

これこそ、まさしく力の強い王のやり方だった。王の立腹に対してはなすすべがなかった。が、アガメムノンの怒りは、向かうところ敵なしというわけにはいかない。彼の激怒は他の者の怒りや意志と争わなくてはいけない。たとえば、アガメムノンがアキレウスを罵る場面がある。アガメムノンは自ら出向いて、アキレウスの女を引き取りにいくという。「そうすれば、お前も、俺がお前よりどれほど偉いかが分かるだろう」。ホメロスはここで、アキレウスの心臓が激しく鼓動していることをわれわれに示す。「毛深い胸の中で」。ふたつの選択肢の内いずれを取るべきか、その思いに引き裂かれている彼の心模様を。

腰にぶら下げた、切っ先鋭い剣を抜き放ち、
居並ぶ戦士どもを突き刺し、今、アガメムノンを殺すべきか。
それとも怒りを鎮めて、激した心を押さえるべきか。

ここで介入してくるのがヘラだった。「白い腕《かいな》をもつ」ヘラ、「ふたりの勇士を愛し、ふたりを同じよう慈しむ」ヘラだけが、目的を遂げようとするアキレウスの怒りを防ぐことができた。ヘラは戦いの神アテネを地上へと急行させる。そして、アキレウスにしか見えないアテネが、「亜麻色の髪」を引きつかんで彼を引き止めた。アキレウスはこれに従った。このとき彼がいうように、まさしく「心臓は怒りで張り裂けんばかり」だったのだが、これをこらえて従った。それほどにアキレウスは、アガメムノンの「か黒い血が、私の槍の穂先から滴り落ちる」光景を見たいと思った。が、彼は「人が神々のいいつけに従えば、神々もまた人の願いごとを聞いてくださる」といって、アテネの制止に従った。

こうしてたがいに相争う力（神々や人間の怒りや狼藉をすべて含めて）は一見すると、はてしのないシーソーでバランスを保っているように見える。が、この力が結局のところ、ひとつの結果を生み出すことになる。それがトロイア城の陥落だった。しかしながら、ホメロスがここで表現を与えている古代人の見方でいけば、この結果はシーソーがただ片方に沈んだということなのかもしれない。それは最後には、また、反対の方向に沈むことによってバランスが保たれるのだろう。古代人のこの見方は、まったく正しい世界観といえる。つまりそれは、人間の経験がもたらす現実を全体としてとらえようとしている。心理学的（人間の動機付けを評価検討しているという点で）に、そして神学的（天が人間の出来事に介入していると仮定する点で）に。人間の動機と天の介入がもたらした結果は、すでにあらかじめ定められた結果だった。が、すでに定められているといっても、その定められ方は非常に複雑で、たくさんの脈絡が入り組んでいる。そのために、占い師や予言者の他にはだれひとりとして、この結果をあらかじめ選り分けることもできないし、現在の時点で、将来起こるかもしれない結末の原因を特定することもできない。したがって、これが意味するところは、人間はそのことごとくが（神々でさえある程度はそうかもしれない）、運命にからめとられた存在だということだ。絨毯に織り込まれた人物のように、自分では、自分を編み上げている糸をほどくことができない。人間はそこでは、自分に割り当てられた役割をひたすら演じているだけだ。その役柄は英雄や王であったり、愛する母や戦利品の女であったり、あれやこれやの人間、そして都市を守護する神であったりする。登場人物たちに与えられているのは、ほんの束の間のぞき見ることのできる洞察力だけだ。彼らは、自分たちの性格と欲望が、人間のおこない全体にもたらすかもしれない結果について、ほんのわずかだが知ることができる。

『イリアス』の中でもところどころで、前兆が将来の出来事を予告する場面がある。すでに何年も前のことになるが、ギリシア軍の船隊がボイオティアのアウリスの浜に集結したことがあった。ギリシア軍は「スズカケが葉を広げる木陰で」犠牲を捧げていた。ちょうどトロイアへ向けて船出する前である。そのときに前兆が現われた。オデュッセウスは今、自暴自棄に陥っている（厭戦気分が漂い、帰国を望み出した）ギリシア軍に、そのときのことを思い出させている。

「……背中に血の筋のあるヘビ、

見るも恐ろしいヘビ、オリュンポスのゼウスが自ら、ま昼の中に現われたものなのか……そのヘビが、

祭壇の下から滑り出て、木に向かってすり寄っていく。

そこにはスズメの雛たちがいた。まだ小さくて弱々しい。

木のいちばん高い梢まではい上がり、葉蔭に隠れて怯えている。

雛は八羽。雛鳥たちを生んだ母鳥を入れて都合九羽のスズメがいた。

心臓も張り裂けよとばかりに鳴く雛を、ヘビはすべて飲み込んでしまった。

母鳥は雛を求めて鳴き叫ぶ。そしてヘビの上を飛び回る。

ヘビはとぐろを巻くと、襲いかかり、母鳥の翼を捕らえた。母鳥のかん高い鳴き声。

するとどうだろう、ヘビが母スズメとその雛を飲み込むと、ヘビを使わした奸智のクロノスの子（ゼウス）は、
ヘビを即座にある徴《しるし》に変えてしまった。この目に歴然とした徴に。

ゼウスはヘビを石に変えてしまったのである。奇跡をまのあたりにしてわれわれは、呆然と立ちつ

くすのみだった。

しかし、そのとき、

この恐ろしくも奇っ怪な兆が、神々へ犠牲を捧げるときに現われたその折りに、
すばやく予言者カルカスがゼウスの意向を伝えた。

『何ゆえ、黙り込んでおられるのか、髪の長いアカイア人らよ。

世を統べるゼウスが、こうしてわれわれに、大いなる徴を示してくだされているのに。

それはすぐに成就するものではない。が、長く伝えられ、その功名の滅びることはないだろう。

ヘビはスズメの母鳥を雛ともども食らいつくした。

八羽と、その雛鳥たちを生んだ母鳥も含めて都合九羽。

その通りにわれわれも、トロイエの地で九年の歳月を戦うことになろう。

そして一〇年目には、広い道をもつ都市を陥落させることになるだろう』。


二一世紀に生きるわれわれの目からすると、こんな前兆がどれほどの慰めをギリシア軍に与えることができたのか、それを想像することさえ難しい。実際、ホメロスもその兆が「恐ろしくも奇っ怪な」ものだといっている。そして彼は繰り返し、「雛鳥たちを生んだ母鳥」という句を使っていた。これによってほのめかしているのは、やがてはその身に終末が訪れるトロイア人に対する彼の同情だろう。それは「心臓も張り裂けよとばかりに鳴く」スズメたちに対する同情と同じものだった。たしかにこうした前兆は気まぐれで、あてにならない慰藉をもたらすだけかもしれない。第一にそれは、あまりに漠然としている。オデュッセウスのいう通りである。「勇気をもつのだ、親しい者たちよ。もうしばらく待つ

のだ。／カルカスの予言が真実か、そうでないのか、はっきりとするまで」。そればかりではない。前兆には、こまかな点があまりにも欠落している。よろしい、百歩譲って、たしかにギリシア軍が勝つとしよう。だが、それはそれとしても、前兆はギリシア軍や戦士に、いったいどれほどの犠牲者が出るのか、その数すらまったく明確に示していない。

このように、個人が自分自身の（あるいは他の人の）運命をうかがい知るために手に入れることのできる洞察力には限りがあった。が、にもかかわらず、そこにはあるひとつの方法が存在した。そしてその方法に従って、トロイア戦争で展開される大規模な相互のやりとりは、ほとんど数学的といってもよいほどの正確さで組み立てられていた。それはまるで、ゲーム理論に出てくるおそろしく複雑で分かりにくい代数式のようである。ホメロスがわれわれに明かそうとしたのもこの公式だったのではないだろうか。それは驚くべき丹念さで仕上げられていて、人間のしでかした事件を立体感のある三次元の世界で描写したものだ。われわれはそれによって、均斉のとれたおのおのの人物が、自分の役柄を演じる演技の様子を見てとることができるし、また、それぞれの役柄が他の役柄と相互に作用し合い、やがては、現にわれわれが今手にしている物語を作り上げていく過程をもうかがい知ることができる。このことから察せられるのは、ホメロスがわれわれに提示しようとしたものが、むしろ予言や予測のたぐいだったのではないか、事実の背後を見抜く洞察力だったのではないかということだ。ホメロスの時代から一世紀ほど経って登場したローマ帝政時代のソフィストに、ギリシア人のフィロストラトスがいる。彼は予測に対する信念を明確に表現しているが、彼の言葉こそ、ギリシア人がいかに長い間、予測を信じてきたかということを示している。「神々は未来の出来事を知覚し、死すべき人間は現在の出来事を知る。そして、賢者は差し迫った出来事を察知することができる」。しかし、すべての出来事が同じように、先見の明により洞察されうるというわけにはいかない。そこにはおのずからひとつのパターンがあった。ホメロスはこのパターンを示すのに、見たところ神の力に頼って（たしかに彼はきまってムーサを呼び出し、彼女に助けを乞うている）、巧みな詩句を駆使しながら、われわれにいきいきとしたポートレートを描いてみせる。とりあえずここで彼が取り扱わなくてはならなかったのは、三つの巨大な登場人物の集団である。まずは神々、そしてギリシア人、それからトロイア人。いずれも、それぞれにふさわしい奇抜な特徴と独特な性格をふんだんにもった集団である。が、ホメロスはおのおのの集団に具体的な領域を付与することに成功し、そのために各集団はいきいきとしたリアリティーを勝ち得ていた。したがって、ギリシア軍の内部の自己破壊的ないさかいが、生彩を帯びた力強い筆致で描かれていたり、家族のこまごまとした描写（それぞれのリーダーたちの生まれた国のことや、彼が後に残してきた人々のことなど）が挿入されていたりするのは、おそらく、さほど驚くべきことではないのかもしれない。このディテイルが、誇り高いギリシアの聴衆の注目と共感を呼び起こすことになったのだから。たしかにわれわれは、古代の人々がギリシアの神々に祈りを捧げてから、すでに何世紀もあとの時代に生きている。そのわれわれをしてなお神々が、そのスケールとスピードで、また、寛容と激情の組み合わせで、さらにはまた、永遠に続く彼らの宴と恨みつらみによって、わくわくさせるということが現実に起こりうるのである。結局のところ神々は、いってみれば、人間の想像力が作り出した永遠のスーパースターということがいえるだろう。

しかし、真に驚くべきはトロイア人を紹介する記述である。彼らはいわば、ホメロスの属するギリシア人たちの不倶戴天の敵だった。その彼らが、十二分に人間味を与えられて描かれている。これはまさに驚くべきことだった。

「ニューヨークタイムズ」紙の伝説的な従軍記者クリス・ヘッジは、戦争がきまっていつも残酷な力を生み出す事実について書いていた。「われわれは敵をまるで悪魔のようにしてしまう。そのために、敵はもはや人間ではなくなってしまう……ほとんどの神話上の戦争においても、この原則はあてはまる。たがいの陣営が相手方を物と見なしてしまう。そして最終的には、敵方は死体という物と化してしまうのだった」。ギリシア人であることを誇りに思うという点では、ギリシアの歴史を見渡しても、ホメロスにまさる者はいないだろう。そして、トロイア戦争にしてみても、これ以上に神話的な戦争など、とても思い浮かべることができない。そのホメロスが驚くべきことか、トロイア人を描くのに、少なくとも、ギリシア人に対するのと同じように心を寄せて書いている。敵方であるトロイア勢に対するホメロスの寛容さは、ヘッジの原則からいうと、まさしく例外中の例外ということができる。

こうして、「聖なるトロイエ」（トロイエはトロイアの叙事詩語形）の攻めるに堅い塔や城壁が、ふたたびホメロスの読者の眼前に姿を現わすことになった。これに続いて、トロイア城西門のスカイエ門、そして、スカマンドロス川がよぎって二分するトロイア平原が現出する。平原を流れたスカマンドロス川は、海辺の縁で旅を終える。その海辺では、中の虚ろなギリシア軍の船が何千という数をなして浜に引き上げられていた。また、トロイア城の城壁の上には、「深い胸をもつ女たち」が立ち、「長いドレスを引きずっている」。トロイア勢の戦い方も特徴的に描かれていた。ギリシア軍とくらべると、とりわけそれはヒステリックな様相を呈していた。

さて、それぞれの軍団は、大将の統率の下、陣容を整えると、トロイエ勢は野鳥の群れのように、かまびすしい音を立てながらやってきた。

それはまるで、鶴が大空に向かって荒々しく、長い鳴き声を上げているようだ。
冬の厳しい嵐を逃れて、大挙、群れをなし、叫び声を上げながら、
オケアノスの涯を目指して、飛びゆく姿に似て。
鶴の大群は、ピュグマイオイ（小人族）(1)の戦士たちに、血みどろの死をもたらすという、
朝まだきに、彼らの頭に容赦のない戦いを仕かけては。
一方、アカイア軍は、たぎる戦意を胸に秘め、黙々と進軍する。
死の定めを何としても避けようと、たがいに心に誓いながら。

トロイア方の人々もまた、はっきりと識別できるように、個性的で特徴のある筆致で描かれている。ヘレネはこの戦争の原因となった女性だが、ドラマの中では数えるほどしか出番がない。しかし、登場する場面はそのどれもが忘れがたい印象を残している。彼女は機《はた》を織って時を過していた。それは彼女が誘拐されたいきさつを織り込んだ、いわば自伝のような織物であり、一種の「私の半生と昨今」といった風情のものだった。

彼女は、赤紫色をした二幅ほどの織物を織っていた。
それには、終わることのない、血なまぐさい戦いの模様が織り込まれている。
馬を飼い馴らすトロイエ人と青銅の鎧に身を包んだアルゴス人が、
ヘレネのために、軍神アレスによって交えることとなった戦いの様子が。

パリスと「かつての夫」メネラオスが、両陣営の見つめる中、一騎討ちをするという。ヘレネの胸は「懐かしい思いでいっぱいになる。／かつての夫、故郷の町、彼女の両親を思って」。ヘレネは真摯な女性である。そして、彼女が織り上げる服も自己を礼讃するエゴイスティックなものではなく、彼女自身も織り込まれた人物（そのため、自分で織物の糸をほどくことはできない）として、自分の状況を表現したものだった。したがってそれは、神々と人々によっておこなわれるゲームの単なる駒としての自分だった。ヘレネは「すばやくリネンに身を包むと」「涙をはらはらとこぼしながら」トロイアの城壁へと急いだ。そこでは「王国の長老たち」が、彼女を見下ろしていた。ホメロスは年寄りたちをバッタにたとえたが、フェイグルズはこれを「蟬たち」と訳している。

森の中で、木の上にとまり、鳴いている。
優しい声で鳴いてはやみ、やがて声は間遠になっていく。……
そんな蟬のように、トロイエの長老たちは塔の高みに座って、
ヘレネが城壁の上を歩いてくるのを見ていた。
そして、長老たちはたがいに、小声で翼をもつ言葉を囁いた。
「いったい、彼らをだれが咎めることなどできようぞ。
トロイエ人といい、脛当てをしたアルゴス人といい、
ともに苦難の年月を過ごしてきたのは、あの女のためだったのだが、
あれほどの女だ、それもやむをえぬことだった」

こうしてわれわれにもまた、ついに、伝説となったヘレネの姿を垣間見ることが許されるのだが、それはあくまでも、長老の目を通してだった。ホメロスはこの仕掛けをすることにより、われわれのヘレネに対する評価を、いやが上にも高めることに成功している。

長老たちは、ヘレネが「不死の女神」と見まごうばかりだといいながら、やはり、「長い船に乗せて、故郷へ帰らせるのがよかろう」という。それもこれも、彼女がこれまで多年の間「抗いがたい悲しみの元」になってきたからだという。が、トロイア王プリアモスは違っていた。彼はヘレネをことのほか優しく受けとめた。

「こちらへおいで、私のいとしい子よ。そして、私の前にお座り。そうすれば、お前のかつての夫や縁者や国の者たちが見えるだろう。私はお前を咎める気など毛頭ない。咎は神々にこそあるのだから。……さあ、もっと近くへきて、あの恐ろしくも大きな戦士の名前を教えておくれ」

するとヘレネは、心の葛藤を表に表しながら答える。

「お舅《とう》さま、私はあなたを畏れ、尊敬申し上げております。あなたのご子息に付き従って、このトロイエにきましたときに、みじめな死が私に下されていたらよかったのに。私は夫や親戚縁者、それに今は大きくなっているでしょう、かわいい子供や同じ年頃の友達までも捨ててきました。しかし、死ぬことはできませんでした。ただ、涙にかきくれながら、暮らしてきました。さて、おたずねにお答えいたします。
あの戦士こそ、アトレウスの子アガメムノン、広大な国のあるじです。すぐれた王にして、戦いに秀でた戦士でもあります。
かつては、恥知らずなこの私の義兄《あに》でもありました。以前過ごした日々は、すべてが夢だったのでしょうか」

このあとの会話でヘレネは自分自身を表現するのに、さまざまな言葉を使っている。「私は嫌な女」といい、さらにふたたび「恥知らずなこの私」という。情熱の奴隷に成り下がってしまった自分を、良心によって手ひどく鞭打つヘレネだった。

さてその間にも、戦いがおこなわれている原野では、ヘレネを誘拐した当のパリス（スタミナに乏しい二枚目といった役どころ）がメネラオス（こちらは正真正銘の剛の者）と一騎打ちの最中で、あわや命を失いかけていた。しかしパリスにはアプロディテという強力なパトロンがついている。このとき、アプロディテがふたりの間に割って入り、「濃い霧の渦」で彼女の秘蔵っ子（パリス）を包み込むと、そのまま彼を引っさらっていった。連れ去って向かった先は、「かぐわしい香りに満ちた寝室」だった。さらに、アプロディテはヘレネを誘って、「輝くばかりの美しさ」でベッドに横たわっているパリスの元へと導く。パリスを見たヘレネはさすがにはじめは気色ばみ、戦場をあとにした彼を難詰した。が、結局は女神の意向に逆らうことなく、パリスの誘いに応じた。そしてふたりは「愛にわれを忘れた」。

その間にも、ホメロスがわれわれに見せてくれるのは、姿を消したパリスを求めて、「うろうろとまるで野獣のように」歩き回るメネラオスの姿だった。

果てしのない戦いが九年も続くと、さすがに両陣営はともに戦いに倦んで、陣営内には厭戦の気分が漂い始めた。ここでホメロスがわれわれの耳に入れるのは、たがいに攻めあぐんだ戦いを何とかして終わりにしたいとする両軍の動きである。ギリシア人の陣営では戦士たちが集まりを催した。そこで相談されたのは、所期の目的は成就することができなかったが、今はともかく、船を浮かべて国へ帰るのがよかろうという案だった。トロイア方でも、少なからぬ人が、早々にヘレネをギリシア方に引き渡すべきだといい立てた。しかし、パリスだけはこれに反対した。パリスはトロイアの王子だけに、自分の意見を押し通すことができる。その結果、パリスとメネラオスの一騎打ちで戦いの決着をつけようということになった。そしてこの一騎打ちがしばしの間、戦いの終結の前兆になるかもしれないと期待された。両軍によって了承されたことは、両者の内どちらが勝つにしても、ともかくその勝者がヘレネを自分のものにし、その上、戦争も終結させることができるというものだった。しかしパリスは戦いのさなかに、魔術をかけられたようにして消えてしまった。彼の消失が意味したことは、大規模な殺し合いがこれからもなお引き続いておこなわれるにちがいないということだった。

さて、両軍はある地点に達すると、激突した。青銅の鎧を着た戦士たちが、組み討ちをする。力のかぎり、たがいに楯を打ち合い、槍の穂先を交わし合う。丸い楯は、臍と臍とがぶつかり合い、戦いの音は轟いて、地面を揺るがす。

殺す者と殺される者、その悲痛な叫びと勝利の雄叫びが、ひとつになって混じり合い、大地は血を流した。

こうしてわれわれ読者は、両陣営の戦士たちについて、その家族のことや、故国の様子、彼らが抱く現在の恐怖、未来に対する希望などを徐々に知るようになるわけだが、知れば知るほど、ホメロスが展開する、瞬きひとつしない平然とした戦闘の叙述に心の疲れを覚えてくる。戦場で戦っている戦士たちと同じように、いつしかわれわれもまた、戦争のなりゆきをひたすら恐れるようになる。くる日もくる日も、ただただ、流血の大惨事へずるずると向かっていくのではないかという恐怖感。たとえばそれは、ギリシア軍のディオメデスが女神アテネの助けを借りて、トロイア軍のパンダロスを打ち倒したときのような血なまぐさい戦いへと向かっていく恐怖だった。

こういいながら槍を投げると、アテネがそれを導いて、
槍は見事に相手の目と目の間に命中し、鼻を裂いた。槍はさらに輝く歯を打ち砕く。
強靱な青銅の槍は舌を根元から切り裂き、顎を粉々にした。
そして、槍の穂先は顎の下に突き出た。

『イリアス』にはこれと似た描写が何百となく出てくる。われわれにはすでになじみとなった人物の体が引き裂かれ、内臓があふれ出る。打ち倒れた戦士は、「か黒い痛みが波のように押し寄せる中」、土くれをつかむ。すると、「闇が渦を巻きながら、彼の両目を深々と覆いつくす」。ホメロスはたしかに、

こうした描写を繰り返すことで、われわれに戦争の悲惨さを印象づけようとしたのかもしれない。しかし、それだけではないだろう。彼は単にわれわれをうんざりさせるために、悲壮な場面を次々に展開したのではけっしてなかった。戦争はたしかに地獄かもしれない。しかし、それはまた光輝に満ちた地獄でもあるとホメロスはいう。人間が被る苦難の極み、人間の徳行の真髄、人間の成功の頂点がすべてそこにはある。戦場はまた、死という最終の悲劇が、大いなる行為（それはすべての行為の中でもっとも偉大とされるもの、つまりは戦闘における勇気である）という永遠の美質と、分かちがたく結びついた場でもある。それゆえにホメロスは、「甘い人間の血を求めて夢中になる」メネラオスを褒め称えることができたのだろう。ギリシア軍の中にあって、アキレウスに次ぐ剛の者といわれたアイアスが「戦争の喜び」と呼んでいるものの一例として。

「臆病者の顔色は四六時中変わる」といい切っているのは、冷静この上ないクレタの頭領イドメネウスである。彼はのちに生きて故郷へ帰ることになる（そして、モーツァルトの初期のオペラ、野外劇めいた『クレタの王イドメネウス』に主題を提供する）。

彼（臆病者）は心をしっかりと落ち着かせることもできず、じっと座っていることもできない。しゃがんでみたり、体を揺すってみたり。右へ左へと体を動かしてみたり。あばら骨の内側では、心臓がどきどきと、早鐘を打ち続け、歯はカチカチと鳴る。——薄気味悪い死に恐れおののいているのだ。
それにひきかえ、勇者の顔色はけっして青ざめることがない。つねに自制の心が働いている。いかなるときも、緊張はするが、恐れることはしない。

ひとたび、待ち伏せする仲間の群れに入れば、そのとき彼は、一刻も早く敵を切り刺し、殺戮したいものとこいねがった。

このように、イドメネオスを「火のごとく勇猛果敢」に奮い立たせた戦士を描きながら、ホメロスは次のような賛嘆の言葉を書き記している。

心逞ましい剛の者にしてはじめて、戦いの中にありながらなお、恐怖に怯えることなく、喜びで心躍らせることができるのだろう。

それは、ジョージ・C・スコットが描いたジョージ・S・パットン将軍(一八八五―一九四五。アメリカの将軍。第二次世界大戦下の陸軍大将。戦車軍団を率いた)のような人物かもしれない。戦闘で鍛え抜かれた忘れがたい将軍の肖像。パットンは、負傷者や死者があちらこちらに散らばっている戦場を眺めて、次のようにいったという。「すばらしい。神よ。私は戦場を愛する。私は自分の生涯よりはるかに深く、戦場を愛している」。

たしかにアキレウスは、並ぶ者なきギリシアの戦士かもしれない。だが、彼はこの叙事詩の中では、ほとんど舞台のそでに引っ込んでいて、表舞台には出てこない。ひたすら不満を抱いてテントの中にひきこもっている。したがって、アキレウスは『イリアス』(結局のところこのタイトルは、トロイアの古名「イリオスをめぐる物語」を意味している）の最終的な主人公とはいいがたい。主役の座はむしろトロイアの戦士ヘクトルにこそふさわしい。トロイア王プリアモスと王妃ヘカベの息子にして「馬を飼い慣らす男」、そしてパリスの兄ヘクトル。トロイア軍をその猛々しい闘志によって、ほとんどひとりで励まし続けた男である。ただし彼は、自分がこのトロイアの原野で死ぬ運命にあることを疑わない。愛する妻のアンドロマケと息子のアステュアナクスをギリシア勢のなすがままにさせて。アキレウスについてわれわれがたやすく見てとれるのは、彼の傑出した力だ。彼の力強さは単純で分かりやすい。これはホメロスの描く他のヒーローと変わりがない。が、ヘクトルは「十分に餌を与えられた馬」であり、「戦いに勇んで出ていく」ライオンであるにもかかわらず、ギリシア勢のおもだった面々にくらべると、はるかに複雑なネコという感じがする。好戦的な表の顔の下には、ヘレネがいったように「優しい気質の」男が隠れていた。

ヘクトルは彼がいう通り、「戦争というすばらしい互角のやりとり」にしっかりと自分を結びつけていたが、これは他のヒーローについても同じことがいえた。が、ヘクトルはまた妻のアンドロマケとも、男と女の友情によってしっかりとつながっていた。ヘクトルは戦いの間を抜けて中休みを取り、妻の元へと戻ってくる。それも、彼が「いとしい妻とわが子」の顔を見ることのできる、これが最後の機会と思ったからかもしれない。ホメロスは概して、登場人物の行動について、いちいちそれに注釈を加えることをしていない。しかし、ヘクトルと妻子の面会については、めずらしく優しい言葉で描写している。これは叙事詩の中でも例外中の例外である。ホメロスはここでアンドロマケを、ヘクトルの「暖かく鷹揚な妻」、そして「勇敢な心をもつ」父親の娘と呼んでいる。またヘクトルの息子のアステュアナクスを「『ヘクトル』の愛児で、星のように輝くようだ」という。そして、ヘクトル自身については、「偉大な戦士はにっこりと相好を崩し、黙ってわが子をじっと見つめていた」と書いている。この沈黙は重要である。なぜなら、ヘクトルはただ、自分の感情をあふれるがままに出すタイプの人物ではなかったからだ。

アンドロマケはヘクトルに戦いから身を引いてくれと頼む。彼女にはすでに家族と呼べる者がひとりもいないからだ。「神のような足の速いアキレウスが彼らを皆殺しにしてしまった」。「ですからヘクトル」と彼女は懇願する。

「あなたは今では私の父親です。私の気高い母親です。
兄弟でもあります。そして何より、あなたは私の夫です。若くて、優しく、そして逞しい。
どうぞ私を哀れんでください。この城壁内にとどまってください。
あなたの息子を孤児にしないで。あなたの妻を寡婦にしないでください」。

しかしヘクトルには、攻めるに堅いトロイアの城壁内にとどまることなどできない。彼の答えはよくよく考えた上の、悲しげなものだった。

「いとしい人よ。お前のいったことはすべて、すでに私も考えたことだ。
しかしもし、私が今、臆病者となって、戦いから尻込みするようなことになれば、
もはや、トロイエの人たちにも、長いドレスを引くご婦人方にも合わす顔がなくなる。
それに、私の気持ちは、どんなことをしても、そちらへ向かうことなどない。

私がこれまで学んできたことは、雄々しく耐え忍ぶことだった。

そしてつねに、トロイエの戦士たちの先頭に立って戦うこと。

父上に大いなる栄誉を、そして、自分自身にも名誉をもたらすためにも。

というのも、私は心と魂によってよくよく承知しているからだ。

聖なるトロイエには、必ず亡びの日がくることを。

プリアモス王は死に、王とともに人々も死ぬ。

トネリコの強い槍を投げていたプリアモス王の人々も。……

　　　　　　　　　　　　　　　　　　そのような事態に立ち至ったとき、
私をふさぎ込ませるのは、トロイエ人たちにふりかかる苦難、
さらには母のヘカベ、王のプリアモスを襲う不幸はもちろんのこと、
私の兄弟たちやあまたの勇敢な戦士たちが、やがては土くれの中で倒れ、敵によって粉砕されてし
　まうという思いだ。

しかし、それにもまして私に気がかりなのは、お前が受ける苦しみだ。

青銅の鎧を纏ったアルゴス人が、涙に暮れるお前を引っ立てていくだろう。

そして、お前の光あふれる日も、お前の自由も、そのすべてをもぎ取ってしまうだろう。

お前は、遠く離れたアルゴスの地で生きなければならない。

機を織りながら、他の女のいいなりになって。

メッセイス、あるいはヒュペリアの泉に水を汲みにやらされるかもしれない。

お前はそれに抗いようもないだろう。首には太いくびきがつけられているのだから。
お前が涙を流すのを見て、人はいうかもしれない。
『あれがヘクトルの妻だ。遠い昔に、人々がトロイエを攻めたとき、
馬を飼い慣らすトロイエ人たちの中でも、もっとも勇敢だった、あの戦士ヘクトルの妻だ』と。
だれかがそう話すとき、新たな悲しみがふたたび、お前の胸にあふれるだろう。
寡婦となったお前、奴隷となったお前の日々を、
打ち破ることのできるほど強い男を奪われてしまった、お前の胸に」。

そしてホメロスはわれわれに語りかける。ヘクトルがそれと「同時に」わが子に手を差し延べたと。
しかし、子供は「父親を見て」わっと泣き出す。

馬の毛を飾りにつけた、光輝く兜に怯えてしまった。
兜の頂から垂れ下がる大きな毛飾りが、恐怖を喚び起こした。
それが子供の目に入った。父親はそれを見て笑い、
母親も笑った。誉れも高いヘクトルは、
すぐに兜を頭から外すと、
地面に置いた。日の光に真っ赤に輝く兜を。
そして子供を抱き上げると、キスをして、腕の中で揺すった。
さらにゼウスや他の不死の神々に祈りを捧げた。

「ゼウスよ。そして他の神々よ。どうかこの子を、
私のように、トロイエ人の中で誉れも第一の男にしてください。

いつの日にか人々にいわせてください。そしてイリオスをその力で統べることのできる男に。

『彼は父親よりすぐれた男だ』と――

この子が戦いで殺した敵兵の、血に染まった甲冑をもち、戦場から帰ってきたときに。それこそ彼の母の心に大きな喜びを与えるもの」。


そういってヘクトルは祈った。

そして、息子を愛する妻の腕に預けた。
アンドロマケは子供を香しい胸に押しつけると、
涙ながらにほほえんだ。彼女の夫はそれに見ると、
哀れな気持ちで胸がいっぱいになり、彼女をやさしくなでるのだった。
そして安心させようと、彼女の名を繰り返した。「アンドロマケ、
どうしたんだ。なぜ、そんなに思い悩むのだ。なぜ、そんなに私のことで悲しみに暮れるのだ。
だれひとり、私の運命に逆らって、私を死に至らしめることなどできないというのに。
運命とは、だれもがそこから逃れることのできない定めだ。
勇者も臆病者も、ともにそこから逃れることはできない。私はお前にいっておくが、
運命はわれわれが生まれた日から、つねにわれわれとともにあるものなのだ」。

さらに数語を交わしたのち、ふたりは別れた（われわれはそれが永遠の別れであることを知っている）。ヘクトルは「馬毛の飾りのついた兜を手に取って」。一方、アンドロマケは「はらはらと熱い涙を流しながら」。こうしてふたりはたがいに、ヘクトルがすでに予見した別れという定めに立ち向かっていった。

このシーンは『イリアス』の中でもとくにユニークだ。戦争の虐殺シーンがあふれる中、一点だけ優しい家庭のオアシスが存在している。しかしそれはまた、世界の文学を見渡してみても、断然ユニークなシーンである。古代の作家としては（メソポタミア、エジプト、ヘブライ、そしてギリシアの作家をすべて含めて）、はじめておこなった試みといってよいだろう。結婚したカップルの間に見られる分かちがたい愛情の絆を描いたシーン、つまり、家族が愛情の一単位として示されたはじめての試みである。(2) アンドロマケがヘクトルと結ばれていたのは、結婚を親が取り決める時代にありがちな、義務による結びつきではなかった。彼らを結びつけていたものは、むしろロマンティックな愛と呼んでもいいものだった。彼らのような恋愛は、通常、この時代からさらに一九世紀ほど下った時代になって、はじめて人間関係の中に現れてくる現象（中世ヨーロッパの騎士道的な恋愛とされる「宮廷風恋愛」の伝統がそれだ）と考えられている。

同じように、不必要に怯えて怖がる子供に注がれる、愛情に満ちた夫婦のほほえみ、そして、子供をなだめるために、おどろおどろしい兜をすぐに脱いでみせたヘクトルのしぐさは、いずれも次のようなことを暗示している。つまり、ヘクトルとアンドロマケがともに、子供時代を大人の時代とは別個のものだと理解していたこと。そしてそこには、大人が譲歩しなくてはならない特別な主張や要求があるということを、ふたりが十分に認識していたこと。彼らが見せたこのような自覚が現われるのは、通常、ルソーの『エミール』まで待たなくてはならないとされている。それは、こうした自覚の起源がわれわれの時代の一九世紀にあると考えられていたからである。しかし、夫婦が示した子供時代に対する理解の仕方にもまして衝撃的なのは、ヘクトルが自分のあとに続く世代に対して見せた謙虚な態度だった。これは感動的ですらある。それが現われるのは、息子が「父親よりすぐれた男」になるようにと願ったヘクトルの祈りの中だった。おそらくは、当時にくらべてはるかに進んだ社会に生きる父親ですら、その多くが、これほどまでに無私な態度を取ることはできなかったにちがいない。

ヘクトルとその家族が、トロイア城の中で繰り広げた独特なシーンは、われわれに次のようなことを保証するものだった。それは、われわれがいう「人間的な」感情を表わす人々が、学者たちが指摘するよりはるか以前の時代に存在したということである。(3) それは家族に特有の優しい感情だった。そしてこの三人の間に生まれた深い感情の流れこそが、続いて起こる出来事を、もはやいかにしても取り返しのつかない悲劇にしたのである。

アキレウスは相変わらず、ギリシア陣営のテントの中で考えごとに耽っていた。ヘクトルの軍勢はギリシア軍を船の近くまで押し戻し、やがては海へと迫ってきて、ギリシア軍の船に火を放つほどの勢いである。

このままでいけば、ギリシア勢の敗北は目に見えている。危機感を抱いたアキレウスは、自分にとって離れがたい親友のパトロクロスを、身代わりとして戦場に送り込むことにした。そして、パトロクロスには自分の甲冑を着せ、自分の戦車で原野へと送り出した。戦車を引くのはアキレウスの不死の馬である。しかし、ヘクトルはこのパトロクロスを殺す。そしてパトロクロスの死がアキレウスに、いかにしても消しがたい悲しみをもたらし、彼を戦場へと駆り立てることになった(「犬顔の」アガメムノンが保証した通り、すでにアキレウスは自分の女を取り戻していた。アガメムノンに一指も触れられることなく)。アキレウスは猛り狂ったように暴れ回った。もはやだれひとり彼を止めることなどできない。そしてついにヘクトルを打ち倒す(ここは古代の文学を通じて、もっとも悲しい場面だ)[4]。ヘクトルの魂は「死の館へと飛び去っていった」。しかし、アキレウスの攻撃はなお止まない。「死ね。死ね」とトロイアの王子(ヘクトル)に罵声を浴びせながら、アキレウスはヘクトルの死体から甲冑をはぎ取り、ギリシアの戦士たちに向かって、死体に陵辱を加えるようにと促した。

戦士たちは驚異の念に打たれて、

ヘクトルの体つきや、華麗でしなやかな彼の美貌を見つめた。
が、その屍に剣で一刺し、突き刺さない者はひとりとしていなかった。
そして彼らは仲間に向かっていった。「見てみるがいい、
われわれの船に火を放って焼き払ったあのヘクトルが、
今はどうだ、こんなに扱いやすくなってしまった」。

アキレウスは親友のパトロクロスに敬意を表して葬儀の競技を催した。そして、薪を集めて彼の屍を焼き、灰にした。さらに、特別な墓をあつらえて、そこに葬った。しかし、彼はもはやひとときたりとも眠ることができなかった。ヘクトルのしたたかに鞭打たれた死体を戦車のうしろにくくりつけると、アキレウスは日も夜も分かたず、パトロクロスの墓の周りを、何度も何度もヘクトルを引きずって回るのだった。しかし、ここにもうひとり悲しみに暮れる人物がいる。ヘクトルの父、プリアモス王である。

プリアモスは息子が受けた恥辱を、もはや堪え忍ぶことができなかった。彼はアキレウスの元へ、夜、たったひとりで嘆願者となってやってきた。そして、息子の屍を返してほしいとアキレウスに乞うのだった。プリアモスの風格のある顔も、連日連夜の悲嘆のために疲れ果て、悲しみに沈んでいる。彼は絶望のあまり、勇気を振り絞って、ついに戦線を越え、自らアキレウスの元へとやってきた。そして、王の気持ちはアキレウスの心に届いた。アキレウスは年老いた王の叫びに対して、人間味あふれるやさしい思いやりを示し、これに応える。


「アキレウスよ、どうか神々を畏れて、私を憐れんでください。

あなたのお父様を思い出してください。私はそのお父様にもまして、さらに哀れな身の上です。

……

私は、かつてこの世のだれもが経験したことのない悲しみに耐えています。

息子を殺した人の手に、私は唇を添えます」。


これらの言葉がアキレウスを動かした。アキレウスは自分の父親を思って、悲しみに暮れた。

老人の手を取ると、アキレウスはやさしく彼を引き離して、元の場所に戻した。(5)

そして、ふたりは思い出に耽り、悲しみに打ちひしがれた。——プリアモスは、
雄々しいヘクトルのために涙を流し、アキレウスの膝元でしゃがんで、身を震わせた。

アキレウスは自分の父親を思い、また、パトロクロスをふたたび思い起こして泣いた。

これより少し前、パトロクロスが死んだ直後に、ゼウスが超然とした調子で述べている言葉が、このシーンでも死者を弔う墓碑銘として役立つのかもしれない。

「この地上に生を受け、はうようにして暮らしているものの中で、人間ほど、苦悩に満ちた生きものはいない」。

しかし、ホメロスの長い叙事詩の掉尾を飾るのは、神でもなければ、王でもなく、生き残った戦士でもなかった。それはヘクトルだった。今は元の姿に戻された彼の屍は、薪の上で焼かれた。白い骨は集めて、黄金の壺に納められた。そして、壺は「大きくて柔らかい紫の布ですっぽりと」包まれた。それは塚の下に埋葬され、上には「大きな石」が置かれた。やがてはだれひとり住む人もいなくなる伝説のトロイア平原、その塚の下にヘクトルは葬られた。

そして、人々は塚を作り上げると、
トロイエ城へと戻り、ふたたび一堂に会した。
ヘクトルの名誉を称えて、壮大な葬儀の宴を催した。
ゼウスの意志にしたがって、プリアモス王の館で。

このようにしてトロイエ人たちは、馬を飼い慣らすヘクトルを葬った。

ホメロスが叙事詩を書いてからというもの、そのあとに続くすべての時代は、彼の詩の中に、自分の時代に関わりのあるものだけを見つけた。われわれにとってアキレウスは、ふくれっ面をして拗ねている青年以上に、似たものを見つけることが難しいかもしれない。肉体的な成長がはなはだしく、とても思慮分別がそれに追いついていかない。アキレウスはそんな若者に見える。現代の軍事史家のヴィクター・デイヴィス・ハンソンは、ホメロスが英雄たちの手柄を述べているくだりを例に挙げて、ラップの歌詞のようだといっている。「たがいに威信をかけて、ご婦人方や戦利品を求め、縄張りを保持せんがために戦い、傷つけ合うライヴァルの一団同士をほめ称える」ラップのようだというのである。たしかに双方ともに、それぞれの聴衆がエンターテインメントを求めているという点では共通している。とりわけそこには、かならず、彼らの攻撃的な態度に対する賞賛があるところも共通している。結局のところ、ホメロスのパトロンというのは、没落しつつある人々だったということがいえるだろう。没落は何代にもわたって続いた。彼らは八世紀という過渡期に生きた貴族たちだったのである。時代は「暗黒時代」の末期、彼らはよき時代に生きた、英雄的な祖先の人々の記憶を大切にした。それはアガメムノンやメネラオス、それに幾多の戦士たちが活躍した英雄の時代だった。戦士たちは伝説的な戦いに参加して、不朽の誉れを勝ち取った。

ホメロスの描いたテーマは、彼の時代より五世紀ほども前に起きたトロイアの攻城戦だった。そのために、彼が描いた戦場には、軍事的に見て不都合なことがたくさんあった。たとえば、ホメロスやその聴衆たちが思い描くのは、リーダーたちの戦車に乗って戦う姿である。しかし、八世紀末に生きた人々には、戦車を使った戦争がいったいどんな風にしておこなわれたものなのか、見当もつかなかった。ホメロスは戦車の御者に命じて、戦場に到着すると、英雄たちを降ろさせた。戦車から降りた英雄たちは、戦場で密集隊形を取って戦った。確かな根拠などなかったのだろうが、ともかく戦車は、貴族の戦争にとって必須の装備品と思われていたのである。しかし、戦車が戦いに与えていた古代の雰囲気から、ホメロスの時代ははるかに隔たった後代である。すでにホメロスの頃になると、戦車は戦場で使用されなくなっていた。英雄たちは戦場に着いて戦車から降りると、今度は、戦闘の仕方についても、戦闘の出で立ちについても、ホメロスの時代の装甲歩兵の姿に限りなく近くなる。彼らは重い甲冑を身に纏っている。兜、楯、胸当て、脛当て、剣、槍、それにその他の防具など、しめて重さは六〇ポンド（約二七キログラム）ほどにもなる。この出で立ちをして、戦士たちは密集隊形で戦った。そして敵に対しては接近戦を展開した。したがって彼らは、祖先の人たちがしたように、戦車に乗りながら槍を投げることはしなかった。英雄の時代は、戦場も人の数が少なかったのである。当時の戦争は、戦場で訓練されたふたつの大軍団が向かい合うというより、むしろ、ニワトリの群れやギャングの乱闘に近かった。

経験と想像が奇妙な形で一体となったことにより、ホメロスの描く戦士の行動は現実から遊離し、われわれから引き離されていった（もちろん、われわれ以前のすべての聴衆からも離れている）。そのために、戦士の動きは時間を超越したスローモーションのようなものに見えた。そしてそれがまた、叙事詩のもつ普遍的な魅力の一部を構成することになったのである。たとえば『イリアス』の中で繰り返し見られたことだが、戦士たちは死闘を繰り広げる前に、たがいに手の込んだ口上を伝え合う。しかし実際には、戦場でこんなことをする暇などないことをわれわれは十分に承知している。ただしこれについては、シェイクスピアの『マクベス』でも同じようなことが見られる。マクベスが最後の戦いをする直前に、挑戦者のマクダフに向かって、すでに自分は魔女の言質を得ていると伝える場面がある。彼はけっして自分が、「女から生まれた人間」によって殺されることなどない、と魔女によって保証されたことをマクダフに伝えた。それに対してマクダフは、弱強五歩格の句を駆使して答える。自分はたしかに「母親の胎内から出てきた。／それも、月足らずで引きずり出されたのだ」と。しかしいずれにしても、マクベスとマクダフにこんなことを話す余裕があるわけはなかった。ホメロスもシェイクスピアもともに、彼らの戦士たちを描くのに、絵や壺の水準にまでグレードアップしてしまっているということがいえるだろう。われわれがそこで見るのは、つねに特徴的なポーズでとらえられた戦士たちの本質そのものなのである。

しかしわれわれは、ホメロスの物語に見られるバレー劇のような、それだけにいっそう時代錯誤的な要素に気を取られるあまり、彼の基本的なリアリズムを見落とすようなことがあってはならない。ここにはまぎれもない、ホメロスの時代に繰り広げられた戦争が描かれているからだ。それはあきらかに、アガメムノンの時代の戦争ではない。伝説によると、ホメロスは放浪して歩く盲目の吟遊詩人だったという（盲目のために、よりいっそうものが見えたということはいえるだろう）。しかしこれは、『オデュッセイア』に登場した吟遊詩人の叙述から推測されたことで、のちに、これこそ詩人の自画像にちがいないとされた。これについては、それが真実なのかどうかは分からない。が、少なくとも人生の早い段階では、盲目のホメロスも目が見えていたにちがいない。というのも、『イリアス』には迫真に富んだルポルタージュがあまりに多く含まれていて、詩人が戦闘を実際に見たことがなかったなどとは、とても考えられないからだ。実際、ホメロスが戦士として戦闘に一度も参加したことがなかったということもありえないように思える。初期の悲劇作者のアイスキュロスはマラトンで戦い、彼の同時代人で、若干年少のソポクレスは、アテナイがサモスを征服した際に将軍の任務についていた。「哲学に精通した虻」のソクラテスはどうだろう。彼はポテイダイア、アンピポリス、デリオンなど、三度の戦闘に参加し、そのつど、英雄的なおこないに対して賞賛を受けている。トゥキュディデスはアンピポリスでアテナイ人を見捨てた海軍の将官だった。クセノポンの書いた軍史『アナバシス』(『一万人の退却』)は、彼が自らの戦時経験を記した報告書である。雄弁家のデモステネスにはカイロネイアで戦った経験があった。そして彼はまた、アレクサンドロス大王に対して、アテナイ最後の防衛戦を組織したことでも知られる。ギリシアで重要人物といわれる人の履歴を見ると、若いときに軍隊の経験のない者や、そのあとで、戦争に強い興味を抱かなかった者などほとんどいない。初期の哲学者のヘラクレイトスは「戦争はすべての父、すべての王だ」といっている。もっとも偉大な哲学者とされるプラトンにとっても、戦争は必要性そのものだし、「つねにはじめから存在している」ものだった。

さて、詩人(ホメロス)がわれわれに描いて見せてくれた戦場を、さらにつぶさに観察してみよう。そうしたときわれわれは、後代の西欧の戦争がもつことになるほとんどの要素が、この戦場にすでにあったことに気がつく。つまりそのすべては、ミュケナイ文明のリーダーたちのもつ老朽化した技術から革新的な出発を遂げたものだった。『イリアス』で描かれているのは、たいていが敵対するふたつの集団の対峙している様子だ。ところが、実際に戦いの描写となると、そのことごとくが、鎧を着た歩兵の密集した突撃として描かれる。戦士たちは、密集した隊列を組んでゆっくりと動く。列のあとにまた列を作りながら。身に纏っているものも、貴族風な出で立ちではない。疾走する戦車が風を巻き起こし、戦士の纏った服が風で劇的になびくという風景はもはや見られない。歩兵たちはカブトムシのように完全武装だ。頭のてっぺんからつま先まで、重い青銅の鎧を着ている。したがって戦士たちが前へ歩くと、鎧がぎしぎしと音を立てる。彼らはまるで、不格好だが冷酷無情な機械のように見えた。

それはまるで、石工が石の壁を作るときのようだ。
強い風から家を守るために、みかげ石を隙間なく、びっしりと重ねていく――そんな風に戦士たち
はひとつにかたまっている。
飾りのついた兜、戦闘用の楯が膨らんでは、前へと飛び出す。
円い楯に楯が、兜に兜が、人に人ががしっかり重なって一団となっている。
そして、きらきらと輝く兜の角の上についた飾りが、
戦士たちの頭が揺れるたびにこすれ合う。歩兵大隊はそれほどまでに、密集した塊になっていた。

創意に富んだファランクス（重装歩兵密集隊形）、この恐ろしい誇示行動も、さらに三世紀経つか経たずの内に、さまざまな攻城機によって取って代わられることになる。それは対抗用の堡塁や起重機、てこ、投石機などである。さらには軍隊の組織や配置なども、いっそうの進化を遂げていく。しかし、戦争そのものについていえば、すでにホメロスの時代に本質的な変貌を遂げていたということがいえるだろう。

ギリシアの聴衆は、ホメロスが語る戦士たちの個人的な剛胆ぶりに感動した。世間はヘクトルの勇壮さに涙を流した。それは何世紀ものちに、イングランド王党派の悲劇詩人リチャード・ラヴレース（一六一八―五八）の言葉に世の中が涙したのと同じである。彼がルカスタの「純潔な胸」を後にして、「戦争と軍隊」へと飛んでいったときだった。「私はお前を愛することができなかった。／私が名誉を愛

するのと同じほどには」と彼はいう。このような雄々しい感傷は、もし銃後の人々の任務が、戦場で死にゆく戦士たちに惜しみない支援を与えることだというのなら、声高に、忘れられないよう繰り返し、声に出されるべきものだろう。しかし歴史上名高いギリシアの軍隊も、そこに描かれたおびただしい数のヒロイズムの言葉にもかかわらず、実際には情け容赦のない革新の所産だったことをすぐに見抜かれてしまうにちがいない。そこで見られる集団は、もはや個人の塊ではなく、鉄の訓練を施された人間たちの集団だった。したがって技術的に見ても彼らは、敵にくらべて数段まさっていた。指揮官の将軍たちもすでに、次のようなことを学習している。つまり、戦争はもはや人為的におこなわれなくてはならないこと。そして、おのおのの戦闘も、それが始まる前に、十分に練り上げられ、心の中で戦いが完遂されていなくてはならないこと。さらには、自軍を有利な立場におき、敵軍を不利な状況に追い込むために、事前に戦いの時刻や場所、その他の条件などを、できるかぎりチェックして、最適なものを選び出しておかなければならないことなどである。紀元前八世紀のホメロスの時代から、西欧の戦争マシーンはいつでも使用可能の状態となっていた。その目的はいかなる敵に対しても、絶望的な恐怖感を植え付けることができるような、十分に破壊能力のある軍隊を作り上げることだった。そしてこの時代以降、西欧の戦士たちが歴史の中を闊歩していくことになるのだが、そのときには彼らも、すでに貴族的な剛胆さの模範としてではなく、現実がその通りになっていた、軍団を構成する一員として進軍していったのである。

「西欧の戦争は恐ろしい」とハンソンは書いている。「これは相対的に見てもそうだったし、無条件でもそういえた。ヨーロッパの軍隊はこれまで、向こう見ずに人殺しをおこなってきた。その結果、二千年間というもの、組織化された軍事的抵抗については、それがいかなるものでも、いったん頭をもたげるやいなや、ヨーロッパの軍隊はそれに対して徹底的な殲滅作戦を展開した。他の好戦的な軍事上の伝統といえば、それはたとえば、中国や両アメリカ大陸、それにインドなどで見られた。太平洋上の島々もまた、長い期間にわたって軍事的な文化を誇ってきた。が、彼らはいずれも、西欧の軍隊がもっていた効率性や柔軟性を追求することができなかった。つまり、徹底的な破壊を可能にする戦争遂行能力を身につけることができなかったのである。それはたとえば、アレクサンドロス大王が一〇年の歳月をかけておこなったインドのガンジス川へ至る遠征、カエサルが実行したゴール地方の「鎮圧」、そして第二次世界大戦の際にヨーロッパが被った、六年間に及ぶ徹底的な破壊、さらには、原子爆弾の投下により、わずか一日で粉砕された広島や長崎などの例が示している破壊的な能力のことである」。

古代の軍事史に対して見せたハンソンの解釈は、ディック・チェイニー（ブッシュ政権の国防長官を務めた）のような、ジョージ・W・ブッシュ大統領に影響力をもつ人々の間でかなりの賛同を得ている。

ブッシュの助言者たちは、戦争に対するギリシア人の考え方をよしとして承認してきた。それは次のようなものだ。つまり戦争は「たしかに恐ろしい。しかし、文明にとってそれは生得のものなのだ。したがって、それが悪を破壊し、罪のない者を救うという善良な目的のためにおこなわれるものならば、つねにそれを不正で不道徳なものと決めつけることはできない」。ハンソンは『戦争の秋』の中で以上のようなギリシア人の戦争観を紹介している。アメリカの軍国主義者の間でもてはやされているコメンテイターに、もうひとりロバート・D・カプランがいる。彼は『戦士の政治学——なぜリーダーシップは異教徒のエトスを要求するのか』の中で、アメリカの外交政策はユダヤ・キリスト教の道徳に束縛されるべきではないとさえ主張している。彼はまた「進歩はしばしば、他の者を傷つけることにより可能となる」とも述べている。カプランの考えによると、もしわれわれ西欧人がグローバルな卓越性をなお維持していこうとすれば、われわれは全霊をかけて、また恥も外聞もなく、異教徒であるギリシア人のルーツにまで戻らなくてはならないという。

現在われわれがおこなっている軍事的なアプローチ（われわれの使っている語彙がすでにそうだ）は、その多くが、ホメロスの時代、つまり、紀元前八世紀の終わりから七世紀のはじめにかけて、ギリシアの戦場で起きた変化にその淵源を負っている。近年でもっとも著しい例は、たとえば第一次湾岸戦争の初めに、コリン・パウエル将軍によって出された公式政策である。それは「圧倒的な軍事力」というものだった。西欧の歴史を通して幾多の戦争が引き起こされたのだが、個人的な戦士の勇気と引きくらべてみたとき、パウエルの政策ほどはっきりとした対照を示したものはなかっただろう。冷静な計算と理性的な立案が西欧の戦争マシーンの主要な武器として使われるようになったのである。それはもはや、ヒロイックな修辞や神秘的な信念などとはほど遠いものだった。このような手段を使って、たとえばコンキスタドール（征服者）たちはメキシコの住民やカリブ海の人々を征服した。わずか三〇年の間に、構えだけは堂々としているが、その実、もろく、壊れやすかったアメリカ大陸の土着の伝統を彼らは破壊しつくしてしまったのである。侵入してきたスペイン人たちは、メキシコのアステカ社会の実態を、その強さから弱点に至るまで、冷静な観察と帰納的な論理を結びつけて、またたく間に掌握した。それに対してアステカ人たちは、ハンソンが述べている通り、「カスティリア人が侵入して数週間が経つというのに、なお困惑し、侵入者に対する態度を決めかねていた。侵入者たちははたして人間なのか半神半人なのか。乗っている動物はケンタウロスなのか馬なのか。海を渡ってやってきたものは、船なのか浮いている山なのか。はたまた、彼らは外国の神々なのか土着の神々なのか。手にもっているものは、銃なのか雷なのか。そして結局のところ、彼らは使者なのか敵なのか」。

もちろんわれわれはときに、的をはずしてしまうこともある。たとえば、テルモピュライ（紀元前四八〇年にスパルタ軍がペルシア軍に大敗したギリシアの山道）からリトルビッグホーン（ワイオミング州とモンタナ州を流れる川。一八七六年、この川の流域でカスター大佐の率いる部隊が、スー族とシャイアン族の連合軍と戦って全滅した）、そしてベトナムに至るまで、そこには顕著な歴史的例外もある。それはほんのしばらくとはいえ、西欧の軍事的支配というマシーンが逆に覆されてしまった例だった。そして現下の、テロリズムに対する果てしのない世界的「戦争」についていえば、最終的な結末がどのようなものになるのか、われわれはそれをしかと見届けることが必要だろう。この戦争では、相手は守るべき領土をもたず、そのために、攻める方はいかなる戦場におもむいても、相手に遭遇することができない。したがって、すべてのイニシアティブは敵方が握っていて、物陰という物陰には、ことごとく、おぞましい驚愕が潜み隠れている。これがテロリズムに対する戦争だった。技術的なグロバリゼーションの時代に起きる国際的なテロリズムこそ、これからわれわれが、それに対する解毒剤を見つけていかなくてはならないひとつの革新だということがいえるのではないだろうか（そしてそこでは、必要とされるものがもはや「軍事上の」解毒剤などではないということも十分に考えられるのではないか）。また、われわれが現在所有している技術の集積が、われわれのヘゲモニー（覇権）を保持するのに十分である、ということがはたして本当にいえるのだろうか。ほとんど三千年の長きにわたって、成功を誇ってきた西欧の軍国主義の伝統が、その有用性の終わりを迎えているのではないのだろうか。今この問いを投げかけることは、たしかに価値のあることだろう。たとえ、この問いに答える試みが、最終的にはなお時期尚早で終わるにしても。

だいたいこの種の問いかけは、了見の狭い人々にとっては不愉快千万なものだろうが、精神の上からいうと、きわめてギリシア的なものだといえる。考えられないようなことを考えること。不可能なものをなお提起すること。すべての選択肢を考慮に入れること。こうした論議の習慣は、足かせをはめられていない、自由な人々の間で取り交わされる議論の中でのみ可能となる。われわれがなお考えなくてはならない問題がここにあるのだろう。つまりそれは、ギリシアの軍国主義そのものが抱えていた、ひとつの要素についてである。それは他ならぬ軍国主義が、市民性と大衆参加という都市国家の発生時に生じた概念の中に、そのルーツをもっていたということだ。ホメロスは、アガメムノンやプリアモスの社会が部族社会であったことをよく知っていた。そこでは、平和時にしろ戦時にしろ、すべての決定が権力をもつ頭領（リーダー）によっておこなわれていた。そしてリーダーたちは、それがどんなに危険な決定であろうと、気が向けば、自分に従いくる者を勝手気ままに、その中へ導き入れることができた。こうしてギリシアとトロイアというふたつの社会は、ほんのつまらぬ恋愛沙汰のおかげで、たがいに破滅の淵へと追いやられる羽目になったのである。しかし、その一方でホメロスは、この物語の中に自由で奔放な議論の実例を随所に挿入している。それはギリシア軍の戦士たちによって交わされたもので、議題はアガメムノンの個人的な事柄から、明日の両軍衝突に備えた二者択一の作戦まで万端にわたっていた。こうした冷静で、広範な、しかも何ら制限のない全面的な議論は、おそらくホメロスの時代とその次の時代に見られた軍事上の文明を反映したものであり、それは断じて紀元前一二世紀のミュケナイ文化のものではないだろう。また、この種の議論は、その特異性から見ても、おそらくホメロス自身の経験に由来するものだったのではないだろうか。場所は軍隊の露営地にあった集会所だったのだろうか。ギリシアの戦士たちが、自分たちの従事する軍事計画にこぞって参加したのかもしれない。彼らは深甚な興味を示して、戦術に多大な貢献をしたのだろう。それは前もって作戦を検討するために、戦士が全員呼び出されておこなわれた集会だったのかもしれない。――「戦略（strategy）」という言葉はギリシア語の「軍隊」（ストラトス）と「指揮官」（ストラテーゴス）から作られている――さて、この議論がやがて、次の集団的訓練への参加へと向かい、それがそのまま、ギリシアの戦争において、向かうところ敵なしの殺人マシーンの創造へとつながっていったのである。

このような市民性と殺人マシーンの結びつきは、あとに続く西欧の歴史のみならず、世界の歴史全体に大きな影響を及ぼすことになった。だが、それではいったい、この結合はどのようにして生じたのだろう、とこんな問いかけをしたくなるのも、もっともなことだった。この件については、過去においても、たくさんのコメンテイター（それは古典主義者であったり、政治家であったり、あるいは一般の読者であったりした）が述べているが、「それは人種差別によるものだ」という意見をどうしても述べたい誘惑に駆られてしまうようだ。西欧に住む自分たちの方が他の文明の者たちより、知的にも精神的にも数段すぐれている。これこそ、自分たちがこれまで征服を事としてきた理由だというのだ。しかし、今や人々の信念の振り子は、これまでとは違った方向に揺れはじめているのかもしれない。そして血に染まった二〇世紀（これは少なくとも部分的には、あきらかに西欧の戦争マシーンがもたらしたものにちがいない）に思いをいたすコメンテイターたちは、一種の逆・人種差別へと向かっていった。それはつまり、今となってみれば、公平に見て、より平和でより高貴な他の文化にくらべてみると、西欧の文化の方がむしろいっそう野蛮に見えるのではなかろうか、という意見である。この両方のアプローチは、それを支えるに足る確たる証拠がないために、双方ともに欠陥があり、空想的といわざるをえない。そして実際には、ギリシア人によって征服されたペルシア人にしても、その他の民族にしても、征服された者からしてすでに、自分たちも征服者になりたいという気持ちをつねにもっていたのである。少々血を流して痛い目にあっても、彼らには征服者になる努力を惜しむ気などさらさらなかった。このような戦争好きは、西欧が関わった戦争で征服された側の人々に共通したものだった。したがって、敗者が道徳的にすぐれているとさかんに褒めそやし、強調することは意味のないことだろう。

西欧の優越性を認めるにしても、われわれはそれほど簡単にひとつの要素を取り上げて、それが正当だということはできない。たとえば、病原菌がわれわれに有利に働き、われわれの戦略上の地理的地点で作用したといったぐあいに、単純な論法で済ますわけにはいかないだろう。ハンソンは人気の高い生物史家のジャレド・ダイアモンド（『銃、病原菌、鉄』）に対して、まさにこの点について批判を下している。「歴史を生物学や地理学に限定したいとする人々の努力は、往々にして文化の力や神秘に対する軽視をもたらし、その結果、しばしば自暴自棄の気持ちを招きかねない。……土地、風土、気候、天然資源、運命、運、すぐれた才能をもつ不世出の人々、自然災害などなど――すべてこれらは、はっきりと識別できる文化という構造の中で、それぞれの役割を果たしている。しかし、西欧文明にはじまりをもたらした最初の触媒についていえば、それがはたして人間なのか、自然なのか、はたまた偶然のチャンスだったのか、それを正確に決定することなどとても不可能なことだ」（傍点は著者）。

予言をすることのできない歴史的な結合、ギリシアの場合にそれは、頑強な軍事的実用性と先例のない市民の責任感との結びつきであったわけだが、その結合は新たな文化的力を生み出し、それが何世紀にもわたって驚くべきインパクトを世界に与え続けた。こうした一連の動きを調べていくことは、われわれをあたかも歴史上の過程が生み出す不可思議さの深奥へと、限りなく接近させることになる。しかし今の時点では、とりあえず、現に存在する打ち勝ちがたい結合の成功を認めること、そしてスース博士（一九〇四―九一。アメリカの挿絵画家。本名セオドア・スース・ガイゼル。スース博士はペンネーム）

とともに、それは「たまたま起きた」ことにすぎない、といっておくことがベストなのかもしれない。

2 さすらい人
——感じ方について

トロイア戦争を終結させる方策、それもギリシア側の勝利の内に終わらせるアイディアを思いついたのは、『オデュッセイア』の主人公オデュッセウスだった。それはこんな奇策である。まずギリシアの船団を岸から離れさせる。それはあたかも、船団が故郷を目指して帰国の途に就いたかに見せかけるためだ。守るに堅いトロイアの城壁の外には、だれひとりいなくなった戦場に、今はぽつりと「置きみやげ」のように巨大な木馬がひとつ残されている。木馬はトロイア軍によって城内に引き入れられる。木馬の中は虚ろになっていて、そこにはびっしりとギリシアの戦士たちが潜んでいた。やがて夜の帳が下りると、中にいた戦士たちが木馬から次々に下りてきて、城門を開き、あたりに隠れていた仲間の戦士を城内へと引き入れる。こうして都市の破壊がはじまり、女たちは捕えられた。ヘクトルとアンドロマケの幼い息子アステュアナクスは城壁の上から投げ捨てられた。勝利に酔ったギリシア軍はさらに凶暴さを増し、暴虐の限りをつくした。このときの戦闘によって、名高いギリシアの勇士たちもその多くが倒れた。中でも特筆すべきは、アキレウスがパリスに倒されたことだろう。のちの時代にいわれたことだが、パリスはアキレウスのかかとを矢で射たという。このかかとこそ、アキレウスの唯一の欠点とされていた箇所だった。しかしパリスもまたこの戦いで死ぬ。そしてヘレネはパリスの兄弟のひとりに与えられたが、結局は、元の夫のメネラオスへと戻されることになる。

戦いは終わった。しかし、オデュッセウスが放浪の末、故郷にたどりつくまでにはさらに一〇年の歳月を要した。それもこれもオデュッセウスが海の神ポセイドンの敵となってしまったからだ（キュプロクス［ひとつ目の巨人］の国でオデュッセウスが、ポセイドンの子ポリュペモスのひとつ目を潰したためだ）。ポセイドンはオデュッセウスの帰郷という目的の遂行を妨げた。その間、オデュッセウスは途方もない冒険をたくさんすることになったが、その中のひとつにハデスを訪れたことがある。ハデスはギリシアの地下世界、冥府である（その名は死者の国の支配者ハデスに由来する。ハデスはまたの名をプルトンといった）。オデュッセウスが黄泉の国を訪れたのは、テバイの名高い盲目の予言者テイレシアスに会うためだった。彼に会って助言を求めたいと思ったからである。黄泉の国では死者の魂が、定めのない空虚な生活を送っていた。オデュッセウスはここで、現世で顔見知りだったたくさんの人たちに出会う。それでは、オデュッセウスのいうところを聞いてみよう。

「しかし今、ペレウスの息子アキレウスの亡霊がやってきた。
そのあとには、パトロクロス、大胆不敵なアンティロコス（ピュロス王ネストルの子）
　の亡霊が続いている。
そして、アイアスの霊もまたきた。姿形では、ペレウスの並ぶ者なき息子（アキレウ
　ス）に次ぎ、
すべてのダナオイ勢の中で抜きん出て秀でた者だった。

さて、見事なまでに足の速い亡霊（アキレウス）は、ただちに私を見つけると、
悲しみに沈んだ問いを投げかけてきた。
『ラエルテスの子、知謀にたけたオデュッセウスよ。
向こう見ずな友よ。いったいどうしたというのだ。
これ以上に大それた所業を、抜け目のない頭が思いつくことができるのか。
どうしてあなたは、大胆にも冥府へなどやってきたのだ。
ここはもはや、感覚もない、疲れ切った亡者たちだけが住む場所なのに』

アキレウスの霊が声を途切らせると、私はすぐに答えた。

『ペレウスの息子、アカイア勢の中でも並ぶものなき勇士アキレウスよ、
私はテイレシアスの言葉を求めてここへやってきたのだ。

彼が私に、岩の多い故郷イタケへ帰る方策を授けてくれるのではないかと思い。

私はこれまで、一度としてアカイアへ近づいたこともないし、
生まれた土地へ足を踏み入れたことも絶えてない……。

私の人生は絶えざる苦難の連続だった。

しかし、アキレウスよ。あなたは違う。

これまで、あなたより幸せだった者などいなかったし、これからもけっしていないだろう。

あなたが生きていたときには、われわれアカイア人はみな、

あなたを神として崇めた。そして今、ここ冥府においても、
あなたは死者たちの間で君臨し、権勢をふるっている。
だから、大いなるアキレウスよ、もう自らの死を悲しむことはよした方がいい』

こうして私はアキレウスの亡霊を安心させた。が、彼はそれに抗議をはじめた。
『勇者オデュッセウスよ。私の死に気休めをいうのはやめてくれ。
私が望むのは、息の絶えた死者たちの上に君臨するより、
むしろ、地上でかつかつに生きる赤貧の小作人の、
それも奴隷にでもなることなのだ』」

われわれは往々にして、ギリシア人たちが公の場で自由に討論する姿を見て、それを彼らのデモクラシー（民主制）の慣習と結びつけて考えがちである。が、すでにそれより二世紀ほども前に、デモクラシーに先行して、『イリアス』の中では、戦士たちが町で集会を開く姿が描かれていた。ギリシア人たちが「デモクラシー」という名で呼んだ政治的な革新、その革新が形を取りはじめたのは、紀元前六世紀も最後の一〇年ほどの間である。それもアテナイという都市に限られた現象だった。しかしホメロスが明らかな証拠を出して示したことは、はるかそれより以前にギリシア人たちが、他の国ではまだ知られることのなかった自由な討論に心地のよさを感じていたということである。が、この自由も実際には、紀元前八世紀後半に起こったもうひとつの革新と手に手を携えて発展していた。その革新と

はアルファベットの出現だった。このアルファベットが、さらに広い範囲に読み書きの能力をもたらす引き金となったのである。

初期の書字システム（たとえばそれは、メソポタミアや古代エジプト、古代中国、さらにそのあとではメソアメリカなどで見られたものだ）は、その最初の段階では、おおむね絵的な文字（象形文字）からできていた。ひとつの言葉にひとつの絵をあてたり、あるいは、いくつかの場合では、さらに複雑な言葉を表わすのに、ふたつかそれ以上の絵を組み合わせて表現した。これらの絵的なシンボルは、ある特定の言語やその発音にだけ結びついていたわけではなく、他の言語によっても十分に使用が可能なものだったかもしれない。それはたとえば、今日使われている道路標識やトイレを示すサインなどを想像してみるとよく分かる。つまりそれは、英語を話す人にも、アラビア語や朝鮮語を話す人にも、ひとしく了解が可能なものなのである。このことは、われわれが線文字Aや線文字Bと呼んでいる書字システムの中で使われていた、もっとも初期のシンボルについてもいえることだった。

しかし象形文字は、たしかに名詞やかなり小さな数を表現するのには向いているかもしれない（そのため象形文字は古代の会計係にとって非常に便利な道具だった。彼らはもっぱら、武器庫の戦車や投げ槍の数を勘定したり、厩につながれた馬の数を数えたりするのが仕事だったからだ）。が、この文字は動詞の多様な変化形を表現するのには向いていない。したがって、従属節などの複雑な形を表わす必要が出てくると、その重圧に耐えきれず、衰えていかざるをえなかった。この古い文字のシステムはやがて、目の前にある言語という迷宮（ラビュリントス）をさらに正確に表現することのできる、いちだんと柔軟性のある文字を自らに付け加えていくことになる。その結果、言語の音節の発音を表わす文字さえ導入することになった。こうしてできた文字の最終的な体系には、象形文字（これも何代かにわたって写字生が書き写していく間に、文字はかなり形式化され、単純なものへと変化していった）、それにさらに複雑化した象形文字、そして音節文字などが含まれていた。文字の数も多くなり、何百、ときには何千にもなった。したがってこれを習得するのは、なみたいていの努力ではなかった。学習に何年もの歳月を費やした者だけがこれをマスターすることができた。しかし、古代の文明がさらに進展することができたのは、習得するにやっかいなこの書字システムのおかげだった。いわばこれは、古代世界を進展させるための燃料＝石油のような役割を果したのである。しかし、もしあなたがこのシステムを所有し、意のままにすることができたとしたら、それはひそかに目立たぬようにしなくてはいけない。さもなければ、クロード・レヴィ＝ストロースがいっているように、こうしたシステムの主たる機能は「他の人間たちの隷属化を容易にさせるもの」だったからだ。つまり、読み書きの能力が抑圧そのものとして登場してきたのである。

さて、ここにアルファベットというものがある。このアイディアをいったいだれが思いついたのか、われわれはそれを知らない。が、それがどこからやってきたかについては知っている。レヴァント地方である。シリアからシナイ半島へかけて走る、海岸沿いの狭い回廊地帯だ。レバノンやイスラエル・パレスチナなどがその中に含まれる。初期のアルファベットは、概して、エジプトのヒエログリフ（象形文字・聖刻文字）の中に隠れてほとんど利用されていなかった音節文字から借用されたものだった。発明というものがたいていそうなのだが、アルファベットもまた、おそらくはいくつかの段階を踏んで進化していったものにちがいない。そしてこのアイディアを思いついた者も、たったひとりではなかっただろう。おそらくそれ以上の人々の手によって徐々に形作られていったものと思われる。こうしてわれわれは、石に書かれたある言語をシナイ半島で見つけることになる。それは紀元前二〇〇〇年期の中頃のものとされている。この言語は象形文字で書かれたものではなく、音節文字だけで書かれていた。これこそまさしく、のちにフェニキア語やカナン語、それにヘブライ語などを書き記すことになる初期の段階のアルファベット文字だった。そしてギリシアにやってきたのも、この早い時期のアルファベットだったのである。おそらくそれをもたらしたのはフェニキア商人たちだろう。彼らの船は地中海の沿岸地方を定期的に航行していて、金属やフェニキアの赤紫色をした貴重な布など、エキゾチックな品々を満載していた。そのために船は各地で歓待された。

ギリシア人はセム語（アフロアジア語に属する言語で、アラビア語やヘブライ語、エチオピア語の公用語であるアムハラ語などがこれに属する）の子音に母音を付け加え、文字の発音のリストを不変のものとした。それがわれわれに伝えられたアルファベットである（アルファベットの語源となったアルファとベータは、このアルファベットの最初の二文字を表わしたもの）。ローマ人がそののち、これにさらに独自の改良を加えた。そしてそれがわれわれに伝えられるわけだが、その文字こそ、ふだんわれわれが手にしている本が、それによって印刷されたアルファベットなのである。長い間、セム語にしてもギリシア語のアルファベットにしても、左から右に書かれたり、ときには右から左に書かれることもあった。さらに柱に書かれるときには、円を描いて書かれたり、あるいは螺旋状に書かれたり、文字の書かれ方はさまざまだった。古代犂耕体《れいこう》という書式で書かれることもあった。これは「牛につないだ犂《すき》で畑を耕すように」書く。つまり右から左へ書いたあとは、左から右へ書くといったぐあいに、交互に進める書き方である。われわれが現在、習慣としておこなっている書き方が導入され、それがついには変わることのない標準の書式となるまでには長い年月を要した。しかしこのことをすべて考慮に入れても、なお、レヴァント地方のセム族が世界で唯一のアルファベットの発案者であるという事実は変わらない。さらには、そのアルファベットをギリシア人が改良したという事実、そして、それにほんのわずかなヴァリエーションを加えただけで、ローマの百卒長とその後継者たちが、このアルファベットを（ほとんど）世界中にむりやり押しつけたという事実もまた、そのままの真実として残るだろう(1)。

文字の発明と同じくらい興味深いのは、ギリシア人がすばやくこの文字を使用した、その使用の仕方である。象形文字のシステムはたしかに、初期の段階で実用化されたときには、もっぱら会計係の道具として使用された。セム語の子音からできたアルファベットにしてもこれは同様だった。はじめから象形文字と同じような目的で使用されたのである（シナイ半島では少し様相が違っていて、おそらくここでは、短い祈禱の言葉を記録するために使われていたのではないだろうか）。ところがこれに反してギリシアのアルファベットは、最初から、ほれぼれするほど見事なまでに、不真面目きわまりない使用法が採用されていた。ここにあるのはもっとも初期の銘で、ホメロスの時代の壺に書かれていたもの。壺はアテナイから出土した葡萄酒用である。銘はおどけた調子で高らかにいう。

この上ない優雅な踊り手が
ご褒美としてこの壺を手にするだろう。

そこには会計係の妬み深い一瞥もなければ、信仰者の眉をひそめる気配すらない。不真面目なその調子は神を語っているときも変わらない。アテナイの壺とほとんど同時期に作られたものだが、ここに酒杯がある。ギリシアの数ある植民地の中でも最古のイスキアで見つかったもの。ナポリ湾内で発見された。酒杯に書かれた三行の詩には、ほとんど生真面目さといったものが見られない。

私はだれでしょう。香りの高いネストルの酒杯以外の
何ものでもありません。私をすぐにお飲みなさい。
そして、すばらしいアプロディテの手により、欲望の虜にされておしまいなさい。

これは初期の書字システムとだいぶ様子が違う。初期のシステムが案出されたのは、もっぱら富を数え上げるため、支配を確実なものにするため、そして神のご加護を祈るためだった。それが古代ギリシアのアルファベットでは、レジャー（安逸）という文明が宣言されたのである。もはや重苦しいオブセッションはごめんだ。さあこれからは、葡萄酒と女と歌とともに過ごそうというわけである。

古代社会が徐々に民主化していった過程については、その媒介役を、十分に整備されたアルファベットが果たしたにちがいない。そして、この文字を導入し、それをしっかりと根付かせた社会こそ、第一に民主化の進行した社会だったのだろうと長い間理解され続けてきた。しかし、イスラエル人たちには、砂漠における「近隣諸国連合」とでもいうべきものがあった。これはトーラー（モーセ五書――『旧約聖書』のはじめの五書「創世記・出エジプト記・レビ記・民数記・申命記」）の中で、モーセが彼の人民と激しい会話をとり交わす場面として記憶されている。討論が自由におこなわれた部族集会を記録したものとしては、人類史上、もっとも早い時期のものではないだろうか。それが現代のデモクラシーから、あまりにもかけ離れているように思えるというのなら、それにもかかわらず、そこにはデモクラシーの特徴がたくさん見られ、今なおわれわれは、それを熱心に見習おうとしているといえばよいだろうか。たとえばそれは、自発的な行動であったり、たがいに面と向かっておこなう質問であったり、それに対

する反問であったり、さらには、もっとも小さな者でも討論に参加しうるという原則であったりする。これは「幼児や乳飲み子の口」から出たことでも、それを真剣に受けとめなければならないという考えからきたものだった。

二〇数文字からなる書字システムが意味するものは、だれでもよし、読み方を勉強したいと思うものがあれば、たとえそれが子供であろうと、女性であろうと、奴隷であろうと、このシステムによればそれが可能になるということだ。このことはどれほど大きな能力をほのめかしているのだろう。とりわけそれより以前の書字システムとくらべたときに、その差は歴然としていた。しかしヘブライ語のアルファベットは、母音を欠いているために、なお若干の不可解な部分を残していた。それは迷信的な崇拝物めいたもので、エジプトやメソポタミアの書記や貴族がわがものとして独占していた部分でもあった。したがって、ヘブライ語で書かれたものを自信をもって読み解くためには、まずヘブライ語を習得する必要があった。しかも、ヘブライ語を自分の母語としていない人は、つねに子音と子音の間に置かれる母音を推測しなければならない。その点でもギリシア語は、母音を追加したことにより、主観的な判断や解釈をまったく必要としないものとなった。それは今や完全に客観的なものとなり、まったく「向こう側」に属するものとなった。つまり読者とは完全に切り離されたものとなったのである。アルファベットで容易に書くことができるようになったために、一般の民衆も読み書きの仕方を容易に身につけることができるようになった。そしてそれが、民主的な意見の交換を可能にした。同時に、ギリシア語の完全な客観性という性質が、世界の神秘を取り除くことをますます容易にしたのである。

神秘を取り除く作業の中で生み出された、もっとも確かな副産物のひとつは神に対する不信・不敬だったろう。それがわれわれの住む世の中に出現し、最初に記録された例が、紀元前七〇〇年（あるいはその前後）に作られたとおぼしいイスキアの酒杯の口に書き込まれた銘文だった。そしてそれは酒を飲む者に、ほほえむアプロディテの保護のもとで、淫らに酔い乱れることをしきりに勧める内容だった。あるいはもっと単純に、ちょっとした冗談をいっただけなのかもしれない。ギリシア文化が形作られるについては、たくさんの先史上の影響があったにちがいないのだが、その中でもセム人がギリシアにアルファベットを与えたことほど、大きな触媒作用を果たしたものはないだろう。それは同時に、公の議論を自由にすることの価値をギリシアに教える役割も果たした。しかしギリシア人はこの驚くべき贈り物を、あたかも自分たちが生来身につけていたもののように取り扱った。受け取った贈り物にエーゲ海特有の調味料を加え、セム人のもつしかつめらしさというラード（豚の脂）を取り除いて料理したのである。そして自分たちの目の前に出されたものより、いちだんとあっさりとした味の、しかもピリッと辛みのきいた一品に調理し直した。

文化を論ずる者たちの多くが理論化を試みているのは、次のようなことだ。それは、文字をもたない社会、つまり口頭社会の方が、人間の思考が文字によって客観化されている社会にくらべて、いちだんと共同体としての傾向が強く、社会そのものによりいっそう幻想的な指向があるというものだった。さらにはまた、文字に移された言語は、読者を引き離すことによって、個人主義（反共同体）へと導き、その結果としてもたらされる形式によって、理性的な分析（非幻想）へとつながっていくという。おそらくこの理論には、かなり多くの真理が含まれていると思う。が、たとえば、読み書きの能力といっても、そこには、ある社会が神聖なものとして大事にする特定の「タイプ」があるだろう。この能力のタイプの方が、読み書きができるという「事実」より、いちだんと驚くべき奇跡を起こすこともありうる。ほとんどの人々によって理解されることが可能という読み書きの能力のタイプ。このタイプはいくつかの原デモクラシーともいうべき意識を、広汎に広めるのに役立つ傾向をもつ。それが達成されるまでには、おそろしく長い期間を要し、一歩一歩、小さな歩みで進むとはいえ、なおそうなのである（これと対照的に、もしわれわれの法律がアルファベットの代わりに、楔形文字で書かれていたとしたらどうだろう。奴隷制度が今もなお合法的であるといった状況は、ほとんど避けがたかったのではないだろうか）。読むという行為の神秘性をはぎ取り、書記や賢人、それに有力者などからなる、近寄りがたい「聖なる結社」が発するオーラをつねにぬぐい去る、そんな読み書きの能力のタイプは、それ自身が本来もつ性質によって、人間の経験に付け加えられた領域に張り巡らされた、神秘の幕をことごとく取り去ってしまう傾向にあった。

ホメロスははたして読み書きができたのだろうか、あるいはできなかったのだろうか。これは学者たちの間で、いまだに異論の多い未決の問題である。これを明らかにするのにもっともよい証拠は、なんといってもテクストそのものにある。われわれはこれを読むと、『イリアス』にしても『オデュッセイア』にしても、ともに一種のハイブリッド（混成物）であることを肯定せざるをえない。つまりこのふたつの書物は、それ以前に何世代にもわたって語り継がれてきた口承の物語に、深い影響を受けた文学だということである。ともかく、ミュケナイ時代の終わり頃に、これらの両作品がまず、実在の人物を取り上げた物語としてスタートしたと想像してみよう。しかし物語はそののち、何世代にもわたって、放浪の吟遊詩人たちによって語られ、さらに語られ、作られ、また作り直されていった。その物語とは、アキレウスやトロイア戦争、さらにはギリシアの領袖のひとりオデュッセウスの冒険譚――彼はトロイア戦争が終わったあと、故郷の島イタケを目指してほとんど超人的ともいえる冒険をおこなった――などである。そしてやがては、吟遊詩人たちのひとりが語り継がれてきた物語をさらに選りすぐり、ふたつの叙事詩に最終的な化粧を施すことになった。しかし、この最終走者についてわれわれは、走者の名前だけは知っているのだが、彼の伝記的な事実については何ひとつ確実な情報を手にしていない。叙事詩に最終的な仕上げがおこなわれたのは、ちょうどギリシア世界全体にアルファベットの文字が広まり、いきわたった時期だったのである。

それではたして、ホメロスは自ら叙事詩を書いたのだろうか（そこには創造という行為があったのだろうか）。私が目で見、耳で聞いた感じでは、もしホメロスの叙事詩が単に記憶だけにゆだねられたものだったとしたら、それは、見事なまでにひそやかな巧みさで表現された、ホメロス叙事詩の仕上がりは望むべくもなかっただろうと思う。たしかに口承文化を担った人々は、記憶という桁外れの離れ業を身につけていた。そしてそれは文字を書く人々にはとうてい不可能な至芸だった。が、それなら口承を事とする人々が『イリアス』や『オデュッセイア』のようにエレガントで洗練された作品を作ることができたのかといえば、それはできなかっただろう。これらの叙事詩には、目的をもたない繰り返し（リフレイン）がほとんどない。それほど構成にはむだがない。話の筋が途中で宙ぶらりんになり、そのまま放置されることもほとんどない。そしてなお、たくさんのことが語られぬまま意識的に残されている。それは別の言葉でいうと、聴衆個人個人の想像力の中に言葉を預け、そこで言葉を響かせて、言葉のもつ意味をさらに豊かにさせるという効果をもたらした。ホメロスはまた、口承叙事詩の広大な輪（そのほとんどは現在、忘れ去られているか、あるいは、後世の要約によってわれわれに知られているかのどちらかである）の中から、厳密な物語の選択をおこなっている。大半の物語を省略している（それを取り入れるにしても、繊細なほのめかしで示すにとどめている）。たとえば『イリアス』でも、われわれに語っているのは一〇年に及ぶ戦争の内のほんの数週間、あきらかに決定的と思われる数週間の出来事である。しかもこれを描くのに、すべて舞台をトロイアの海岸に限定している（これはほとんど閉所恐怖症的ともいうべき執拗さである）。『オデュッセイア』はどうだろう。ここではオデュッセウスの一〇年にわたった冒険を、映画のフラッシュバックのような手法で見せるが、英雄がイタケに帰還するまでの数日や、彼が故郷で果たした復讐については、ことこまかに細部にわたって物語っている。

これらの作品はどう見ても、ひとりの芸術家が十分な時間をかけて書き、書き直し、あとへ戻っては、自分が納得するまで短くしたり、長く引き伸ばしたりしたものだ。たしかに彼は、字を読むことのできない吟遊詩人たちが長い年月をかけて、口承という手段で伝えてきた伝統的な文学手法に依存してはいる（とりわけ吟遊詩人たちが使った韻律上の慣用句などは、そのまま踏襲している。「神のごときアキレウス」「船脚の速いアカイア人の船」、トロイアの「深い胸をもつ女たち」などがそうだ）。が、彼が本質的に新しい何かを成し遂げていることもまた確かなことだった。ふたつの叙事詩は二四の書に分かれている。そしておのおのの書は、それぞれがギリシアのアルファベット二四文字のひとつひとつに対応している。アルファではじまりオメガで終わるといった具合である。ホメロス自身の存在自体からして、われわれはこれを想像して思い描かざるをえないわけだが、ましてやそのホメロスが二四書の区分を自らおこなったということを、現在、確信をもって断言することなどだれにもできない。が、これらのエピソードが技巧にすぐれた芸術家の手になったことだけはまちがいない。エピソードはそれぞれに内部で統一が保たれており（そこにははじまりがあり、中間部があり、終わりがあるといった風だ）、しかも、それが一部をなす叙事詩というさらに大きな全体と有機的に結びついている。ホメロスははたして読み書きができたのかと問われれば、私はしかり、彼はまちがいなく読み書きができたと答えるだろう。
二、三〇年前には、こうした叙事詩はことごとく、口承の民間説話を集めたものにすぎないという意見が主流を占めていた。詩を吟じて歩く吟遊詩人が説話を縫い合わせて歌ったのだという（ギリシア語の吟遊詩人［ラプソイド］はたしかに「縫う」という言葉と「歌」という言葉からできている）。またそれは、説話を寄せ集める作者はひとりではなく、「ホメロス」という名前自体が古代世界の命名による、便宜的な呼称にすぎないという意見でもあった。しかし今では流れの方向があきらかに変わってしまっている。現代の学者たちはおおむね、叙事詩はひとりの作者が作り上げたという意見に傾いている。たとえその作者が読み書きができなかったとしても、少なくとも、自分の作った詩を他のものに口述して、書かせることはできただろうというのが大方の意見である。耳の肥えていない、ほんのわずかの批評家たちだけが、相変わらず、これらの詩は口承されたものの寄せ集めに相違ないといい続けている。彼らはホメロスがふたりいたとなお主張している。それはまずふたつの叙事詩の中で使われている言葉が違っているという点、さらには、ふたつの詩を並べたとき、その外観があまりにも違いすぎるというのが第二点。また、次の第三点はほとんどすべての人たちが認めているところである。それは、たしかに『オデュッセイア』の方が『イリアス』よりあとに作られたかもしれないが、それにしても『オデュッセイア』の巻末の部分では、あきらかに詩の力の低下が見られる、これは否定しがたいという。これが第三点。しかしこのような異議申し立てに対しては、もっともよくそれに答えてくれる理屈がある。それは『イリアス』が作者の若い頃に作った叙事詩で、ホメロスは年を取るにつれて、自分の世界観に変化が生じたのではないかというもの。むしろそれは変質とさえいってよいのではないかという。理屈はさらに続く。ホメロスは第二の叙事詩（『オデュッセイア』）を完成させることができずに死んでしまったのかもしれない。そしてそれはのちに、彼の弟子によって仕上げがなされたというものだ。『イリアス』は文学史の中でつねに第一の座を占めてきた。現にギリシア人もまたホメロスの書いたふたつの叙事詩の中で、この『イリアス』を上位としてきた（そのあとに続いた戦士社会から、われわれの時代に至るまで、評価の順位は変わらない）。が、にもかかわらず、この叙事詩はまた古代社会の紋切り型の知恵をわれわれに差し出してもいる。それは運命に支配された世界では（ここで君臨しているのは、人間と神の情熱である）、暴力は避けがたいという教えである。暴力は神々の暴力のときもあれば、女に対する男の暴力のときもあり、また男に対する男の暴力のときもある。クセノポンは『イリアス』の知恵を繰り返しながら、次のように述べている。「戦いによって都市が奪取されたとき、人々やその財産が都市を攻め落とした者たちのものとなるのは、すべての時代を通じて、すべての人々の間で定められた法である」。ここでは「ジュネーヴ協定」はまったく守られることがない。われわれはアンドロマケの囲いものとしての生涯を予測し、彼女の終わることのない苦役を想像する。そして、『イリアス』では、人間が予測するみじめな運命の多くが、その通りに実現していく。実際ここでは、いつもだれかが怒りを発し、暴力的な気持ちを抱いている。それがアガメムノンでないときには、アキレウスが怒り、ヘラが怒っていないときには、ゼウスが怒るといったぐあいだ。考えてみると、ギリシア人の大いなる神々は、ティタン（巨神族）でもなければ、オリュンピアの神々でもなく、「力」と「運命」ということなのかもしれない。そして戦争は、ホメロスの『イリアス』を動かしている情け容赦のないエンジンだったのである。

しかし、この『イリアス』においてさえ、戦いの神アレスはすべて神々の内で、もっとも忌み嫌われている神だった。テティスが息子のアキレウスに天の武具を与える場面がある。この武具は脚萎《あしな》えの鍛治の神ヘパイストスがこしらえたものだ。ホメロスはヘパイストスの作った大きな楯を描写するのに、一〇〇行以上に及ぶ詩句を費やしている。ヘパイストスは楯を鍛えて作り、その表に「人間の住む気高い都市をふたつ」描いた。ひとつは戦いのまっただ中にある都市。そこでは都市を「争いと大混乱と……暴力による死」が取り巻いていた。それに対してもうひとつの都市は「婚礼とその祝宴」の喜びに満ちあふれ、そこには、公正以外の裁定は下さぬ裁きの場などがあった。ここは単なる平和な状態にある都市ではなく、「平和の都市」だった。「広くて豊かな田畑」が町を取り囲み、人々はたわわに稔った穀物を刈り入れた。「葡萄の房が垂れ下がる」葡萄園もある。(2)

ひとりの少年がリラ（竪琴）を奏でている。
その美しい音色を聞くと、懐かしい思いで胸が張り裂けるようだ。……
脚萎えの鍛冶の神が、技量のすべてを注ぎ込んで、
踊りの場を描き上げた。それはその昔、ダイダロスが、
クノッソスの広い原野に作った踊りの場と見まごうようなもの。
それも、輝く髪をなびかせた少女アリアドネのためだった。
ここでは、若者や娘たちが踊っている。娘たちはいずれも、
高価な牡牛の贈り物で求婚されるほど美しい。
若者と娘は腕と腕を組み合い、手首と手首を握り合って踊る。
娘たちは、明るい色の流れるようなリネンの薄着を着ている。
若者はきゃしゃな胴衣をまとい、それが、塗った油で光っている。

娘たちの頭には、摘んだばかりの花で作った花冠が載せられ、若者たちの腰には、銀のベルトに黄金作りの短剣が吊されている。彼らが輪となり、慣れたステップで軽快に踊る姿は敏捷そのもの、まるで陶工が座って、轆轤《ろくろ》に触っては、うまく回るかと試しながら回しているみたいだ。今はまた、列をなして走り寄ったり、十字の形を作ってみたり、夢中で踊っている。

これを見る者たちも、周りを取り囲み、息をひそめ、打ち興じて眺めている。と、そのとき、観衆の中から、ふたりの軽業師が走り出て、跳び上がる。とんぼを切りながら、踊りの群れをしきりに先導している。

『イリアス』の中では、平和は単に、実現の不可能な理想にすぎなかったのかもしれない。が、ホメロスがふたつの都市の内、どちらを好ましく思っていたのかについては、われわれは何ら疑いを抱くことなどできないだろう。彼が愛し、あこがれていたのは、平和がもたらす余暇と楽しい遊びの気分だった。歴史家のヘロドトスは「だれひとりとして、平和より戦争を好むほど愚かな者はいない。平和なときには、子供たちが彼らの父親を埋葬するが、戦争のときには、父親が彼らの子供たちを埋葬する」。ホメロスが立っていたのは、まちがいなくヘロドトスの側だった。

『オデュッセイア』の主人公オデュッセウスがトロイアから、故郷へ向けて帰還しようとした頃には、すでに戦争の栄光はかなり色褪せたものとなっていた。ホメロス第二の叙事詩『オデュッセイア』の主人公は光輝く半神半人ではなく、正真正銘の人間だった。そして彼は自らの策略と機略により、次々と陥る苦境から脱出した。オデュッセウスはポリュトロポス（寝返りを打つ男）であり、ポリュメティスで（融通がきき）、ポリュトラスで（恐ろしく辛抱強く）、ポリュメカノス（大戦術家）だと書かれている。これらの言葉についている「ポリュス」（「非常に」「多い」「たくさんの」などの意味をもつ）という語が証しているのは、彼が非常に抜け目のない人物で、機略に富む男であることだ。彼は敵に攻撃を仕かけるときでも、真正面から力任せに闇雲に打って出ることはしない。彼が遭遇したたくさんの怪物に対する攻撃の仕方を見ても分かる通り、何とかして敵を倒すことのできる賢明な手段を見つけようと努力している。ロトパゴイ人（ロートスの実を食べて暮らしていた民族。ロートスの実は食べると、家や故郷のことを忘れ、夢見心地になるという）の土地にいき当たったときもそうだったし、キュクロプスと呼ばれた見るも恐ろしい巨人や、風の王アイオロスと出くわしたとき、食人の巨人族のライストリュゴネス人、魔女のキルケ、船人をその美声でおびき寄せ、死へと誘い込むセイレンなどに遭遇したときもみなそうだった。シチリア島沖合にあるという険しい巨岩スキュラと海の渦巻きカリュブディス(3)、その間を舵を取りながら航海しなくてはならない苦境に陥ったときにもそうだった。オデュッセウスはつねにすべての挑戦を、持ち前の抜け目のなさで退けてきた。ときには、彼の弁舌にしてはじめて可能なことだったのだろうが、大胆な嘘を使ったこともある。彼はギリシアの冥界ハデスを訪れながら、しかもなお、ぶじに生き延びて地上に舞い戻ってきた。古代世界では偽善者のオデュッセウスはつねに、気高いアキレウスと対比されて、卑しむべき二流のヒーローと見なされていた。が、現代の読者にとっては、遊び場におもちゃを放り出したままにする駄々っ子たち（アキレウスに代表されるヒーローたちだ）にくらべると、格段に立派なヒーローに見える。

それもこれも、オデュッセウスの性格があまりに繊細だったために、現代に至るまで、このホメロスの第二作はほとんど理解されることがなかったからだ。やっと一八世紀のはじめになって、ケンブリッジの高名な古典学者リチャード・ベントリー（一六六二―一七四二）によって『オデュッセイア』の名誉回復がおこなわれた。彼は『オデュッセイア』の各巻にギリシア語のタイトルをつけ、オデュッセウスの物語に浴びせられた非難から、この物語を救い出す試みをはじめた。「私のいうことをどうぞ信じてください。貧しいホメロスは……歌の続きを書いた。そしてそれを自分で歌い、わずかの稼ぎと人々の喝采を得た。それはあるときには祭の日だったかもしれないし、また、人々が寄り集うときだったかもしれない。ホメロスは『イリアス』を男性のために作り、『オデュッセイア』を女性のために作った」。ホメロスの時代に吟遊詩人が叙事詩を朗誦した状況については、たしかにベントリーの描写は正しい。が、『オデュッセイア』の聴衆について述べた彼の説は少々的が外れているかもしれない。この叙事詩が男女両性に向けて語られていたことは、まずまちがいのないことだからだ。しかし、彼の説の中にも見事に正鵠を射ている箇所もある。それはホメロスが『オデュッセイア』で自らの老年のテーマを見出していたという点、そのテーマが女性の細やかな感情を描くことにあったという点だ。『イリアス』で歌われた男性の気取ったミリタリズム（尚武精神）に対する否定を、ホメロスは声高に叫んだわけではなく、『オデュッセイア』という長い叙事詩の形で静かに表現したのである。

『イリアス』の中で、英雄が他の英雄に投げかける軽蔑の言葉としてその最たるものは、相手を「女」と呼ぶことだった。しかし『オデュッセイア』では、オデュッセウスも部下の者たちも、帰り着くことのできない故郷を思い、繰り返し「悲しみの潮」に襲われては「悲嘆で身をやつし、熱い涙を流した」。それはちょうど、『イリアス』の中で、夫を失う寸前のアンドロマケを描写するのに、ホメロスが用いた言葉のようだった。そう、『イリアス』の中では、アキレウスとプリアモス王が同時にさめざめと泣く場面があった。それは物語のクライマックスだった。が、『オデュッセイア』では、つきることのない涙のほとばしりが随所で出現する。カリュプソの島（オギュギア）の岸に打ち上げられたオデュッセウスは、たどり着けない故郷を思い涙に暮れる。さらには、吟遊詩人が奏でる琴の音に耳を傾け、ふたたび涙を流す。楽人が琴の音に合わせて歌う歌は、「オデュッセウスとアキレウスの争い」と題されたものだった。これは、われわれには知られていない先史時代の大きな叙事詩の輪の片割れを暗示するものである。

しかしオデュッセウスは、その力強い手で鮮やかな青色のケープをひっつかむと、頭からそれを被った。
そして、美しい顔をその中に埋めた。
客人に涙を流す顔を見られることを恥じたからである。

しかし、そのあとで同じ盲目の吟遊詩人デモドコスが、木馬の物語を歌ったときには違っていた。例のギリシアの戦士たちが中に潜んでいたあの木馬である。この話を聞くとオデュッセウスはとたんに打ちしおれてしまい、もはや人目をはばかることもなく、悲しみを隠そうともしなかった。盲目の楽人といえば、「ムーサが他のだれにもまして愛した誠実この上ない吟遊詩人」。そして、ホメロスが自らをこの詩人に託して語っているのだと、自画自賛のギリシア人たちが信じたあの詩人のことである。

しかし、大いなるオデュッセウスは涙に暮れた。
涙は目からしたたり落ち、ほおを濡らした。……
愛する夫に腕を投げかけ、かき抱いて泣く女のように。
その夫は、町と町の人々のために戦い、倒れた。
それも、家庭と子供たちを破滅の日から救い出そうとしたためだった。
夫が倒れ、断末魔の苦しみにあえぎながら、死んでいくのを見て、
女は夫にすがりつき、泣き叫ぶ。
しかし、勝ちを収めた者は、女の背後にたたずみ、
槍の先で背中と肩を小突く。
そして女を引っ立てて
苦役と苦しみのくびきにつなぎ留める。
彼女のほおは、この上もない苦しみでやつれていくばかりだ。
それと同じように、オデュッセウスの目からは、今しも、悲嘆の涙が流れ落ちていく。

つねに思いやりに満ちた反応をするという点でオデュッセウスは、あの『イリアス』でもっとも人情味にあふれた男性とされたヘクトルをしのいでいる。思いも寄らぬことがここでは起きていた。オデュッセウスがあたかもアンドロマケのようになってしまったのである。『オデュッセイア』の第一六書で

は、オデュッセウスと息子のテレマコスが、とうとう、たがいに相手の正体が分かり、ふたりはとどまることのない涙を流した。

「私は神なんかではない」


オデュッセウスが答えた。

「なぜ、私を死ぬことのない者と見まちがえるのだ。

私はお前の父親だ。お前がそのために長い日々泣き暮らしてきた、私がそのオデュッセウスだ。

お前は私のために、苦難に耐え、男たちのむごい仕打ちにも耐えてきたのじゃないのか」。

何事にも耐え忍ぶ、大いなるオデュッセウスはこう言葉をかけ、息子にキスをした。

すると涙が彼のほおを伝い落ち、地面を濡らした。

以前は彼も、つねに気持ちを表に出すことを控えていたのだが。……

オデュッセウスがふたたび座ると、テレマコスは、
大いなる父の首に腕を回して抱きつき、泣きじゃくって、とどめることができないほどだった。

ふたりはともに涙を流しながら、泣きたいままに大声で泣いた。

その鳴き声はますます激しさを増し、
猛禽類（かぎの爪をもつワシやハゲタカのたぐい）が、
まだ飛ぶことのできないひな鳥を、農夫たちに巣からかすめ取られたときに上げる鳴き声にもまして激しかった。

父と子はたがいに同情で胸がいっぱいとなり、目から涙が流れ落ちた。もし、このとき突然、テレマコスが父にたずねることをしなかったら、彼らが涙を流している間に、太陽は沈んでしまっていただろう。
「お父さん、あなたをここイタケまで、とにもかくにも連れてきたのはどんな船なんですか」

考えてみると一八世紀は、ホメロスが『オデュッセイア』で表現したことを十分に評価できたはじめての世紀といってよいだろう。この世紀にひとり炯眼の士がいる。サミュエル・ジョンソンである（一七〇九―八四）。彼は次のようにいっている。「故郷で幸せに暮らすことは、あらゆる野望が最終的な目的とするところだ。それはすべての企てや努力が向かう場所であり、すべての願望が遂行を試みる標的でもある」。このような感懐が一八世紀以前に述べられたことはまずなかった。たとえあったとしても、これほど確信をもって注釈者が自分の意見を述べることはなかっただろう。例外は奇妙なほどに神々しいホメロスだけだった。ホメロスはすがすがしいまでにいずれの党派にも属さず、イデオロギーに毒されることもなく、彼の年齢からいっても驚くほど現世的である。ジョンソンのいう「目的」は、『イリアス』では誰の目的にもなりえないものだったが、オデュッセウスにとってはあたりまえの目的だった。そして当然のことながら、この故郷へいち早く帰りたいという思いは、アキレウスをはじめとして、居並ぶギリシア軍の英雄たちの顰蹙をひたすら買うものとなった。オデュッセウスが望んだものは、ただ妻の元へ、息子の元へ、そして故郷へ帰ることだったのだから。ここにもうひとり、一八世紀のイギリスに傑出した人物がいる。ジョナサン・スウィフト（一六六七―一七四五）。重箱の隅をほじくるような神学上の論争の末に分裂を続けるキリスト教に対して、彼は聖職者の立場にありながら、激しい嘲笑の言葉を浴びせた。たしかに前世紀には、この分裂がそのまま血なまぐさい宗教戦争を引き起こす原因となった。考えてみると『イリアス』で描かれた、つまらぬ目標物をめぐっておきた流血沙汰もまた、宗教戦争と同じように不必要極まりないものだったのである。洞察力のある観察者たちは、スウィフトによって、戦争のもつあくびをかみ殺すほどの退屈さ、そして、他の何ものにもまさるその無価値さ加減に気づかされた。

一九世紀に入りヨーロッパでは、激しい神学上の論争が影をひそめると、オデュッセウスはやっと、すぐれた詩的インスピレーションをもつ人物として本領を発揮しはじめる。アルフレド・テニソン（一八〇九―九二）は「ウリクセース」（オデュッセウスのラテン語名）の中で、オデュッセウスの示す不屈の姿勢に、近代の典型的な英雄像を見た（「努力すること、探し求めること、見つけ出すこと、そしてへこたれないこと」）。このヒーローにとって、経験はそれ自体が究極の目的だった。

より新しい世界を探し求めるのに、遅きに失するということはない。
まず船を出すこと。準備万端を整えて座り、櫂を漕ぐ。
水脈が音を立ててあとを追う。私の目指すところは、
夕日の彼方へ航海をすること。西方のすべての星の
光を浴びながら。それは私が死ぬまで続く。
途中で渦潮に巻き込まれてしまうかもしれない。
あるいは、「幸福の島」へとたどりつき、
われわれのよく知る、あの勇者アキレウスに会うかもしれない。

ここでは、ホメロスのヒーローとともに故郷で安らぎを得たいという気持ちが、完全に無視されていて、はるかに陽気なテニソンは、ヒーローをさらなる冒険へとふたたび送り出している。そして、ホメロス以後のギリシア人と同様、テニソンにとってもまた、影のようなハデスの王国は「幸福の島」へと変貌を遂げていた。これはギリシア神話でいうところの「エリュシオン」であり、英雄や善人が住む極楽のことで、英雄や善人たちだけは、暗い影のような存在となってハデスで過ごす死後の生活から免れることができた。

二〇世紀になると、エジプトのアレキサンドリアに住むギリシア人の詩人コンスタンディノス・カヴァフィス（一八六三―一九三三）が、『オデュッセイア』を人生という旅のメタファー（隠喩）としてとらえた（彼は現代ギリシア語で詩を書いた）。つまりここでは、旅の目的は旅そのものにくらべると、さほど重要なものではなくなっている。彼の詩の中でもとくに多く引用される「イタケ」の中で、カヴァフィスは読者に次のような忠告をしている。

旅の道中は長くなることが望ましい。
そこにはたくさん、夏の朝があることを願う。
そのときあなたは、最初に目にした港へ
楽しみと喜びを胸に抱いて入っていくだろう。……
つねにイタケを忘れずに、心に留めているようになさい。
そこへ到達することは、あなたにとって定められたこと。

しかし、旅をけっして急いではいけない。
旅に長い歳月が必要なら、なおそれはいいことなのだから。
かの島へ、あなたは年老いた姿で着くのがよい。
道中で得たものすべてを身につけて、心豊かな気持ちで。
イタケに豊かなものを期待をしてはいけない。

イタケはあなたに美しい旅を与えてくれた。
イタケがなければ、あなたは船出などしなかったにちがいない。
イタケは、それ以上のものをあなたに与えることなどできない。

ジェームズ・ジョイス（一八八二―一九四一）にとってオデュッセウスは、原型（アーキタイプ）としての役割を果たした。この原型を元に、そのまわりに性格の肉付けを施し、レオポルド・ブルームの人物像を作り上げた。レオポルド・ブルームは、二〇世紀のもっとも特色ある小説『ユリシーズ』の主人公「さすらいのユダヤ人」の名前である。永遠の孤立者（アウトサイダー）のブルームは、現代生活に登場する数多くの怪物に立ち向かい、これを持ち前の機知や才覚だけで打ち倒していかなくてはならない。彼の冒険は一〇年にわたっておこなわれるわけではなく、期間はわずかに一日である。日常生活の中のありふれた冒険だが、それを体験するブルームの心の中では、つねにこれが神話的な響きをもっていた。たとえば、彼の「ハデスへの旅」を見てみよう。これは、ホメロスのオリジナルで語られたオデュッセウスのハデス行と平行した話なのだが、オデュッセウスがハデスで直面した特大の叙事詩的な恐怖はここにはない。あるのはブルームがダブリンの共同墓地を訪れるシーンだ。しかし、この訪問はブルームに、ここで埋葬された多士済々の著名なダブリン市民について考えさせることになる。この人々は、ホメロスの叙事詩でいえば、さしずめ伝説的な英雄といったところだろう。そしてブルームはここでまた、死のもつ不可思議さについて考えることになる（実際人間は、こんなことについて考えるとき、何の脈絡もなく、でたらめに、ありきたりのやり方で考えるものだ）。「まだ見たり、聞いたり、感じたりしなくてはいけないものがたくさんある。あなた（死）のそばにいる、生きて暖かなものたちを感じてごらんなさい。そんなものたちをウジのわくベッドで眠らせてください。そうすればそのものたちも、今度は私をとらえることなどしないでしょう」。ホメロスでキルケの洞穴だったものは、ジョイスの小説では、ベラ・コーエンの売春宿になっている。貞節な妻ペネロペイアはさらに現実的なモリーとなって登場する。そしてこのモリーこそ、ブルームの「故郷」であり、彼の努力のすべてが向かう目的物であった。夢見がちで不貞なモリー。たしかに彼女は彼女なりのやり方で貞節ではあったのだろうが。

ここに見られる解釈は、そのどれもが、ホメロスの中にそれを正当化する理由を見つけることができた。それは次のような事情による。つまり、オデュッセウスは船がセイレンたちの島を通り過ぎようとしていたとき、彼は自分の体を船のマストに革ひもで結びつけるようにと命じた。それもこれも、彼がセイレンたちの抗しがたい歌声を聞くことができるようにするためだった。オデュッセウスは他の船人たちがしたように、耳をロウでふさぐことをしなかった。彼は自分の身が歌声によって引き寄せられることはないと思っていた。が、彼は部下の者たちと違って、自分はその歌声に「耳を傾け」なくてはいけないと思った。ホメロスはこのようにして経験というものに価値を置いたわけだが、テニソンやカヴァフィスもまた、経験のもつ価値をそのまま使い、詩的な効果をわがものにしようとした。たとえ、それぞれの詩人が心得顔にホメロスの中心テーマを否定するかに見えても、なおそうなのである。テニソンは、彼のヒーローが故郷へ帰ったあと退屈してしまい、さらなる冒険にあこがれていることをほのめかしていた。また、カヴァフィスは実質的な価値をことごとく冒険に与え、故郷に帰還することについては、形式的な価値以外に何ひとつ与えることをしなかった。そしてジョイスの洞察には、さらに深いものがあった。それは、ホメロスの第二のテクスト（『オデュッセイア』）のもっている、思いがけない、そしてショッキングでさえあるアンチ・ヒーロー的な（主人公が英雄的資質をもたない）性格を評価した点だ。さらにもうひとつ、この叙事詩が世界ではじめて書かれた「喜劇小説」であることを証した点である。『オデュッセイア』はまた、「苦悩の世界」をドラマ化したものであるにもかかわらず、世界で最初の「恋愛喜劇」でもあったのだろう。

W・H・オーデン（一九〇七―七三）は「さすらい人」の中でオデュッセウス／ユリシーズの冒険の構造を、きわめて適切に変更している。が、たしかにこんなことをした現代作家は彼以外にはだれもいない。この詩は、ホメロスの第二の叙事詩がもつ感情的な内容を、現代の言葉を使って要約したものだった。

運命は暗く、どんな海溝より深い。
ひとたび運命が人に下されると、
季節は春、日を望む花々が咲き、
白い雪が、岩肌からなだれを打って滑り落ちる頃でも、人は家を離れ、旅に出なくてはならない。
ご婦人方の雲のように柔らかな手も、彼を引きとどめることはできない。
しかし人は、ひとたび旅に出れば、
土地の番人たちの間を抜け、森の木々をくぐり、
見知らぬ人々の間で見知らぬ人となる。潮が引くことのない海、
魚たちの家々、息が苦しくなるほどの水を越えていく。
ただひとり、尾花のように草原でたたずむこともあった。
穴のあいた岩のころがる小川のほとりで、
落ちつきのない小鳥が岩の上をいききする。

夕方になれば疲れ果て、うなだれてまどろみ、
故郷を夢に見る。
窓から妻が手を振って、出迎えている。
一枚のシーツに寝ていた妻のキス。
しかし、目を覚ますと、
名も知らぬ鳥が群れをなしていて、戸口からは人声がする。
妻にいい寄る男たちの声だった。

彼を救い出せ。敵の手から、

隅から飛び出てくる虎の攻撃から、
彼の家を守れ、
彼が気がかりにしている家を。そこでは彼の帰るまでの日数が数えられている。
そして落雷から、
さびのように広がるゆるやかな崩壊から。
日にちの数を漠然としたものから、確実なものに変えること。
喜びをもちきたれ。彼の帰還の日をもちきたれ。
その日が近づく幸せ、明けていく夜明けの幸せ。

オデュッセウスはようやくのことで、わが家にたどりつき、息子との再会を果たすと、彼の家に侵入していた男たち(4)を一掃した。そしてふたたび、貞節な妻のペネロペイアとともに、地面に根を張った大きなベッドの上で眠るのだった(レオポルド・ブルームは思慮深げに次のようにいう「暖かいベッドは人を元気づけ、充実した生活をもたらす」)。

ペネロペイアは彼女自身、非常に魅力的な登場人物である。それはホメロスの叙事詩に出てくるプリマドンナたちとも違うし、それにわれわれが今日まで、目の前で見てきた、芝居がかった大げさな身振りをする人気女優たちのだれともまったく違っていた。ホメロスはペネロペイアにただの一曲も、自分のアリアを歌わせていない。彼女を描く筆法もたえず変わっていて、それはまるで、ペネロペイアのもつ性格の多彩な断面を強調して見せているかのようだ。彼女は「控えめ」で、「慎み深く」「慎重」で「油断をしない」、「落ち着いていて」「機敏」、「用心深く」「沈着で」「物分かりがよく」「冷静」、「思いやりが深く」「寛大」、「非常に賢明」で「誠実な心の持ち主」といったぐあいである。ペネロペイアもまた、オデュッセウスと同じように、人前では涙を見せず、顔を隠してひそかに涙を流した。いってみれば彼女は、オデュッセウスの女性版といった感じなのである。それが証拠に彼女も人目につかぬところで、戦略を立て、策略を練った。そうして何年もの間、次から次へと欺きの言葉を投げかけながら、高圧的で厚かましい求婚者たちの接近を拒んできた。オデュッセウスは放浪の旅の途中で、ニンフのカリュプソと暮らしたり、魔女のキルケとともに寝たりしたわけだが（これはホメロスにとっても、ペネロペイアにとっても、また他のだれにとっても、オデュッセウスがこれ以外の行動に出ることは、ほとんど考えられないことだったろう）、ペネロペイアの目には、つねにオデュッセウスが「もっとも物分かりのよい、分別のある男」として映っていた。彼女にはたしかに、人を見抜く力もあったし、苦難に耐える気丈さもあった。が、中でももっとも重要な美徳は、何といってもその貞節さにあったのではないだろうか。

ペネロペイアはやっとのことで夫と巡り会うことができたわけだが、それにしても目の前に立っている男は、はたして本当に自分の夫なのだろうか。不審に思った彼女は、試みにこの男に探りを入れてみる。ペネロペイアは女中に命じて、夫婦で使っていたベッドを移動するようにいいつけた。このベッドの存在を知っているのは、その上でいつも寝ている彼女自身と、忠実な彼女の女中、それに彼女の夫だけだ。それ以外にはだれも知らない。ベッドの支柱は夫のオデュッセウスが、家の真ん中に生い茂ったオリーブの幹を削って作ったものだった。したがって、ベッドを動かすことなどできるわけがない。それを動かせとペネロペイアが女中に命じるのを聞いて、オデュッセウスは怒りにとらえられた（「奥方よ。あなたの言葉が私の心を手ひどく痛めつける。／いったいだれが私のベッドを動かすことなどできるのですか」)。そしてペネロペイアに、あなたの夫が今ここにこうして、やっと帰ってきたのだといった。

ふたりの家庭こそ、すべての野望が目指す最終目標であり、すべての労苦がそのために費やされる目的だった。詩人のイェーツが「大地に根を下ろした大いなる場所」と歌ったのもこの家庭だった。オデュッセウスが『オデュッセイア』の第六書の中で、パイエケス人のスケリエ島に漂着したとき、川岸で美しい王女ナウシカアと出会う。そのときにオデュッセウスが王女の胸中にある願いを推量していった内容もこれだった。(5)

「よき神々があなたの胸の中にある願いをすべて聞き入れて、それを授けてくれますように。それは夫と家と、いつまでも睦まじい夫婦の仲。実際、男と女が家庭をもち、ふたつの心を通い合わせることができるほど、すばらしく、大きな贈り物はこの世にありません。敵意を抱く者にとっては、つけ入る隙を与えぬものとなり、すべての友にとっては喜びの元となります。もちろん本人たちも、それをいちばん得意に思っているでしょう」

さてわれわれはここで、オデュッセウスとペネロペイアに別れを告げることになるのかもしれない。それはホメロスが第二三書の二九六行目で、次のような詩句を連ね、このふたりを見送っているからである。

ふたりはこうして、たがいの秘密を打ち明け合い、話し合った。
その間に、乳母と寝所付きの女中エウリュノメは、松明の灯りの下、
ふかふかと柔らかい夜具でベッドを整えた。
手早く寝心地のよい床を作り終えると、
年取った乳母はそそくさと、自分の部屋へ寝にいき、
女中のエウリュノメは松明を手に、
ふたりを寝床へと案内した。
そして寝室まで送り届けると、
そっと立ち去っていった。
ふたりはたがいに喜び合いながら、ベッドへと向かった。
ふたりが好きだった、あの懐かしい昔ながらの場所へ。

たしかにこれは、ホメロスが死ぬ前に書いた最後の数行だったのかもしれない。彼はこの叙事詩の残りの部分を弟子に託した。そして弟子がそれを完成したということなのだろうか。第一書の冒頭で「光輝く目をもつ」アテネが、テレマコスに驚くべきニュースを伝える場面がある。「大いなるオデュッセウスは死んではいない」。たしかに彼は二〇数年ののちに生きて戻ってきた。そして二七〇〇年のちの今もなお、オデュッセウスは死なずに生きている。どこか滑稽で泣き虫、そして心暖かなオデュッセウスが、あのごろつきのような英雄たちや、消滅寸前の軍国主義的な伝統を尻目に、遠い将来、いつの日にか、よりいきいきとした姿で甦ってくることを、ホメロスは知っていたのではないだろうか。「オデュ

ッセウスとアキレウスの争い」(これはフェイグルズの訳だ)というタイトルの歌が吟遊詩人デモドコスによって歌われていた。この古い歌はホメロスの時代の聴衆にはよく知られた歌だったのだろうか。あるいはひょっとして、これはホメロスの創作だったのではないか。聴衆の心に響かせるためにホメロスが、『オデュッセイア』に中に意図して紛れ込ませた創作ではなかったのだろうか。いわばホメロスの心の中の葛藤から漏れ出たささやきだったのかもしれない。葛藤とは他ならぬ、ふたつの生き方の葛藤だった。ひとつは、他人に死をもたらさざるをえない戦争へと向かう生き方。そしてもうひとつは、他人と何とかしてつながりをもちながら生きようとする生き方だ。つまり、心の雅量や機略といったものに全面的に頼ろうとする生き方である。このふたつの生き方をめぐる心の葛藤から出たものが、あの歌だったのではないだろうか。ホメロスの仕事を振り返ってみると、そこには大きな円弧が描かれていることが分かる。それはわれわれをまず、トロイアの海岸で戦いのさなかにいるアキレウスの怒りへと連れていき、そのあとで、『オデュッセイア』の巻末に描かれた、家庭的な慎み深い平和の団らんへと導いていった。ここまできてわれわれは、はじめて自らに問いかけるにちがいない。詩人の生涯をかけてホメロスが明かにしようとした意図が、たしかにここにはあるのかもしれないと。その通りである。おそらくここにはたしかに重要な暗示がある。というのも結局のところ、アキレウスの怒りは、ペネロペイアのベッドの中でしかなだめることなどできないのだから。

3 詩人——酒宴の開き方について

さあ、まずはヘリコン山のムーサ（歌の女神）のことから歌いはじめよう。
彼女たちが住んでいるのは、聖なる高山ヘリコンである。
ムーサたちが優しい足取りで踊るのは、紺青色の泉のそばや
クロノスの力も強い御子（ゼウス）の祭壇のかたわら。
彼女たちはたおやかな体を、ペルメソスや
ヒッポクレネ（馬の泉）や清らかなオルメイオスの水で洗う。
そしてヘリコンの高みで踊るのだ。そのステップの軽やかなこと……
ヘシオドス（それは私だ）にすばらしい歌を教えてくれたのは彼女たちだった。
それは彼が聖なるヘリコン山で羊の番をしていたときだ。
オリュンポスのムーサたち、神の楯（アイギス）をもつゼウスの娘たちが、
はじめて私に話しかけてくれた言葉は次のようなものだった。
「荒れ野に暮らす羊飼いたち、貧しいおろかな者たち、食べ物だけにかつかつとして
　いる者たちよ。
私たちが知っているのは、たしかにその多くが、いかにも真実らしく見えてその実、
　偽りのことどもを話す手だてだ。
しかし私たちは、自ら望めば、真実を語る手だてもまた知ることができる」。

そんな風に彼女たちは語った。偉大なゼウスの娘たちにして、言葉の術にたけた女神たちは。

そして、オリーブの若々しい枝を折ると、それを私にすばらしい杖として手渡した。

さらに私に声を吹き入れ、これから起こること、すでに起こってしまったことなどを物語る力を与えてくれた。

彼女たちは私に、未来永劫続く、祝福された神々の系譜を歌うようにと命じた。

しかしそのときはつねに、はじめと終わりで、自分たちムーサのことも歌うようにと。


ヘシオドスの『神統記』（テオロギア）はこんな風にして、彼がムーサによって詩人としての使命を授けられ、神々の系譜を歌うことからはじまる。ヘシオドスの詩にはたしかに、ホメロスの詩がもっていた、すさまじいほどのドラマ性と忘れがたい性格描写はない。だが、彼の詩は神話上の情報という点からいうと、非常に多くの事柄を目録風に記しているために、われわれにはきわめて有益である。ヘシオドスは元々がボイオティア（ギリシア中東部の地方）の出身で、生活苦と闘う貧しい農夫だった。彼はホメロスより年少だが、ホメロスの同時代人である（幾分か彼には地方の愛国主義者風なところがあった）。そのヘシオドスが近くのヘリコン山でムーサたちの舞い踊る姿を見たという。ムーサの故郷はオリュンポス山の丘陵地帯だといわれていたにもかかわらず。

　ムーサは本来、歌と詩をもっぱらにする九人の女神のことをいう。詩歌といっても、おそらくそれは「歌われた詩」といった方がより正確かもしれない。というのも、ギリシア人たちは歌と詩をことさらに区別することをしなかったからだ。ムーサは「ミュージック」（音楽）の語源でもある。だいたい古代といっても初期の頃は、言辞が公に発表されるときには、一般にそれは歌い上げられるのがつねだった。マイクロフォンなどない時代である。話し手の声ができるだけ遠くまで聞こえるように文書は歌い上げられた。これこそ、宗教的な儀式で聖職者が歌うように祈りを捧げることの起源だといわれている。ただしギリシアで歌われる詩は、ひとりの歌い手によって歌われることもあるが、しばしばコーラス隊（「コロス」と呼ばれた）によって踊りながら歌われた。

ムーサは気まぐれである。思いついて恩顧を与えるかと思えば、意地悪く、思いつきでそれを差し控えたりもする。したがってヘシオドスは、彼のムーサがインスピレーションという贈り物を、気分をそこねて引っ込めてしまわないように、たえずなだめすかしていなくてはならなかった。しかし、インスピレーションと真実はふたつながらに異なったものである。詩人の作品が成功するか否かはひとえに、それが聴衆に及ぼす感情的な変化にかかっていた。ムーサにしてみれば、ともかく聴衆の心をとらえることさえできれば、それでひと仕事終えたことになる。したがって、霊感を与えはしたものの、それがはたして真実のものなのか、偽りのものなのかについては、いっさい彼女たちの関知するところではなかった。九人のムーサたちはそれぞれが専門の分野をもっていた。カリオペは叙事詩、クレイオは歴史をつかさどり、エウテルペはアウロス（オーボエのような笛）を奏でた。エラトはリラ（竪琴）を演奏し、抒情詩をつかさどった。テルプシコラは歌舞、メルポメネは悲劇、タレイアは喜劇、ポリュヒュムニアは賛歌と祭儀をつかさどった。また、ウラニアは天文と関わりのあるパフォーマンス、おそらくは星空の下でおこなわれた野外劇をつかさどったのだろう。

前の章で私は、ホメロスのふたつの叙事詩の違いを述べたいばかりに、このふたつが一方はミリタリズムに、もう一方が個人的な感情と呼ぶのにもっともふさわしいものに、どれほど違った形で近づいているかを強調してみせた。後者の個人的な感情というのは、他人の気持ちに同情し、嘆き悲しみ、家族の関係をいとおしく思う能力のことで、古代世界では、もっぱらこの感情は女性に独占されていた。私は先にギリシア人の軍国主義的な伝統は「消滅しつつある」といったが、この伝統がなお彼らの内で十分に余命を保っていたことを知っている。ギリシアの文化に対して深い洞察を示した思想家にフランスのシモーヌ・ヴェイユ（一九〇九―四三）がいる。彼女は一九三九年に次のように書いている。「進歩のおかげで、今や暴力は過去のものになったと思っている人々は、『イリアス』をすでに歴史上の書物として見てきた。が、暴力を過去と同様、現在でもなお、人間の歴史全体の中心にあると見ることのできる人々は、『イリアス』の中に、そのもっとも美しい、そしてもっとも醇乎とした鏡を見出している」。この一文は彼女が「新フランス評論」のために書いたエッセイの中にあるのだが、これが公にされることはなかった。というのは、雑誌が印刷される前にパリがナチスによって占領されてしまったからだ。この事件が起こってからすでに半世紀と少しの歳月が経っている。が、私はギリシアの軍国主義的な精神がすでに死滅してしまったなどと、とても主張することができない。この精神はヴェイユが生きていた時代と同じように、今もなお「人間の歴史全体の中心に」あるからである。せいぜい人が感

じとれることといえば、過去よりいくらか多くの人間たちが、戦争を望むより、さらに深く平和を愛するようになったということくらいか。そして、オデュッセウスの感受性が引き続いて今も、その支持者を得ているというくらいだろうか。

この感情の領域を「オデュッセウスの感受性」と名付けてしまうことは、もちろん、何か逆説めいた書き方になってしまうし、ある種の象徴的な簡略化をしたいい方になってしまうかもしれない。というのも、オデュッセウスはたしかに、そののち、自らの行為についてつねに涙を流していた（そしてそのために、彼はホメロスの感受性の発展した文学上の典型とされた）。が、彼は何といっても、だまし討ちとも思える策略を弄したギリシア人である。この謀略のためにトロイアは陥落し、数知れぬ無辜の人々が血の海に浸った。オデュッセウスは、あまりに賢すぎるとして疑いの目で見られた男である。彼の仲間のギリシア人たちに不審がられただけではない。のちには、ローマ人によっても同じように疑われた。キリストが誕生するちょっと前くらい、つまり西暦紀元前の数十年間だが、ローマの偉大な詩人ウェルギリウスが、健康の衰えていく中で巨大な叙事詩『アエネイス』を書いた。これは焼け落ちたトロイアから逃れたトロイアの王子アエネアスが、ティベレ川のほとり、人跡もまれなその湾曲部に、ローマ市を建設した様子を歌ったものである。ウェルギリウスは長編叙事詩の大部分を、まったく意識的に『イリアス』をモデルにして書いた。しかしそれは結局のところ、それ以外に選択の余地がなかったからである。ローマの詩人が自分たちの同胞に、光輝あふれる先達の偉業を思い出させて、彼らの奮起を促そうとすれば、いきおい詩人の利用できるモデルはただひとつホメロスの叙事詩しかなかったのである。しかし、ギリシアの文学上のモデルを利用すること以外に頼みの綱となるものがなかったにしても、ウェルギリウスははっきりとここで、ギリシア人に対するローマ人の相矛盾する感情を提示している。それはわれわれの前にオデュッセウスの「木馬」を持ち出すことにより、また、真実を語るトロイア人の口から、あの名高いせりふを話させることによりおこなった。そのせりふとは、「私はギリシア人たちが贈り物を持ってくるときですら、彼らを警戒する」というものだった。古代の世界ではたしかに、民族を戯画化した言葉があふれかえっていた。しかし、贈り物を携えてくるギリシア人に対するこの警戒以上に、たえず繰り返し人々の口の端に上った言葉はないだろう。それほどまでにギリシア民族は捕えがたく、理解しがたい人々だったのである。

ウェルギリウスが『アエネイス』の中でオデュッセウスを、ギリシア人の策に富んだ狡猾さを具現化した人物として見ているというのなら、このローマの詩人が、ホメロスの物語の中に隠れていて見えなかった要素を長編叙事詩ではっきりとした形にして見せたということもまた真実だろう。それは『イリアス』の中でトロイアが一種のユートピアの機能を果たしていたということである。しかもそれは滅亡の運命を担ったユートピアだった。これは特記しておかなくてはいけないことなのだが、この運命は、他ならぬオデュッセウスのたくらみによって実現した侵入、異常とも思える人目を忍ぶ侵入によって定められたものだった。そもそもオデュッセウスのたくらみがなければ、トロイアの城壁は相変わらず難攻不落を誇っていたわけだから。トロイアはギリシアの社会にくらべると、はるかに公正で和合に満ちた場所とされている。そしてそこはまた、ローマ人が自分たちの生まれ故郷と定めていた場所でもあった。アキレウスの驚くべき楯に描かれたあの「平和の都市」のように、トロイアは理想の都市であり、ギリシア人の住む汚れて不完全な世界ではなかった。そしてそれはまた、たがいに意見の交換が頻繁になされ、妥協と曖昧さの残る世界ではなく、妥協のいっさいない世界、今は失われてしまった貴族らしさの残る、天国のような世界だった。それは勇敢で愛すべきヘクトルの世界であり、寛容な心をもち、情け深いプリアモス王の世界でもあった。そして、われわれだれしもがみんな、自分の出自はそこだと主張したいそんな世界だったのである。

ここで認められるのは、ホメロスにおいてはじめて現れたかすかな夢の兆しだ。この夢はやがて、ますますギリシア人にとってはっきりとしたものとなっていく。彼らの確固たるリアリズムと誇り高い実用主義にもかかわらず、あるいはおそらく、彼らが物事をあるがままに理解しようとするその平然とした姿勢「のため」だろうか、むしろ彼らはその逆なものにあこがれる。つまりわれわれが現にその中で生きざるをえない曖昧な現実、飽き足りない現実を越えたところにある大いなる場所、善なる場所にギリシア人はあこがれた(こうして、『オデュッセイア』が知られる頃になると、オデュッセウスとペネロペイアのいるイタケが第二の失われた理想となった。それはイェーツが「無垢と美」は「慣習と儀式の中で」生まれるといった、そんな貴族的な美徳のユートピアである)。一見まったく反対の性質のように見えるものの結合、このすばらしい結合が新しい社会を生み出した。実用性と憧憬との結合、つまりそれは、腰のすわったリアリズムがつねに周知のものを越えた状態にあこがれる、リアリズムと憧憬との合一を意味した。いや、合一というよりむしろそれは、結合した状態がどんなものなのか、それを「想像すること」のできる能力のことだったのかもしれない。この能力が、世界史上はじめてといってよい、伝統にとらわれることのない社会、保守的な状態にとどまることのない社会の出現を促した。そしてこの社会は、挑戦してくる者すべてに対して、「これこそつねにわれわれが物事を処理してきたやり方だ」などと紋切り型の答えを返すことのない文化、その最初の文化の萌芽を可能にさせたのである。

「より新しい世界」を探し求めるテニソンの「ウリクセース」のように、また、冒険心に満ちたギリシアの船人たちのように(彼らの優雅で丈の長い船は、エーゲ海からアドリア海へ、そして地中海へ、さらには大西洋へとはるかな旅路を往来した)、ギリシアはまたたく間に、ありきたりの慣習が支配していた社会から、自由な意見を求める社会へ、質問と実験とによって特徴づけられた文明社会へと変貌を遂げた。現代イギリスの古典学者オリヴァー・タプリンの言葉に次のようなものがある。「(ホメロスの)詩は、一種の議論の栓を開け放った栓抜きのようなものとして……出現した。それはまた、権力と尊敬の構造について、その配分の加減について考え、それを精査する誘因として働いたようだ。このようにして、詩の中に出てくる人々は、栄誉が……しかるべき所に与えられるべきだということに合意していながらもなお、その配分については決められた従来の基準に合わせる、などという考えをもはやもたなかった。したがって、ホメロスはある政治的な変革を積極的に唱道することはしていないし、逆にその詩は、政治的な保守主義や節約を推奨する詩でもない。が、それは急激に地平を広げた時代のまさしく要に位置する詩で、変化を促す触媒として働いたのである」。

回答者に自由な意見を求める質問、そして何度も繰り返される実験は、たしかに政治的な事項に集中しておこなわれた。が、結果的には、政治の世界を越えてさらにその先へと向かった。それはギリシア人が、ホメロスの時代から紀元前二世紀にローマによって屈服させられる日まで、たえざる文化的な変革の中にあった事実と対応している。この期間(およそ五〇〇年以上にわたり、はっきりと感知できる変化の時代といってよい)は歴史上知られているいかなる社会とくらべても、はるかに流動的でなめらかな、そして軌道の長い発展を示した時代だった。

ギリシアの文学はホメロスからはじまる。やがてそれはギリシア本土の隅々へといきわたり、半島から各島々へ、そして広い範囲で作られた海外の居留地や植民地へと到達する。ホメロスや彼のあとに続いた詩人たちの詩は記録されているのだが、それを読んだ広汎なギリシアの一般大衆の姿は、紀元前五世紀に至るまで記録に登場しない。文学的な作品はまずはじめに鉛の板に記された。さらに重要と思われた記念の銘文には金や青銅の板が使われた。石板にも彫り込まれた。ロウを表面に引いた木の板や、加工を施した動物の皮なども また書字の材料となった。しかし、これらの材料のいずれもが、のちの世紀に出現し広い範囲にわたって広がった、「書籍」の販売や図書館の設立などを促進するものではなかった。ホメロスの場合を考えてみても、重量の重い詩篇を家まで運ぶことは、ほとんど不可能に近い。そして、エジプトから軽いパピルスが輸入され、従来の材料の不便さが解消されるまでには、なお長い歳月を必要とした。パピルスを大量に利用できるようになると、長い文学作品の持ち運びもさほど苦にはならなくなった。その間、一般読者層の代わりに存在が確認されていたのは、文学作品に「耳を傾けて聞く」大衆だった。それが祭や競技大会などで、朗誦する者に敏感に反応する聴衆を形作っていた。

ここにいるのは吟遊詩人たちである。彼らは、重要な行事のある場所から別の場所へと旅をしながら歌を歌う放浪の楽人だった。当初は歌の返礼として、現物の施しを受けていたが、紀元前六世紀になり、貨幣制度がいきわたるにつれて、謝礼はお金で受け取るようになった。古い貴族社会では、吟遊詩人や叙事詩吟誦者たちも宮廷へ招かれ、たいへんな歓待を受けた。しかし、新しい社会の変革の波にさらわれて貴族社会が徐々に没落していくと、貴族たちが果たしていた詩人たちのパトロン役は、宗教的行事の際に催される人々の集会へと引き継がれていった。これらの催しは地方でおこなわれることもあったが、オリュンピア競技祭などのように全ギリシア的（パンヘレニック）[1]に挙行されるものもあった。催しは元々宗教的な祭日としてはじまったものだが、やがてそれが徐々に大がかりなものとなり、広いサーカス会場のような屋外市で開かれるようになる。それはおおむね、汎ギリシア的な神々へ奉納された聖所の近くに設けられていた。そこへやってくるのは、信仰に篤い人、好奇心にあふれた人、目先の利く人、欲得ずくの人、騒がしい人、無頼の徒など、さまざまな人たちだった。

こうした行事にはもちろん、神を称える儀式がまずあった。そこではつねに、少女や少年、それに成人男性たちのコロス（合唱歌舞団）の姿も見られた。また宗教行事につきものだったのが、運動競技者や詩人たちによっておこなわれる競技会である。そして、商人たちの仮小屋もまた、そこでは必ず見られる風景だった。日よけに使われた明るい色のキャンヴァスがはたはたと揺らめき、小屋の主人の売り声が聞こえる。小屋で売っているのは、守護神や守護女神をかたどった小さな像、お守り、食べ物や飲み物、その他種々雑多な品々である。紀元一世紀頃になると、われわれは『新約聖書』の中に、パウロやプリスキラ、それにアクウィラといった商人の名前を見つけるようになる（プリスキラとアクウィラはイタリア出身のユダヤ人夫婦。パウロの伝道活動に同行した。このふたりとパウロはともにテント職人。「使徒言行録」一八）。彼らのような商人は、ギリシアの各地を旅してはにわか店舗を組み立て、祭にやってくる人たちを、ギリシアの強い日差しから守るテントや日よけを作ったり、その修繕をすることを生業としていた。たしかにギリシアの太陽は、他のヨーロッパのどことくらべても、光が明るく、光線がすさまじい。ギリシア人の中にはどうやら競争心という血がつねに流れているようだ。宗教的な行事の場では、どこへいってもかならず競技者たちが、競って人々の注意を引きつけている。頑固で心配症のヘシオドスは、日々の農作業や田園生活に及ぼす四季の気候の影響について書いている。が、その彼にして、『仕事と日々』の中では、祝祭日におこなわれる競技会を価値のあるものだと述べている。
「陶工と陶工の、大工と大工の、……詩人と詩人の」競争について。

宗教儀式に参加するコロスが必要としたのも詩人だった。彼らは自分たちが歌う詩句を詩人に書いてもらわなくてはならない。一流の運動競技者は、詩人にお金を支払い、自分を褒め称えてくれる詩の作成を依頼した。偉い人物の葬儀は特別な催しとなる。そこでは詩人の出席が欠かすことのできないものとなり、運動競技者のように、葬儀の競技会で彼らは詩を作り、競い合った。人が作った詩を歌う吟遊詩人、それにオリジナルの歌を作る吟遊詩人たちは、ともかくこうしたあらゆる催し事（こまごまとした、小さな内輪の集まりに至るまで）に顔を出し、自分たちの売り物の言葉を駆使する芸で商売をした。しかし、彼らが売り物にしたのは言葉だけではない。楽人たちは詩を吟じながら、弦楽器のリラ（竪琴）を自分で演奏した。笛を吹く人たちがそれに加わることもあった。彼らはアウロス(2)というリード楽器を吹いた。この楽器には穴がいくつか開けられていて、演奏者が指で穴を押さえることにより、音の高低を変えることができた。アウロスは通常、「フルート」と訳されているが、楽器の音色はむしろオーボエに近かった。ギリシア人によると、それはスズメバチのブーンという羽音に似ていて、高い音はガチョウの鳴き声のようだという。

それならいったい、ギリシアの音楽はだいたいどんな感じのものだったのだろう。その正確な感じを何とかして知りたいと思うのだが、われわれの手元には古代の記譜法の断片がほんの少ししかなく、それもほとんどが後代に書かれたもので、おまけに解釈が正確ではない。が、こんなわずかな断片からでも、われわれは求める回答に近づくことができる。資料の中からうかがえるのは、まず、歌手がハーモニーを作って歌うということがなかったということ。これはコロスとして集団で歌うときにもそうなのである。リラや笛などでも簡単な和声を作ることは十分に可能なのだが、ギリシアの音楽はつねにメロディーとリズム、それにわれわれにはあまりなじみのない旋法（音階）に頼っているように見える。われわれが西洋の音楽で知っている旋法といえば、メジャー（長音階）とマイナー（短音階）だけだ。ところがギリシアには旋法が五つもあった。それは次のような名前で知られている。イオニア旋法、アイオリス旋法、リュディア旋法、ドリア旋法、そしてプリュギア旋法。これらの旋法はそれぞれ、ギリシア各地に住む民族のグループに対応している。音楽を聞く聴衆は、おのおのの旋法を（各旋法にはそれぞれに下旋法があった）容易に聞き分けることができた。そしてそれぞれの旋法は、特色のある気分を醸し出していた。それはちょうどわれわれが「あれはスコットランド風のバラードのようだね」とか、「これはスパニッシュ・ダンスみたいだね」というようなぐあいである。ギリシアの各旋法では、音符と音符の関係が不変の順序で決められていて、それは他の旋法にはまったくないものだった。したがってこの旋法は独特で、変ホ長調がハ短調にくらべて特色があるというのなら、この旋法の独自性はそれ以上のものがあった。おそらくそれは、ときにアジアの音楽に似通っていると思えることもあるだろう。広い音程や四分音符の使い方などから、そう感じられるのかもしれない。ドリス旋法は勇ましく好戦的な旋律を奏で、プリュギア旋法は聞く者に安心感を与える。ミクソリュディア旋法（下旋法のひとつ）は哀調を帯びている。そしてイオニア旋法は優しく魅惑的ですらある。この音楽はあきらかに誘惑をたやすいものにしてくれる。総じてギリシアの音楽は、おそらく、ヨーロッパの中世音楽、それも後期のものに似た音色を出していたのではないだろうか。覚えやすい、しかも歌いやすいメロディー、誇張されたリズム、それにかなり控えめな楽器の伴奏などから考えてみると、そんなことが想像できる。いってみれば、町中で乱暴に歌われた「グレゴリオ聖歌」といった感じなのかもしれない。

実際ギリシアは、その歴史を通じて、音楽と踊りの国だったということがいえるだろう。「音楽抜きで私を生かしておくことなどしないでほしい」と歌っているのは、エウリピデスの劇『ヘラクレスの後裔』の中に登場するコロスである。古代のギリシア人にとって音楽なしで生きることは、そのまま死を意味した。ソポクレスは『コロノスのオイディプス』の中で、死に関する思いを述べているが、実にギリシア人の音楽に関する考えはこの通りである。「祝婚歌もなく、リラ（竪琴）もなく、コロスもいない。これはつまり死ということだ」。これまでわれわれが見てきたように、プロの楽人はたしかに存在した。が、王といわず奴隷といわず、すべてのギリシア人が、いつか機会さえあれば、自分も歌い、踊りたいと考えていた。その証拠もある。たとえば、われわれが手にしている、粉々になった不完全な記録からでも、それぞれに異なった踊りを表す言葉を、少なくとも二〇〇ほど読みとることができる。また、もっとも厳格といわれた戦士でさえ、平静を取り戻すためにはリラを軽くかき鳴らすと思われていた。それは『イリアス』の第九書でホメロスが、アキレウスにテントの中でさせていること（アキレウスはパトロクロスを前にして、ひとりリラを弾じ、勇士らの手柄話を称える歌を口ずさんでいた）を見れば明らかだろう。ペネロペイアのようにかなり資産のある女性は、自分の住まいで音楽の夕べなどを催した。羊飼いは笛を吹いて羊の群れに知らせ、船乗りたちは、はやし歌を歌いながら、競ってオールを漕いだ。先生は先生で、生徒たちに音楽の技術を教えることによりその本分をつくした。宴がはじまるとプロの楽人たちは、酩酊して騒ぐ人々をさらに喜ばせたのだが、酒を飲んで騒ぐ方もそれぞれが、自分の得意の出し物で、宴の陽気な気分をいっそう盛り立てるように期待された。したがって、酒に酔った人々が長椅子から立ち上がり、ひと晩中踊り明かすまでにはそれほど時間がかからなかった。彼らはたがいに腕を組み合い、地面を足で打ち鳴らしながら踊った。それはどこから見ても、ニコス・カザンザキス（一八八五―一九五七）の書いたゾルバ（『その男ゾルバ』の主人公）そのままだった。ゾルバはあたかも「そこにひとつの魂があり、それが彼の肉体を持ち去り、流星のように闇の中へと流れ入っていくよう」に踊っていた。

魚を売る者は魚を歌い、戦士は勇ましいリズムに合わせて行進した。洗濯女はブルースのような歌を口ずさみ、他の者たちはまた違った歌を歌った。紀元前四一三年のシチリア遠征は悲惨な結果をもたらした。アテナイの戦士たちが、シュラクサイ郊外の、実にひどい採石場に捕らわれの身となったのである。が、彼らが自由を勝ち得たのも、この歌のおかげだった。捕虜たちは、エウリピデスの劇に出てくるコロスをまねて歌いかつ踊った。その歌にシチリアの人々が熱狂したのである。こんなぐあいで、ギリシアの日常生活はときに、ある種のアマチュア・コンテストのような様相をみせた。たくさんの有望な歌手が参加する永遠のオーディションといった感じである。そこには古代のポール・サイモン（アート・ガーファンクルとデュエット・チーム「サイモンとガーファンクル」を作り、数々のヒット曲を出した）やジュディ・コリンズ（一九三九―。アメリカの女性シンガー）、トム・ウェイツ（一九四九―。アメリカのシンガーソングライター・俳優。しわがれた声でピアノを引き語りし、独特な雰囲気を醸し出した）、アニー・ディフランコ（ニューヨーク出身のシンガーソングライター）などがいて、たがいに切磋琢磨した。古代のギリシアは、いわば歌の文化圏にあったといってもいいだろう。

これはいたずら好きなサッポーが短い詩の中で、われわれに知らせてくれていることなのだが、音楽を理解しない人には、死よりなお悪い運命が待ち受けているという。ここにいるのはすでに亡くなったご婦人である。彼女は生前、音楽を自ら奏でることもしなければ、他人が奏でる音楽を楽しんで聞くこともなかった。そんな技量をもち合わせていなかった。しかし、そうしたあなたは、もはやけっして生きたことさえなかったといってもよい、とサッポーは歌っている。

生前のあなたは、ムーサの住むあのオリュンポスの山塊に咲く
バラの花の香りすら、嗅いだことがなかった。
死んでしまった今、冥府にいる生気のないあなたの亡霊を、
地上では思い出すことすらできない。だってあなたは、ベルひとつ打ち鳴らすことさえしないのだから。

この詩は狙い澄まされたボディ・ブローのように巧みに作り上げられている。これはギリシア人が「一〇番目のムーサ」と呼んだ女性詩人サッポーの詩である。ホメロス以降最大の詩人といわれているこの女性は、紀元前六世紀の終わりにギリシアの大きな島レスボスに生まれた。レスボスは甘い葡萄酒と辛辣な詩を生み出したことで有名だ。しかし残念なことに、ホメロス以後の詩（たいてい竪琴のリラ [lyre] の伴奏で歌われたために、これらの詩は抒情詩 [lyric poetry] と呼ばれた）はその多くが、のちの世紀に起こった激変の中で散逸してしまった。とりわけ紀元五世紀にギリシア・ローマ世界に侵入した蛮族（ゲルマン民族）によっておこなわれた略奪と、その結果による衰退の中で散逸は激しさを増した。サッポーの場合とくに残念なのは、その作品がときに長い断片があるとはいえ、大部分は小さな言葉の塊としてしか残っていないことだ。それはあたかも、神秘的な木からもぎ取られた珍しい花弁や枝のようでもあった。しかしわれわれは、その木の全体を見ることはけっしてできないのである。

この断片から推察できることは、サッポーがある種の花嫁学校のようなものを、良家の子女を相手に

経営していたのではないかということだ。学校で子女たちは、（もちろん、他のことも習得したのだが）とくに祝祭の日にコロスで歌う技術を教えられた。祝祭といっても婚礼の日が多かったようだ。生徒をひとりひとり独唱者として訓練するのがこの学校の特徴だったが、コロスの一員として訓練されたことは、少女たちが社会にデビューしていくのに大いに役立った。彼女たちが望むところは、自分にふさわしい求婚者が現れ、やがては、自分にとって有利な結婚のできることだった。サッポーの特徴がもっともよく現れている（と思われる）詩は、数篇の祝婚歌（エピタラミア）(3)だが、その他の作品も、少女たちが去っていった（おそらくは結婚のためだろう）悲しみを歌った哀歌だとされている。少女たちの不在がサッポーを苦しめた。次に挙げるのは、中でも欠損の箇所の少ない詩のひとつである。

ある者は騎兵だといい、他の者は歩兵だという。
また別の者は海の戦士こそ、
このか黒い大地の上で、もっとも美しいものだという。
しかし、私はいう。それはあなたが、
あなたが愛する者ならだれでも、それがいちばんだと。

それはたやすく分かることでしょう。
だって、われわれのだれよりも美しかったあのヘレネが、
ある日突然、彼を見捨ててしまったのですもの。
高い地位にあった彼女の夫を。

彼女はトロイアに向かって帆を上げた。
子供や、彼女を愛してやまない両親のことを、
少しも考えることをせずに。
［ただ恋しさゆえに］地の果てへと導かれていった。

そんな風に［私の心も］飛び立っていった。
アナクトリアを思い出しながら。
［滑るように］軽やかに、［軽やかに］。
彼女が去ってしまった今。

私はむしろ、彼女の優雅なステップや
彼女の顔をよぎる光のさまを見て学びたい。
リュディアの戦車や
並び立つ装甲戦士の列を眺めるのではなく。

［　　　　］起こりうること。
［　　　　］人間の［　　　　　　　　］参加を懇願する。
［　　　　］

「　　　」

「　　　」

「　　　」

「　　　」

「　」向かって「　」


「　　　」

「　　　」

「　　　」

「　」驚く。


アナクトリアははたしてハネムーンにいったのだろうか。それとも、彼女は死んでしまったということなのか。だいたい、この詩の主人公は実在の人物だろうか。あるいは、文学上のフィクションなのだろうか。それに、いったいこの詩は独唱用に作られたものなのか、それとも、亡くなった生徒を偲んでコロス用に作った合唱用の曲なのだろうか。さらに、詩の最後の言葉が語る驚きとはいったい何を意味しているのだろう。そして、われわれは亀甲パーレンの中の空白を、どのような言葉でどんな風にして埋めればよいのだろう（パーレンで示した欠落部分は、われわれが今手にしている断片から、いかにしても読みとることが不可能だった箇所である。パーレンの中に言葉が埋められている箇所もある。これは部分的に破損したテクストから類推することのできたものだ）。

ギリシアの抒情詩は従来、完全に個人的な詩と見られていた。それは、われわれが現代の詩人の作品を読む場合と同じである。しかし、現在は状況が変わっている。学者たちの大方の意見は、ギリシア抒情詩はすべて、歌われるために書かれたものだという考えで一致している。それは書き手が自分で歌うためでもあったろうし、別の者が歌ったり、コロス用に作られたりしたのだという。そして、ギリシア抒情詩に出てくる「私」は、現代のポピュラー・ソングの「私」と同じで個人的なものではないという意見でも一致している。それはたとえば「私にはブルースを歌う権利がある」というような歌詞だ。こんな言葉を歌手が、薄暗いナイトクラブの中でわれわれに投げかけるとき、われわれはその言葉を、ある特定の人間が感じた感情の典型として受け取る。それは時間を限定することなどできないが、万人によって理解され、分け与えられた感情なのである。したがって、われわれはけっしてそれを、歌い手の女性がある特定のときに感じた感情の表現だとあやまって受けとめることはない。それゆえにわれわれはまた、彼女に対して個人的な同情という負い目を感じることもない。彼女は役割を演じている。われわれもそれをよく知っている。それはわれわれが人の身になって考えるのと同じことだから。ただし、哀れなふりをする彼女の演技を、われわれがある程度、楽しんでいることも確かだろう。

アナクトリアを歌った詩の断片はたしかにこのパターンに合致するかもしれない。が、この論旨にかならずしも当てはまらないサッポーの断片も他にはある。たとえば次のもの。

あなたがもし、今も私を愛しているというのなら、
もっと若い人とベッドをともになさい。
私はもう、あなたといっしょに眠ることはできません。

年老いてしまった今は。

この詩をただ、これだけは特別の詩だったといってすませるわけにはいかないだろう。さらにこれを補完するような断片がここにある。私はひそかに、この断片は一篇の詩として完成したものだと思っているのだが。

月は沈み、
プレイアデス（すばる）も落ちた。
今は真夜中。
時は過ぎ、また過ぎていく。
ひとり私は横になる。

この詩を私は個人的な詩だと思う。ここに出てくる「私」はまぎれもない本物の「私」で、どうした拍子なのか、たまたま、ギリシアの歌文化が被っている非人称的な仮面から滑り出てきたものだと思う。この数年学者たちは、ここに挙げたふたつの詩の最終フレーズが、はたしてサッポー自身を指しているかどうかについて疑問を投げかけてきた。だがこの「私」は、古代から連綿としてサッポーを指すものとされている。それにどう見ても、ここに出てくる「私」はサッポーのように見える。たくさんの少女たちに女性のもつ優雅さを教えたエレガントな美人、その美しい人も今は寄る年波をいかんともしがたい。しかし彼女は自己憐憫に助けを求めることもせず、自分自身に正直であろうと決意している。そこにいるのはまぎれもない生身の個人をさらけ出したサッポーその人だ。これほどの率直な告白はきわめてまれなことで、それは何もギリシアの抒情詩の世界に限ったことではない。
概してギリシアの抒情詩人たちは、他の姿に身をやつして、かりそめの登場人物として現れた。そしてその多くは、W・B・イェーツやT・S・エリオットがしたように、自分はまだ若いくせに、あたかも年寄りにでもなったかのように、よぼよぼの声で詩を書いた。しかし、こうした修辞上の骨折りは、かならずや様式化したひとつの輪を形作ることになる。それはサッポーのように、自然といういわば宝庫にもっぱら頼って詩作する詩人ですらそうなのである。サッポーが詩で歌った月や星や「か黒い土」はみな、ギリシアの抒情詩には欠かすことのできない言葉となっている。それはカワセミやアルキュオン（冬至の頃に海の上で巣ごもり、風波を鎮めて卵をかえすといわれた想像上の鳥）、それに葡萄酒色の波などと同じだった。紀元前七世紀の後半にスパルタで活躍した詩人にアルクマン（小アジアのサルディス生まれ）がいる。彼は応答詩を作ったのだが、次に挙げる断片で見られるように、自らを年老いた独唱の歌い手に身を変えて、少女たちのコロス（合唱歌舞団）に呼びかけている。

おお、蜜のように甘い声で神々しく歌う乙女たちよ。
私の手足はもはや、私を運ぶことなどできない。
あのカワセミのように、私もなれればいいのだが。
アルキュオンと連れだって、波の花咲く上を飛ぶ、
恐れを知らない、海の紫色をしたあの春鳥のように。

アルクマンにはサッポーのもっていた、慎ましい、控えめな気持ちが欠けている。彼にはどこかわれわれに憐れみを乞うているようなところがある。それにこの詩は、自然に流露した人間の気持ちが表現されたものではなく、むしろ人目を気にして、意識的に作り上げた詩のようだ。たしかにギリシアの抒情は、古代世界のいわば文学上の春の季節を記念するものといわれている。が、アルクマンのような詩人が歌うと、その春もどこか作りものめいたものに感じられる。そして、いくらか意外性に乏しい、想像力の欠けたものになってしまう。それにひきかえ、サッポーがエミリー・ディキンソン（一八三〇—八六。アメリカの詩人。抒情的な短詩を得意とする）風に慎ましく歌うと、われわれはそこに古代の太陽の暖かみを感じることができる。もちろん、デメテルの神話と同じで、そこで吹く春のそよ風が、つねにかすかな退廃の香りを運んでくることにわれわれは気づいてはいるが。

私が好きなのは、優雅で、
光輝き、華やかなもの——
陽の光のようなもの。

それが私の望むもの。

サッポーの渇望ということについていうと、彼女が使っている「エロス」は性的な欲望という意味である。よく使われている自然の比喩と同じように、エロスは抒情詩人の間では、繰り返し使われる言葉だ。それはエロティックな渇望として、また、擬人化された愛の神「エロス」（アプロディテの息子。

ローマのクピドに当たる）として使われた。サッポーの時代になると、女性に対する差別がいちだんとはっきりとした形で現れてくる。それはホメロスの詩で見られたものとはだいぶ違っている。ホメロスの詩ではたしかに、さほど卓越した女性はほとんど登場してこないが、それでも、女性が男性と自由に交際することが禁じられていたという兆候はどこにも見られない。おそらく、サッポーの経営していた花嫁学校は、いわばハーレムのようなところだったのかもしれない。したがって、彼女の詩の中に出てくる男はどれも、輪郭がぼやけていて、彼らにアナクトリアのような少女がもつ存在感は望むべくもなかった。詩の中のアナクトリアは、あたかもわれわれがその香りを嗅ぐことができるほど肉体を備えていた。このような性の分離がいやおうなくもたらすものは同性愛的な関係だったろう。(4) ハーレムや売春宿、修道院、それに性的に分離された宗教上の住まい、男女一方の性のために作られた寄宿学校、そして監獄や傭兵部隊、さらには長い船旅の船上などで往々にして生じる関係、それが同性愛的な関係だった。ホメロスの詩の中には、ホモセクシュアリティへの言及はまったく見られないが、紀元前七世紀後半以降の抒情詩の中では、これが顕著に見られるようになった。そして六世紀頃になると、ホモセクシュアリティは当たり前のごくありふれたことになってしまう。それはのちの時代のギリシア人たちが、アキレウスとパトロクロスの関係を、当然のことのように同性愛として読むほどになったのでも明らかだった。しかしホメロスは、何らこのような解釈を許す証拠を示していないし、他のヒーローたちはことごとく、なお強烈な異性愛を見せていた。

女性の抒情詩人はサッポーの他にもいたのだが、断片とはいえわれわれに、彼女自身のことや、彼女を取り巻くもろもろの環境を暫定的にスケッチさせるに十分な量を残したのは、ただひとりサッポーだけだった。が、男性の抒情詩人となると情況は違う。彼らの書いた詩の断片には同性愛に言及したものがたくさん見つかっている。とりわけ、大人の男性が思春期の少年に対して抱いた同性愛に関するものが多い。中には表現がかなり曖昧なものもある。たとえばサッポーと同時代の詩人で、やはりレスボス島出身のアルカイオスが、しきりに酒を勧めている次のような詩がそうだ。

飲みなさい、酔いなさい。もっと酔いなさい。
狂乱の道を踏みしめるほどに。だって、ミュルシロスは死んでしまったんだから。

しかし次の詩は、もはやアナクレオンが意味するところを、われわれはまず取り違えることはない。アナクレオンは紀元前六世紀に活躍した詩人。政治的な激変によって、やむなくギリシアのさまざまな土地で暮らすことになった（彼が、サッポーのいたレスボス島の習俗を意地悪く当てこすった言葉から、現在われわれが使っている「レスビアン」という意味が生まれた）。

おお、無垢の眼をもつ少年よ。
私はお前に恋焦がれる。が、お前は離れたところに立ち、
こちらに一顧だに与えず、気づいてさえもくれない。
お前は私の心の御者だ。

さらには、次の詩でアナクレオンが心に描いていたことを、われわれはけっして誤解することはできないだろう。

少年よ、われわれに水をもってきてくれ、葡萄酒ともども。
みんなに花冠を渡してやってくれ。
そして、この長椅子にきて、私の隣に座りなさい。
そこで私は「エロス」をねじ伏せてみせよう。

おそらくこの処女のような目をした少年は、結局はアナクレオンの熱い眼差しに気がつき、彼の誘惑にあわや身を任せんばかりということになるのだろう。しかし、さらにありそうなことは、アナクレオンの懇願が、ふたりの異なった少年に向けられていたのではないかということだ。最初の少年はおそらくアナクレオンと同じ貴族階級かもしれない。この少年に対しては、アナクレオンも十分の配慮と意味ありげな贈り物でいい寄っていったにちがいない。二番目の少年は、アナクレオンの家で厚遇されていた召使いかもしれない。彼は葡萄酒に水を混ぜることを主人から任されており、しかも、主人が親しい友達のために開いた宴席では、その最中に主人のそばに座り、彼の要求に応えることができるほど目をかけられていたのだろう。

ホメロスの時代の宴会といえば、それはおそらく宗教的な義務の遂行から生じたものではなかったろうか。その義務とは、まず神に血のしたたり落ちる犠牲を捧げて、これをなだめなくてはならなかったこと、さらには死者が出たとき、一週間にわたって、死者の念入りな葬儀をおこなわなくてはならなかったことなどだ。葬儀は死者の霊魂がぶじにステュクス川（黄泉の国を七周しているという三途の川）を渡り、ハデスに着くことができるように、そして、霊魂が永遠の彷徨という運命に陥らないことを祈ってとりおこなわれた。このような行事の際には、犠牲に捧げられた肉（肉牛や羊、山羊、それに豚の肉）が気前よく切り分けられ、参加者に配られた。そして、参加者たちはそれを頬張った。ホメロスの描写を見ていると、ついわれわれは、ギリシア人たちがいつもこんな食事をしているのかと考えてしまう。が、日常の食事はこれとはほど遠かった。通常はパンと魚のはてしないヴァリエーションである。(5)神々をなだめることとは何の関わりもない日々の食事や、友達を招いて酒宴を催すときには、料理といってもこの程度のものだった。パンと魚につけ加えられるものといえば、オリーヴ油で十分に揚げたおいしそうなチョウセンアザミ、それに、たまに出てくるのが串焼きにした鶏肉、新鮮な青野菜、脂肪の多いシチリアのチーズ（これもまったく運がよかったらの話だが）、果物、ナッツ類など、そしてもちろん、かなりの量の葡萄酒。ギリシア人は水を葡萄酒に混ぜて飲んだ。それも葡萄酒をがぶ飲みしたいがための工夫だった。

葡萄酒はそんなにたいしたものじゃない。――涙じゃないから、
傷を癒すこともできないし、悪態を元に戻すこともできない。
だから、涙など流さずに、夜を明かして宴を催そう――
葡萄酒にできることは、物事を面倒にしないことくらいか。

このように歌うアルキロコスは、もっとも早い時期の抒情詩人のひとりである。彼はおびただしい傷を体に残すタフな歴戦の古参兵だった。そのユーモラスな抒情詩はあざけりと厭世感に満ちていた。彼はかつてひとりの女性を強く愛したのだが、それを彼女の父親に拒否されたという。それからというも

の、父親とその娘は、アルキロコスが繰り返し書いた風刺詩の主題となった。詩の皮肉があまりに痛烈だったために、父と娘は自殺へと追いやられたという。しかしそののち、詩人は深く気分を沈ませ、辛辣な絶望へと落ち込んでしまった。それは老年のスウィフトのようだったのかもしれない。そして彼の作る詩は、もっぱら女性に恥をかかせるようなポルノまがいのものになってしまった。ここに挙げる詩では、アルクマンの永遠のカワセミが新しい使い方をされている。

彼女は彼の一物のまわりで、のけぞってみたり、のたうってみたり。
まるでカワセミが、岩の上で羽ばたいているようだ。
身をかがめて彼女は、その一物を音を立てて吸った——おお、私のかわいい人——
その姿は、プリュギア人がビールをストローで飲んでいるみたいだ。
そして彼女は、こちらにお尻を突き出している。

現存するアルキロコスの断片の中で、多くを占めているのがこの種の詩だった。さぞかしこの手の詩は友達に大きな喝采で迎えられたことだろう。

うまが合う友達がより集まって開く宴会を英語でシンポウジアという（単数形がシンポウジウム。元のギリシア語がシュンポシオン。[6]「ともに酒を飲む」の意で、酒宴のこと）。酒宴がおこなわれる場所は個人の家で、「アンドロン」と呼ばれた部屋である。この言葉の意味は「男子の部屋」だが、実際は「メンズクラブ」に近い。こうした集まりでは上流階級の男性たちが、心地のいい長椅子に横ざまに座る。長椅子は、二、三人の客が、たがいにもたれ合って座れるほどゆったりとしている。客たちは、頭に花の冠を被り、椅子より少し低いテーブルから食べ物を取って食べた。彼らは音楽を楽しみ、召使いが大杯に注ぐ葡萄酒を飲んだ。召使いはたいてい一〇代の男性か女性だが、女性は「ヘタイライ」（単数形はヘタイラ。意味は「コンパニオン」）と呼ばれるプロで、実際には教養のある遊女か高級娼婦といったものだった。非常に興味深いことだが、男性の客のことをギリシア語で「ヘタイロイ」という。これはホメロスもやはり使っていた言葉だが、彼の場合は、武具を纏った仲間（コンパニオン）たちという意味で使っていた。したがって、騒がしい宵に集まってくる人々は、ヘタイロイ、ヘタイライ、そしてパイデス（少年たち）[7]がそのすべてだった。酒宴ははじめに、御神酒が葡萄酒の神ディオニュソスに注がれる。そして酒に酔ったディオニュソスを称える熱狂的な賛歌ディテュランボスを、人々は楽器に合わせて歌いかつ踊る。あなたがもしお好みならば、この祈りの歌にどんな名前をつけることもできただろう。が、われわれの見るところでは、これはどこから見てもジグザグ行進に限りなく近い。それは豪胆な老アルキロコスがわれわれに知らせてくれる通りである。

私はディテュランボスに合わせて踊る。
これは、天なる神、ディオニュソスへの賛歌だ。
踊りは大の得意なのだが、今はまったく、へぼ役者のようになってしまった——
頭の中が葡萄酒漬けで、ぐっしょりになっているから。

日常生活においてギリシア人は、四六時中、おびただしい緊張を強いられていた。それはなぜかといえば、彼らはたしかに多くの酒宴は催したものの、ホメロスの時代にくらべると、時代を追うごとに、ますます好戦的になっていったからである。そのために酒宴は、何にもまして鬱積した社会不安を除去する機会となった。人々の不安は、つねに自分たちの住む社会が戦争状態にあることからきていた。戦争、それはギリシアの哲学者たちがいうように、「万物の父、万物の王」であり、「つねに原初から存在していたもの」である。葡萄酒さえふんだんにあれば、人は束の間、この戦争を忘れていることができる。たとえ忘れることができなくても、一時、戦争の重みを葡萄酒によって減じることができるだろう。こうして、次に挙げるようなテオグニスの短い詩ができた。テオグニスは、紀元前六世紀のはじめに活躍した詩人で、軽快な歌を得意とするシンガーソングライター。彼が大事にしたものは、家柄のよさ、大宴会、それに男と少年との間で生じる生きのよいロマンスなどである。いわば古代ギリシアのコール・ポーター（一八九二?—一九六四。アメリカのポピュラーソング、ミュージカルなどの作詞・作曲家）といったところだろうか。

聖なる弦をかき鳴らせ。さあ、酒を飲もう。
そして、楽器を奏でながら、大いに遊びに興じよう。
そうすれば、われわれの捧げる御神酒に神々は満足する——
そして、メディア人との戦争を気にかける者など、だれひとりいなくなる。

しかし酩酊は覚め、それは往々にして、深い物思いに取って代わる。が、浮かれたドンチャン騒ぎもまたしばしば、ひどい状態で終わりを告げた。次に挙げるのは、紀元前四世紀にエウブロスによって書かれた喜劇の断片。すでに足元がよろけているディオニュソスが酒宴について、いったいそれがどんな風に進行するものなのか、そのもっとも典型的な例を挙げて得意げに話している。


ディオニュソス以外にだれがいったい、あふれんばかりの葡萄酒を注ぐのか。

そして今夜、だれが流れ出る大杯の中に水を混ぜ入れるのか。

一杯目の杯は血色のいい健康のために。もう一杯は、大いなる楽しみのために。

三杯目は眠りをもたらすだろう――賢明な人々は酔っぱらう前に引き上げていく。

そのあとでは、もはや大杯もわれわれの手を離れてしまう。

四杯目は「ヒュブリス」(傲慢)のために。そして、五杯目はあまたの騒音のために。

六杯目は、止めどないセックスのために。あとに残るのは目のまわりの黒い隈(七杯目)。

八杯目は取り締まりの役人を招き入れることになる。九杯目はゲロを吐くために。

一〇杯目は手当たり次第、あたりのものをぶち壊すために。われわれが止めに入るまで
それはとどまることがない。(8)


歓楽の下には深い悲しみが潜んでいる。酒盛りをする者が、どれほど多く歌い、踊り、大声でわめき、冗談をいい、そしてたがいにセックスをしても、そこでは悲観的な苦痛の調べが権柄づくに、たえず響いている。そんな風なのだ。何とかその調べを聞くまいと、気違いじみたまねをしみてもなおそれは聞こえてくる。アルキロコスは若い時分、世間の注目を浴びた運動競技者だった。そしてもし、そんなものがあるとしての話だが、今は酒盛りの大家となったアルキロコス。彼にしてなお、こんな真夜中の活動が何ひとつ意味をもたないことを否定すらできない。次に挙げる詩では、考え抜かれた最後の数行で、

彼は自分の仮面をかなぐり捨ててしまっているかのようだ。ぶっきらぼうで、あるときはやたらにはしゃぎまわる偽りの顔から、裸の自分の顔への変貌。それはまた、自分自身に忠告を与えているようにも見える。もはや暴飲暴食はやめ、日中の明るい光の中でしらふになって過ごすように、そして調和と謙虚と、さらには諦念を求めよといっているようなのだ。


おお、心よ、私の心よ。お前が勝ちを占めたときも、人前で飛び跳ねてはいけない。

物事がうまくいかなかったときも、孤独に陥ったり、涙を流してはいけない。

些細なことにも喜びをもつこと。あやまちや悪事に対してのみ、少しだけ腹を立てなさい。

そして、われわれがその中で、あくせくと動いている潮の干満をよくよく承知するように。


最後のセンテンスは非常に不気味な響きを奏でている。われわれがその中で動き回っている潮の干満——高所と低所、波頭と波間の谷——がわれわれに繰り返し教えるところは、次のようなことだろう。つまり、この世には何ひとつ継続していくものなどないこと。そして、すべて生あるものは死によって終わりを告げること。したがってともかく、われわれの興奮やアジテーションはこれを緩和させなくてはいけない。それが戦争のエクスタシーであっても、セックスによるエクスタシーであっても。また、それが大いなる成功によるものであっても、大いなる失敗によるものであっても。ともかく気持ちの高揚は和らげること。そして、物事は調子のよいときもあるが、やがてはすべてが過ぎ去っていくということを自分自身に認めさせること。もしわれわれが、こんな風に理にかなった認識に沿って生きてさえいれば、われわれは可能なかぎりよい生涯を送ることができるのだろう。

4 政治家と劇作家——治め方について

スパルタの王メネラオスは例外的な存在である。戦争が終わると彼は、平和な王国を治めるべく故郷へと帰った。一度は道を踏み外したものの、今は後悔している妻のヘレネもいっしょである。しかし、彼の同僚だったギリシア軍のリーダーたちは、そのほとんどがトロイアの地ですでに討ち死にしたか、あるいはオデュッセウスのように、故郷へ帰る途次、信じがたいような障碍に逢着したり、ギリシアに帰還してのちも、意気消沈させるような厄介な事柄が待ち受けていた。こうしたヒーローたちの行状を伝えた口承伝統（口碑）の物語は、おそらく紀元前一二世紀の頃までその起源を追うことが可能だろう。したがってそれらの口碑は、考古学者たちがギリシアの青銅時代の終わりに特定したミュケナイ文化の、ミステリアスで急激な没落を何らかの形で象徴するものかもしれない。中でもひとつの物語がギリシア人に衝撃を与えた。メネラオスの兄で、傲岸不遜なアガメムノンの物語である。彼はミュケナイ王で、トロイアではギリシア軍を率いるリーダーだった。アガメムノンはこの物語の中心人物だが、物語はすでに彼より前の時代からはじまっていて、彼よりあとの時代にもなおそれは続いていった。物語には通常、アガメムノンとメネラオスの父親アトレウスにちなんで、「アトレウス家の崩壊」というタイトルがつけられている。そしてこのアトレウスは、ミュケナイの王国を創建した人物と信じられていた。

アトレウスと彼の後継者たちはある呪縛の下にあった。その原因となったのは、アトレウスが和解の宴を催すという口実の下、彼に反抗する弟のテュエステスを招き、宴の場で、すでに殺していたテュエステスの息子たちの肉をテュエステスに食べさせたことによる。恨みを抱いたテュエステスは、最後に残った息子のアイギストスと謀ってアトレウスを殺した。そして、殺された父親のあとを継いで、ミュケナイ王となったのがアガメムノンだった。アガメムノンはトロイアに出征し、長い間故郷を留守にした。その留守にアイギストスが入り込み、アガメムノンの妻クリュタイムネストラの情人になりすました。このクリュタイムネストラがまた、夫のアガメムノンに対して強い遺恨を抱いていた。それは、トロイア戦争がはじまる前のことである。アガメムノンは娘のイピゲネイアを、女神アルテミスに人身御供として差し出したことがあった（ギリシア人に怒りを抱いていたアルテミスは、向かい風を送り込み、ギリシア船団がアウリスの港からトロイアへ出航することを妨げた。そのためにギリシア軍は何としても、アルテミスの怒りを和らげる必要があったのである）。

やがてアガメムノンはトロイアから、新しく得た女カッサンドラを連れてミュケナイに帰ってきた。カッサンドラは、トロイア王プリアモスと王妃ヘカベの娘で、ヘクトルやパリスの妹に当たる。彼女はアポロン神から、未来を予言する能力を授かっていた。が、だれひとりとして彼女のいうことなど信用する者はいない。これが心労となり、彼女を苦しめた。トロイアにいるときも、自分のいうことを何ひとつ信じようとしないトロイアの人々に向かって、カッサンドラはトロイアがやがて滅亡すると予言した。今もまた、ヒステリックな声を張り上げて彼女は、クリュタイムネストラがこれからしようとすることを予言するのだが、だれひとり耳を傾ける者はいない。予言はむだに終わる。トロイアから帰還したアガメムノンは、クリュタイムネストラの甘言に誘われ、手の込んだ歓迎を受けて何ひとつ疑う様子もない。そして入浴の最中、憎しみに燃えた妻によって彼は殺された。それはあたかもアルフレッド・ヒチコック監督の映画の一シーンのようだった。

凄まじい血しぶき、そして流血のシャワーが
私に降りかかり、私をか黒く染める。そして、私、私は喜びに打ち震える。
春の雨を浴びる「大地」のように。
神が届けてくれた祝福の贈り物。新しい緑の若芽が、
覆いを切り裂いて、栄光の内に生まれ出る。

――クリュタイムネストラは、恐怖に打たれたミュケナイ市民たちを前にして、自分のしたことを狂喜の中で語る。カッサンドラもまた、クリュタイムネストラの復讐に燃えた怒りのために殺された。

しかし復讐は、また、新しい世代の復讐者を作り出す。ここで登場してくるのが、アガメムノンとクリュタイムネストラの間にできた子供たち、姉のエレクトラと弟のオレステスである。彼らには父親の仇を討つ義務があった。生来おとなしいオレステスだが、残忍さでは弟を上回る姉に背中を押されて、彼は自分の母親とその情人を殺した。が、そのあとで、恐ろしい復讐の女神たちがオレステスを追跡する。彼女たちは、罪人を心安らかな

状態に置くことを許さない、そして、何としても断罪せずにはおかぬ、遺恨を晴らずにはおかない神々だった。母親殺しのオレステスは、アテナイのアクロポリスの丘に立つ女神アテネの神殿へと避難する。そしてアテネ神に裁判をおこなってほしいと嘆願した。裁判はオレステスを被告とし、復讐の神々を告発者としてはじめられた。陪審人はアテネ神を含む、アテナイの市民たちで構成されている。裁決の票は有罪と無罪放免との間で、まったく同数となった。そこでアテネ神は、不一致陪審（評決することができない陪審）により、被告を無罪放免にするという判決を下した。

復讐の神々（元々彼女たちは太古の大地の精霊で、厳格な上に容赦がなかった）は怒りに任せて荒れ狂ったが、賢明なアテネ神によって、もっと情け深くなったらどうなのかと諭され、新しい名前を名乗るように勧められた。新しい名はエウメニデス（「慈悲深い者たち」という意味）。そして彼女たちには、アクロポリスの麓に神殿がひとつ与えられる。それからというもの、その場所で彼女たちは姿を変え、アテナイ人のパトロンとなり擁護者となった。アテネ女神の言葉でいうと、「これらの正しい人々、その人々から生まれた者たちが、悲しみに打ちひしがれることのないように」、「庭師が自分の草木を慈しむように」、彼女たちはアテナイの人々を愛さなくてはいけなかったのである。

これはもっぱら、偉大な悲劇作家のひとりアイスキュロスによって作られたストーリーに拠った。彼の三部作に依拠したのだが、この三部作はまとめて『オレステイア』（『アガメムノン』『供養する女たち』『慈みの女神』の三篇からなる）として知られている。そしてこれは、完全な形で残された唯一のギリシア悲劇三部作である。三部作は紀元前四五三年にアテナイで上演された。この物語については、他にもたくさんのヴァージョンがある。その内のひとつ、エウリピデスの劇『タウリスのイピゲネイア』(紀元前四一三頃)では、アルテミス女神はひそかにイピゲネイアを救い出し、クリメア半島で女祭司にさせていたという。しかし、どのヴァージョンを見ても、アトレウス家を理想の家族として描いているものはひとつとしてない。

実際、アトレウス家は、好戦的なギリシア人の間でさえ野蛮の同意語とされたし、個人と社会の中に巣くうバーバリズムの同意語でもあった。しかし、アイスキュロスの三部作では、この物語が(リッチモンド・ラティモア〔一九〇六―八四。アメリカの古典学者〕の言葉を借りると)「大いなる進歩のたとえ話」になっているという。それは、アトレウス家の話がわれわれを導いて、先史時代のミュケナイに発すると見られるほの暗いギリシアのルーツから、もっとも進歩的な都市が享受する、風通しのよい自由へと連れていってくれるからだ。大いなる父神のゼウスは「それを法として置く。／われわれは苦しむにちがいない。苦しんで真理へと至る」(ミュケナイ人たちのコロスがこのように歌い、われわれに思い出させてくれる通りである)といっている。そして、この真理へと向かう苦しみが、「野蛮から文明へと至るわれわれの通過儀礼」となる(これは翻訳者のロバート・フェイグルズの言葉だ)。というのも、「『オレステイア』は古風な儀式から、文明化された制度へと進歩したわれわれの姿をドラマ化しているからである」。

アトレウス家の各世代は十分に苦しみ抜いた。今は、終わることのない復讐によって織りなされた絵模様の上に、相手を許すという分別をもち込むときだろう。伝統は人間の文化をくぐり抜けていく内にすっかりすれて、目減りしてしまい、もはや修復の余地もない。この伝統と真に文明と呼ばれるものとは、まったく別のものにちがいない。文明は習慣となったタブーや、分析されることのない衝動などがもたらす結果ではないだろう。それは、十分理性的に考え抜かれた末の、意識的な選択からもたらされた結果であるにちがいない。

抒情詩人の時代に、古代の知恵ともいうべき諦念（あきらめ）（前章の終わりで、とてもそんなことをいいそうもなかったアルキロコスの口から出たものだ）を唱道したもっとも有名な人物といえば、それはソロンだった。彼は紀元前六世紀のはじめに、アテナイのアルコン・エポニュモス（執政官の長）をしていた。ソロンはいわばアテナイのフランクリン・D・ルーズヴェルトといった役回りである。根は穏健派の政治家だったが、彼は斬新で革新的な政策を次々に打ち出した。経済を改善する道を見つけ（たとえば貨幣制度の導入などがその例）、政治に対する一般大衆の期待を高めることに成功した。当時アテナイでは、さまざまな政治的利権がぶつかり合っていて、それがたえず、アテナイを分裂の危機に陥れていた。結局のところソロンは、貴族政治の改革者と見てよいだろう。彼が本能的に理解していたことは、もし社会の平和がこれからも維持されていくことになれば、今まで貴族社会が手中にしていた権力の独占は、いつの日にか緩和されなくてはならない、そして、何らかの権力が、さらに下の階級に与えられる必要があるだろうということだった。したがって彼は、自分の属していた階級からは、一種の裏切り者と見なされた。それはそうだろう。彼は、借金のために奴隷に身を落とさざるをえないような、根深い不正を正したのだから。しかし、正義といっても、彼が好んだのは相対的な正義だった。

つまり彼は一方で、完全な公正など人間にはとても望めないことを十分に知りながら、その一方で、つねに公正であろうと努力した。そして、彼の政治的和解という非凡な能力が、たくさんの思いがけない災厄からアテナイを救ったのである。それなら、この能力の由来はどこにあったのかといえば、それは彼の、往々にして人間は一時的な幸福のかけら（けっしてそれは完全なものではありえないのだが）だけで満足してしまうものだというヴィジョンからきていた。

彼の書いた詩がある。それは、われわれが前の章で見た多くの詩のように、飾り立てた陽気なものではないが、ギリシアの大衆の感情に深く訴えかけるものだった。大衆はソロンの詩が真理を衝いていると感じた。それほどまでに彼の詩は明晰で、注釈を必要としないものだった。

息子たちがいて、猟犬や馬もいる。土地の向こうには
友達もいる。そんな彼は幸せだ。
同じように、おびただしい金や銀でできた酒杯があり、
真っ黒な土の畑ももっていて、馬やラバもいる。そんな彼はお金持ちだ。
しかし、身分の低い彼も、食べて、よく眠り、靴を履いて、足を痛めることなく歩き、
たまには女の子や男の子と楽しむ。
まだまだ活力はあり、なんでもやろうと思えばできる。
これが「本当の」富ではないのか。
黄泉の国に出向くときは、王だって、身分の低い者だって同じこと。
何ひとつ、わが身につけていくことなどできない。

われわれのだれひとりとして、死や恐ろしい病から逃れることもできないし、力や呼吸の衰えを避けることなどできないのだから。

人はだれしも、折り合いのつけられたソロンの平静さに引きつけられずにはいられないだろう。が、また、現代の読者にしてみれば、ソロンの態度がどれくらい、自らの属する貴族の特権によって強化されたものであるのか、それに気づかない者もいないだろう。そこでは「低い身分に生まれた者」は、もっとも簡素な生活の楽しみ（それは食べ物であり、睡眠であり、セックスだった）を味わうものとされている。そしてその楽しみは、貴族が馬や猟犬を楽しみ、富裕な者が土地や財宝を楽しむのと同じだとされていた。それでは、各人はそれぞれの分に合った満足を見つけ出せばよろしい、ということなのか。これは根本的にはトロイアで出会うことのできた感情だが、ヴィクトリア朝時代（一八三七―一九〇一）のイングランドで世間に現れてきた声と似ていないこともない。そこでは進歩的な聖職者が、無教養な小作人に「自分のジャガイモに歓喜せよ」と説教をしていた。その実この聖職者自身が、豊かな食事を期待していたことは疑いのないところだったのだが。しかしここでは、低い身分に生まれた者が自分のために発言をすることはほとんど不可能に近かった。それは世界の文学を眺めても同じことで、一八世紀になり、ロバート・バーンズ（一七五九―九六。スコットランドの国民詩人）のような作家が、真に小作人の声で話しはじめるまで、事態は少しも変わらなかった。そして、こうした声は現代になってもなお、聞かれることのきわめてまれなものだ。[1] 古代世界において身分の低い者は、ただ、大きな声で話す技量をもつ人間の口を通してしか、自分の声を見つけることができなかったのである。

振り返ってみるとソロンは、過渡期に登場した典型的な人物のように思える。実際、ホメロスの頃には、都市といえるほどのものはまったく存在しなかった（理想郷としてのトロイア以外には）。ただそこにあったのは、イタケのオデュッセウスやスパルタのメネラオスが領有していたような、広大な貴族の所有地だけだった。そしてその周囲を群小の地主たちが取り巻き、あたりには、小作農や自由借地人、そして奴隷などが散在していた。このように人々が密集しかたまって住む集落（これは一般に農業社会で見られるものだが）が徐々に都市へと成長していった。周囲とはっきり区分された道路が走り、神殿やその他の公的な建物も立っていて、市場や人の集まる広場もあった。輸出入のための倉庫、それに船着き場もある。そこでは外国からきた船荷が降ろされ、いちだんと風変わりな外国人もこの船着場からやってきた。都市の発生とともに、土地をもつ貴族から、交通に便利な土地を有する都会生活者へと少しずつ権力が移譲されていった。都会生活者たちは、商業を独占しただけではない。さまざまな経験をすることにより、新しい考え方を身につけるようになった。この過程は他の地域でも、都市文化の発展段階で典型的に見られたものだが、ギリシア人たちは、すでにしっかりと取り込んでいた革新的で独立心に富む思考法によって、今まではけっして夢にさえ見ることのなかった方向へ、都市化を押しやる立場に立つこととなった。とりわけ、自然の良港を所有していたギリシアの都市では、いちだんとその傾向が強かった。良港はそのまま人々のにぎわう港へと変貌していったからだ。たとえば、美しく守られていた大きな港ペイライエウスをもつアテナイなどがその好例だった。この港は南東の方角に、飛び石のように連なるキクラデス諸島を望み、その先には、魅力的な品々があふれかえるアジアの海岸を遠望していた。

ホメロスの時代、ギリシアの共同体はオデュッセウスのような「バシレウス」によって統治されていた。通常「王」と訳されるこの言葉は、早い時期には、もう少し控えめに族長、頭領、領主、指導者、裁判官などの意味をもっていた(『新約聖書』では、神とその「バシレイア」=王国のたとえ話をキリストが語るとき、彼の口から出たのがこの言葉だった)。しかしバシレウスの地位は世襲だった。したがってそれは、都市の生活にはまったくふさわしくない。だいたい都市はそれ自体がひとつの実験である。そのためギリシア人には、都市にふさわしい政体で実験をおこなうことこそ意味のあることだった。地主階級の時代が色あせはじめるにつれて、ギリシアの諸都市は「テュラノス」という新しい官職を採用し、ときにはそれを強制的に市民へ押しつけた。テュラノスは英語の「タイラント」(僭主)である。バシレウスとテュラノスのもっとも大きな違いは、テュラノスが世襲のない王だということ、つまり彼は、自分の地位を卓越した自らの力によって獲得した王だった。テュラノスの称号が軽蔑的な意味合いをもつ場合もあった。それは、テュラノスが独裁者となり(これはかなり頻繁に起こったことである)、人々の意向をまったく無視したときだけである。

この後、ギリシアの都市国家が存続した期間中、その多くの時代を僭主は、たくさんの都市で支配を続けることになる。が、アテナイはすでに紀元前六世紀のはじめに、市民の総意に基づいたシステムで実験をおこなっていた。ソロンがアテナイの「エポニュモス」になったのも、世襲によるものではなかったし、もちろん権力による奪取でもなかった。ソロンは選挙によって選出された。そして、その支配は一年間に限られていた。この点でも、アテナイの政体が君主政から貴族政に発展していた様子がよく分かるだろう。つまり、アルコン(執政官)が共同して統治していた(アルコン・エポニュモスはアルコンの長である)。そしてアルコンは、アテナイの名家から選ばれた。しかし、たしかにソロン自身も貴族の出身だったが、彼は自分の任期の期間中、もっぱら自由民である男性市民たちの政治的・経済的な力を拡張することに努力を費やした。

アテナイで施行されていた成文法は、紀元前六二一年にドラコンという人物によって制定されたものだが、これは非常に厳しい法で、英語のドラコニアン（draconian）にそのよすがが残されている（「きわめて厳格な」という意味）。が、ドラコンの法律は、個々の家族から彼らが復讐を企てる権利を取り去った。この権利はだいたいが、ハトフィールド－マッコイの確執（アメリカのウエストヴァージニア州のハトフィールド家とケンタッキー州のマッコイ家との抗争。南北戦争時代の対立に端を発し、一八八〇年代に激しさを増した）の前提となったものだし、オレステスとエレクトラが、彼らの父親を殺した下手人たちを追い求めたのもこの権利によった。ソロンが懸命に力を尽くしたことは、すべての市民に、アテナイ社会と何らかの関わりをもたせることだった。そしてそれ以来というもの、アテナイで市民の父親から生まれたすべての男性は（これがアテナイ市民になるほとんど唯一の方法だった）、たとえ自分が直接その犠牲者でなくても、犯罪者の罪を糾弾する権利をもつことができた。ソロンはこの革新をさらに押し進め、市民のすべてに、公共の福祉に対する放棄することのできない義務を押しつけた。したがって今ではすべての市民が、執政官たちの決議に不服なときには、それを市民の大きな会合（事実上は同僚たちで構成された陪審人団）に訴え出る権利をもつことになった。ソロンはまた、約束不履行の債務者は奴隷のくびきにつながれるという、ギリシアで広くおこなわれていた慣習を撤廃した。そしてそのことにより、小地主たちの安全確保を図った。ソロンは一般市民を、彼らの保有する土地に基づいて四つの階級に分けた。

その結果、おのおのの階級は特別な法律上の権利と名誉をもつことになった。そして市民はまた、自分の属する階級に準じて税金を課せられた。もっとも富裕な階級は「ペンタコシオメディムノイ」と呼ばれ、その所有地から、五〇〇ブッシェルかそれ以上の穀物、葡萄酒、あるいはオリーヴ・オイルを生産できる階級とされた。彼らが賦課される税金の額もとびきり高かったが、それを支払う見返えりとして、彼らは公職の最高位や、祭典のスポンサーの地位に就く資格を得ることができた。このふたつの地位は、そこに就く者に大きな公的名誉を与えることになる。そのために、だれひとりとして、高い税金の支払い義務を回避する者はいなかった。ソロンはこの変革を実行することによって、アルコンの官職を人物の氏素性より、むしろその者の財産に結びつけたといえるだろう。そのことによって彼は、生まれのよい者たちが以前政治に与えていた、いわれのない抑圧を打破したのである。中間に位置するふたつの階級は、「ヒッペイス」(馬に乗る者たち)と「ゼウギタエ」(牛を飼う者たち)と呼ばれた。彼らもまた公職に就く権利を有したが、五〇〇ブッシェルの人々のような高い地位に就くことはできなかった。

さてそれでは、新しい階級に分けた結果はどうだったのだろうか。それは市民のすべてに、自分たちにも権利が付与され、発言の権利が保証されたと感じさせた。いちばん下に位置づけられた市民でさえ(「テテス」と呼ばれ、小作農や小さな土地をもつ者たちで構成されていた。その小さな区画からは、二〇〇ブッシェル以下の生産物を収穫するのがやっとだった)、民会に参加することが可能となり、民会の一員として新たな誇りをもつことができた。民会は重要な問題の大半に最終的な決定を下す場だった。それでは、この新しいシステムの導入によって、もっとも勝利を得た者はだれだったのだろう。それは小地主といわれる人々である。彼らは前例のないほど新しい権利を獲得した。そしてついには、明確に定められた政治的地位にまで手が届くようになった。しかしソロンは慎重だった。彼は名門の貴族たちが有していた世襲の特権の多くを、手つかずのままに残した。それもこれも、貴族の好意や公的な寄付に頼ることなしには、何ひとつ自分の政策を押し進めることができなかったからである。ソロンはそのことをよく知っていた。ソロンの最終的な目的は、完全な正義を実現することではなかった。彼が目指したのは、確固として揺るぎないバランスの取れた社会、ひとつの世代から次の世代へと変わることなく引き継がれていく社会を実現することだった。

しかし、案に相違して起こったのは貴族同士の争いである。たがいにライヴァル視する「海岸人」「平原人」「丘陵人」などと呼ばれていた氏族のグループが、隙あらばライヴァルを排除しようと抗争を続けていた。ソロンは政治の舞台から引退すると、外国の地を経巡り、他の文化に接して見聞を広めることに余生を費やした。しかし外国からアテナイに戻ってみると、愛するアテナイは貴族同士の不和で分裂の状態である。そしてそれは、もはや新しいアルコンの選出が不可能なほどの混乱ぶりだった。「アナルキア」（英語の「アナーキー」）。アルコンのいない都市のことで、だれひとり統治するもののいない状態をいう）が時を措かずに続いた。ソロンはすでに八〇歳を越している。長く生きて彼が見ることになったのは、同族のペイシストラトスの登場だった。ペイシストラトスは悪徳のヴァラエティーに富む、政界のスタンドプレイヤーといった感じだ。元々は鉱山主の息子だったが、自分こそアテナイの最貧貴族グループ「丘陵人」の意見を代弁する人民主義者だといって売り出した。

さて、ペイシストラトスはここでひと芝居打つことになる。自分を暗殺する者がいるといいふらした。続いて起こった混乱に乗じて彼は民会に圧力をかけ、自分に護衛兵をつけることを採決させてしまう。ところがこの護衛兵がとんでもないことに使われた。ソロンが亡くなるとペイシストラトスは、護衛兵をアクロポリスに差し向けて丘を包囲させ、都市を睥睨してそびえたつ要塞を占拠させた。そして彼は自ら僭主であると宣言した。しかし、「海岸人」と「平原人」が一時的に同盟を結んだことにより、ペイシストラトスは追放の憂き目にあう。ただし、この同盟はすぐにほころびを見せはじめ、やがてアテナイはふたたび混乱の坩堝に投げ込まれた。ここでふたたび巡ってきたのが、ペイシストラトス登場のチャンスだった。彼はまたしても、センセーショナルなスタンドプレーを演じて見せた。黄金の戦車に乗ってアテナイに帰還したのである。横に伴っていたのは、鎧兜で完全装備した、とびきり背が高くて美しい若い女性だった。彼は、この女こそ女神のアテネで、自分の都市の秩序を回復するためにやってきたと告げた。純朴なアテナイの人々はペイシストラトスのパレードの脇でひざまずき、手を差し延べて感謝の言葉を投げかけた。われわれは、民会のメンバーの中でもこんなナンセンスを軽信するのは、だまされやすい者たちだけだろうと想像するのだが、事実はそうではなかった。往々にして起こりがちなのだが、信心深げに天の加護を祈るこの悪辣な大嘘つきに、はじめての政治的勝利を保証してなおあまりある数の人々が、民会の中にもいたのである。のちに、ペイシストラトスの登場によって生じたダメージが明らかになり、デモクラシーを奉ずるのろまな人々が、難なく自分たちがだまされてしまったことに後悔の臍を噛むことになるのだが、そのときにはすでにあとの祭だった。

以後、およそ一世代の間、ペイシストラトスとその息子たちによってアテナイは支配されることになる。そして、ソロンの理想がふたたび高々と掲げられるようになるのは、ペイシストラトスの息子が放逐されたあとの、紀元前六世紀最後の一〇年（紀元前五一〇年）まで待たなくてはならなかった。このときになってやっと、市民たちは彼らのアクロポリス（頂上都市）の性質を変える作業に着手しはじめた。それは威嚇的な城塞から、空高くそびえる市民の高台へと変貌させることだった。以後、五〇年の歳月をかけて、丘陵の頂きは平らにならされ、そこに堂々とした神殿と聖域が築かれ、威厳のある記念物やプロムナードが作られた。アテナイの守護女神に献納されたパルテノン神殿（処女の神殿）ほど尊厳のあるものは他になかった。さらに五世紀の中頃には、彫刻家の名匠ピディアスが高台の上に、塔のようにそびえ立つ像「アテネ・プロマコス」（突撃を先導するアテネ）を立てた。ブロンズで作られた女神の兜や槍の穂先は、太陽の光を浴びてきらきらと光り、その輝きは、遠く離れたスーニオン岬を通る船人たちでさえ見ることができたという。これからはもはや、だれひとりとして生身の人間を、見る者を畏怖させる三三フィート（約一〇メートル）の巨大な女神と見まちがえる者はいないだろう。女神は今、アクロポリスの丘に立ち、自分の都市を見守っていた。

ソロンの法律は木の板に彫り込まれて、アクロポリスのプロムナードに沿って掲げられた。そして、彼の適度に和らげられた警句まじりの詩句は人々によって暗唱された。アテナイのデモクラシー（民主制）が確立してほぼ二世紀の間、アテナイはソロンの理想が生きた精神の中にいた（この政治的な実験が終わりを告げるのは、紀元前四世紀の最後の数十年に、アレクサンドロス大王がアテナイに侵入してきたときだった）。市民たちはたがいに「エウノミア」をもって活動した。これは「調和」であり、「秩序」であり、またソロンが人々に忠告した「自制」でもあった。ソロンの遺した教訓は、特質の上からいっても、非常にギリシア的な実用主義と知恵との結合と見てよいだろう。概してアテナイの人々はこの教訓を、たがいの行動の中で例示して見せたということがいえる。それがまた、ソロンがアテナイの人々に開示してみせた政治上の道でもあった。なぜなら、木の銘板がわれわれに思い出させてくれるように、「人々は、だれもが破ることのできない取り決めを守り続けていく」からである。

アメリカのデモクラシーはしばしば、それが当然のようにして、アテナイのモデルと比較される。が、アメリカにおける実験は、他のデモクラシーの例と同様、かならずしも直接ギリシアから派生したものではない。それはまた、われわれに近い時代の一七世紀や一八世紀に起こったヨーロッパの啓蒙思想にも淵源をもっていた。アテナイの政治上の理想を再発見したのは、ルネサンスのヒューマニストたちだったが、この再発見が触媒として作用し啓蒙思想を生み出したのである。しかし、アテナイのデモクラシーの情況をつぶさに見渡してみると、急速に発展するアテナイのデモクラシーと、煮えたぎって、変転きわまりない一七六五年の北アメリカ植民地（それはマサチュセッツやヴァージニア、それにニューヨークなどだ）のデモクラシーを分断している広大な歴史的・文化的分水嶺に、人々はかならずや打ちのめされるにちがいない。一七六五年といえば、印税法議会が開かれた年で、この年、議会は「権利と自由の宣言」を採択した（イギリスは一七六五年に印紙法を制定した。これは、アメリカ植民地で発行される文書、新聞、パンフレットに印紙を貼ることを規定したもの。植民地はこぞってこれに反対し、最初の植民地間の会議である印紙法議会で「宣言」が発せられた。イギリス議会は一七六六年三月にこの税法を撤廃する）。

もちろん両者には、その市民性から、ただちに財産を連想するという興味深い類似点もある。アテナイにしても北アメリカにしても、ともに人間の寿命は今日にくらべると、きわめて短かった。おそらく男性は平均で四〇代の半ば、女性は三〇代の半ばくらいだったろう（女性は妊娠や出産によって、大きな健康上のリスクにさらされていた）。しかし、他の多くの文化がつねに食料難に悩まされていたのにくらべると、ギリシアの市民やアメリカの植民地の人々は、立派な常食をとり、規則正しい肉体的訓練をおこなっていた点でも、かなり有利な立場にあった。このふたつの社会では、富裕な市民と貧しい市民の間で見られる経済的なギャップが、われわれ現代の西欧社会で見られるほど、劇的で大きなものではなかった。たとえば、五〇〇ブッシェルの生産物を収穫できる人々は、市民のいちばん低い階級の人々にくらべて、どれくらいの豊かさだったのかというと、それは平均して五倍くらい、多くても一〇倍くらいのものだったろう。もちろん、紀元前五世紀のアテナイでは、この五倍の豊かさは、きわめて大きなものに思えたかもしれない。が、当時のアテナイでは、テテュニカ（二枚の布を使い、肩口と両わきを縫い合わせたひざ丈の衣）はほとんど交換の可能なほど、だれもが同じようなものを着ていたし、個人の住まいも公の建造物も、その大きさは控えめで作りも質素だった。目立った散財といえば、祭のスポンサーになることか、あるいは友達を呼んで、ちょっとしたパーティーを開くことくらいだったろう。それにくらべると今日、西欧社会で見られる格差は比較にならないほど大きなものだ。市営バスの運転手と、アメリカの経済誌「フォーチュン」が選んだ売上高上位五〇〇社の最高経営責任者（CEO）の収入の格差は無限に近い。

人口は古代のアテナイでも植民地時代のアメリカでも、今日のそれぞれの人口にくらべてみるとはるかに少ない。アテナイ人はいちばん多いときでも、わずかに二五万人ほどだったろう。しかもその内の一〇万もの数を奴隷が占めていたかもしれない。そして、この奴隷の占める割合がまた、民主制のアテナイと初期のやはり民主制のアメリカに共通した、もうひとつの類似点だった。ギリシア時代には、戦争が起きると、夫や父親が殺されたあとで、妻や子供は戦争の勝者によってたいていは奴隷にされた。それは彼女たちがギリシア人であっても、外国人であっても同じことだった。奴隷はもちろん自由を勝ち取ることもできた。が、ほとんどの奴隷は、奴隷の身分で生まれて、そのまま奴隷の身分で死に、子供たちにもその身分を伝え残した。実際、奴隷には何ひとつ権利というものがなく、自由に売買された。男の奴隷も女の奴隷も、主人の出来心のままに、自由勝手に取り扱われた。とりわけひどかったのは女の奴隷だった。彼女たちは妊娠して、出産の際にしばしば死んでしまうので、なおさら取り扱いがひどかった。女の奴隷が法廷で証言をするときには、その前に彼女を拷問にかけなくてはいけないという一文がアテナイの法律にはあった。もし奴隷の持ち主が女奴隷を拷問することに躊躇したときには、持ち主自身がただちに嫌疑をかけられた。拷問や死にもまして悲惨なこととされていたのは、個人が管理運営していたラウリオンの銀山（アテナイの南東にあった鉱山で、アテナイの繁栄はその多くが、ここで採掘された銀による）で奴隷として働らかされることだった。鉱夫は日常的な飢えに苦しみ、四六時中鞭で打たれて、めったに日の光を見ないままに、働きづめで死んでいった。

奴隷の人数は、アテナイやその周辺の農地を含めた全人口の、およそ四〇パーセントに達していただろう。そして、「メトイコス」と呼ばれた外国人居住者たち（投票権をもたない自由民で、おもに交易に従事していた）がさらに、人口の四〇パーセント近くを占めていた。となると、残りが市民の数ということになるが、これが二〇パーセントを少し越すくらいだったろう。したがって、その中に含まれている男性市民の数は、女性市民の数同様、とても全人口の過半数に達するまでには至らなかった。このように経済的にも奴隷制度に依存していた社会というのは、歴史を振り返ってみてもめったに見当たらない。思いつくものを挙げてみると、アテナイ、ローマ時代の中央イタリア、アメリカ南部、カリブ海地方、そしてブラジルくらいなものだろう。他に古代メソポタミアやイスラエルなども、「奴隷」経済の下にあったのだが、その場合のいわゆる「奴隷」は単なる人間の所有物ではなかった。彼らはむしろ中世の農奴に近い存在と見られていた。そのために彼らは、数多くの権利を有していたし、このような社会では、自由人に対する農奴の比率も、先に挙げた奴隷経済の国家におけるほど高いものではなかった。

しかしアテナイと植民地時代のアメリカは、これらの点できわめて似てはいるが、またその違いもはっきりと目立っていて、それは決定的なものだった。ひとつ例を挙げてみると、すぐに思い当たるのが、アテナイは都市であって国ではなかったことである。ギリシア人はギリシア語を話す人々をすべて、政治的な統一の下に統合しようとはけっして思わなかった。それはギリシア人が個々に（そして個々の氏族がそれぞれに）、自分たちの優れていることを名誉なことと考えていたからである。したがって、都市を統合することはきわめて難しかった。おのおのの都市——ポリス。この言葉から英語の「ポリティクス」（政治）、「ポリティシャン」（政治家）、「メトロポリス」（首都）などが派生した——がそれぞれ、自分たちの特色を誇り、他に競争相手のいないことを自負して、その名声に非常な喜びを覚えていた。たとえばコリントスである。この都市は戦略上、ふたつの海の間を走る地峡の上に作られていた。地峡は北のギリシアとペロポネソス半島を繋いでいる。コリントスは容易に打ち負かすことのできない商人の都市で、北と南、東と西の間を結ぶ主要な交易路に位置していた。魅力的な商品がいき交う十字路でもあったコリントスは、いつしか、「シュバリス（イタリア南部にあった古代ギリシアのぜいたく好み・遊び好きで有名な都市。紀元前五一〇年に滅亡）のようにぜいたくな」と同じように、「コリントス市民のような」といえば、「ぜいたくで遊惰な」という決まり文句ができるほどになっていた。

　スパルタはペロポネソス半島の南部の、さほど南へいかないところにあり、四方を陸地で囲まれていた。スパルタは「ゲルシア」と呼ばれる元老院によって支配されており、外国人をことの他嫌っていて[2]、つねに軍事的な準備の怠りない、荒削りで風通しの悪い、悪夢に出てくるような都市国家だった。現代でいえば、北朝鮮のようなところだったのかもしれない。スパルタでは、少年は七歳になると家から連れ出されて、兵舎で育てられた。年長の少年たちに指導され、少年らはこの年長の少年たちと、変わることのない強い絆で結ばれるように奨励された。少年は兵舎を三〇歳になるまで離れることができなかったし、その歳になるまで結婚もできなかった。そしてその頃になると、少年もいっぱしの勇敢な歩兵になっていた。しかし、なお彼は軍隊を離れることはできない。彼が自分の家に落ち着くことができたのは、やっと六〇歳になってからだった。黒い煮出し汁と水でひどく薄めた葡萄酒、これが軍隊にいた年月を通して、日々彼が口にできた食事である。たまに風呂に入ることができたが、これも水風呂だった。スパルタの少女たちも、少年たちとさほど変わらない暮らしをしていた。少年と同じように女だけの訓練を受けた。ただしこの訓練は、子供を作るというスパルタの政策のために短縮された。このような訓練のおかげで都市の人口が減少しはじめたことは、さほど驚くべきことではない。が、これはスパルタにとって、危険な国力低下の原因となった。スパルタはやむなく、近隣の田園地帯に住む先住民の「ヘイロタイ」（ヘロット）の人口に頼らざるをえなくなったからだ。ヘイロタイは終始スパルタの支配下にあった卑屈な農奴である。彼らは、スパルタの一般市民が農業を蔑み、戦争のために訓練をしているかたわらで、せっせと土地を耕していた。スパルタに固有のこの農奴は、スパルタ市民ひとりに対して七人の割で存在したのだが、その暮らしは不自由だった。そのために彼らは、四季を通じてつねに、いつ反乱を起こしてもおかしくない状態に置かれていた。したがって、毎年選出された「エポロス」（毎年五人ずつ選ばれた民選行政監督官）は、儀式のように決まってヘイロタイに対して宣戦布告をし、彼らの間で指導者となる恐れのある者をことごとく暗殺した。スパルタの一〇代の市民がつねに奨励されることは、集団をなしてヘイロタイの領地を徘徊し、恐怖を撒き散らしては相手を絶望的な気持ちにさせることだった。スパルタにしてみれば、強大な戦力で農奴の反乱を阻止するためにも、つねに彼らに自分たちの武力を誇示する必要があったからである。したがって、「スパルタ人」という言葉が何を意味しているのか、それをいちばんよく知っていたのはヘイロタイたちだったろう。

ギリシアのおもだった都市はそれぞれが、きわめて目立った特色をもっていたために、周辺の都市からは際立って見えた。アテナイは思慮深さとデモクラシー、それに芸術の故郷となった。ソロンによって確立された政治上の取り決め、そしてアテナイの開かれた文化は遠く広い範囲に伝播し、そのユニークで魅力的な特性は、ユーラシア大陸に作られた一五〇ほどの植民地によって模倣された。思えば、アテナイの開かれた文化は、個人的な功業に高い価値を置くものだった。それは政治的なものでもよし、文化的なものでもよし、知的なものでもよかった。個人の完成を重視したという点でアテナイは、ヨーロッパのルネサンス以前では、人間の住むどの居住地と比較してもまさっていた。アテナイのデモクラシーは、それよりあとの時代に現れたデモクラシーとは異なっている。どこが異なるのか。まず第一に、アテナイのデモクラシーが単一の都市国家の制度だったことが挙げられる。が、それだけではない。アテナイは代議制のデモクラシーではなく、直接のデモクラシーだった。すべての主要な案件の採決に、市民のすべてが投票のために招かれるというのは、われわれにはいくらか無分別で軽率のように思われるかもしれない。が、今となっては、ソロンの認識が正しかったといわざるをえない。アテナイの自由市民はすべて、「どんな問題」からも自分の身を引き離して、関心の外に出ていることなどできないということ。このことの重大さをソロンは敏感に察知していたのである。

がやがやとした人々の話し声、演説者の朗々と響きわたる声、酒宴から漏れてくる甲高い叫び声——意見や論争やいい争いから生じるこんなドラムの響きのような音が、至るところから四六時中聞こえてくる。「アゴラ」（市場）はただ魚や農産物を日々、並べているだけの場所ではなかった。そこは思考のマーケットでもあった。市民はその場所をあたかも、毎日読む新聞のように利用していた。そこには好色な見出しもあったし、報道ニュースもあった。コラムもあれば社説もある。さらにもっと正式な場としては、アクロポリスの脇にプニュクスの丘があった。ここでは民会が開かれ、何千という市民が投票をした。彼らの正面には「ベーマ」（演壇）があり、演説者の背後には、たえず変化していくアテナイの風景があった。丘の斜面の段々には木で作られたベンチが置かれていたが、参加者たちは、厄介事が処理されていく目前のなりゆきに気を取られるあまり、ゆっくりと座っていることなどとてもできない。

アテナイ人は自分たちの民会を「エクレシア」と呼んだ。この言葉は『新約聖書』では「教会」の意味で使われている（西洋史を通じて、もっとも大きな言語学上のアイロニーと思われるのは、この言葉がスパルタの元老院［ゲルシア］の意味で使われていたことだ。本来、すべての審議に参加者全員が参加するという意味だった言葉が、いつしか変質して、官職に就いた者はいつまでもその地位にとどまることのできる自己防衛的な元老院を指すようになったのは、何とも皮肉なことだった。『新約聖書』の時代に生きたギリシア語を話すキリスト教徒にとって、このアイロニーはあまりにひどいナンセンスと感じられたことだろう。彼らは自分をエクレシアの同等なメンバーのひとりと信じていたわけだから）。

プニュクスの丘は、一万人くらいの人数だと十分に収容ができた。が、一万五〇〇〇人となると、かなり窮屈になる。この丘では一年に四〇回にもわたり民会が招集された。それぞれの民会はだいたい二時間程度のものだった。ここで数多くの行政命令が採決されたのだが、その裁可に必要な定足数を六〇〇〇人の市民が構成した。ちょっと想像していただきたいのだが、一年に四〇回もの回数、少なくとも全市民の二〇パーセント（ときには五〇パーセントに上るときもある）もの人々が、野外のスタジアムに、押し合いへし合い集まってくるのである。そして、討論に耳を傾け、騒々しく政務官を選出した（都市の戦争を指揮する「ストラテーゴス」［陸海軍の指揮官］も毎年一〇人選ばれた）。また市民は、挙手による行政命令の採決にも参加し、陪審人も選んだ。人民の裁判（「ディカステリア」と呼ばれた）では、二〇一人から五〇一人の市民が裁判官と陪審人になった。参加する市民の数は、裁判で取り扱われる事柄の重要性によって変化した。また一年に一度市民は、「陶片追放」（オストラキスモス）を行使すべきかどうかを投票によって決めた。これをおこなうべきだという意見が過半数を占めたときには、民会のメンバーはそれぞれ「オストラコン」（陶器の破片）に人物の名を書く。アテナイにはむしろいない方がいいと思う人物の名を記入するのである。一定数の陶片に名前が記された者は、それがだれであろうと一〇年間国外に追放された。しかし一〇年後にはふたたび、アテナイに戻ってくることができる。その間、彼の財産は手をつけられずに、そのままの状態でとどめ置かれた。このようにして、僭主となる恐れのある人物(他に厄介な人物も少なからずいた)は、あらかじめポリスから排除されたのである(この原始的なやり方にショックを受けられた方は、どうぞしばしお考えくださるように。「あなた」の都市でもし、オストラキスモスが実施されたとしたら、それがどんな利益がもたらすのかを)。

アテナイは世界で最初にデモクラシーを試みた都市である。デモクラシーはギリシア語で「人民による統治」を意味する。アテナイは今もなお、歴史上もっとも広い範囲にわたって、人民個人が参加した政体を保持したことで際立って突出している。このように広い基部をもち、決定的に非代議制のモデルが試みられたことは、アテナイ以後絶えてなかった。しかしこれは、アテナイが小さくまとまっていたこと、さらにアテナイの一般市民のもつ演劇好きな外向的な性格、またおそらくはその影響だろうか、彼らの会合の興奮した雰囲気など、これらのすべてが相まって、デモクラシーという制度が機能したのである。

アテナイのデモクラシーが機能した場は民会だけではなかった。ソロンの晩年の頃になると、これまでとは違った形の公開討論の場が現れた。それは政治上の革新と同じくらい創意に富む、芸術上の革新といってもよいものだった。これを可能にしたのは都市に浸透していた自由な討論の空気である。それが市民たちに、生活の中で生じた政治上の、あるいは社会上の問題を深く考えさせる機会を定期的に与えることになった。この芸術上の革新が「ドラマ」（劇）である。ドラマは元々、大きな宗教的フェスティヴァルの中心をなす、音楽をともなったパフォーマンスから生じたものだった。ときに独唱者は、コロスと呼ばれた合唱歌舞団から一歩前へ進み出て、すでに伝説と化していた名高い神やヒーローの役を演じた。装いを凝らした登場人物（ペルソナ）となって。しばしば、それとすぐに分かる衣装を身に付けていることもあった（たとえば、アテネ女神の鎧やヘラクレスのライオンの毛皮のようなもの）。そしてさらに、登場人物の身元がすぐに判別できるようなマスク（仮面）を被ることさえあった。そのうちに、独唱者とコロスの応答はさらに手の込んだ、入念なものとなる。神話から選ばれたエピソードが円形の踊り場（オルケストラと呼ばれた）で、あらためてもう一度演じ直されることがおこなわれた。踊り場は、祭神に捧げられた段のある祭壇を取り囲むようにして作られていた。祭壇のまわりには整列したコロスがいる。コロスは独唱者の歌い語る物語に歌で注釈を加え、神に捧げる踊りを踊った。その間、聴衆たちが座っていたのは「テアトロン」と呼ばれた座席観客席である。これは半円形の観客席で、丘の斜面に段を設けて作られていた。聴衆たちは畏敬の念に打たれたように、静かに物語に聞き入っているのだが、ときおり声を出しては、コロスの応答をさらに支えるような行為をした。これがギリシア人たちが「レイトゥルギア」（宗教的儀式）と呼んだものの本質である（のちに富裕な市民が交代でコロスや俳優を支援し、彼らの面倒を見たために、「レイトゥルギア」は「公共奉仕」という意味をもつようになる）。

この「レイトゥルギア」から最初のドラマが生まれた。そしてまた第二のドラマも「レイトゥルギア」から誕生することになる。それは一一世紀のことだった。このときには独唱者が天使の役を演じている。その独唱者が修道女たちのコーラス（彼女たちが扮しているのはイエスの墓の前にいた女たちである）から一歩前へ出て、たずねる。「あなた方はだれを探しているのですか」（Quem quaeritis?）。多神教徒であるギリシア人の「レイトゥルギア」から古代のすべてのドラマが誕生し、中世のローマ・カトリックの「リタジー」（「典礼」の意。語源はギリシア語の「レイトゥルギア」）から現代のすべてのドラマが生まれた。ドラマがつねに「レイトゥルギア」から生じたということは、何を意味しているのだろう。それはおそらく、もっとも世俗的な劇場というものですら、人々が共同で参加した宗教的経験のある側面と、何らかの関わりをもっていたことを示唆しているのかもしれない。観客たちの座っている大きな、しかも静まりかえった空間。その中で、観客たちは同時に笑い、声をあげて泣き、拍手する（おそらくは歌うことさえあっただろう）。そしてそのことによって観客は、束の間ではあるが、共同体としての結びつきを意識する。俳優たちによっていきいきと演じられた登場人物と、観客は意思を疎通し、また観客同士、象徴的に表現された物語の目撃者となったことで、たがいに意思を伝達し合う。舞台で演じられた物語はといえば、少なくとも万人に共通する原型的な感覚の中にあるもの、つまりは、観客の生活や彼らの家族や友達の生活を写し出した鏡のようなものだった。劇場にこのような深みを与えることのできるもの、そしてときに、こうした不思議な共鳴を与えることのできるものは、（たいてい）言葉にされることのない、宗教的次元のものだったのである。

テスピスと呼ばれた伝説上の人物がいる（英語の thespian［演劇の、悲劇の］の語源）。彼が独唱者を発展させて、真の舞台俳優を作り出したと信じられている。それは幾分かは、彼の発明した大げさな仮面によるものだったろう。仮面は、それを被っている役者がだれを演じているかを、テアトロンのいちばん奥の席に座っている、社会の最下層の人々にも察しがつくようにさせたし、この仮面によって、若い男性が女性や老人に変身することも可能になった。さらにまた、舞台俳優の誕生には念の入った練習が力を貸したかもしれないし、仮面の口に取り付けられた拡声器のようなものも大きな力となっただろう。これによって、役者は自分の声をいちばんうしろの席まで送り届けることができた。また、役者が履いた底厚の編み上げブーツも彼の背丈を高く見せ、遠くからその姿を見やすくさせた。アテナイの観衆は息をひそめて劇を見たが、同時にまた非常に気短な観客でもあった。彼らは大きな感情にからめ取られることを期待していた一方で、俳優がせりふをとちったり、劇の脚本が平凡で退屈なものだったりすると、容赦なく野次り、嘲るのだった。観客が贔屓にしている有名な役者でさえ、ときには手ひどい仕打ちを受けることがあった。ヘゲロコスという人気の悲劇役者がいる。この彼でさえ、舌がもつれてとんでもないせりふをしゃべったときには（エウリピデスの『オレステス』の劇中だった）、観客に野次られ、舞台からいやおうなく引っ込まされた。元々のせりふは「嵐が通り過ぎると、静けさがふたたびもどってくるのを私は見る」（The calm that comes when storms are past again I see.）というものだった。これに代えてヘゲロコスは、堂々とした威厳をもって「棕櫚の枝が隠されると、静かになった蜂の巣に私はまたおしっこをかける」（The comb that calms when palms are stashed again I pee.）といったせりふをいってのけた。

紀元前五世紀になると、まず先陣としてアイスキュロスが登場する。そしてそのあとに偉大な悲劇作家たちが続いた。アイスキュロスは舞台の一団に第二の俳優を加えたことで知られる。さらに彼は、俳優たちを劇の中心に据え、それと同時に、コロスの役割を小さなものにした。しかし、筋書きの展開を説明するコロスの役割は、引き続きそのままにしておいた。アイスキュロスの劇には、見る者をはらはらさせるような場面はないし、意表を衝いて人を驚かせるような筋の展開もない。むしろ彼は、観客のすべてが知っているような物語（この章の冒頭で取り上げた「アトレウス家の崩壊」のような話）を元に、過ぎ去った時間を、堂々としかもゆったりとしたページェントに仕立て上げて描いてみせた。登場する人物たちの演説はどれもが詩的で、彼らは高尚な言葉つきで意気揚々と話した。アイスキュロスの残した劇は、いずれも平明でむだな飾りがないのが特徴。それは中世の神秘劇に通じるものがある。中世の劇はこれはこれ、あれはあれといったぐあいで至極単純である。神秘劇の美は、複雑な隠喩にあるわけではないし、劇の構成の繊細さにあるわけでもない。中世劇が典型的に示していることは、キリスト教の正統信仰の思想だった。神は神であり、断じて人間によってだまされるような存在ではないという教えだ。しかし、アイスキュロスの場合には、この神はゼウスである。ゼウスの正義が襲いかかるのは、世界の正しい秩序をないがしろにしようとするヒュブリス（傲慢）をもつやからだった。そしてこの罪は、財産と同じように、代々子孫に受け継がれていく。したがって罪は、けっして終わることのない連鎖反応をなして、罪を犯した者の子供たちへ、さらにはその子供の子供たちへと降りかかっていく。それでは、この下方へと向かう螺旋運動を阻止することのできるもの、そして終わることのない復讐の魔と化した古代の女神たちを、他の神々のように公共心をもち、アテナイの清められた運命を見守ってくれる存在へと変貌させることのできるものは何なのだろうか。それは人間の作り出したシステム、よりすぐれて、より正しいシステムだとアイスキュロスはいうのである（アイスキュロスが書いた三部作『オレステイア』の第三作『慈みの女神』では、これがアテナイのデモクラシーとなって示されていた）。

アイスキュロスは当時の問題を扱うのに、古代の伝説を題材に使った。当時の問題というのは、デモクラシーの改革が進む中で、弱体化していくことに対する貴族たちの抵抗である。これに対するアイスキュロスのメッセージは、いずれにしても天はよりすぐれた道を選ぶというものだった。したがってあなた方の示している抵抗は、ただやみくもに恐ろしい「復讐の女神たち」の抵抗と同じで、もはや見当違いもはなはだしい。われわれはあなた方を恐れ、もちろんあなた方をないがしろにすることはない。が、あなた方はもはやここに歴然と現れている結果を押さえつけることなどできませんよ。これがアイスキュロスとそのあとに続いた劇作家が示した不可侵のパターンだった。それは、はっきりと聖化された物語であり、その真実性はもはや論議を越えたものだった。根は深くギリシア人の自覚に達していた。そしてそれが現在の時点で、劇作家の手により、劇という確とした形でポリス（都市国家）に語りかけられたというわけなのである。コロスは多くの劇に登場した。その役割は一般に人々を代表するものだった。つまりは観客を代表していた。俳優たちの大仰な立ち居ふるまいに驚きの声を上げ、単純な真理を口に出しながら、やがては劇の進行につれて、徐々に新しい認識を手に入れていく。コロスはそんな役割を果たしていた。

第二の偉大な悲劇作家はソポクレスである。アイスキュロスの年下の同時代人で、彼は自作の劇中に第三の俳優を導入した。アイスキュロスは晩年に書いた自作で、さっそくこの新しい試みを模倣した。舞台で演ずる俳優の人数が極端に少ないのは、ギリシア劇の出自が宗教的儀式にあることを表しているのだろう。それが証拠にギリシア劇は以後、終始、宗教的な淵源から離れることがなかった。真正な宗教的儀式はつねに伝統の中に浸透していて、それは新奇なものを避けながら、本質を失うことなくゆっくりと変化していく。しかし、にもかかわらず、ギリシア劇には徐々に新しい改良が導入されていった。まずはじめに、「オルケストラ」（円形の踊り場）の後方がせり上げられ、舞台（プロスケニオン）が作られた。これは現代の舞台の先駆けといってよいもので、そこから俳優たちは、せりふを投げかけた。次に「スケネ」（英語の「スクリーン」の語源）と呼ばれる背景が登場する。これは舞台の奥にしつらえた建物の正面のことで、この建物は、舞台の背景幕となり、俳優たちの化粧室を隠す役割を果たした。

建物の屋根が劇中で使われることもあった。たとえば、『オレステイア』の第一作『アガメムノン』では、劇の冒頭で、アガメムノン王の帰還を待つ宮殿の見張り人が、この上で演技をした。建物の中央、つまり背景の真ん中には出入り口がひとつあり、そこでは「タブロー」(扮装した俳優が静止した姿勢で、歴史的場面を再現すること)が見せられた。たとえばそれは、アガメムノンとカッサンドラの死体の横でたたずむ、血だらけになったクリュタイムネストラなどのタブローである。この演技をするために俳優たちは、両脇の出入り口から、車のついた台(エクキュクレマ)に乗って舞台に登場した。さらに「メカネ」と呼ばれた舞台装置がある。これは一種のクレーンのようなもので、神を演じる俳優を宙づりにして、スケネの欄干から舞台上まで、空中を飛行させるもの(ラテン語の「デウス・エクス・マキナ」はここからきた言葉で、急場の解決に登場する宙乗りの神のこと。困難な場面で突然現われて不自然で強引な解決をもたらす人物や事件を表す)。

革新ということについてギリシア人は、ともかくこれを全面的に忌避するのは、まったく不自然なことだと考えていた。が、こと劇場ということになるとその革新を、劇の向上にどうしても必要と思えるものだけに限定した。たとえば車のついた台車がそうだ。殺人の暴力場面を宗教上の儀式の一部として描くのは、いかにも不穏当である。したがってこの台車が必要となった。それはキリストの十字架の場面と同じで、殺人の場面はいくらか距離をおいて、ある枠組みを添え、かつ何らかのシンボリックな描き方をしなくてはならなかった。生々しい現実を宗教儀式にもちこむことはできなかったのである。だが逆に、いくつかの要素(たとえば野外の円形踊り場に置かれた祭壇や丘陵の斜面に作られた階段状の観客席)はギリシア劇の歴史を通じてそのままに残され、その後、アテナイからイタリアやゴール地方、さらにはアラビアやペルシアに至るまで、遠方の熱心な観客へと広がり伝えられていった。

第二の悲劇作家ソポクレスに至って、ギリシア劇はもっとも巧みに政治上のテーマを表現することに成功した。そしてそれからというもの、演劇史の上で、ソポクレスの『僭主オイディプス』（しばしばラテン語のタイトル『オイディプス王』という名で呼ばれている）以上にすぐれた政治劇をわれわれはもつことがなかった。若いオイディプスはテバイの都を目指して旅をしていた。一方、スピンクスと呼ばれた怪物（女の顔と翼をもつライオンの姿をしている）が丘の上にいて、テバイの人々に謎をかけては、それを解くことのできない者を毎日食べたという。どんな謎だったのかといえば、「朝には四つ足で出歩き、昼には二足で歩き、夕べになると三足で歩くものは何か」というものだった。答えは「人間」である。幼い頃には四つんばいではい回り、成長すると二本の足で立ち、老年になると杖をついて歩く。オイディプスは見事にこの謎を解いた。その結果、スピンクスは自ら死に、テバイの人々は救われた。そしてテバイに新たにやってきたオイディプスはテバイの僭主として迎え入れられた。彼は魅力的なイオカステを妻にする。イオカステは最近、旅の途次、盗賊によって殺された先王ライオスの妃だった。こうしてオイディプスはイオカステとの間に、二男二女をもうけた。

　これが劇のはじまる直前までの物語である。幕が開くと、テバイの都はまた新たな災厄に見舞われている。疫病である。それは、すでに『イリアス』でわれわれには馴染みのアポロン神によって加えられた呪いだった。「死／あまりにもたくさんの死。死の上に死が重なり、数えきれないほどだ。果てしがない――／テバイは死に瀕している」。コロスはこのように歌っている。オイディプスは典型的な政治家だった。彼は宮殿の前に集まって、王に請願している市民たち（コロス）に向かって演説をする。

私の子らよ。

お前たちを気の毒に思う。分かっている。どうして私が分からないことがあろうか。

ここへやってきたお前たちの願いが。よく分かっている。

お前たちは死ぬほど苦しんでいる。お前たちのすべてが。

しかし、お前たちも苦しいが、私ほど苦しい者もいないのだ。

お前たちの苦しみは、お前たちただひとりのもの。

お前たちだけの苦しみなのだ。他のだれにも及ばない。が、私の心は、国を悲しみ、おのれを悲しみ、そしてお前たちすべての身を案じている。

私は眠らないし、夢ひとつ見ない。お前たちによって目を覚まされたわけではないのだ
――

私は夜通し泣き暮らしていた。どうか察してくれ。

私がどれほど思い悩み、手探りで道を探し求めていたかを。


彼は国の人々の痛みを感じた――そして、いかにしても真相をつきとめずにはおかないと誓いを立てる。アポロンがなぜ疫病をこの国にもたらしたのかを知り、そのことによって、「自分自身についてもすべてを明らかにする」と人々に誓った。

しかしコロスはその月並みな理解力で、やがて疑いをもちはじめる。そしてこのときにいたってもなお、重大局面はオイディプスの英雄的な聡明さの前で頭を下げようとはしない。スピンクスが降服したようにはいかない。ギリシアの聖所中の聖所、もっとも神秘的な場所であるデルポイ、このデルポイで得たアポロンの神託は、疫病の原因は先王のライオスにあると告げた。殺されたテバイの王は、今なお

恨みを晴らされてはおらず、それればかりか、王の殺害者がこの国にかくまわれているという。それが疫病の源であるというのだ。ギリシアの観衆は、オイディプス王こそ先王の殺害者であることを知っていた。オイディプス自身はまだ気がついていないが、ライオスは彼の実の父親であり、妃のイオカステは彼の母親だった。ライオスは遠い昔にデルポイの神託を受けている。この神託によると、彼は自分の息子に殺されるという。そのためにライオスは、生まれたばかりの赤子をキタイロンの山中に捨て⑶、獣たちの餌食となるにまかせた。そして、赤子の両足のくるぶしを留め金で刺し抜いて、放り出しておくように命じた。しかし、イオカステが赤子を預けたテバイの奴隷は優しかった。赤子を放置して殺すには忍びず、コリントスの羊飼いにこの子をゆだねた。羊飼いは赤子を自分の国にもち帰ると、子供のいなかった王と王妃へ養子に出し、赤子は国王夫婦の下で成長した。やがて若者となったオイディプスは、デルポイで自ら神託を聞いた。神託は彼が父親を殺し、母親を妻にするという。自分が養子であることを知らなかったオイディプスは、コリントスを永久にあとにする。それもこれも、デルポイの予言が的中することを避けようとしたためだった。オイディプスは旅の途中で、ライオス王とその一行の車に出会った。場所はちょうど「三叉路」である。もちろんオイディプスは出会った相手がだれだか知らない。傲岸で年老いた王がオイディプスを道の脇に押しやろうとしたとき、オイディプスは手にもった杖で一撃し、ライオス王を殺した。そして、そのままテバイへと旅を続け、この国を救ったのである。彼は王となり、寡婦となっていた王妃を妻に迎えた。

「自分自身についてもすべてを明らかにする」と決意したオイディプスは、真実を少しずつ知っていくことになる。劇の終わり近くになり、すべてが明らかになった直後にイオカステは自ら縊れて死ぬ。彼女を見つけたオイディプスは、「彼女を横にさせ／ゆっくりと抱くと」、彼女の屍から引き抜いた。

金でできた長い留め金を。

それは彼女の上着を留めていたもの――留め金を高く掲げて、
その鋭い先をじっと見つめた。
そして、やおら両の眼に突き刺した。こんな風に叫びながら。「お前たちは、
お前たちはもはや、私の受けた苦しみを見ることはない。私がもたらした苦痛のすべても。
お前たちはあまりに長い間見つめ過ぎた、けっして見るべきではなかった人々を。
見たいと願い、知りたいと願っていた人々を見ることはなかった。
これより先、だれを見ることもならぬ。闇の中で盲いていよ。盲目であれ」。
彼の声は送葬歌のようだった。そして、繰り返し繰り返し、
留め金を振り上げては、両の眼へ向けて振り下ろすのだった。
すると、ひと振りごとに、眼から血があふれ出た。
そして血は、彼のあごひげを濡らし、渦を巻いて、塊となった
まるで黒い雹のようになり、脈打ち、血はどっと流れ出た。

はじめてこの劇を見た観客たちは、ソポクレスがこの劇を通じて操縦してみせるスクリューの回転を鋭い痛みをもって受け取っていたにちがいない。それは、彼らがこの物語を知らなかったからではない。おそらくそれは、うぬぼれて王侯然としていたギリシア人たちが、人間社会の限界について、これでもかといわんばかりに痛感させせられたからである。この社会では、どれほど才能に恵まれ、どれほど

勇気のある政治上の指導者といえども、もはや永遠の救済者とはなりえない。すべての人は次のようなことをとくと認識すべきであるという。政治上のリーダーもけっしてヒーローなどではなく、つまるところは、欠陥をもった不運な人物にすぎないということを、そして、「われわれが自分自身に科した苦しみは、すべての人々を傷つける」ということも。目の見えなくなったオイディプスは娘たちに導かれて去っていく。彼らを待ち受けているのは定めない放浪のみじめな生活だった。コロスは劇の最後で、慰めのない言葉を投げかける。

わがテバイの人々よ。しかとオイディプスを見よ。
その聡明さで彼は、名も高き謎を解き明かし、
権力をわが手に握った。並ぶ者なき権力者。
彼の姿を羨望の眼で仰ぎ見ない者など、ひとりとしていなかった。
その彼がどうだ。今は何と、か黒い恐怖の海に飲み込まれてしまったことか。
さればわれらは、最後の日をしかと見つめ、これを待たなくてはならない。
苦悩から解き放たれて死ぬまで、いかなる者をも幸福と見なしてはならない。

アトレウス家を描いたアイスキュロスの三部作は、ミュケナイではじまり、アテナイで終わった。ソポクレスの『オイディプス王』は舞台が終始テバイで、はじまりから終わりまで、わずか一日の出来事である。すべての場面は、テュラノス（僭主）の宮殿の階段上で展開する。そこで取り扱われる問題も、都市の汚れの原因をつきとめようとする、単刀直入なオイディプスの問いかけだった。そしてこの問い

かけは、終始オイディプスにまとわりついて離れない。オイディプスからはじまり、オイディプスで終わる。紀元前四世紀の哲学者アリストテレスにとって、『オイディプス王』は完全無欠の悲劇だった。そこでは時と場所と行為の一致が見られ、主人公として理想的な人物が配されている。その理想的な人間が「ハマルティア」(悲劇的欠陥。主人公自身の破滅につながる性格的な欠陥)によって破滅する(この「ハマルティア」は初期のキリスト教徒たちによって、罪、とりわけ「原罪」の意味に使われた。それは、われわれが生まれながらにしてもっている罪、いかなる人間の手をもってしても抑制することのできない罪のこと)。ハマルティアはオイディプスにたまたま付随していたものではない。むしろ彼の褒むべき性格の中に本来存在していたものだった。彼は強く、勇敢で、冷静沈着、責任感にあふれ、他の者たちが恐れて近づかないところへでも大胆に大股で入っていく。まさしくこうした性質が彼の零落を予告したのである。われわれは主要な登場人物に自分を没入させることにより、彼らに対する同情とわれわれ自身に対する恐怖を顕在化させる。われわれの恐れとは、登場人物に起こったものと同じような何かが自分にも起こるのではないかという恐れだ。「ペリペテイア」(われわれより恵まれた者が凋落すること。運命の急変。逆転)、そしてそのあとに起こる「アナグノリシス」(認知。自分の真実の情況を認めること)——イオカステは自分の真の姿を知り、自ら縊れた。オイディプスは自分を傷つけ、不具となった——が最後にはわれわれ(観客)の中に「カタルシス」(取り乱した感情を浄化すること)を生み出させる。これは登場人物のためでもあり、われわれ自身のためでもあった。

われわれは劇の最後の瞬間になって、やっと、これは現実の生活ではなく、「ミメーシス」(模倣)にすぎないことを思い出す、とアリストテレスは述べている。俳優たちは舞台を去り、いちばん最後に中央の扉が閉じられる。それはあたかもわれわれが今まで人形(これは人間の模倣といってよいだろう)

と戯れ遊んでいて、今やっと箱の中に人形を戻したところ、そんな感じだろうか。われわれは、舞台で目撃したことによって忠告を受けて劇場をあとにするのだが、そのときにはわれわれも、否定的な感情を浄化してしまっている。今は心楽しい疲労感に包まれている。それはあたかも、ついこの間、自分の体から毒を除去したかのような感じなのだ。この真理の儀式に遭遇することにより、われわれの心は高められ、安らかになっている。それはちょうど中世の巡礼者が、明るい色で窓に描かれた一連のキリスト受難図を見たあとに感じるような気分だろうか。この破滅と死をともなうキリストの代償的受難によって、私は回復する。私は死んではいない。まだ生きている——そして心穏やかな知恵をもって明日に立ち向かっていくことができる。こんな風に感じたのだろうか。

アリストテレスの分析は、ずっとのちになって、一七世紀のフランスの劇作家たちに影響を及ぼし、彼らが厳格な舞台ルールの下で劇を作る手助けをすることになるが、それを除くとけっして十分に利用されてきたとはいいがたい。フロイトの「エディプス・コンプレックス」はたしかに、オイディプス神話を現代の心理学上の目的に合わせて処理した洞察に満ちた指摘だった。が、それはこの戯曲にほんのわずかな光を当てたにすぎない。しかし、アリストテレスが『詩学』[4]で述べた彼の美学のおかげで、われわれは古典期アテナイの感情的な気分を（そして宗教的な気分までも）見抜くことが可能となった。

ギリシア人は個人主義者というより、むしろ「懸命に努力する人」といった方がはるかに当たっているのではないだろうか。男は、オイディプスのようにすべてをわが身に引き受けるべきだとひそかに思っていたし、すべての女は自分のことを、イオカステのように優雅で目端のよく利く王妃のようだと思っていた。もしわれわれがギリシア文明からひとつだけ言葉を取り出してみろといわれれば、それはおそらく「アレテー」（卓越性、善さ）ではないだろうか。だいたい貴族が自分たちの名前（「アリストイ」＝最良の者たち、貴族）として使ったのが、この言葉だった。「アリストイ」の反対語に「カコイ」（最悪の者たち、臆病者たち）がある。人をへこませるこの言葉は、現存する古代文学の中で至るところに出てくるが、はたしてだれでもよし、自分をカコイの一員として考えた者があったかどうか、これは異論の多い問題だ。しかしアレテーを求めて奮励努力したアリストイが、彼らの父親を殺害しなかったこと、そして母親と臥所を共にしなかったことだけは、疑問の余地がない。また、カコイの一員として見られること、これをアテナイ人は恥としたのだが、この恥辱こそギリシア人の生活を動かす隠されたエンジンだったというのも疑問のないところだろう。

ここには、自分のことをとりわけ優れた者と考える人々がいた。さほど慎ましいとはいえないアリストテレスが、楽しげに自らわれわれに報告してくれている。

ヨーロッパ人は、一般的に寒い風土に住む人たちと同じように、気迫に満ちてはいるのだが、どこか聡明さと器用さに欠けるところがある。そしてこの欠陥のためだろうか、彼らは比較的自由な環境の中で暮らしていながら、政治的な組織をもっていないし、他人を支配する能力にも欠けている。これと反対にアジア人は、聡明さと器用さは生まれながらにもっているが、覇気がない。そのためつねに敗北と隷属を強いられている。しかしながら、世界の中心部を占めているギリシア民族は、西方と東方との最良の特質を合わせもっている。つまり覇気と聡明さを兼ね備えている。こうしてこの民族は、自由と安定した政治機構を享受しており、それゆえに、引き続き全世界の人々を支配することができるのである。

ギリシア人は訓戒を何としてでも欲しがる人々だ。そのことに、たとえ哲学者は気がつかなくても、劇作家はよく知っていた。『オイディプス王』のような劇が提供した「身代わりの罰」といったものをギリシア人は必要としたのである。

したがってあなたは、次のようなことを知っても別段驚くことはないだろう。ギリシア人の生活では、他のものと同様に、劇作もまたコンテストの対象となっていた。春のディオニュソス祭（酒神ディオニュソスに敬意を表したフェスティヴァル）には、あらかじめ選ばれた悲劇が三日間ぶっ通しで演じられる。それはほとんど現代の映画祭といった感じだ。ただし、そこには重要な差異もある。ディオニュソス祭は荘厳な宗教上の行列からはじまる。行列に参加しているのは、市民の指導者たち、著名な訪問者たち、それにすべてのコロスなどだ。コロスは彼らが出演した劇で使った花冠を被り、色とりどりの衣服に身を包んでいた。行列を先導しているのは役人たちである。彼らは勃起した巨大なペニス（ディオニュソスの象徴）をかたどった彫刻（パロイ）を運んだ。いき先は神殿。神殿に着くと、アテナイ軍（陸海軍）の指揮官（ストラテーゴス）一〇人が御神酒を注ぎ、動物を犠牲に捧げた。この壮大なオープニングのあとで、祭にやってきた三万人もの人たち（民会で集まった人の二倍の人数）が、巨大な野外劇場に集まってくる。アクロポリスの南の斜面、そのくぼみに作られた劇場で上演される新作を観劇するためである。

アイスキュロスは生涯に八〇本以上の劇を書いた（そのうちのわずかに七本だけしかわれわれの手元には残されていない）。そして一三回、競技会で優勝を果たしている。悲劇は通常三部作の形で上演されるために、実際には三九本の劇が優勝を勝ち得たことになる。彼と同時代の若い悲劇作家にソポクレスがいた。ソポクレスは長命で九〇歳まで生きたが、その間もずっと劇を書き続けた。ソポクレスは人生の成功者といってよいだろう。彼は演劇人としての生涯をコロスの美少年としてスタートした。そののち何度か公務に就いたことがある。アテナイ民会によって、二度ほど指揮官に選出されたこともある。それも、だれにでも好かれる彼の穏和な人柄によってあと押しされたものだった。ソポクレスは一二〇本以上の劇を書いた（われわれの手元にあるのはわずかに七本だけである）。そして二四回優勝を勝ち得ている。これは彼が書いた三部作の大半が優勝したことを意味している。

第三の偉大な悲劇作家はエウリピデスだが、彼はさほど幸運に恵まれなかった。歳はソポクレスより一〇歳ほど若いのだが、彼は、ソポクレスの死ぬ直前に死んでいる。ともに没年は紀元前四〇六年だった。その年のディオニュソス祭のとき、寛容で偏見のない心の持ち主だったソポクレスは、自分の劇のコロスに喪服をまとわせ、花冠を被らずに舞台に立たせて、同僚の死を悼んだ。しかしエウリピデスは、つねにひとりで行動する人だったようだ。友達もほとんどいない。生涯で九〇本以上の劇を書きながら（その内の一九本がたまたま残った）、ディオニュソス祭で優勝したのは、たったの四回だけである。

彼の性格以上に決定的だったのは、彼の書く劇の傾向だった。その劇はもっぱら、人生の現実をありのままに描写する写実主義に傾いていた。そしてそれがまた、生涯を通じて、彼から世人の評価を奪う結果になったのである。アリストテレスはわれわれに次のように伝えている。「ソポクレスは人々のあるべき姿を描いたといい、エウリピデスは彼らのありのままの姿を描いたといった」。エウリピデスは尊大な言葉つきや、高貴な生まれなどという妄想にとてもがまんができなかった。したがって、彼の劇に登場する人物は、たとえそれが貴族（アリストイ）であっても、自分のことを屑同然だと思っていたり、とてつもない馬鹿げた考えをふと口に出すような人間だった。そして、それとは逆に劇に出てくる奴隷は、真に高潔な立ち居ふるまいを見せたりした。こうした従来の型通りの予想を覆す逆転の発想は、エウリピデスの時代の観客にとってあまりに人騒がせなものだったために、彼は一度としてアテナイの人気者になることなどできなかったのである。

人々にとって予想だにつかなかったエウリピデスの顔が現れたのは、何といっても、彼が女性の考え方と行動を描いて見せたときだったろう。たとえばここに『メデイア』という劇がある。タイトルとなっている登場人物は、魔術を使う女性で、すでにいくつかの殺人を過去におこなっていた。彼女はイアソンと恋に落ちると、魔術を使ってイアソンに、彼女の父親から「金の羊毛」をまんまと盗み出させることに成功した。この父親は、黒海の東の端にあるコルキスの王だった。メデイアとイアソンは享楽的な都コリントスへと逃避行を決め込んだ。この都でメデイアはイアソンとの間に、二人の息子をもうける。しかし劇がはじまったときには、すでにイアソンは安楽な生活になじんでしまっていて、メデイアをうとましく思いはじめていた。やがて彼はメデイアを捨てて、新しい利をもたらす結婚を準備しはじめた。相手はコリントス王クレオンの娘、つまり地方の王女である。エウリピデスが描いたイアソンは、もはやギリシアの英雄でもなかったし、ギリシア人ならだれもが好きだった「アルゴ船」の物語の中で、「アルゴナウテス」(イアソンに従ってアルゴ船に乗り、「金の羊毛」を探しに出かけた一行の勇士たち)とともに海へと繰り出していったがむしゃらな冒険家でもなかった。彼はもっぱら自分だけにかまけている、自己正当化の得意なただのごろつき、あるいは典型的な逃げ口上のうまい亭主にすぎなかった。劇を見にきた観客は、妻を欺きだます男でいっぱいである。中には妻に飽きて、妻を家から追い出した男もいただろう。ティンエージャーの小娘とつき合いはじめた男もいたかもしれない。自己正当化ばかりが雄弁の中身だった男もいただろう。したがって、エウリピデスの『メデイア』が、登録されていながらコンテストで勝つことができなかったのは別段驚くべきことでもなかった。

エウリピデスは典型的なギリシアの亭主を、大胆にも描いて見せたのだが、それにもましてショッキングだったのは、彼が描いたメディアの肖像である。この外国生まれの魔女は、はじめて舞台に登場してくるなり、聴衆に向けて皮肉まじりの文句を投げつけながら、滔々と真理を話すのだった。


コリントスのご婦人方、私はとうとうここにやってきました。

どうぞ私のことを悪く思わないでください。私が高慢な女だという人もいます。

人前に出ても、ひとりでいても、ともかくうまくやっていくことは難しいことです。

どうぞみなさん、十分に用心して歩を進めてください。

「あの女は高慢だ」と彼らはいう。「われわれの仲間に入ろうともしない」。

しかし考えてみれば、人を公平に見ることなど、いったいどんな人間にできるというのでしょう。

彼らはあなたを正しく知るより先に、まずあなたを憎む。

何ひとつあなたは、彼らに危害を加えたわけではないのに。

あなたが外国人だったら、「私たちのようにしなさい」と彼らはいうでしょう。

ギリシア人ですら、同じギリシア人を蔑むのですから。

あまりに賢すぎて、他人の美点を見ることができないんです。

私についていえば、ずいぶんひどい仕打ちを受けました。

心はずたずたになってしまいました。予想だにしなかった仕打ちのために。

大事にしていた生活は失われ、私はもはや死にたいと願うばかりです。

私にとってあの人はすべてでした――しかし今は、

この世でいちばん愚劣な男に成り下がってしまいました。私の主人です。

この世で生き、息をするものすべての中で、
われわれ女ほどみじめな者はありませんね。

せっせとお金をかき集め、貯め込むのも、いわば男を買う結婚資金のため——

結婚すれば、男は女にいばり散らす。女は男のものとなる。

女の生活は、もっぱらご主人様の気分次第。

どんな運命になろうと、女が男を離縁することなどできません。

どんなことが起ころうと、男は女のそばにいて、離れようともしないのですから。

女の悪知恵ですって。そう。私たちに必要なのはそのすべてです。

見知らぬ土地にいき、見知らぬ人たちと暮らすときにも、
家にいた妻は、土地の習慣や法をまったく知りませんもの。

それに妻は、男を喜ばす術を必死になって学ばなくてはいけません。

夫がよろこぶものなら、いつでもベッドを共にする。

夫が満足して、夫婦のくびきに逆らうことなく、暮らしてくれれば、
それはもう万々歳です。しかし、そうはいかないときには、もう死んだ方がましという気分になります。

家庭生活に飽きてしまえば、夫は、
外へ出かけて、友達に会い、憂さを晴らします——

しかし私たちは、いつも夫ひとりを見ているだけです。
私たちは何によって報われるのでしょう。男が約束してくれる安穏な暮らしでしょうか。
男たちは槍を手に、戦場で奮闘して戦うという。
しかし、一度のお産で苦しむよりは、
いっそ三度でも戦争にいく方がずっとましだと思うのですが。

ここにはだれでもよし、その者の細やかな感情を逆撫でしないような詩句は一行もない。中でも二行（この世で生き、息をするものすべての中で、／われわれ女ほどみじめな者はありませんね）は大胆にも、神のごときホメロスにあえて挑戦している。それはすべての人が暗誦するようにして知っていたものだ。『イリアス』の中の句で、パトロクロスの死後、ゼウスが発した名高い「洞察」である。

この地上に生を受け、はうように暮らしているものの中で、
人間（man）ほど、苦悩に満ちた生き物はいない。

今や高い位置に置かれていた「男」（man）は引きずり降ろされ、気高い「人間」（mankind）は「女」（woman）によってパロディー化されてしまっている。ゼウス、われわれの至高の神は、怪物のような外国の女魔法使い、黒海からやってきたあまっこに脇へ押しのけられてしまった。相手を中傷する言葉についていえば、ギリシア人はおびただしいストックをもち、それを自由自在に使う。この劇に対してもおそらく彼らは、まちがいなく目一杯罵詈雑言を発したことだろう。『メデイア』はエウリピデスの

作品の中では初期のものに属する。しかし劇作家は、三〇年にわたる劇作家としての活躍期間中、彼に浴びせかけられた非難にいやおうなく耳を傾けざるをえなかった。紀元前四〇八年、彼は苦い思いを胸に抱きながらアテナイを離れ、亡命の旅へ出た。そしてその二年後にマケドニアで死んだ。

メデイアは劇のクライマックスにいたって、花嫁となる王女へ毒を潜ませた着物を送りつけ、彼女を苦悶の内に死なせる。そして今度はふたりのわが子を手にかけた。これも夫のイアソンへの復讐を完成させるためだった。アリストテレスには失礼なのだが、ここにはカタルシスのかけらもなく、劇場にいたギリシアの男性と称する人々にとっては、劇場から外へ出る出口、思慮分別のある穏やかな出口さえなかった。劇場にいたのは、それまでに腹を立てて飛び出してしまわなかった人々、なだらかな段階状の丘陵の斜面で、怒りに身を震わしてまだ座っていた人々たちだった。「何といっても彼女は、外国の魔女だ。ギリシア人ではない。堕落した奇怪な女だ。そんな女に何を期待しようというのだ」。彼らは出口へ向かう道を見つけたとき、こんないいわけをつぶやいて自らを慰めていたのかもしれない。そして暴力的でバランスの悪いエウリピデスは、こと女を描くことに関しては、公正を欠いているという評判を得た。しかし彼らは大事な点を見落としている。エウリピデスはただ単に、男性とくらべて女性が下劣で、理性に欠けたものであるとして、その正体をあばこうと思ったわけではない。彼は観衆に向かってひとつの問いかけをしていた。女は自ら腹を痛めて産んだわが子を殺したわけだが、いったい何が彼女を、そのように極端な行動に走らせたのだろう。そして彼は、その答えが現にギリシア人が今生きているその生活の真ん中にあることに気がついたのである。

酒宴に集う貴族たち（アリストイ）にとって、人生の本質は明らかだった。それは、「与えるか、あるいは獲得するか」。つねにこの二項の対立だった。古代ギリシアをホモセクシュアルの社会として表現することとは、大事な項目を見落とすことになる。古代ギリシアはすべての事柄を、能動的か受動的か、剣で刺すか傷を負うか、パロイ（男根）かヴァギナ（女陰）かといった二項によって見る軍国主義化した社会だった。貴族の師弟たちはたしかに、貴族の大人によって口説かれた。が、それは思春期の試練の一部分として口説かれたわけで、大人になるための最後の一歩だった。その期間中に、大人は少年たちの手本として行動し、少年たちが立派な勇気ある成年男性となるように手助けをした。したがって大人の男性は、少年たちの太ももを使ってマスタベーションをすることはできたが、ペニスを少年の口に入れたり、少年と肛門性交をおこなうことは許されていなかった。つまり、彼を単なる受け身のパートナーにすることはできなかったのである。もちろんいかなる市民でも、相手が市民でなかったり、結婚している女性でなかったら、男とでも女とでも、また大人とでも子供とでも、自分の好きな相手と好きなことをすることができた。メデイアがあわやなりかけていたような、離婚をした女性なら、これも他の人と同じように立派な相手とされた。が、ホメロスが洞察したふたりの人物（ヘクトルとアンドロマケ、オデュッセウスとペネロペイア）の間で交わされた長期にわたる愛情といったテーマは、『オデュッセイア』が語られたのち、二度とふたたびギリシア文学では語られることがなかった。さらにサッポーが好ましい愛情として歌っていたのは、「か黒い大地の上で、もっとも美しいもの」（それは、ほとんどのギリシア人たちを魅了した美しい騎兵や歩兵、それに海兵たちである）に対する個人の愛だった。この愛情もひとりぼっちの好みとしてとどまり、紀元前六世紀のはじめにサッポーが死んでからのちは、ふたたび声に出していう者もいなかった。むしろギリシア人はより奮闘するようになり、より競争好きで、より好戦的になっていったということがいえるだろう。ときに、彼らが心がけてきたことは、ただセックスすることとセックスされることだけだったのではないか、と思われることもあった。

エウリピデスが死んだあと、彼の最後の三部作がディオニュソス祭で上演され、見事優勝を果たした。これも、ソポクレスの同僚に対する敬意のこもった思い出が公のものとなり、それが尊重されたことの結果だったろう。しかし結局のところそれは、アテナイ人が新しいものに対する自分たちの開かれた精神を自慢したということだったのかもしれない。そしてやがては彼らも、エウリピデスのもたらした不快なテーマを耐え忍ぶことができるようになった。最後の三部作のひとつが『バッコスの信女たち』(バッコス神=ディオニュソス神の儀式を司る女祭司たちのこと)である。そしてこの劇は、ギリシア劇の中でももっとも人騒がせな劇といわれている。われわれもテバイの都に立ち戻ることにしよう。そこではペンテウス王が、ディオニュソスの儀式を導入することにいたく反対している。ディオニュソスは葡萄酒と荒々しい霊感の主だった。しかしペンテウス王はこの神を、ただの無秩序を招来する源にすぎないと見ていた。ところが、彼の気がつかない内に、母親のアガベが儀式に参加して、ディオニュソス神から霊感を受け、恍惚の状態となると、キタイロン山にいたバッコス神を信心する女たちといっしょになって踊り狂いはじめた。ペンテウスは彼らの動向を探るために、自分でキタイロン山へ出かけた。ところが恍惚の状態の信女たちはペンテウス王を見ると、ライオンと見まちがえ、王をばらばらに切り裂いてしまった。母親のアガベは王の首を手にして、意気揚々とテバイへ戻ってきた。そして徐々にではあるが、やがて彼女はわれに返り、自分のしでかしたことに気がつくのだった。

この劇はエウリピデスが、同胞のアテナイ人に残した最後の警告だった。アテナイ人たちもそれを確信していた。彼が残した警告とは次のようなものだ。アテナイ人たちは戦争にかまけてないがしろにしているが、彼らの生活の中にはある力が潜んでいる。そしてその力は、アテナイ人たちを原初の姿に引き戻し、政治的、社会的に確立したものすべてを弛緩させ、滅ぼしてしまうほど強力なものだ。一九世紀になると、フリードリヒ・ニーチェが『悲劇の誕生』を書いて、ギリシア文明にふたつの柱が存在することを指摘した。ひとつは、真昼の光、知的な明快さ、理性的な精神、基準など。これらすべての概念を代表するのがアポロン神だった。そしてもう一方の柱は、暗黒、感情、霊感、カオス（混沌）などの概念。これらを代表するのがディオニュソス神だという。この神こそ悲劇の誕生のきっかけを与えた神であり、よりいっそう重要な神だ。しかし、ギリシア人たちはつねにアポロン神の方を重要視した。ペンテウス王のように、彼らはディオニュソス神を恐れるばかりで、この神をどのように扱ってよいのかまったく分からなかった。エウリピデスがギリシア人たちに思い起こすようにと促したことは、この世の中には、彼らが今なお気がついていない、地下に埋もれた現実が厳然として存在すること、そして、彼らがフェスティヴァルで祝っているにもかかわらず、その正体をしかと見届けていない神が現に存在しているということだった。

5

哲学者——考え方について

「さて次に」と私（ソクラテス）はいった。「教育と無教育については、ここにそのアナロジー（類似）として使うことのできる情況がひとつあります。まず、地下の洞穴のような監房で生活している人々を想像してみてごらんなさい。洞窟は長い道のような形をしていて、一方の先には出口があり、そこからは外の世界が開けています。洞窟にいる人たちは子供の頃からそこに住んでいて、脚や首は縛られているので、ひとつの場所から動くことができない。しかも彼らが見ることができるのは、前方、正面だけで、振り向くことができないとしましょう。彼らの背後では、洞窟のはるか上方で火が燃えている。斜面の上の方には、火と囚人たちの間に道が一本、斜面を横切って通っている。そしてその道に沿って、低い壁が作られていると想像していただきたい。この壁は、手品師が自分と観客との間に置いて、その上で手品をして見せる仕切りのようなものなんです」

「わかりました」と彼（グラウコン）はいった。

「さて次に想像してもらいたいのは、この仕切り壁の向こう側で、人々がいろいろな品物を運んでいる姿です。それはどんなものかといえば、石や木でこしらえた人間の小像だったり、動物をかたどった像だったり、その他あらゆるものが、仕切り壁の上方に突き出されています。そして、当然のことながら、こうしたものを運びながら声を出して話す人もいる。もちろん、黙っている人もいますがね」

「あなたが思い描いている絵は、ずいぶん奇妙なものですね」と彼はいった。「囚人も奇妙ですがね」

「彼らはわれわれと同じなんです」と私はいった。「つまり、まず第一に、彼らは自分自身を見るのも、また、たがいの姿を見るのも、彼らの前にある洞窟の壁に、火の光によって投げかけられた影で見るしか方法がないんです。そうは思いませんか」

「もちろん、それ以外に方法はありません」と彼はいった。「彼らは、首を動かさないで生活することを強いられているわけですからね」

「それなら、仕切り壁に沿って運ばれているものについてはどうでしょう。囚人たちはやはり、同じようにその影しか見ることができないのではありませんか」

「その通りです」

「では今度は、彼らがたがいに話すことができると想像してみてください。彼らの口から出る言葉はそのことごとくが、目の前を通り過ぎていくのを彼らが見ているものに対応していると、彼ら自身信じていたと思うのですが、あなたはそう思いませんか」

「彼らにはそれ以外に考えられないでしょう」

「それではもし、何らかの音が囚人たちの前の壁に響いたとしたらどうでしょう。ものを運ぶ人のだれかが話したとき、彼らはいやおうなく、その音が壁を通り過ぎる影から聞こえたものと考えるでしょう。そうは思いませんか」

「たしかにそうだと思います」

「さてそれでは、全体として、次のことがいえるのではないですか」と私はいった。

「この情況にいる人々が現実として認めているのは、いろいろなものの影にすぎないということです」
「そう考えざるをえませんね」

（プラトン『国家』第七巻）

「偉大な哲学というものはすべて……作者の個人的な告白と、意図しない無意識の回顧録（メモワール）になっている」とニーチェは『善悪の彼岸』の中で主張している。たしかにニーチェの独創的な処女作『悲劇の誕生』のもつ告白的な側面を疑う者はだれひとりとしていないだろう。一八七二年に刊行されたこの本は、ニーチェの同僚の古典学者たちを狼狽させた。そして彼の学者としての名声を失墜させた。しかし時が経つにつれて、そこで述べられていた仮説が、従来の見方に取って代わることになる。従来の見方とは、古典期のギリシアを「高貴な純真性と寡黙な崇高性」の故郷としてとらえた、ごく平均的で啓蒙主義的な見方である（が、いずれにしても、穏やかで純白な彫像群は、永遠に、自らの喜びに満ちた気高さを保ち続けてはいるのだが）。『悲劇の誕生』のタイトルはめったにその全体が示されることはないが、本来は『音楽精神からの悲劇の誕生』という名がついている。長いタイトルがこの本の遠大な目的をほのめかしていた。リヒャルト・ヴァグナーの音楽を新しい悲劇の時代のモデルとしてもち上げること、これがこの本の目指していた目的だった。ニーチェはソポクレスとエウリピデスを軽蔑した。それはこのふたりが、過剰な（アポロン的）合理主義をギリシア悲劇にもち込み、本来ギリシア悲劇がもっていたディオニュソス的な色合いを薄めてしまったというのである。それから四年後、ヴァグナーがディオニュソス的な狂気へと突き進むことのできないのを見てとると、ニーチェはにわかにこの作曲家へ愛想をつかしはじめた。さらにこの一八〇度の転換から一三年後、哲学者は精神に異常をきたす。そして正気に戻ることのないまま一九〇〇年に死んだ。近年に至るまで、ニーチェの晩年を襲った狂気は一般的に、末期の梅毒が脳に及ぼした影響によるものと考えられていた。が、神経科医のリヒャルト・シャインは次のような、人を納得させる説明をしている。彼によると、「躁鬱病は時の経過とともに、いずれは精神分裂病の兆候を現しはじめる」という。もしこれが真実だとすると、「アポロン的」と「ディオニュソス的」という分類も、ニーチェが自らの内部で見つけた精神の対立に、名前をつけようとした試みだったのかもしれない。

しかし、彼の分類がはたして有効なものなのかどうか、それを調べたいからといって、彼の論文を片っ端から買い求める必要などない。たしかに彼の分類は有効である。アポロンは日の光と尺度の授与者であり、並ぶ者なき弓の使い手でもある。アポロンがひとたび狙った的を外すことはまずありえない。彼はまた厳格な正義の神だった。アポロンの中でも秩序に対する感覚はずば抜けて強く、悪と名のつくものはすべて、そのまま正さずに放置しておくことができない。人目につかない隅という隅も、ことごとく測量しないではおけない。したがって、オイディプス王が引き続き統治をすることも、黙って見過ごすことはできなかった。アポロンの神々しい、そして薄気味の悪い存在は、ソポクレスの劇中の至るところで感じられる。それは、彼の接近を感じた者のすべてに、異常な恐怖感を覚えさせるほどのものだった。典型的な人間のヒーローを、そのまま神に移し替えたものがアポロンだったのだが、この神はディオニュソスとくっきりとした対照を成している。ディオニュソスは出自を東方にもつといわれている暗黒の神である。葡萄をもちきたった神だが、姿形は柔弱で、うっとりするような青年の姿をしている。長い豊かな髪をなびかせながら、葡萄の蔓を体に巻きつけて現れ、その蔓は他の者にもからみついた。彼にはサテュロスと呼ばれる、田舎からやってきた騒がしい山野の精がつき従っている。この生き物は角と尾をもち、山羊のような脚をしていた（のちにキリスト教の画家たちが、悪魔のイメージをこしらえるのに利用したのもこのサテュロスの姿だった）。大きなペニスを勃起させ、いつでも準備のできているセクシーな半人半獣である。ディオニュソス祭で祝われるのがこのサテュロスを従えたディオニュソスで、その古いコロスを「トラゴディアイ」（山羊の歌）と呼んだ。これが悲劇（トラゴディア）の言葉の起源といわれている。紀元前五世紀に至ってもなおアテナイでは、偉大な悲劇作家が書いた三部作が上演されると、そのあとでかならず短いサテュロス劇が演じられた。これは一種の荒っぽい笑劇のようなもので、先に上演された悲劇に関係の深い神話が素材にされていた。それは悲劇で味わった深刻な気分を一掃して、楽しい気持ちで一日を終わらせ、その先に待つ酒宴の夜へと人々を向かわせる役目を果たした。

ギリシア人は多くの時間を割いてディオニュソス神に祈りを捧げたわけだが、これはあきらかに、彼らがこの神のもつ暗い力を何らかの形で感じ取っていたことをほのめかすものだ。この暗い力は、彼らの最大の努力、それはアレテー（卓越性、善さ）を追い求めることだが、その努力を台なしにしてしまうからだ。したがって、ディオニュソス神への崇拝は、ギリシア人がこうした暗い力を寄せつけないために、十分なオマージュをこの力に捧げていることを意味するものかもしれない。ギリシア人にとって、雲に閉ざされたイタケ（オデュッセウスの故郷）、気高いトロイアはすでに失われたユートピアだった。これに代わるものとして登場したのが現実のポリス（都市国家）である。ポリスはその意味では、彼らの幻想の完成した姿でもあった。デモクラシーのアテナイとそれをまねた多くのポリス。このポリスのシステムでは、たとえ免れがたい政治的な緊張が生じても、「だれもが破ることのできない取り決めを守り続けていく」ことによってバランスが保たれていた。ポリスには、放っておけば暴発しかねない社会的な憤懣を、事を起こさずに噴出させることのできる安全弁のような装置がいくつかあった。これもギリシアに特有なものだが、そのうちのふたつが酒宴とディオニュソス祭である。そして、御神酒やコロス、それに行列などはいずれも、彼らの理想であったポリスがいつまでも破壊されることなく存続するよう、また、神がたくさんの人々の命を奪う病疫を引き連れてポリスを訪れることのないよう、神に祈りを捧げる手立てでもあったのだろう。

どれほどしばしば、都市という都市が、犠牲を払わなくてはならなかったことだろう。
悪行しかできなかった者を選んだ罰だといって、
都市に向かい、遠目のきくゼウスは天の災厄を送り込んだ。
病疫と飢饉をふたつながらに。人々が死にゆくまで。
都市の軍隊も城壁も、ゼウスは打ち倒すだろう。
あるいは、恨みを晴らすといって、船隊を海の底に沈めてしまうかもしれない。

心配顔のヘシオドスはここに挙げた詩句で、すべてのギリシア人が神の正義の何たるかを承知していたこと、そしてまた、身勝手な僭主による独裁統治がどんな結果を招くかを知っていたことなどを語っていた。したがってわれわれはぜひとも、ディオニュソスに向かって深々とお辞儀をしなくてはならず、とりわけ、ゼウスと天の正義を司る大臣ともいうべきアポロン神には、熱心な嘆願をしなくてはならないだろう。

もうひとつの安全弁は毎年催されるレナイア祭だった。これはその年の一月に、「ディオニュシオス・レナイオス」(大葡萄酒桶のディオニュソス)を祝っておこなわれた。春のディオニュソス祭は、ギリシア全土からやってきた見物人たちはもとより、外国の旅人まで引き寄せるものだった。が、レナイア祭が開かれる一月はちょうど旅行がいちばん困難な時期で、海を船で航海することも難しくなる。そのためにこの祭は、もっぱらアテナイ人のためにおこなわれ、いわば都市の規模で開かれたホーム・パーティーといった感じだった。そこでは劇作家たちが大声で、無礼千万と思えるようなことを平気でしゃべった。こうしてレナイア祭は、ギリシアの喜劇作家たちにとって、絶好の作品発表の舞台となった。

彼らは、同僚の悲劇作家たちが政治に口を出す権限をもっていたのと同じくらい真剣に政治に関与した。

アリストパネスといえばアテナイ喜劇の王である。その彼が事実上、いかなる悲劇作家にも負けないほどの勇気をもって、市民の指導層に批判の言葉を浴びせかけ、政治上の不合理さを指摘した。たとえばここにあるのは彼の喜劇『女の議会』である。神聖この上ないものとされていたアテナイの民会が、女性によって乗っ取られるという事態が想定されている。議会を乗っ取った女性たちは、ただちに、経済上の共産主義を導入する。物品の共有はもとより、ここでは人間の共有もおこなわれる。年寄りも醜い人も若い人や美しい人と同じようにセックスができる。ここに三人のしわくちゃだらけの老婆がいる。この三人が、若い男に対して自分たちの優先権を主張した。そのために若いカップルは泣く泣く別れることとなり、恋人の女性は屈辱のままにひとりあとへ残された。劇はコロスが、共同で参加する夕食へと急いで出かける場面で終わる。夕食ではとびきり珍奇なごちそうが出されるという。

『女の平和』では、アリストパネスはさらに深く問題を追求する。この劇でアリストパネスは、アテナイの女性のストライキを想定した。女性たちは平和が到来するまで、夫とセックスすることを拒否したのである。アテナイの女性たちは、さらに敵方の都市国家スパルタの女性たちとも共同戦線を張ったために、敵方の女性たちも同じように夫とのセックスを拒絶した。その結果、引き起こされたのは、広く蔓延した痛みをともなう持続勃起症である。舞台には不格好な男性のコロスが登場して、勃起して痛いペニスをこれ見よがしにさせながら、歌い踊ろうとしている。一方でアテナイの女性たちはアクロポリスの丘とその宝庫を確保し、アテナイが戦争を遂行する能力を阻止した。そして、ここで登場したのが非常に美しい平和の女神だった。これがまた完全な裸体である。女神を見た男たちはさらに痛みをともなう勃起の発作に襲われた。とうとうアテナイとスパルタの間で和平の交渉が迅速に進められ、条約が結ばれる。そして、平和の宴がはじまる場面でこの喜劇は幕を下ろす。

男はばかにされ、戦争も嘲られ、アテナイやその聖なる制度も容赦のない皮肉の対象となる。その一方でギリシア人たちは楽しげに笑っていた。西洋以外のところでは、われわれのいる現代の世界でも、こんなユーモアがなお拷問を引き起こしたり、はては処刑を招くといったケースがたくさんある。もちろん西洋でも、これほど豊かな自信がふたたび見られるようになるには、ギリシアの時代から二〇〇〇年ののち、新しい「発見の時代」にルネサンスの精神が出現するまで待たなくてはならなかった。ギリシア人は自分たちの精神を「ト・ヘレニコン」（ギリシア人のもの）と呼んだ。自由に活発な議論をする聡明さとでもいったらよいのか。それはすぐに人のあらを見つけては咎めるが、いやおうなく人を引きつける魅力をもち、しかも生彩に富む、そしてつねに今以上のものを手に入れようと努力する、そんな精神のことだ。アリストパネスが『女の議会』の中で、女性のコロスに調理の助言という形を通していわせているのは、あきらかに他の劇作家に対する助言でもあった。

あなたは何か、新しいものをもってこなくてはいけない。
もし本当に勝者となることを望むのなら。
宴に列席している人たちは、かならず不満の声を上げるだろう。
もし彼らの前に、あなたがあえて昨日の夕食を出したりしたら。

何か新しいもの。われわれが今まで考察を重ねてきたのは、社会的な革新であったり、政治的な革新であったり、芸術的な革新であったりしたわけだが、ギリシアの知的な革新のすべてをひっくるめて、もっとも影響の大きかったものといえば、それは疑いもなく体系的な学問としての哲学、この哲学の進歩だった。そしてそれは、延々二世紀にわたって繰り広げられたのである。英語のフィロソフィーの元となったギリシア語の「ピロソピア」は、「知恵の愛」という意味だった。たしかに最初に登場した哲学者たちは、従来考えられていた賢人のような存在だったが、その彼らが徐々に（そしておそらくは骨を折って苦労しながら）新しいジャンルを独力で築き上げていった。実際のところ、彼らが研究にいそしんでいたのはわれわれが単純に科学と呼んでいるものだった。が、当初彼らは、魔術師としての世評が高く、それが彼らにある種予言者のようなオーラを与えていた。

彼らが見つけ出したいと考えていたのは、この世界を作り上げているもの、そのものだった。紀元前六世紀のイオニア（スミュルナからミレトスに至る、小アジアの西海岸地方のことで、これらの都市はいずれもアテナイ人によって作られた植民都市）にあったギリシアの都市で、ものの本質を模索した一連の思想家たちが出現した。彼らの手元にはひもといて参考にできる「創世記」もない。あるのは宇宙の起源を示した、あまりにも大まかな神話の素描だけである（彼らはこれを信頼するわけにはいかなかった）。彼らが仮定したのは、宇宙（彼らの言葉でいうと「コスモス」。「秩序」という意味）が深い意味からいっても永遠だということだった。つまり、宇宙はこれまでもつねにそこに存在していたし（これは彼らが結論を出した限りではそうだった）、そしてこれから先も宇宙はそこに存在すると考えた（「世々限りなく」）。古いタイプのキリスト教の祈りの言葉は、おおむねこのフレーズで結ばれる。しかしこの永遠という概念は、もともとがユダヤ教やキリスト教のものではなく、ギリシアのものだった。「世々限りなく」は『新約聖書』の「エフェソの信徒への手紙」三・二一に出てくる。「教会により、また、キリスト・イエスによって、栄光が世々限りなくありますように、アーメン」）。しかし、日々彼らが直面するのは永遠ではなく無常（変わりやすさ）である。多種性と多様性、それに運動と変化。彼らが個々のものに接して知覚するのは、こうしたもののすべてだった。個々のものは、存在しないものから誕生し、生存し、やがては死滅し、腐敗したのちには、ふたたび存在しないものへと帰っていく。これと同じで、彼らの足下の大地も、また彼らの頭上に広がる大空でさえ、たえざる変化の光景を彼らに見せていた。しかし、変わりやすいもの、形成されつつあるもの、さらには、束の間存在へと移行していくもの、そして永遠に過ぎ去っていくものなど、これらすべてを理解することはまったく不可能だと初期の哲学者たちは判断したのである。が、われわれの経験の中にはまた、永遠に変わることのない本質を示しているものもたしかにあった。それはたとえば、個人は死んでも人類という種はなお生き残るし、収穫物は年ごとにふたたびわれわれの元に巡ってくる。果樹園の果樹はふたたび花を咲かせるし、黄道十二宮は一巡してまた元の場所へ戻ってくる。こうして考えてみると、われわれが生きている世界は、恣意的で気まぐれなものではなく、何かの手本をまねて作られたものではないのか。もしそうだとすると、そこには何らかの根元的な「もの」があるにちがいない。そしてそれは、けっして変化することなく、これまでにもけっして変化しなかったし、これからもけっして変化しないものだろう。それはおそらく、すべてのものがそこから出てくるような物質、けっして他によって創造されない物質、つまり自存の物質にちがいない。

ミレトスのタレスはこの「もの」を水だといった（当然のことながら、彼らは用語を作り出すのに苦労をした。いまだ発見されていない、したがって定義されていない要素の言葉を作り出す苦労である）。これはすばらしい推測だった。というのも、ほとんどすべてのものは、その中にいくばくかの水を蓄えているように見えるからだ。タレスのミレトスにおける後継者はアナクシマンドロスだった。彼は散文でものを書いた最初のギリシア人である（何年かの間彼は、韻律がもたらす明々白々の権威を利用することのなかった、ただひとりの人物だった）。アナクシマンドロスはこの「もの」を少々未完成のものと考え、偏在する「物質」は何か名付けがたいもの、不定のもの、特別な性質をもたないものだとした（「ト・アペイロン」＝「無制約なもの」）。彼の弟子で、やはりミレトス出身のアナクシメネスはこの「物質」を「空気」にちがいないと断じた。

エペソスのヘラクレイトスはのちに、「涙を流す哲学者」と呼ばれたが、彼は従来の考えはことごとくあやまちだとした。それは質問自体がある答え（究極の物質が存在するという答え）をすでに前提としているからだという。この前提からしてまちがっている。究極の「物質」などというものは存在しないと彼はいうのだ。宇宙の中心にあるのは火で、最終的にあるのは物質というよりも、むしろたえず変化してやまない、永続することのない世界（永遠の運動）だ。世界はつねに流動している。「パンタ・レイ」とヘラクレイトスは予言者風にいった。「すべては流れる」。今あなたが目にしているものだけが、あなたの獲得したもの。したがって「あなたは二度と同じ川に入ることはできない。次々と別の流れがあなたに向かって押し寄せてくるからだ」。しかしこれは逆に、変化という視点でとらえると、「上りの道と下りの道はまったく同一のもの」ということになる。われわれが手にするものは、ことごとく変化だとする箴言風なとらえ方だ。しかし、この変化という概念は最終的には難解でとらえにくい。そこでは、変化をしない「究極のもの」を何ひとつ手にすることができないからだ。

ヘラクレイトスより少し遅れて登場したのが、エレア（イタリアの南西海岸ルカニア地方の町）のパルメニデスである。彼はヘラクレイトスの考えは確実にうしろ向きだと公言した。そして当然のことながら、宇宙は堅固で揺るぎなく、永遠に続くものだと主張した。さもなければ宇宙はまったく意味をなさないというのだ。さらに、われわれが現に経験している絶え間のない変化は、いわば「偶然の出来事」でしかなく、それは見かけにすぎないという。われわれの欠陥だらけの感覚が、ものの本質をあやまってとらえている。それもこれもわれわれは、直接究極のものや変わることのない現実にアクセスすることができないからだという。ヘラクレイトスにとっては、変化こそただひとつの真実の現実だったが、パルメニデスにとってそれは、不変の永遠そのものだった。パルメニデスには長期にわたって師事した先生がいた。コロポンのクセノパネスである。彼は一一〇歳くらいまで生きたという。世界は本質からなるのか、偶然の産物かといった哲学上の議論に貢献することはなかったが、彼は神々の多様性といった信仰に対しては、真っ向から攻撃を仕かけた。神々の多様性というのはホメロスが描いた神々の姿で、彼らは人間と同じ欠点や感情をもつ。が、神は唯一至高のものだとクセノパネスはいう。神は永遠の存在で、物事に働きかけるのはもっぱら精神によってのみおこない、ばたばたと動き回る人間とは似ても似つかないという。またクセノパネスは、まったく違った側面から自然を観察した。たとえば山中で見つけた海の貝殻やシュラクサイの採石場で見つけた魚の化石などから、大地がかつては水で覆われていたと確信し、やがてはふたたび水で覆われるにちがいないと考えた。これも、ギリシア人が現実は大きな車輪のようなもので、すべては繰り返えされると仮定していたからだろう。彼らは過去に起こったことは、将来ふたたび起こると考えたのである。

紀元前五世紀になると、シチリアの哲学者アクラガスのエンペドクレスが登場する。彼に率いられた哲学者の一群は、ふたたび、変わることのない永遠の存在を追求する考え方に立ち戻った。そして世界は四つの元素からできていると提案した。万物はこの四つの元素からなり、それぞれに元素の割合が違っているという。四つの元素とは土、空気、火、水である。このカテゴリーのシステムに、その後の科学や医学、それに心理学などは、近代の初期に至るまで依存し続けることになる。もうひとりのイオニア人、クラゾメナイのアナクサゴラスは、エンペドクレスの結論をさらに洗練させ、すべてのものは異なった種類の「種子」（スペルマタ）からなると提示した。したがって、われわれがたがいにはっきりと別々のものとして知覚しているものも、単に異なった種類の種子が混成されているにすぎず、すべては同質の種子が、違った割合で合成されているというのだ。「すべてのものの中にはすべての部分がある」とアナクサゴラスは宣言している。この一見乱雑な種子の混成物が配分されて、ひとつの世界を形成しているわけだが、それではわれわれの眼前にある世界は、どのようにして配分されたものなのだろう。これを説明するためにアナクサゴラスは、そこにはある「ヌース」（精神）が存在するにちがいないと説く。ヌースとは何か。それは、世界の形成を指揮する強力な原理といってよいだろう。しかし、クセノパネスと違ってアナクサゴラスは、ヌースを擬人化すること（つまり神と呼ぶこと）に頭を悩ませることはなかった。クセノパネスと共通するところは、アナクサゴラスもまた熱心な自然現象の観察者だった点だ。彼の場合、観察の対象としたのは星や惑星である。そして観察の結果明らかになったのは、天体が回転しているということ、月が太陽から光を受けていることなどだった。したがってこの発見は、太陽や月の食について確固とした根拠を与えた。そしてそれはまた、多神崇拝の前提となっているもののひとつを弱める働きをした（多神崇拝においては、惑星や星、それに衛星などはそれぞれ、異なった神の顕現として受けとめられていた）。

レウキッポスと彼の教え子のデモクリトス（もうひとりの長命な哲学者だ）は、宇宙の種子という考えを採用し、これをさらに押し進めた。宇宙の核心にあるものは、たったひとつのもので、これは変わることがない。それが「アトマ」（「分割が不可能な」という意味）と呼ばれるもので、あまりに小さいために見ることができない粒子とされた。これらの「アトム」（原子）は同質だがそれぞれに形や大きさが違っている。そしてこれらをさまざまな配置や密度で結合することにより、いろいろな種類の混成物が宇宙の中にでき上がる。それをわれわれはあやまって、別々の異なったものと知覚しているというのだ。彼らはまた次のようなことも推測した。われわれの世界＝コスモスはただひとつのものではなく、多くのもののひとつにすぎないということ。その多くのものも、すべては偶然の所産にすぎず、必要に応じて発展したものだという。したがってわれわれは、世界の造作を説明するのに、ことさら神々の存在を想定する必要はない。そして人間の意識ですら、まったく物理的な過程にすぎないとデモクリトスは考えた。意識も肉体と同じく、衰退し、死滅するというのである。それゆえに人は陽気な気分を目指すべきだと力説した。そしてこれを主題にして「陽気さについて」という論文を書いた。陽気さは、あらゆる種類の暴力と不安・心配を回避することにより、また、現実を測り知れない不可解さに満ちたものとするのではなく、単にアトムで満たされているだけと理解することにより、手に入れることができるとした。デモクリトスはのちに「笑う哲学者」として記憶されることになる。

アテナイの哲学が、ソクラテスやその弟子のプラトンの元で大きく花開く以前、その何世代か前に、こうしたソクラテス以前の哲学者たちの手によって、その後、すべてのギリシア哲学が歩むことになるプログラムの略図はすでに描かれていた。プログラムは次の三つの仮定からなる。ひとつは、われわれが経験する現象は、それがそのまま究極の重要性をもつものではないということ。そしてふたつ目。そこには究極の、そして(ヘラクライトスの意見にもかかわらず)永遠に変わることのない実体があるにちがいないということ。そして三つ目は、その実体に首尾よく「到達し」、他の者たちを正しい道に導くことこそが哲学者の仕事であるということ。この三つである。彼らが企てていることは、往々にして哲学者に宗教上の賢人というマントを着せることになるのだが、厳密な意味で彼らの企てを構成していたのはこの三つの仮定だった。

しかし、そこにはまた、科学的な要素もある。哲学者たちは望遠鏡や顕微鏡をもたず、あるいは実験室で実験をおこなうこともせずに科学を追究した。このような用具がイオニアの哲学者やその後継者たちの頭に思い浮かぶことはけっしてなかった。哲学者の中には、目に見える世界を単に観察するためには、たしかに用具は有益だと感じた者もいただろう。が、彼らはおおむね、自分たちはアルバート・アインシュタインが「思考実験」と呼んだ方法で、真理への道を「考える」ことができると信じていた。それはただそこに座り、物事を考えるというやり方である。実際、アインシュタインは、実験室をもたないギリシア人の方法に驚くほど似た方法論によって、科学の課題を処理しようとした。「科学のすべては、ただ日々の考えを洗練する以上の何ものでもない」と彼は『物理学と現実』の中でいい放っている。

アインシュタインとソクラテス以前の多くの哲学者たちとの間には、さらに驚くべき相似関係がある。古代の同胞と同じようにアインシュタインもまた、宇宙は型になぞらえて作られたものであり、それは意味をもつものだと信じていた。彼はかつて、「神が地球を相手にサイコロ遊びをしているなどと、私はけっして信じることはないだろう」といった。アインシュタインが宇宙について語る口振りは、あきらかにソクラテス以前の哲学者たちにつながるものがある。「われわれが経験することのできるものの中で、もっとも美しいものはミステリアスなものだ。それこそすべての芸術と科学の源である。……われわれにとって測り知れないものが現に存在するということ、それももっとも高い知恵として自らを表現しながら、そして、もっとも輝かしい美として自らを表しながら。だが、われわれの愚鈍な能力では、そのもっとも素朴な形でしか、それを理解することができない。この測り知れないものの存在を知ること、それを感じとることこそ、真に宗教的なことの中心に位置するものだ。この意味でなら、この意味に限ってなら、私もまた真底信心深い人々の列に加わっている」。彼は手書きのメモに次のような言葉を残した。「物事の背後には、何か深く隠されたものが存在するにちがいない」。

ソクラテス以前の哲学者たちの理論は、従来のギリシア宗教に疑問を投げかけ、これを弱体化させたわけだが、この哲学者たちの多くと同じように、アインシュタインのミステリー感覚もまた、キリスト教の正統信仰や周囲の社会の慣習とほとんど相容れないものとなっていった。しかし、世界は意味をなすという彼の確信は、たとえその意味がわれわれを巧みに避けたとしても(「主なる神はかすかでとらえにくい。が、神に悪意があるわけではない」)、若い同僚のヴェルナー・ハイゼンベルクを避けて通るわけにはいかず、彼との関係をちぐはぐなものにしてしまった。ハイゼンベルクの有名な理論は「不確定性理論」と呼ばれている。われわれの観察はことごとく信頼するに足りない、というのも、われわれが

「観察できるのは自然そのものではなく、われわれの問いかけという方法であらわになった自然『だけ』だ」からである。これが不確定性理論だった。が、この理論がヘラクレイトスの主張した究極的な現実の不可知という考えに似ていることは、ほんの少しどころではないだろう。

たしかにこのような相似関係があるにはあるのだが、ソクラテス以前の哲学者たちがどうしてもいわなければならなかったことは、その多くが、現代の読者の目にはあまりにも遠いものとして映るようだ。が、すこし目を凝らしてながめてみると、なぜ彼らが究極の現実をただひとつの物質として想定したのかが見えてくる。それはその方が、世界をいちだんと理解しやすいものにしてくれるからだ。つまり世界の多様性は、それほどまでに理解しがたいということなのである。これは結局のところ、アインシュタインが宇宙を説明する試みとして考え出し、失敗に終わった「大統一理論」からそれほど遠く隔たってはいない。しかし、われわれのもっとも深い関心や気がかりは、非常に異なった方向へと走りがちだ。したがってここでは、草分けとなった哲学者たちの出したさまざまな解答をひとまず括弧でくくっておき、彼らのすべてにとって根元的な問いかけだった「現実の本質とは何か」が、われわれの時代においてもなお根本的な疑問のままであることを思い出す必要があるだろう。われわれはおのおのが、自分たちの生活の中でこの問いかけに解答を出そうと試みていることは確かなのだから。このことをわれわれは想起し、この問いに対して満足のいく答えを考案するについては、あまりにその進歩の乏しかったことを認めるべきだろう。そして、これを認めたとき、われわれは彼らに対してある程度の共感をもち、彼らがこの厄介な仕事に邁進する際に抱いたと思われる意気込み、われわれと目的を同じくする気力といったものを感じることができるだろう。初期の哲学者たちには、従うべきガイドラインなどなかったにちがいない。ともかく彼らは適切な解答を求めて、がむしゃらにすべてのことに鼻を突っ込んだ。そしてその過程から、哲学、神学、自然科学、医学、心理学、政治学、倫理学といった学問分野を作り上げていった。

たとえばタレスを例にとってみると、彼は単に最初の哲学者だったというにとどまらない。彼はまた、北アフリカへ旅行を試み、エジプトでおこなわれていた土地の測量技術をもち帰ったとされている。そしてこの実用的な技術について、エジプト人よりさらに深く思いを巡らし、そこに含まれていた原理を抽象化することにより、「ゲオメトリア」（幾何学）を作り出した（ギリシア語の文字通りの意味は「土地測定」だが、実際には純粋数学の一分野のようなもの）。彼はまた紀元前五八五年に、日食が起こる正確な時間と場所を予言したという。しかし、この物語はおそらくそのあとで粉飾されたものだろう。第一、紀元前六世紀のギリシアで、日食の見られる正確な地理学上の緯度を予言する方法をもつことは、どう考えても不可能に近いからだ。しかしタレスのこうした予言の能力は、のちに次のような彼の主張を強化するものとして思い起こされた。それは、コスモス＝世界が全体としてどのように作用しているのか、それを予言できるとする彼のいい分であり、それゆえに、宇宙の中心には不変の原理が存在するという彼の主張である。タレスはこうして、哲学や数学、それに天文学を越え、たしかに神学の域へと到達したのである。もし唯一永遠の物質があるというのなら、それはその性質からいっても神であるにちがいない、とタレスは理論的に考えた。そして、彼は「すべてのものに神々が満ちあふれている」と結論づけたのである。

タレスはソロンとともに、古代ギリシアの七賢人のリストでは、その最初に挙げられている。この七賢人たちが残した格言が、神託[1]の聖地デルポイにあるアポロン神殿の正面に彫り込まれていた。「グノーティ・サウトン」という句が読める。これは「あなた自身を知りなさい」というもの。次に「メーデン・アガン」という句がある。これは「度を過ごしてはならない」という意味。最初の句はのちの時代に反響を及ぼし、心理学へと向かう第一歩となった。しかし、それはまた、高慢な人の鼻をへし折る、精神上の助言としての意味合いもあった。あなたという人間の性格的な欠陥（ハマルティア）がこんなにあなたを低い位置に置かしめたのです。それは天の諸力とくらべれば明らかなことでしょう、というわけである。第二の格言もやはり似たような助言で、つねに努力を怠らないギリシア人に向かって次のようなことを想起せよといっている。度を過ごすことはたえずつきまとっている誘惑だということ（これは政治においても、社会においても、セックスにおいてもしかり）、そして、ソロンのいったバランス感覚こそ、われわれが努力して求めなくてはならないものだということだ。これはたしかに、政治上の助言だが、同時に医学上、心理学上、そして倫理上の助言でもある。三番目の、そして最後の格言は、三つのうちでもっとも奇妙なもので、ただひとつ「E」の文字が書かれているだけだ。多くの著書を残したプルタルコス（紀元後一世紀の終わりから二世紀のはじめにかけて執筆活動をした）によれば、これはbe動詞の二人称単数現在を表していて、「Thou art」（汝は〜である）という意味。格言の主は哲学者のピュタゴラスで、霊妙な知恵に関する彼の主張を示したものだろうという。

ピュタゴラスは他の哲学者たちとはかなり違ったタイプの思想家で、哲学者というより、むしろ教祖的な存在といった方がいいかもしれない。彼は、その長くてつやつやと輝く髪や男性的な美しさによって賞賛されたが、自分で文字を書くということがなかった。しかし、魔術的な力をもっていることで評判となったり、「黄金の腿」をもつと噂された（ここは少し声の調子を落として、囁くようにして読んでください）。おそらく彼は六世紀のはじめにサモス島で生まれ、そのあとシチリアのクロトンへ移住したのだろう。このシチリアで多くの信奉者を得た彼は、一種の共同体（教団）を形成した。そこでは、男と女が他の人々から離れて、ピュタゴラスの規則に従って生活をした。彼は信者たちにいろいろなことを教えたのだが、中でも重要だったのは「メテムプシュコシス」(霊魂の転生、霊魂の再生)の教説を教えたことだ。彼は自分が前世でどんなものの化身(肉体を与えられること)だったのか、それをよく覚えているといった。ヘルメス神の息子だったこともあるし、トロイアの英雄だったこともある。またあるときは予言者だったこともある。そしてもっとも最近は漁師だったという。また彼の説いた他の教説は、人間の魂が不死であるというものだった。ピュタゴラスは人間の魂は、不死で不変の神が天から落ち、堕落し、それが人間の肉体という墓の中に閉じこめられたものと想定した(「ソーマ・セーマ」=「肉体—墓」という言葉はピュタゴラス教団の警句である。信者たちはこの警句の音が似通った言葉の中に深い意義を見つけ出していた)。ピュタゴラスによれば、一生の間に人間の魂が善を選択するのか、悪を選択するのかによって、魂が次に住む化身となるべき肉体の種類が決まるという。「人生できわめて重要なものは、魂を説き伏せて善や悪へと向かわせる技量である」と、金言風ないい回しの好きな教祖は教えた。——これこそピュタゴラスが、あなたに伝授できると自信をもっていたものである。

年老いたクセノパネスは、このピュタゴラスの仕事をあまりにひどいものだと思った。そして、彼にはとりわけおかしなものに思えたのだろう、ピュタゴラスの逸話をみんなにいいふらしておもしろがった。その逸話というのは、子犬がムチで打たれて鳴いているのを聞いたピュタゴラスが、それはたしかに死んだ友達の声だといったというもの。すぐにかっとなるヘラクレイトスは、人を煙に巻くようなおこないにがまんができない。彼はピュタゴラスを詐欺師だといって、四の五のいわせずに放逐した。しかしパルメニデスは違っていた。彼は、われわれの感覚が偶然の外観にだまされていると信じていた。したがって、ピュタゴラスの理論に自分を結びつけることに、多大な満足を感じていた。そしてエンペドクレスである。彼は完全にピュタゴラス教団の影響の下にあった。自分の前世は藪だったと自ら思い出すほど、受けた影響は強かった。

ピュタゴラス教団の人々は肉や魚を食べなかった。鶏肉も食べない。ただある種の野菜だけを食べていた（野菜にはあきらかに、拘禁された魂は宿っていない）。野菜でも豆類はまったく避けている。これは形が魂を連想させるためなのか、あるいは豆の様子が共同で参加している自分たちの教団を連想させるためなのか、われわれにはよく分からない。こうして信者たちは、タンパク質の乏しい食事という、ただ体力を消耗するだけの苦行に喜々として参加したのである。彼らは一般におこなわれた動物の供犠やギリシア宗教で施行される他の儀式を軽蔑して拒絶した。彼らがおこなうことといえば、香を焚きしめ、終日、沈黙の内に過ごし、自分たちの善悪の観念（良心）を吟味し、自らを鍛錬して自制の心を養うことだった。ピュタゴラス教団の格言に次のようなものがある。「苦しみはよい。が、楽しみはつねに悪い。なぜなら、懲罰に値した者はだれしも、罰せられね（苦しみの中に置かれね）ばならないからだ」。さらにもうひとつ「パテイ・マトス」（苦しみを通した理解）の格言もある。これはよく似た音のならびに、彼らは魅了されたのだろう。セックスは結婚しているカップルにのみ許されていた。それも特別に指定された環境の中でだけ。教団に入会した者は、それぞれが、自分の個人的な所有物を放棄した。そして万が一、彼や彼女がピュタゴラス教団の外へと出てしまうことがあれば、その出発は死への旅立ちと考えられた。そのために脱会を記念して墓石が立てられた。

ここに挙げたもののいずれもが（コアとなる教説も極端な鍛錬も）、ギリシア社会では、これまでまったく前例のないものだった。したがってわれわれもまた、その伝播のルートをたどる証拠をもはや手にすることができない。ここでは仮定をするしか手がないのだが、ピュタゴラスは東方の概念や風習と接触したのではないだろうか。バビロニアの数秘学やペルシアの二元論、とりわけインド文化の要素を吸収したのではないか。インドからは輪廻転生の中心教義や禁欲的な生活態度などが取り入れられたのだろうか。この文化からは、結局、ゴータマ・シッダルタ（歴史上ではブッダという名でよく知られている）の改革が生じた。思えば、ピュタゴラスとブッダはほとんど正確に同時代人である。デルポイの神殿に彫り込まれた、ピュタゴラスのものといわれる不可思議な格言「E」（汝は～である）はおそらく、その起源を『ウパニシャッド』（インド古代の宗教哲学書。宇宙の根本原理＝ブラフマンと個人の自我＝アートマンとの一致を説く）の鍵となるマントラ（真言）「タト・トゥヴァム・アシ」（汝は一なる者である）にもっているのではないだろうか。このふたつの格言の意味は、魂と「真に存在するもの」との永遠の合一を断言するところにある。「真に存在するもの」とは神であり、すべて変わりやすいものが、そこから飛び出ていく永遠の物質である。つまりこれは、「単にひとつのものと一なる者との永遠の合一」ということとだろう。

ピュタゴラスは数の中に深い意味を見つけた。彼は、リラ（竪琴）の振動する弦から作り出される音程が、次のような弦の比率として表しうることを発見したとされている。一オクターヴ（八度）高い音は二対一、五度高い音は三対二、四度高い音は四対三の比率となる。これらの数の関係は今もなお、西洋音楽学の基礎を形作っているものだが、ピュタゴラスはさらにその先へと向かっていく。彼はすべてのことが、数とその相互の関係によって説明できると考えた。基礎的な音程を作り出した比率に使われた数は、わずかに最初の四つだけで事足りた。それなら、この四つの数はさらに宇宙の深い調和を表現しているにちがいないというのである。宇宙ではいくつかの「球体」（天体）が歌を奏でながら回転している。そしてその音楽はひとつに結合して和音を作り、「天体の音楽」を創造する。しかし、われわれはこの音楽を聞くことができない。音楽はわれわれの誕生とともにあったもので、それに対比できる沈黙がそこにはないからだ。われわれには楽音は聞こえないが、ピュタゴラスにはそれが聞こえたという。

数と戯れている内にピュタゴラスは、とりわけ魅力的な数の配列にいき当たった。

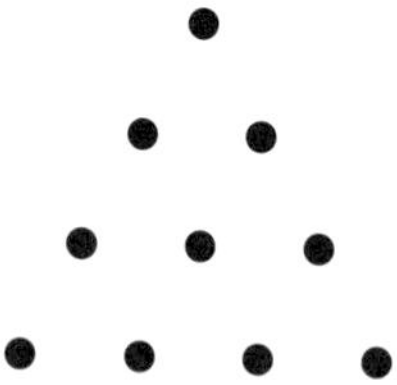

この等辺の三角形で使われているのも、わずかに最初の数の四つだけである（頂上に点がひとつ。それにふたつ、三つ、四つと点が続いている）。そして全部で点の数は一〇ある。ピュタゴラスはこの図から、神秘的な深い意味合いを感じ取った。そして彼には何やら、それが数の本質を表しているだけでなく、宇宙の本質そのものを表現しているように思えたのである。が、この数と三角形との戯れの中から、ピュタゴラスはわれわれに、すばらしく役に立つ発見を残してくれている。それがピュタゴラスの定理（三平方の定理）だった。それは次のようなものだ。さしあたり、われわれがどんな天体に住んでいようと、直角三角形の斜辺の上に立つ正方形の面積は、他の二辺の上に立つ正方形の面積の和に等しい。

ピュタゴラス教団の人々が優越感に満ちたそぶりをちらつかせはじめると、それが彼らに敵を作ることになった。紀元前五世紀の中頃、南イタリアにあったピュタゴラス教団のおもな拠点が焼き討ちに遭い、たくさんの人々が虐殺された。「内乱はギリシアの都市国家では、それほど珍しいことではなかった。が、南イタリアではじめてのことだった」とドイツの高名な古典学者のヴァルター・ブルケルトは結論づけている。「それはある種の大量虐殺へと発展していったようだ。生活や気質が他の人々と異なっている者たちが迫害を受けたということだろう」。われわれはピュタゴラス教団を迫害した者たちについて、まったく知るところがない。が、次のようなことは知っている。この南イタリアが、あの快楽を誘うディオニュソスのもっとも狂信的な帰依者たちが住む拠点だったということを。美しく長い髪をもつピュタゴラスは、その哲学を除けば、いかにもディオニュソスの化身と思われても不思議はない。しかしディオニュソスは、鍛錬はもとより、どう考えてみても節制の友達ではなかった。さらに松明をもつバッカイ（バッコスの信女たち）やバッコイ（バッコスの信者たち）は、ときに人間の体や手足を切断することなど平気でやってのける。そして彼らの秘密の儀式がおこなわれるのは、きまって闇の中なのである。

ここに哲学史上の驚くべきアイロニー（皮肉）がある。ピュタゴラスは、ソクラテス以前の哲学者たち（これもまた実際、ひどく少数のギリシア人ではあったが）の間でも、もっとも小さな流れに属していたのだが、その彼が、プラトンに及ぼしたものの中でも、もっとも長期にわたり最大の影響を与えていた。プラトンはいわずと知れた、紀元前四世紀に生きた哲学者の中の哲学者である。彼の令名はギリシアだけにとどまらない。西洋の伝統全体の中で響きわたっている。イギリスの哲学者でもあり数学者でもあったアルフレッド・ノース・ホワイトヘッド（一八六一―一九四七）は、二〇世紀にはっきりと次のようにいっている。「ヨーロッパ哲学の伝統の特徴をかいつまんでいうと、それはプラトンに対して施した一連の脚注からできている」。これを別の言葉で概括してみると次のようなことになるだろう。ヨーロッパの文化からは、たくさんの偉大な人物が出たわけだが、彼らはすべて、なんらかの根本的な方法によって、従来のヨーロッパ文化を否定している――これこそ、他ならぬプラトンがはじめて着手したやり方だった。

プラトンは卓越した散文でものを書いたギリシア人のひとりである。そして彼は偶然、いきいきとした形式を見つけることになるのだが、この形式が他の凡百の、ただ眠気をさそうばかりの退屈な哲学上の後継者たちから、大きく彼を引き離すものとなった。それはわれわれに彼の考えを講義するというものではない。むしろ彼は、彼が「対話」と呼んだ劇の台本のようなものを提供した。それは友達の集まったところで、大きな声を出して読むことのできるものだった。それぞれに役どころをたがえながら（プラトンが詩よりも散文ですばらしい作品を書いたことを証す証拠は、すでにギリシア全土にわたって彼の書物がいきわたっていたことである。彼の膨大な散文作品は歌われる詩とは違って、聴衆よりむしろそれを読む大衆に基礎を置いていたからだ）。それぞれの対話はある哲学上のテーマの探究を目指していたが、プラトンが描く対話者は一般の人間と同じようにふるまった。ある登場人物はあまりに頭の回転が鈍いために、とても議論についていくことができない。二番目の登場者は三人目の人物が見せる、ひどく知の勝った態度に腹を立てたり、それを自分の考えに対する批判と受け取って、いっそう激怒したりしている。最後にやってきた人は到着するなり、議論をふっかけて有頂天になっている。議論が進み、対話がクライマックス（テーマの結論、議論全体の要点）にさしかかると参加者は緊張する。が、そこへいくまでの間に、プラトンはたくさんの取るに足りない些末な（そして人を楽しませる）議論を挿入する。それはまさしくふつうの人々が交わす会話だった。この才気あふれる対話という形式を、プラトンは彼の時代におこなわれていた「ミモス」と呼ばれる短い道化芝居を元にして作り上げた。これはチャップリンの無声映画のような黙劇ではない。日常を描いた喜劇(『へらず口をたたく医者』『信頼できない召使い』など)を元にした騒がしいヴォードヴィル(歌と踊りをまじえた風刺的な軽喜劇)のようなものだった。彼はいち早くこうした通俗的なジャンルのものを利用しようと考える(ふつうでは、とても思いつかないことだ)一方で、高雅なギリシア散文の伝統を独力で創始した。これこそたぐいまれなプラトンの創造性を暗示するものだった。

プラトンを彼の師であるソクラテスから引き離すことはやや難しい。それはソクラテスがものをいっさい書かなかったのにもかかわらず、プラトンの分厚い書物では、そのほとんどの作品で主役を演じているからである。プラトンが、とりわけその後期の作品で、彼の尊敬するソクラテスを凌駕していることは明らかだった。プラトンはソクラテスが口で語る教えをはるかに越えた哲学上の領域へ進み入っていた。が、プラトンはそれでもなお、登場人物の「ソクラテス」を彼の代弁者として使ったのである。幸いなことにわれわれは、ソクラテスについての情報を、それもかなりの量のニュースを他の情報源から手に入れることができる。とりわけ彼のもうひとりの弟子だったクセノポンから。したがってわれわれは、プラトンの非常に文学的な(それゆえに、少々疑問の残る)作品にばかり頼ることをせずに、思い切ってソクラテスの肖像を描いてみることができるのかもしれない。

ギリシア人の目には、ソクラテスはずんぐりとして醜く、いつも裸足でいる男として映っていた。ほとんど風呂に入ることがなく、小刻みに歩いてはやすやすとアゴラ(広場、市場)のありかを見つけるし、ちょいちょい気に入ったいきつけの場所(靴屋のシモンの店だ)にいっては、そこで時間を過ごす。

外見は神にも似ていないし、英雄にもほど遠い。目は飛び出ているし、鼻は平たくつぶれている。唇は突き出ていて、腹は太鼓腹だ。職業は石工で、元々が石工の息子なのだが（階級としては、中産階級の下層に属している、腕のいい職人といったところ）、いっさい運動や訓練に夢中になることはなかった。ポリス内でおきたいざこざや、政治上の事件の際も、それが可能なかぎり、争いごとに巻き込まれることを拒否した。彼には自分が追い求めているものを除けば、まったくといってよいほど熱中するものなどなかった。追い求めているものというのは、人に質問を浴びせかけることだ。これをしている間中、彼はおなじみのさえないポーズを取った。頭を下げて、相手を横目で見るか、眉の下から見上げるようにして見た。彼の一連の質問は、そののちいつまでも「ソクラテスの問答教授法」として知られるようになる。この質問は多くのアテナイ市民をいらだたせ、うんざりさせた。それもこれも、質問をされる人物の底なしの無知さ加減が、ゆっくりと、痛まし気に、容赦なく大衆の面前でさらされていくからである。

ソクラテスは、アテナイ市民の指導層たちのもったいぶった尊大さを台なしにすることに、特別な喜びを抱いていたようだ。それがまた、ソクラテスを若い人たちの人気者にした。若者たちは大人が不快な顔をしている光景を見て楽しんだ。そんなわけでソクラテスは、その醜い外貌で目立ったわけではなく、彼をほめ称える若者たちの群れによっていやおうなく目についた。若者は彼のまわりに集まっては、彼の痛烈な皮肉をしきりに聞きたがった。ソクラテスはまるで年を取ったロック・スターといった感じだ。彼の不愉快なライフ・スタイルと極端なまでに落ち着き払った態度が、彼を若者たちの親の絶好な非難のターゲットにさせた。ソクラテスの問答教授法が、（不可解とされながらも）「思いあがった生意気な口答え」という決まり文句にされていくにしたがって、ソクラテス自身も、自らの成功の犠牲者となる危険にさらされることになる。ソクラテスに対する年を取った世代の憎悪は、ひたすら、青年たちの挙げる賞賛のコーラスの声を大きくさせるだけだった。ソクラテスが口を開けば必ず、そうだ、そうだという、騒々しい声が湧き上がるようなときもあった。

それでもやはりソクラテスは、どうにもがまんのできない自慢屋を相手にするとき以外は、自分が質問を浴びせかける人々を尊重していた。しかしもちろん、問いかけには容赦がない。ソクラテスは自分のことを、「虻」の役を演じて同胞のアテナイ人に奉仕する者だと考えていた。この虻は不明確なことには耐えられない。同胞を追いつめてでも、系統立てて考えられるように導かずにはいられない。また彼らをひと刺しして、自己満足の砦から追い出さずにはおかない。しかし、虻は友達に対してでさえ、とてもがまんができないほどいらいらとすることもある。顔見知りの者が前を通りすぎても、ソクラテスは声をかけ、「アカエイ」になってしまうこともあるという(これはある若い賞賛者が使った譬えだ)。アカエイはその猛毒で、対話者を麻痺させて、まったく役に立たないしろものにしてしまう。

プラトンの傑作『国家』の第一巻の対話はおそらく、そのあとに続き、この作品の大半を構成するに至る対話より、ずっと早い時期に交わされたものだろう。この第一巻でソクラテスは、友人のポレマルコスと会話をしている。場所は港町ペイライエウスの海岸沿いにあったポレマルコスの家。対話は他の者も聞いている。ポレマルコスは、抒情詩人シモニデスの詩の一節を引用しながら、「正義(正しいこと)は友達を助け、敵を痛めつけることだ」と思うという。ソクラテスはそれに対して優しくたずねる。

「それなら、あなたが『友達』というのは、

よい人のように見える人という意味ですか、それとも、本当によい人のことですか(たとえそん

な風に見えなくても）。そしてそれは、敵についてもいえることなのですか」

「人は」と彼（ポレマルコス）はいった。「よい人と思った者を友達として遇し、悪い人と思った者を敵として遇する。これは当然のことだと思いますが」

「しかしこれについて、人はよくまちがいを犯すことはありませんか。本当はよい人ではないのに、よい人と思うことはありませんか。またその反対のこともよく起こりませんか」

「たしかにそうです」

「そうしたことが起きたとき、人はよい人を敵と思い、悪い人を友達と思うのではありませんか」

「その通りです」

「しかし、それにもかかわらず、このような場合、人は悪い人を助けて、よい人に害を加えることが正しいのですね」

「どうやらそうなりますね」

「しかし、よい人というのは正しい人で、悪いことをしないような人ですね」

「その通りです」

「それでは、あなたの説でいくと、悪いことをしない人を害するのが正しいということになりますね」

「とんでもありません、ソクラテス」と彼はいった。「どうも私の推論が不備だったようです」

「それではやはり、悪いことをする人を害するのが正しいのですね」と私（ソクラテスのことで、彼が情況の説明役をしている）はいった。「そして、正しいことをする人を助けるのが正しいのですね」

「その方がいいように思います」

「しかしいいですか、ポレマルコス。ここに判断を完全にあやまってしまう人々がたくさんいるんです。そうすると彼らが、友達を害したり（彼らは友達を悪い人と見なすわけだから）、敵を助けたり（彼らは敵を友達と見なすわけだから）することが正しいということになります。そして、これを肯定するとなると、われわれがシモニデスの説だといっていたことと、まったく矛盾することになります」

「そうですね」と彼はいった。「たしかにそれは、われわれがいってきたことの結論ですね。では、ここで方針を転換しましょう。どうもわれわれは最初におこなった友達と敵の規定の仕方がまちがっていたようです」

「どのような規定がまちがっていたのでしょう、ポレマルコス」

「よい人に見える者が友人だと規定したことです」

「それでは代わりに、どのようにそれを変えればいいのでしょう」と私はたずねた。

「まず、ただよい人に見えるだけではなく、実際によい人が友達であると規定します。したがって、よい人に見えても、実際そうでない人は、見かけだけの友達で本当の友達ではありません。敵についてもまったくこれと同じ規定をします」

「その考え方でいくと、たしかに友達はいい人で、敵は悪い人ということになりますね」

「そうです」

「ということは、われわれが最初に述べた正義についての説、つまり友達に対してよいことをし、敵に対しては害を与えるのが正しいという説は不完全だったというわけですね。したがって今は、これに修正を加え、友達がよい人だとしたら、この友達によいことをし、敵が悪い人だとしたら、この敵に害を加えるのが正しいということなのですね」

「その通りです」と彼はいった。「その考え方がいいと思います」

「そうすると、正しい人間でも、だれかを害することがありうるのですね」と私はたずねた。

「もちろんありえます」と彼は答えた。「相手が悪い人間、つまり敵であるなら、これを害さなくてはなりません」

「それでは馬が害されると、馬はよくなるのだろうか、悪くなるのだろうか」

「悪くなります」

「それは犬としてよい状態からそうなるのか、あるいは、馬としてよい状態からそうなるのか」

「馬としてよい状態からです」

「それは犬についても同じことがいえるんですね。つまり、犬は害されると、それがよい犬であることについて悪くなるんですね。よい馬であることについてではなく。そうですね」

「まちがいありません」

「それでは友よ、人間についてもわれわれは次のようにいってはいけないのだろうか。つまり、彼らが害されるとき、彼らはよい人間であることについて悪くなるのではないですか」

「その通りです」

「ところで、正しい人間はよい人間ではないのですか」

「それもまた、疑いのないところです」

「そうするとポレマルコス、必然的に、害される人はより正しくなくなるということになりますね」

「そうなりますね」

「さてそれでは、音楽家は音楽によって、人々を音楽を解さない者にすることができるのだろうか」

「そんなことはできません」

「では、巧みな騎手はその技術によって、人々をへたな騎手にすることができるのだろうか」

「できません」

「では、正しい人間は正義によって、人々を不正にすることができるのだろうか。あるいは一般的にいって、よい人間はそのよさによって、ひとびとを悪くすることができるのだろうか」

「いいえ、それは不可能です」

「私は思うのだが、たとえば、ものを冷たくするのは暖かさの働きによるのではなく、その反対のものの働きによるのでしょう」

「そうです」

「そして、ものを湿らせるのは乾燥の働きによるのではなく、その反対のものの働きによるのでしょう」

「そうです」

「それなら、人を害することは、よい人の働きによるのではなく、その反対の者の働きによるのでしょう」

「私もそう思います」

「そうして、正しい人はよい人なのですね」

「もちろん」

「そうすると、ポレマルコス。友達や他のだれでもよし、人を害するのは正しい人の仕事ではなく、その反対の人、つまり正しくない人の仕事ということになりますね」

「あなたのおっしゃることは正しいと思います、ソクラテス」と彼はいった。

「そうだとすると、人から借りているものを人に返すのが正しいことだという人がいるが、もしそれが、正しい人は敵に対して害をなし、友達に対しては益をなすことを『借り』だというのなら、それはいやしくも賢明な人の主張ではないということになります。あきらかにまちがっていますからね。われわれが今明らかにしたことは、それがだれであっても、人を害することはけっして正しくないということでしたからね」

「私も同感です」

読者の中にはソクラテスの方法（彼の常套手段である、少しずつ少しずつ分析していく方法）を、魅力的だと思う人もいるだろうし、じれったい方法だと感じる人もいるだろう。これは読む人の気質によるのかもしれない。論理的で哲学的なタイプの人は彼の方法に魅せられるだろう。それに対して、芸術的で直観力にすぐれたタイプの人は、ソクラテスの論の運び方に苦しめられることになるだろう。とりわけ、本の厚みが大きなものはなおさらだ。『国家』の場合は、全体の分量が先に引用した部分の一五〇倍もある。たとえ途中でコミカルな幕間劇が挿入されているとはいえ、その長さには責めさいなまれるだろう。たとえば、ソクラテスとポレマルコスがやりとりをした直後に、トラシュマコスが「荒々しい獣のように」やってくる。「われわれに猛然と飛びかかってきた」とソクラテスはいう。「それは、まるでわれわれの間を裂こうとするかのようだった」。「何というくだらないたわごとばかりを並べているんだ、ソクラテス」とトラシュマコスは怒鳴る。彼は「無知を装う」ソクラテスをこき下ろして、次のような、たとえ皮肉にしても、おそらくまったくありきたりな意見と思えるようなことをいい続けた。「正しいことというのは、強い者の利益の他にはありえない」。ソクラテスは、トラシュマコスの攻撃に対しておびえ、恐慌をきたしたといっているが、その実、相変わらず穏和な、道理をわきまえた調子で、そのあとも敵対者を切り刻んでは、十分に聴衆（古代と現代の両方の聴衆）を堪能させている。そしてふたたび、対話は元の調子を取り戻し、第一巻のバランスは保たれることとなる（第一巻の分量は、先の引用部分のおよそ一〇倍ほどある）。が、ソクラテスがトラシュマコスの牙を抜き終わる頃になると、もはやトラシュマコスも、完全にソクラテスのいいなりになってしまっていた。

ソクラテスの投げかける質問とそれに対する答え。このやりとりの全体を考慮に入れても、なお読者が気がつかずにいられないものは、ソクラテスの接近によって明らかにされたギリシア人特有の心の変化だ。湿気のエッセンス（本質）はものに湿り気を与える。音楽家のエッセンスは人々を音楽好きにさせる。正しい人のエッセンスは他の人をより正しくさせる。こんなぐあいで、何ごとであれ、もののエッセンス、あるいはだれであれ人のエッセンスを明らかにすること（それは、ものの目的や人の意図、そしてものの機能や人の職能などを明らかにすることでもあった）への先天的な偏愛、このギリシア人に見られる傾向は、ソクラテス以前の哲学者たちがはじめた、付随的な外見の彼方にある究極の物質を探究する作業から発したものだった。われわれ現代人は、この物質をめぐる哲学的で超然とした意見に若干の疑いを差しはさまざるをえないし、経験の中から引き出された知恵の方に、むしろ居心地のいいものを感じる。が、ここでは、こうした究極の物質への探究（これは印象よりむしろ、正確さを大事にする見方だ）がこの時代には、どれほど新鮮で魅惑的なものとして映ったのか、われわれはそれを心に留めておく必要があるだろう。そしてそれが、西洋の科学や思想の伝統にとってどれほど不可欠な要素となったかについても。

ソクラテスの方法やギリシア人のエッセンスに対する嗜好の他にも、まだソクラテスの対話については著しい特徴が見られる。とりわけ先に引用した抜粋の中で明らかなのだが、それは翻訳者のロビン・ウォーターフィールド(2)が、ソクラテスに見られる「驚くべきキリスト教的な倫理の予感」と呼んだものである。『新約聖書』の中でイエスが利用したのは、ギリシアの論理ではなかった。彼が使ったのは『旧約聖書』からの引用だったり、ラビの教義の前例だったり、ヘブライの論争の方法だった。その方法というのは、一歩一歩推論していくのではなく、断定と対照によって進めていくやり方だ。が、ともかく、方法は違っていても、イエスがソクラテスと同じドアから出てきたことは確かだった。

「『隣人を愛しなさい』、そして敵を憎みなさい、と命じられていることはあなた方も聞いているだろう。しかし私はいう。敵を愛し、あなた方を迫害する者のために祈りなさい。そうすれば、あなた方は天の父の子となるだろう。というのも、『父は悪人の上にも善人の上にも太陽を昇らせ、正しい者にも正しくない者にも雨を降らせるからだ』。自分を愛してくれる人を愛したとして、あなた方はどんな報いを期待できるのだろう。徴税人でさえ、同じことをしているではないか。自分の兄弟にだけ挨拶をしたとして、どれほどすばらしいことをしたことになるのだろう。異邦人でさえ、同じことをしているではないか。それゆえ、あなた方は天の父がすべての人々を受け入れているように、あなた方もすべての人々を受け入れなさい」

(『マタイによる福音書』四三―四八)

ソクラテスのいった言葉とキリスト教の聖書に書かれた文句との間には、もちろん、重要な差異がいくつもある。が、初期キリスト教会の教父たちは、このふたつに見られた類似点に驚き、圧倒された。とりわけ彼らは、ギリシア人の生活におけるセックスについて、そのすべてを非常によく知っていたから、驚きはなおさらだった。つねに競争ばかりしていて、卓越したものを目指し努力を重ね、たがいに相手を押しのけようとたえずうかがっている、そんなアテナイ人が、自分の力で、啓示の助けを借りることなく、こんな「教説」を提示することなど彼らにはとてもありえないことのように思えた。そのため、これがどのように起こりえたかを説明するのに教父たちは奇妙な言葉を考え出した。それが「ホモ・ナトゥラリテル・クリスティアヌス」（生まれながらにキリスト教徒のような男）という言葉だった。善なるものを目指すかたわらで、聖書の啓示という助けを借りることなく、十分に正しい生活が送れるように恩恵が与えられている男という意味である。この説明はソクラテスを、ユダヤ・キリスト教の伝統にはじめて現れた、ギリシア・ローマの在俗の聖人にしただけではなかった。それは初期のキリスト教の世紀に生きた信徒たちにさえも、ある可能性を開示してみせた。それは聖なる書物という権威や、秘蹟からあふれ出る神の恩寵などにけっして接触することのない人間の間でも、善なるものや正しいものが見出せるという可能性だった。たとえソクラテスが特異なタイプの人間だったとしても、だれであれ、こうした考えをもつ人間が存在するという否定しがたい事実は、恩寵や知恵がときに異教徒の文学の中でも見出されうるということを示していた。このような推理の仕方は、のちにヨーロッパで権力を独占することになるキリスト教徒たちに、いやおうなく、異教徒のテクストを大事にするように促した。あるテクストは他のものよりも多く、またプラトンのテクストは他の何ものにもまして多く保存された。――これこそわれわれが、今もなお彼の作品のほとんどすべてを所有している理由である。[3]

ホモセクシュアルに関してユダヤ人は嫌悪感を抱いていたのだが、この感情に初期キリスト教会の教父たちもまた忠実だった。したがってもし彼らが、プラトンのテクストの中でひとつだけ選んで、地中海を吹き抜ける風に向かって投げつけたい衝動に駆られるものがあるとすれば、それは『饗宴』だろう。プラトンはここで異常なほど酒を飲まない酒宴の様子を描いているのだが、そこで語られた題目が同性愛だったのである。酒宴の客はアガトンの家のアンドロン（男子の部屋）に集まっていた。各自は、心地よげに宴会用の長椅子に身を横たえ、食事に取りかかる。彼らが黙々と気むずかしげに食事を終えた頃、まったく食事などに頓着しないソクラテスが遅れてやってきた。食後に御神酒や賛歌を捧げたのち、さて、彼らはこれから酒を酌み交わすのかと思うと、そうはならなかった。ソクラテスを除いた他の者たちすべての客が、昨夜のお祭り騒ぎで酒をしたたかに飲み、今宵もまだひどい二日酔いが続いていたからである。これは昨夜、アガトンを祝って杯を重ねたもので、アガトンのはじめて書いた悲劇の三部作が、レナイア祭で一等賞を獲得したためだった。したがって今日は、「とても騒ぎ立てるような気分ではなかった」。酒宴にやってきた客たちは、ともかく今夜は座長を選ぶのをやめて、めいめいが、飲みたくない酒は飲まないようにしようという提案に同意した。ふだんはたいてい、座長が葡萄酒と水の混ぜぐあいを決めたり、お客のグラスに酒を満たす頻度についても彼が決定権を握っていた。しかし今日は養生をしなくてはならない。すべての責任はそれぞれの飲み手に任され、各自が自分のペースを守って飲むことになった。――が、このグループにとって、それはまず、実現の不可能な目標だったのではないだろうか。

さて次に、彼らは裸で笛を吹いている少女を退出させることにした。少女は、今夜のエンターテインメントの第一幕として用意されていたものだった。彼女は、夜を通して、ひとつかふたつの長椅子を客と共にするのが常だった。が、この夜、アガトンが笛吹きの少女をひとりしか用意しておかなかったのは、彼がひどくケチな男だったのか（劇で勝利を得たことから推測すると、これはまずありえない）、あるいは、ほとんどの客が何はともあれ、やりたいと思っていたのは異性とのセックスではないとアガトンが考えていたかのどちらかだろう。そしてここで、やおら医者のエリュクシマコスが提案をする。それは今宵の楽しみのために、めいめいの飲み手が、「エロス」（愛）の神を賛美する演説をしてはどうかというものだった。それも各自が腕によりをかけて最上の演説を試みるという条件つきだ。長椅子にかけている者は左から右へ右回りに一巡すること。まずはパイドロスからはじめるように。こんなわけで、今宵は謎かけもなければ、ゲームもない。踊りもなければ、笛の音も聞こえない。歌もなければセックスもなし。ただあるのは演説のみ――これはまさしく「知的な」酒宴である（もうひと息、ここで酒を排除してしまえば、酒宴［シュンポシオン］の最終的な形である、われわれの時代のアカデミックな「シンポジウム」になってしまう）。エリュキシマコスの提案は、「全員一致で実行された」。そしてパイドロスが先陣を切って話しはじめた。

パイドロスがはじめたエロスの話は、もっぱら男たちをひと塊にして、一団にまとめておく軍隊の有用性からはじまる。軍隊こそが、「不名誉な行為に対する恥辱感と賞賛すべき行為に対する名誉感」を生み出すのだという。「したがって、私の主張は次のようなものだ」とパイドロスは歌うようにいう。「恥ずべき行為をしたところを、愛する少年に見られることほど苦痛なものはない。それは自分の父親や友達、それに他のだれに見られるよりもつらいことだ。これはまた、愛する少年にとってもあきらかに同じことがいえた。少年はとりわけ、自分がひどい行為をしているところを、愛する者に見つけられることほど恥ずかしいことはなかった。軍隊や共同体について、今考えられる最良の組織は（もしそれが、何らかの方法で可能だとすると）、それが愛する者と愛される少年だけで結成されることだろう。なぜなら彼らはたがいに、恥ずかしい行為をすることを何としても避けるからだ。こんなカップルがほんのひと握りいるだけで、両者が支え合って戦えば、全世界を征服するのも夢ではないだろう。これはけっして大げさないい方ではない」。

パイドロスの世界（それは男と男の忠誠心を基礎にした、女性のいないもっぱら軍事的征服を事とする世界である）はわれわれの住む世界とはまったく異なっていた。これに似た世界を求めようとすれば、われわれは監獄の世界へでも出向かなくてはならないだろう。しかし考えてみると、次の世紀に、アレクサンドロス大王の軍隊がギリシア文化の名の下に、当時知られていた世界のほぼ全域を手中に収めて、ギリシアにこれ以上は考えられないほどのめざましい国際上の成功をもたらしたものも、やはり、もっぱら攻撃的な男性ばかりの結合組織だったのである。しかし、エロスの議論をはじめるに際して、プラトンがパイドロスをはじめに配したのは、彼がパイドロスの意見に同意していたからではない。それはパイドロスの意見がもっともわかりやすく、また、もっとも興味の薄い視点から論じられたものだったからである。

次に語られた演説はアガトンの愛者パウサニアスによるものである。パウサニアスは「天界の愛という純粋な形によって動機づけられた」ホモセクシュアルのカップルが、生涯にわたって継続させている忠誠心を高く評価し賞賛した。そして、一夜限りの情事や、「知性が形成されはじめる以前の（つまり思春期前の）少年を相手にする」人々をそしりけなした。「年端のいかない少年と情事をすることを禁じる法律が作られるべきだ。また（そうした少年を口説く）時間と努力の浪費は断固食いとめられるべきだ」。それは口説かれた幼い少年たちが、結局のところ、高貴な青年になることもできず、冷淡で品位のない人物へと変貌してしまうからだ。しかし、パウサニアスよ、現代にはあなたがいったような法律が存在する。ただし、あなたのいう時間の浪費についてはなお食い止めることができないかもしれない。パウサニアスと彼よりずっと年下のアガトンは、アテナイでは理想的なホモセクシュアルのカップルとして尊敬されていた。が、パウサニアスの世界（パイドロスの世界にくらべると、こちらの方がずっとわれわれの世界に近い）は重要な点において、なおわれわれの世界から遊離している。それはとりわけ、彼が子供とのセックスをしぶしぶながら容認している点である（彼はまた、「自由民」ではない女性との無理強いのセックスをも許容している）。ただし、彼がわれわれの意見にいくらか接近を示している点を挙げると、すべての悪い行為のいいわけとしてセックスを使う人々に対して、悪口雑言を投げかけていることだ。「社会は常軌を逸した行動でも、それが愛する者の側でおこなわれた行為なら、これを是認する。もし他のだれでもよし、何か他の目的のためにこれと同じ行為をしたときには、まったく手ひどい非難を受けるに決まっているのだが」。われわれのパウサニアスは少々潔癖屋のところがあるが、彼に先行した演説者にくらべるとはるかに興味深い。それは、ギリシア人が行為に駆り立てられる動機として、社会の評判を何としても必要としている点に彼が光を当てているからだ。

さてわれわれはソクラテスの演説にたどりつくまでに、なおまだ三人の演説を聞かなくてはならない。プラトンの思惑では、ソクラテス以外の演説者たちは、ソクラテスにとっていわば「臭跡をくらます臭い」の役割（獣が走路を縦横に駆け回って、臭跡をくらましすような行為）を果たした。次にエリュクシマコスが次のような話をする。彼は医者として、「すべてこの地上に生を受けた生き物は、植物と同じように、その肉体がエロスによって浸透されている」ことを知っていると話した。したがって彼は、医者としての立場から、ともかくすべてはほどほどがよいとしきりに中庸の徳を勧めた。彼の意見は、ソクラテス以前の哲学者たちの声と見てよいだろう。さて次に登場したのは偉大な喜劇作家アリストパネスである。彼が提案した考えはこうだ。まず、人間の体はかつて丸い球形をしていた。そして「ふたつの顔（たがいに反対側を向いていた）と四つの耳をもち、生殖器も二セット、そして、すべての肉体の箇所は、これに準じて想像のできる通りだった。……この人間の原形が走るときには、八つの手足で自分の体を支えながら、輪を描くように回転して転がり、すばやく前進した」。われわれはこの原形の姿をどんな風にでも頭の中で思い描くことができるのだが、アリストパネスは、これを単に喜劇として描こうとしたのではないだろう。彼の比喩はおそろしくまじめなものだった。というのも、アリストパネスによると、原人間の力があまりに強かったために、ゼウスがこれをまっぷたつに切ったという。その際にアポロンが若干手心を加えて、現在のわれわれと同じ人類を創造したのだという。つまり「ふたつに裂かれたということが、まさしく、彼ら（人間）の本質をなしている」。アリストパネスはさらに続けた。「したがってそれぞれの半分が、たがいの片割れのいないことを寂しく思い、何とかしてもう一度、それと合体したいと試みる」。かつて両性具有だった原形（つまり半分が男で半分が女だったもの）は、今日異性愛者となり、かつて男と男で球体をなしていた原形は、いまでは男性同士のホモセクシュアルとなっている。また、女性と女性で一体を成していた原形は、今日、女性同士のレスビアンになったという。こうしてともかく、われわれのすべては必死になって、失われてしまった片割れとふたたび合一したいと願った。「われわれ人間は、完全なエロス（愛）を手に入れるまでは、そして、自分の愛人のエロスと遭遇し、本来の姿である原形を回復するまでは、なお幸福に到達することなどできないだろう」。

ここで語られた話はあきらかに想像力が生み出した産物だが、それは象徴的で、詩的でありながらリアルで、歴史上証明されているアリストパネスの奇抜で非凡な創造的才能と見事に呼応しているように私には感じられる。さて、ソクラテスが演説をはじめる前に、なおひとり話し手が残っていた。アガトンである。彼の演説は、今までの演説の中でもっとも愚かしいものだった。アガトンは悲劇作家として世間の評判を得ていたが、彼が書いた悲劇がどんなものだったのか、これを想像することは難しい。彼の作品はすべて失われてしまったが、わずかに数行がばらばらの状態で残されているだけだ。しかし、彼のしゃべり立てるさまをプラトンがパロディー化しているのを読むと、もしこれからアガトンの書いた劇が発見されるようなことがあっても、それはおそらく『サウンド・オブ・ミュージック』のようなものだろうという想像がつく。これは私が保証してもよい。アガトンはまわりの客人に向かって、熱弁をふるいながら「私はこの感動を詩の形で伝えたい」といった。まるでこれからサウンド・オブ・ミュージックの「すべての山に登れ」を突然歌いはじめるような風情である。


おお、エロスよ。あなたの姿や優雅さは比類がない。

至るところで、あなたはわれわれすべてをひとつにする。

上品で優しく、賢い者たちみんなが崇めるあなた。

神々から愛されるあなた。われわれもそのあなただけを大切にする。

あなたといれば、われわれは喜びの力を身に感じることができる。

われわれの動きのすべてを手引きするあなたは、夜に備えてわれわれを心地よく包んでくれる。

彼(エロス)のあとについていこう。人々よ、あなたの賛歌を彼に捧げよう。

彼の歌がわれわれをうっとりとさせる。そしてまた、神々と人々までをも。(4)

これは人の心をくすぐるものを意見や考えと取り違えている。ギリシア人だからといって、だれもがつねに考えを言葉にする術を身につけていたわけではない。「アガトンの演説は部屋にいたすべての人に、賞賛の声で迎えられた」と書かれているが、ギリシア人はときとして、ライザ・ミネリのコンサートのときのように、やけにセンチメンタルになることもあるのだ。われわれもライザは好きだ。しかし、ソクラテスはさりげなく次のようにいう。「私もナイーヴなものだから、てっきりエロスを賛美することこそ、題目となっているエロスの真実を語ることだと考えていた。……しかし今では、結局のところエロスの真実を語ることとは、エロスに正しい賛辞を捧げることではないように思えるのだ。……が、私にはすでにその真実を語る用意ができている」。

ソクラテスはいつもの彼のスタイルである、問いかけとそれに対する答えという方法を続けながら、その場にいた飲み手たちから同意を引き出していった。それは次のようなことについての同意である。まず、水割りの葡萄酒はすべてさておいて、何よりもまず「エロスとは、何ものかに対して存在するものだということ。次にエロスは、人が現に今もっていない何かに対して存在するということ」。しかし、すでに前に出た対話でなじみになっている読者は、やはりここでも、ソクラテス（すべてのことに対して無知だが、自分の無知さ加減についてだけはよくよく承知しているというソクラテス）が、どのようにして自分自身を導いてエロスについての論を明確に打ち出すことができるのか、それを好奇心をもって見つめているにちがいない。そしてそれはまた、この酒宴に参加した者がルールとしておこなわなくてはならないことだった。この要求に対して、ソクラテスの（あるいはもっと正確にいうと、プラトンの）出した結論は、謎めいた人物ディオティマを、この時点で演説の中に登場させることだった。ディオティマはアルカディア地方東部の都市マンティネイアの女祭司（巫女）である。ソクラテスは彼女を「愛のエキスパート」と呼び、愛のことについては彼女を師と仰いでいた。女祭司の彼女は、「各地を巡歴して、人々に必要とするものを支給し、あてがったりしたカリスマ性をもつ女性」でさえあったのではないかという説もある。これはヴァルター・ブルケルトほどの高名な学者が類別したものだが、私にはどうも、彼女が高級売春婦のような存在だったのではないかと思える。高級娼婦は古代のギリシアではよく知られた存在で（ルネサンス時代のイタリアでもそうだった）、彼女たちには、奴隷の身分の女性や既婚の女性たちとは違って、かなりの自由と権限をもつことが許されていた。いこうと思えば、どこへでも好きなところへいけるし、いいたいことは何でもいえる、そんな自由が許されていた唯一の女性のタイプだった。こうして結局のところ、彼女は男だけしかいないこの酒宴に（少なくとも想像上の世界とはいえ）参入し、その注目を一身に集めることになったのである。そしてエロスの女祭司はエロスの謎について、自らの解き明かした解答を披露することになった。

エロスはそれ自身美しいものではない、とディオティマは説明する（とソクラテスが物語るのを、さらに語っているのはプラトンである）。というのも、元を正せばエロスは美しいものに対する愛（誘引）だったからだ。われわれはすでに所有しているものについては、これに引き寄せられることはない。われわれが誘引されるのはわれわれの手にないものである。したがってエロスは、不死で美しいものと定義された神なんかではまったくない（他の演説者たちはそんな風に仮定しているようだが）。そうではなくてエロスは、死すべきものと不死のものとの中間あたりに存在する神霊（ダイモン）なのだ。ディオティマはさらに辛抱強くソクラテスに教える。「神と人間は直接に出会うことはできません。神々が人間と意思を通じ合い、話ができるのは（寝ているときでも、目が覚めているときでも）、ただひとつ、神霊を通してだけです。この領域の技術に明るい者が神霊的な（ダイモンのような）者といわれるので、他の技芸や手細工にすぐれた者は、単なる世俗の人間であるにすぎません。神霊の種類はたくさんありますが、その内のひとつがエロスといってよいでしょう」。

ソクラテスはなおナイーヴな質問を投げかける。「それではエロスの両親というのは、いったいだれなのですか」。これに答えてディオティマはアリストパネスのように、神話風な譬え話をもち出して解明を試みた。難しい問題を解明するときに、ギリシア人がきまってするのがこのやり方だった。

「エロスは『ポロス』（父親。術策の神）と『ペニア』（母親。貧窮の神）との間で生まれたんです。したがって、エロスのいた境遇は次のようなものでした。まずはじめにいえるのは、彼は四六時中貧乏だったということです。そしてみんなは、彼が傷つきやすく美しいと考えていましたが、これはまったくのまちがいです。むしろ彼はタフで、いつも汚い体をして裸足のまま放浪していました。彼はけっしてベッドで眠ったことなどありません。地面にじかに横になったり、戸口で寝たり、道端で寝ころんでいることもありました。彼が母親と似ている点といえば、いつも貧乏と隣り合わせにいたことでしょう。しかし父親から受け継いだものもあります。それは美しいものや価値のあるものを求め続ける才覚、それに勇気、猪突猛進する性急さ、活力、そして獲物を狙う技量（思えば彼は、たえず魅惑的な策略を考え出していた）、知識への欲望、機略縦横な才能、生涯を通じて変わらない徳性の追求、魔術や香草、それに言葉を巧みに操る技術など。

彼は本来、不死でもなければ死すべきものでもありません。ときに、同じ一日の内でも、ことがうまく進むときには、生命力に満ちあふれていますが、やがてそれも、衰えついえ去っていく。

……が、父から受け継いだもののおかげで、ふたたび命を取り戻します。彼には入ってくるものもあるのですが、それも徐々に目減りしていく。結局エロスは、つねに貧困の内にあるわけではないが、それかといって、豊かになるわけでもないということになります。彼はまた、知と無知との間にいます。その理由は以下の通り。つまり神は知を愛することはないし、知者になろうとすることもない。それは神々がすでに知者であるからです。これと同じで、知者で知を愛する者はいません。が、その反対に無知な人もまた知を愛することをしないし、知者になろうとしない。それがまさしく、無知の厄介千万なところなのです。つまり、正しくもなく知に欠ける人は、自分の生き方に満足しきっているんです。そのために、自分に欠けているもののあることに気がつかない人は、欠けていることに気がつかないものなど愛しようがないんです」

「しかしディオティマ」と私（ソクラテス）はいった。「知を愛する者が、知者でもなく無知の者でもないとすると、いったいそれはどういう人なんですか」

「そのことなら今では、子供にだってわかるじゃないですか。それは知と無知との間にいる人です」とディオティマはいった。「そしてエロスもこの中に含まれます。そのわけは、知がもっとも魅力的なもののひとつであり、魅力的なものに対する愛こそエロスに他ならないからです。それゆえにエロスは、当然ながら知を愛する者となりますし、知を愛する者は、これも当然のことながら、知と無知との間に存在することになります」

この説得力のある神話（アリストパネスが語った神話にくらべるとこちらの方がいっそう優美だ）の秘密を明かすことによって、ディオティマはやすやすと他のすべての演説者たちを凌駕した。そして彼女こそ、われわれを導いて、われわれにはうかがい知れぬ真理へと誘ってくれるにちがいないと思わせた。
ディオティマが成し遂げた「マジカル・ミステリー・ツアー」を見てみると、それは同じ場所を何度も何度も回っていることが分かる。これは、ソクラテスが一見、単純な質問を繰り返しているのとよく似ている。そしてディオティマは徐々にソクラテスを上方へと導いていき、ついには新たな洞察の王国へと案内する。あたかもそれは、彼女が子供の手を引いていくかのようだった。すべての人間が求めるのは「エウダイモニア」（幸福・幸運）だという。そしてこのエウダイモニアを手に入れるためには、よいこと（善なるもの）を所有しなくてはいけない。それゆえにここで語られるエロス[5]は、「特殊な愛」よりさらに広い意味の愛だった。われわれが、あらゆる種類の愛（ディオティマが例として挙げたものは「商売、スポーツ、哲学」などへのエロスだった）を許容しなくてはならないことを自ら認めれば、「人々のエロスが目指すただひとつの目的がよきものである」ことはたやすく見てとることができる。そしてそれは「よきものを永久に所有すること」だった。

　ディオティマはここまできて、少し回り道をする。彼女はここで男性の勃起を妊娠と等しいものだとした。「エロスの目的は」とディオティマはいう。「肉体的にも精神的にも、美しいものの中で生産することです」。彼女がここでモデルとしているのは、ヴァギナ（膣＝美しいもの）の中の精子（生産）というイメージだったろう。しかしこれでは「すべての特殊な愛」に適応することができない。それで彼女は急遽、アナロジー（類似）に逃げることになる。「ソクラテス、要点はこうです。つまり、すべての人間は肉体的にも、精神的にも妊娠しているということなんです」。そして「その理由は、妊娠しておなかが大きくふくらみ、今にもはじけそうになった状態のとき、われわれは美を前にしてひどく興奮する。その結果、美をもつものがわれわれを解放して、苦しみから解き放ってくれるというわけなんです」。この今にも精液をほとばしらせそうな男性と、今にも子供を出産しそうな女性との強引とも思える結びつきは、おそらくわれわれに次のようなことを証してくれるのだろう。それはつまり、酒宴に出席している他の客たちと違ってディオティマは、プラトンが頭の中で生み出した、単なる想像の産物にすぎないということである。たしかに、男なら（とりわけプラトンは、独身主義を貫いた独身者だった。彼は余生をピュタゴラスのように禁欲的な生活を送って過ごした）この譬えを適切と思うことができただろう。しかし、女（それもたしかに一度も出産の経験のないもの）がこのような、いかにも見せかけだけの類比を考え出したと考えること自体まず不可能ではないだろうか。

出産（生産）の目的は、それが現実のものであれ、比喩としてのものであれ、いずれにしてもそれは不死ということだった。「すべてのもの」（それは人間であり、「死すべきもの」すべてである）は、「本能的に自分自身の子供を大切に思う。この強い愛着（これこそエロスに他ならないし、万物に共通する特徴だ）を引き起こすものが不死なのです」。そしてディオティマは次のような指摘をする。「亡びることのない徳と名声……このためにこそ人々は何でもおこなおうとするのです。そして……彼らがよい人であればあるほど、それが彼らの欲求を駆り立てることになる。つまり彼らは不死というものに恋をしているわけなんです」。さらにディオティマは続ける。

「肉体にくらべて魂の方が、はるかに何かを産み出す力をもっている人々がいます。彼らの魂に満ちているのは、魂が産み出すものとあなたが考えている子供です。それはどんな子供なのでしょう。それは徳であり、とりわけ知恵です。それはたとえば詩人や新しい仕事を産み出す名匠といった人々が、世の中に送り出す創造物に譬えてもよいでしょう。が、中でももっとも重要で、もっとも美しいとされている知恵があります。それが国や家を治めることのできる知恵です。別の言葉でいうと、慎み（自制）と公正といってもよいでしょう。ところでこの徳や知恵ですが、だれかの魂がかなり若い時期にこの徳を身ごもったとしましょう。しかしその魂にはそれを産むためのパートナーがいません。そしてそのまま大人になったとき、魂はしきりにこの徳を出産したいと思う。そして私の考えでは、この魂は美を求めて探し回ることになるのです。それは美の中で出産を果たしたいと思うからです。魂は美しくないものの中ではけっして出産をしたくない。もちろん、肉体的にも醜いものより美しいものを好む。が、その魂がとりわけ喜びに満ちあふれるのは、美しくて正しい、天分に恵まれた魂と出会ったときです。このときこそ、魂は直接出会った魂と、徳について、あるいは人が善であるためにはどんな資質をもち、何をおこなえばよいのかについて、滔々と話すことができることに気がつくのです。手っ取り早くいうと、この魂の持ち主は出会った人物の魂の教育を引き受けようと思うわけです」

ディオティマはさらに次のような説明をする。このような「関係は、ふつうに子供によって結びついた人々が経験するきずなにくらべると、いちだんと強いものだし、その愛情にくらべてみても、ずっと長続きするものなんです。それはこうした関係から産み出された子供はとりわけ美しく、通常の子供（彼らは自分たちの親より長生きして、親には疑似の不死をあてがってくれるだけだ）にくらべていっそう不死に近いものだからです。われわれはすべて人間の子供より、むしろこの種の子供をもつことを願っています。そのためにわれわれは、ホメロスやヘシオドスのようなすばらしい詩人に対して羨望の眼差しを投げかけるのです。というのも彼らの残した子供が、産みの親に名声と『不死の誉れ』をもたらすものだからです。それは子供自身が不死なのですから当然です」。

ひとたびあなた方が、このことをしっかり頭にたたき込めば、もうあなたはすでに上り階段の最後の段階へ向かう準備ができたも同然だ。ディオティマは次のような助言をおこなう。まず何はさておき、若者は「肉体的な美に気持ちを集中することからスタートすべきです。……はじめは……ただひとりの人の肉体を愛すること」。そうして彼は、「すべての肉体の美を、まったく同一のものと見なすようになるにちがいありません。このことをひとたび実感し、世の中にある個々の美しい肉体をすべて愛することができるようになると、ただひとつの肉体にだけ執着していた彼の執念が、それほど強くなくなり、彼にとってはむしろ滑稽で、取るに足りないつまらないことのように思えてきます」。そうすると次に彼は、「肉体の美より、むしろ魂の美をいちだんと強く大切にするようになります」。そして彼は「美しい魂」を愛することができるようになる。それはたとえ魂が、年老いた肉体や美しくない肉体に宿っていたとしてもだ。さて続いて「彼が向かうのは人々のよく知る知識です。そこでも彼はまた美を見ることができます」。そしてやがては、「若者の美やどんな人であれ人間の美といったように、ひとりに隷属し孤立したエロスが、すでに過去のものであること」を知る。それはわれわれの探究者が「美の広大な海」へ旅立ったからこそそれが可能になったわけで、それもこれも、「彼の知識に対する果てしない愛」のおかげだった。そして「その知識が媒介となって、たくさんの美や展開力のある論理や思考が産み出されたのです」。その結果、彼がとらえることができたのは「美」(「だれに頼ることもない、それ自体において美であり、つねに、そして永遠に美」であるもの)そのものだった。そして彼はまた、「他の美しいものがすべて、何らかの形でその『美』を分けもっているのを見るようになりました。しかし、それだからといって、他の形が形成され、それが存在をやめるときも、『美』そのものは何ら増えもしなければ減りもしません。それはまったく変質することがないのです」。こうしてついに、探究者はパルメニデスがいうところの不変の「一者」へとたどりつく。つまりこの「美」というものがまた、そのまま「真理」でもあり、「善」でもあり、永遠に究極のものでもあったからである。

この話の結論としてディオティマは次のようなことを勧めた。「正しい少年愛のエロスは、あなたが世の中の俗事から逃れて上昇するのを手助けして、ついにはあの『美』をかいま見ることのできるようにさせてくれるでしょう」。が、ここでも、しっかりと心に留めておかなければいけないことは、「世の中の俗事」がただ、「梯子の踏み段として」のみ使用されるべきものだということだ。踏み段はあなたが駆け上るのを手助けしてくれる。上っていく先は「最終的な知識の努力目標……『美』そのものを見ることとです。それは完全無欠で、汚点のない清浄そのもの――人間の肉や色、それに屑のような死すべきもので汚された美ではなく、神々しく変わることのない絶対的な『美』」である。この絶対的なものに到達した者は、「幻の善に代わって真実の善を産み出すことができます。それは、彼がその中にいる幻影よりむしろこちらの方が真実であるからです。そして、神々は真実の善を産み育てる者に微笑みかけるでしょうし、人間でも不死をめざすことができるというのなら、こんな人こそ、不死へ到達する可能性があると思うのですが、そうは思いませんか」。しかしわれわれはだれしも、上へと向かう梯子のいちばん下の段から上りはじめなくてはならない。「とりわけ不死を求めるとなれば、エロスの他によいパートナーを見つけることなど、人間にはまず難しいのですから」。

ここで話を終わらせたら、聴衆はただおしまいの部分だけを心に留めただけで終わってしまう。こんな風にプラトンは思った。これも彼の劇作家としての天成の才能が気づかしめたところだろう。そこで彼は、『饗宴』に最後の登場人物を招き入れることによって、われわれをこの地上へと連れ戻した。最後に登場した役者は泥酔して、威勢のいいアルキビアデスである。キヅタとスミレの花冠を頭上に載せ、叫び声を上げながら入ってきた。そしてその場の座談を一時さえぎった。しかし、おそらく酒宴に参加していた者の中でもっとも真面目な者でさえ、すでにもう十分なほど真剣な雰囲気を味わっていた。したがって、アルキビアデスの登場は出席者全員によって、ひどく陽気な気分で歓迎されたのである。アルキビアデスは長身で筋骨が逞しく、上品だったために、アテナイ人たちのアイドルとなっていた。アテナイでは、もっとも美しい若者として知らぬ者などひとりとしていないほどだ。アルキビアデスはアガトンのとなりに腰を下ろしたが、振り返って見ると、自分のとなりにはソクラテスがいる。アルキビアデスはからかい半分に、自分とソクラテスとのもつれた関係をほのめかしながら、自分は恐れを抱いていると告白した。「もし彼がいきなり狂暴になったら、どうか私を守ってくださいね」と、アルキビアデスは細身のアガトンに頼み込む。しかし、このアガトンはどうみても、酒宴の出席者の中で、人を守ることなどもっともできそうにない人物だった。「自分が愛する者に対して彼は、気違いじみた執着ぶりを示すんです。それが私は怖いんだ」とアルキビアデスはいった。

しかし、ソクラテスになだめる言葉もろくにかけることなく、アルキビアデスは長い話をしはじめた。それは彼が抗しがたい美しさをその中に見つけた人物、ソクラテスと自分との間柄に関する話だった。プラトンはここでアルキビアデスを、いわば上へ上る梯子の途中の段で、立ち往生をしてしまった人物として使っている。そして彼はまた、アルキビアデスを「精神の美を大切にすること」を心がけていながら、なおその先へ進むことのできない人物として描いていた。楽しいことの大好きなアルキビアデスは、むなしく下の段へと梯子を下りていかなくてはならない。「(ソクラテスは)金輪際私などに生まれることのない感情だと人々が思っていた、そんな気持ちを起こさせたこの世でたったひとりの人物だ。

それは自分自身を恥ずかしいと思う気持ちだ。私は彼の前に出ると恥ずかしさを感じる。そんな気持ちを抱くのは彼に対してだけなのだが。私が何をすべきかを勧告してくれる彼の抗しがたい力については、私も十分によく承知している。が、いったん彼の元から離れてしまうと、またぞろ私はみんなのお世辞やお追従にたぶらかされてしまうのだ」。

アルキビアデスが語った話は、彼がソクラテスを追い回す側に回ってしまったことだった。ソクラテスを口説き、ソクラテスとどうにかしてセックスをしようと試みたのだが、これが失敗に終わったという話である。だいたいが、アテナイの人々の大変な人気者だったアルキビアデスは、つねに自分は愛される側（愛される少年「エレメノス」）にいるものだと心得ていた。ところがこの場合に限って、愛する者（エラステス）の役回りを演じなくてはならなくなった。これは彼にとって耐えがたく恥ずかしいことだった。そのためにアルキビアデスは、ソクラテスもまた自分を愛してくれているのかどうか確かめたくなった（「私にとってふさわしい、私のただひとりの愛者」）。が、「それを口に出していうのは、あまりに恥ずかしいことだ」。しかし、ついにそれを彼に告げるときがきたのである。ある夜、アルキビアデスは口実をもうけてソクラテスを引き留め、服を脱いで、彼のベッドへ滑り込んだ。「私はこのすばらしい人（実際に彼はその通りなのだ）の首に腕を回して、ひと晩中、彼のそばで寝ていた」。しかし、ソクラテスは何ひとつしない。「私はこの真実を神々や女神たちに賭けて誓う。その夜、私はソクラテスとベッドを共にして、次の朝起きたのだが、数々のもくろみも虚しく、私はただ父親といっしょに寝たも同然で、そこでは何ひとつ期待に添うようなことは起こらなかった」。

この話からわれわれは、他のアテナイ人たちが感じたように、ソクラテスがアルキビアデスのことを美少年だと思わなかった、という結論を引き出すことはできないだろう。たしかに、ソクラテスには妻がいた。彼は晩年に口やかましいクサンティッペと結婚している。それに息子も三人いる。が、ギリシア人はだれひとりとして、異性愛と同性愛の間に壁を築いている者などいない。したがってここでは、ソクラテスがすでに、ディオティマのいう梯子段をそのてっぺんまで上りつめ、「一者」(「美」であり「善」であり、また「真実」でもあった)をかいま見て、もはや地上の限定された美の実例などに取りつかれることなどなくなっていたと理解すべきではないだろうか。それは相手がアルキビアデスであろうと、また、ソクラテスをたえず取り巻いている他のハンサムな弟子たちであろうと同じことだった。いわば彼は後世いわれるようになった「プラトニック・ラヴ」の手本のような人物だったのである。

最後の演説をする役にはアルキビアデスが振り当てられたわけだが、これは彼が、われわれ聴衆を現に今われわれのいる地上へと引き戻してくれるという理由からだ。酒宴に集まった人々はアルキビアデスの素直さを好ましいものに思った。「それは彼があきらかに今もなお、ソクラテスを愛しているからだ」。ちょうどあなた方読者のみなさんが、なおソクラテスを愛しているように。酒宴の終わりでプラトンは、われわれめいめいが今立っている地点を忘れることのないようにと促してくれた。それは梯子がわれわれに示してくれたあの高みと同じように。

さてこのあとプラトンは、酒宴の様子を「すべてがまったく無秩序となってしまった」と書いている。「ただ、それから先は大酒を飲むことばかりだった。もはや、完全に統制のきかない状態だった」。つまりこれは、ふだんはいつもいる座長がいない状態である。夜が明けると、ある者たちは眠りにつき、ある者たちは家へと帰った。しかしソクラテスは、まだ起きていたふたりの客へ向かって質問を投げかけている。そしてこのふたりも寝てしまうと、しらふのソクラテスはやおら「起き上がって、立ち去っていった」。

ソクラテスは自分の無知であることだけは知っていたが、相変わらず探究する哲学者であることはやめなかった。が、プラトンが普通の人間やそのありきたりな生活に対して抱いた、沸き返るような侮蔑の念を見逃すことは難しい。サッポーはプラトンの教え（作品の上ではディオティマの教えだ）に対して、いったいどんなことをいうのだろうか。その教えというのは、人がいったん知恵の梯子を上りはじめると、「たったひとつの肉体に対する執着は、その激しさを減じ、それは滑稽で、取るに足りないものとなってしまう」というものだった。ひとりの人間を愛すること、「か黒い大地の上で、もっとも美しいもの」を愛することは、滑稽で取るに足りないことなのだろうか。また、プラトンは子育てを詩作にくらべていちだん劣るものとして、一言の下にそれを退けたのだが、アンドロマケはこのプラトンの言葉にどのような反応を示したのだろうか。プラトンははたして、女性たちの異論を好んで受け入れるようなことがあったのだろうか。したり顔に話す想像上のディオティマとは違って、現実の女性の肉体は、現実の喜びや痛みを知っていたわけだが、その現実の女性の反論をプラトンは考慮していたのかどうか。プラトンとほぼ同じ時代を生き、彼よりやや年少の哲学者に中国の孟子がいる。その孟子は次のような意見を述べているが、この意見に対してプラトンが同意を示すということは、いかに考えても難しいことだった。孟子は次のように述べている。「赤ちゃんはみんな、微笑みかけ、抱きしめられることにより、人の愛し方を知るものだ。この道徳的な美点をあまねく世界に広げてみるとよい。もはや他には何ひとつ必要なものなどない」。他には「何ひとつ」必要がない？　プラトンはおそらくこうした初歩的なむだ口が、「哲学」という高尚な名前にまったく値しないと考えたにちがいない。

プラトンのよき指導者であったソクラテスは、相変わらず容赦のない質問を人々に浴びせかけていたのだが、その間にも、われ知らずにじみ出ていた沈黙の優越感のために、やがて彼は非常に厄介な情況へと追い込まれた。アテナイの人民裁判へと引き出されたのである。神に対する不敬の咎と、アテナイの青年を腐敗堕落させた責を問われることになった。不敬の告発（実際は無神論の告発だった）に対してソクラテスは、自分は献身的に神々を敬っていると叫びながら（おそらく本当に彼は叫んでいただろう）敢然とこれを否定した。彼はまただれひとり堕落させたことなどない、ただ彼らに質問をしただけだといった。が、市民たちの、これまで吟味など受けたことのなかった考えに対してソクラテスが向けた挑戦は、それに耳を傾けた多くの若者の心を揺り動かした。そしてそれは彼らを導いて、大人たちが敬うようにと教えたすべての事柄を改めて問いただすように仕向けた。その結果、アテナイ市民の家族生活は混乱をきたしたのである。そんなわけで、「青年を腐敗堕落させた」というのは、ソクラテスに敵対する人々の多くにとっては、まさしく真実の響きをともなうものだった。さらにソクラテスは法廷で、自分には子供の頃から「ダイモニオン」（ダイモン［神霊］のようなもの）が取りついていたと秘密を打ち明けた。これは「神のしるし」あるいは「内なる声」といったようなもので、アテナイの市民から期待された市民の責務からつねに彼を遠ざけ、もっぱら真実の探求へと彼を向かわせたものだった。「ダイモニオン」とはいったい何だろう。多くの陪審人はソクラテスのこの発言に混乱し、それを被告人の不敬の証拠として受け取った。だいたいこの陪審人からしておそらくは、のちにフランス革命の結果として生じた人民裁判の際に座っていた陪審人と同じほど資格のない人々だったのだろう。結局、ソクラテスは有罪の判決を受け、死刑を求められた。

この時点でもなお有罪の判決を受けた者は、習慣によって減刑を願い出ることが許されていた。それはたとえば一時的な国外追放のようなものだ。ソクラテスの場合、この一時的な追放が許可されたことはほとんど確実だったにちがいない。しかしソクラテスが選択した手順はさらに高邁なものだった。彼は次のような提案をおこなった。自分はアテナイの恩人である。その自分がいかなる方法にせよ罰せられるいわれはない。むしろ市民によって報償を与えられてしかるべきではないだろうか。少なくとも、一生の間、公費で食事を給されるくらいの処遇はなされてよいのではないか。追放にしろ、投獄にしろ、科料にしろ、ともかくすべてこれらは不当な処罰である。だいたい、死というものが刑罰になどなりうるのだろうか。だれがそんなことをいうことができるのか。おそらく人々はここで、陪審人たちの愚鈍でゆがんだ顔が、あわやソクラテスの意見を受け容れようとしているのを目撃したであろう。が、そのとき彼らの心に疑惑が生じたのかもしれない。自分たちはソクラテスに愚弄されているのではないだろうか。この有罪の判決を受けた者は、自分たちの威厳ある裁判の正当性をまったく認めていないのではないだろうか。もちろん、陪審人たちはソクラテスに死刑を宣告した。

プラトンが書いた『パイドン』のラスト・シーンは有名だ。ソクラテスが毒にんじんの汁を飲み干す前に、そこに集まった友人たちへ慰めの言葉をかける場面である。死は、それが夢を見ることのない眠りだとしても、真実の「正義」の場へ至る道だとしても、いずれにしろ恐れるべきものではない。そういってソクラテスは彼らを納得させた。そして、とうとうホメロスやヘシオドス、それに『イリアス』の英雄たちにも会うことができると彼は期待した。また、いかなる害悪といえども、善なる男に降りかかることなどないともいった。そして最後に彼は、自分を有罪にし、死刑の判決を下した告訴人や陪審人を許した。やがてソクラテスは静かに毒をあおると、安らかに死んでいった。この「真実」のために遂行された典型的な「受難」は、初期キリスト教の世紀を生きた知識人たちの目に、ソクラテスの聖人らしさを示すいっそう明かな証拠のように映じた。それもこれも、彼の生涯とその死には、『新約聖書』の四つの福音書の中で語られたイエスの生涯と死に、驚くほど平行する事柄が数多く含まれていたからである。

ソクラテスの死はたしかに、プラトンの生涯にある転機をもたらした。そしてそれは、彼をデモクラシーへの強硬な反対者へと変貌させた。それからというものプラトンは、この名高いアテナイの政治上の発明が危険なまがい物であること、そしてそれが善や知に対して、ただ破壊的な働きしかしないことを終生、肝に銘じて悟っていた。人間の現実生活とその人物の思想とは、つねに判じ物のように謎めいている。すべての哲学は、隠蔽された個人の告白として、またそれゆえに心ならずも個人の言行録として読める。これはこの章の冒頭で引用したニーチェの考えだが、この教訓はなお非常に有効である。が、はたして、ソクラテスの死刑だけによってプラトンがデモクラシーに背を向けるようになったのだろうか。あるいは、この事件が、すでにその傾向にあったプラトンを、単にあと押しするきっかけになったのだろうか。この問題については、ニーチェの説だけで解決することはできないだろう。ソクラテスの死が、プラトンに「回心の啓示」を与えて、彼の生涯を混乱させる結果になったのだろうか。あるいは単に、それが古くから彼の心に巣くっていた偏見を強める結果になったのだろうか。より可能性が高いのは後者だろう。ソクラテスは告発される前の数年というもの、若い貴族のグループと親しくしていた。そのグループにはアルキビアデスもいたのだが、彼こそ、表立ってデモクラシーを軽蔑していた人物である（アテナイの宗教的な信念についても軽蔑の念をあらわにしていた）。そして、アルキビアデスがこの軽蔑の気持ちを手に入れたのも、おそらくは彼が、ソクラテスの容赦のない問いかけを耳にしていた結果だったのかもしれない。

プラトンの中期や後期の作品、とくに『国家』などを見てみると、そこには彼が理想とするギリシアのポリス（都市国家）の様子がことこまかに描かれている。ここにはデモクラシーの形跡が毛ほども見られず、その国家はいちだんと啓蒙的な、いわばソクラテス＝プラトンの原理といったものに基づいて堅固に作られていた。そこに住む人々は、この章の冒頭で引用したプラトンの「神話」に出てきた「洞窟」の住人のようである。彼らは揺れ動く影だけしか見ることができない。それは何であれ、真実のものからおびただしい段階で隔たった者たちを示していた。したがって、このポリスの人々は守護者によって統治されることが必要だという。そしてその守護者は哲学者の王だという。この哲人統治者には厳格な教育が施されている。そのために彼は自分にとって、また他の者たちにとって、何が正しいかについてつねに承知していた。そして正義が何であるかを知っていたために、彼はつねに正しいことを選択することができた。しかしそれには条件があり、哲人王の教育では、ありきたりな誘惑（それは詩人の愚劣さと音楽家の放蕩三昧のようなものだ）は厳密に排除されていなければならない。それもこれも、こうした純化された教育のおかげで哲人王は「イデア（実相）の世界」へ上ることができ、絶対的な「真実」「善」「正義」をかいま見ることができるからである。それにひきかえ大多数の人間たちは、「洞窟」の薄暗がりの中に閉じ込められたままで、まさしく「目に見えるものと耳に聞こえるものの愛好者」といった風で、いかんともしがたい者たちだった。彼らは、はかない肉体上の現象が生み出すくだらない快楽を真実と取り違えてしまっている。このような人間が生来もっている弱点を承知していたからだろうか、プラトンはすべての詩や美術、それに音楽を彼の理想とする国家から追放してしまった。こうしたものは人間を苦悩に導くばかりだというのである（しかし実在のソクラテスは石工をしていた。そして彼の最大の望みは、墓の向こうでホメロスやヘシオドスに会うことだった。そんな彼がはたしてこんな厳しい排除を思いつくものなのかどうか）。

知の番人である守護者の他に、プラトンの社会にはそれより下位の階級がふたつ設けられている。ひとつは戦士の階級。その徳は勇気とされていた。そして、もうひとつは制作者（農夫や職人たちだ）の階級。彼らについてはあまり多くのことが期待されていない。彼らが自分の仕事を果たすことと、それでなくても低い彼らの欲望を、できるかぎり抑制することが求められていた。このプラトンの「理想」は、ファシズムや共産主義といった二〇世紀のユートピアをくぐり抜けてきた人々にとって、もはや何ひとつアピールするところのないものだが、おかしなことに現在もなおつねにどこかで、プラトンのポリスの新しいヴァージョンを作り出そうと夢見る者がいるようだ。それは、すべての者にとって最善のことを知る、少数のエリートたちによって支配された禁欲的な世界である。プラトンはここで決定的なあやまちを犯している。それは知識を徳と同等のものと考え、正しいことを知っていれば、その者は正しいことができると考えたことだ。われわれはたくさんの歴史の積み重ねを経験し、失敗に終わった数多くのユートピアを見てきた。したがって、われわれはユートピアよりすぐれたものを知るようになった。その結果、われわれはほどよい社会を心に描こうとしている。それは比較的バランスが取れていて、ほどほどに機能的な社会だ。そこでは幸福ができるかぎり一般にいきわたり、だれかが（あるいはひとつの階級が）自分の欲しいものすべてをつねに独占することのない社会である。中庸のソロンの方が、苦悩にさいなまれた『国家』の作者よりはるかに現実的であり実際的だったということだ。

さて私は、はたしてプラトンに対してフェアではないのだろうか。おそらくそうだろう。もし、ニーチェがいうように、われわれはある者の哲学の中にその人物の生涯を読むことができるというのなら、人はまたこの『国家』を含めて、どのような書物でもこの方法で読むことができるのだろう。他のすべての人々にとって「最善のものが何かを知る」人々。私はここで認めるが、これまでに得た経験によって、私はどうしてもこうした人々の存在にがまんがならないのである。もちろん、プラトンに対して私よりずっと深い理解を示す人々もいる。小説家のカーソン・マッカラーズ（一九一七—六七）やアイリス・マードック（一九一九—九九）、それに哲学者のリュス・イリガライ（ベルギー生まれのフェミニスト）などがそうだ。このような、現代や現代に近い時代のプラトン主義者たちはその多くが、それぞれに異なった仕方でプラトンを理解している。が、彼らに共通しているのは、彼らが受け入れているのが、プラトンの描く、一部の正しい知識の持ち主による独裁というものではなく、彼が描写してみせた「プシュケ」（魂）の叙述だった。それはわれわれ個々の中にある不滅の原理といったもので、絶対的な「善」にあこがれ不死へと向かう性向だった。「善」はわれわれの最終目的ではあるが、結局のところわれわれは、この地上で遭遇するものの中では、それの不足を見つけるばかりなのである。「私はお前を愛するのが遅すぎた。美よ。つねに古く、つねに新しい美よ」というのは、四世紀に生きたヒッポのアウグスティヌスの有名な言葉である。この偉大なキリスト教徒であり、またプラトン主義者でもあった人物は、次のように続けている。「お前を愛するのが遅すぎた。見よ、お前が私の中にいたとは。それなのに私は私の外側にいて、そこでお前を探し求めていたのだ」。いずれにしてもプラトンの中には深い響きがあり、人を高尚にさせるものがある。そのために、もっとも確信的な反プラトン主義者でさえ、彼をまったく無視することなどできないのである。

プラトンはその生涯を弟子たちの教育に費やした。これはいわば、ディオティマのいった、彼らの心という「美しいもの」の中で出産することだったのかもしれない。プラトンが教えていたのは、オリーヴの森の中にあった聖堂で、ここではギリシアの英雄アカデモスが祀られていた。そのためにこの学校は「アカデメイア」と呼ばれた（英語の「アカデミー」「アカデミック」などの語源）。敷地内には公の「ギュムナシオン」（体育場）があった。ここはアテナイの市民が裸で肉体の訓練をする施設で、とりわけ青年たちが、装甲歩兵の厳格な軍役に備えて体を鍛えていた。裸になって体操に励む青年たちのあとを、しきりに追い回しているのが年長の男たちだった。彼らは自分の理想とする少年たちをわがものとして、とても知的な方法とは思えぬやり方で、少年たちを「出産する」行為に誘い込もうとしていた。しかしこれはまた、若者たちをプラトンの教育的な活動へと誘い出すためのすぐれた一面でもあった。プラトンがこのアカデメイアを開校したのは紀元前三八〇年代のことである。学校は九世紀に及ぶ長い間存続した。そして紀元後の六世紀初頭、ビザンティン帝国の東ローマ皇帝ユスティニアヌスによって解散を命じられ、永久に閉校となった。皇帝は異教の最後の痕跡を踏みつぶすことこそ、キリスト教の神の恩顧に応える最善の道であり、失われたローマ帝国の西方属州を取り戻す最善の方法だと思ったのである。二〇世紀になって、考古学者たちがアカデメイアのあった場所を発掘した際、そこから古代の学校の生徒たちが使った石板が見つけ出された。そこには走り書きされた練習の跡の見られる石版もあったという。

この生徒たちのひとりがアリストテレスだった。プラトンのもっとも偉大な弟子である。偉大な生徒の例にもれずアリストテレスもまた、師の教えに異を唱えた。彼ははじめにアカデメイアで教えたが、のちに自分の学校をアテナイに建て、そこで教えたために、プラトン主義者たちとライヴァルの関係になった。学校はアポロン・リュケイオス（リュケイオスはアポロンの呼称）を祀った森の中のギュムナシオンである。そのためにこの学校は「リュケイオン」と呼ばれた。イタリア・ルネサンスの画家ラファエロが、ヴァチカン宮殿の「署名の間」に『アテネの学堂』というフレスコ画を描いている。この絵の真ん中にふたりの人物が立っているのだが、それがプラトンとアリストテレスである。プラトンは年老いていて、白髪で広い額を見せている。そして右手で上方を指していた。一方、アリストテレスは若々しい黒髪の青年で、やはり右手は下方を示している。これはあたかも、ふたりの哲学者の根本的な差異を要約して見せた、すぐれた絵画的表現となっていた。

プラトンにとって究極の現実は、「イデアの世界」に他ならなかった。それは「一者」（「善」「真実」「美」「正義」などでもあった）が存在する世界である。が、プラトンはこれらの本質が単に「一者」の諸性質だったのか、それともばらばらに各本質がそれ自体で全体をなして存在していたのか（つまり何らかの中景を各存在が領有していたということ）、その点については明らかにしていない。むしろ彼が推論しているのは次のようなことだ。もし世の中によい人々という実例が存在しているとすると（実際に存在している）、これは、彼らが「善」そのものの一部分を分けもっていて、それゆえに「善」は、すべてよいことの実例（これは永続するものではない）を越えた彼方のどこかに存在するということだろう。こうして「善」は他の抽象的な概念とともにあった。それはたとえば、われわれがディオティマの説明の中で見た通りである。美しい少年たちは、「美」そのものを幾分かではあるが有している。また、ソクラテスが死後、出会うことを楽しみにしていた「正義」もやはり、われわれがこの世で試みている正義の手順の実現、その不完全な試みの彼方に存在するものだ。つまるところ、われわれがこの世で知ることのすべては、究極のイデアのか弱い実例にしかすぎず、イデアはすべての物質的な実例の彼方に存在するということだった。このようにして、イデアの世界には、「テーブル」や「椅子」のイデアがあるにちがいない。それはわれわれがこの世で見る、テーブルや椅子の範型ということなのである。ラファエロが描いた半円のフレスコ画の中で、プラトンが指でさし示していたのはこのイデアの世界だった。つまりは、ディオティマの梯子の最上段の彼方にある究極の現実だったのである。

アリストテレスもまた下方を指さしながら、こんなイデアの世界は存在しないといっていた。そして、たとえ額の広いプラトンだとしても、こんな「現実」は幻想の中でしかのぞき見ることはできないともいう。イデアの世界は論理的にまちがえて思考した結果出来したもので、「エイドス」(アリストテレスはイデアをエイドス[形相]という言葉で表現した。エイドスはラテン語でフォルマとなり、英語のフォーム[かたち・形式]の語源となった)はそれが形を与えたものから離れて存在することはない。すべてのテーブルはたしかにフォーム(かたち)をもつ。つまり大工がそれに基づいてテーブルを作る、いわば構成の原理といったようなものである。大工はこの方針に基づいて、木の台に四本の脚をつけたり、あるいは脚を三本にしたり、あるいは彼が心に抱いている通りの本数の脚でこの台を支える。つまり、大工の心の中に存在するフォームがテーブルの形を作る要因となる。したがって、それは大工の心の中以外のところに、そして結局は大工が作ったものの中以外には存在することができないものなのである。別のいい方をすると、どこか別のところに絶対的な「テーブル」という概念が浮いていて、それが個々のテーブルに形を与えているといういい方は、まったく「抽象的なものいいで、何の役にも立たない」とアリストテレスはいっている。結局のところプラトンは観念主義者だった。つまり、物質的なものから離れて、イデアがいちだん高位の現実を構成していると信じていたのである。それにひきかえアリストテレスは物質主義者だった。が、彼は条件つきの物質主義者ということがいえそうだ。というのも彼は、人間の理性的な部分（プシュケ）、つまり魂が不死だという点についてはプラトンのいうことが正しいと思っていたからである。

しかしアリストテレスは、哲学者であるより、はるかに分類学者としての才にすぐれていた。ここでどうしてもいわなくてはならないのだが、アリストテレスは彼の師にくらべると、創造性という点についても、また、生来の関心の強さといった点でもいくらか劣るのではなかろうか。が、分類学者ということになれば、アリストテレスは古今第一だろう。偉大な学者だった。知識をたがいに違ったフォームに分類したのは彼だし（とりわけ哲学を自然科学から引き離した）、われわれが今日もなお使っているアカデミックなカテゴリーを作り出したのも彼である。したがって、西方世界のファイリング・キャビネットの中身については、その責任はことごとく彼にあるといってよい。だいたい、-ology, -ses, -icsなどという語尾をもつ言葉は、その大部分が彼の造語になる。分析（analysis）から生物学（biologyこれこそ彼が完全に発明した科学だ）、そして、形而上学（metaphysicsこれも彼のためだけの言葉だ）から気象学（meteorology）、さらには政治学（politicsつまり、政治の理論と実践の学問）から動物学（zoology）に至るまで、あらゆる言葉が彼によって作られた。

とりわけ彼は論理学に引かれていたようだ。実際、彼はこの学問の正式な発明者である。彼は理性的な思考のための基本的ルールをすべて考え出した。そしてわれわれがともすると、論理的なまちがいを犯しかねないあやまった考えをことごとく列挙した。アリストテレスはまた、原因を分類し、それを四つにまとめた（アリストテレスにとって物事の本質をつきとめることは、物事の原因をつきとめることに他ならなかった）。まず動力因（結果を生じさせるもの。「テーブル」の比喩でいえば大工）。第二が質料因（作動を受ける「物体」のこと。ここでいうと木材）。第三が形相因（本質。つまり動力因によって導入された「フォーム」［かたち］のこと。ここでいうと、大工の心の中にあるアイディア）。そして第四が目的因（ものが存在する目的。ここでは食べ物を供すること）。そしてアリストテレスは究極の最終原因として神を考えた。彼の神（不動の動者）はまったくわれわれの神とは異なるが（われわれの神は、世界を作りはしたものの、その中で関わるものを何ひとつもっていない）。アリストテレスはまた、三段論法を生み出したことで知られている。さらに彼はア・プリオリな論法（演繹法）とア・ポステリオリな論法（帰納法）との差異を指摘している。(6)

イギリスの偉大な古典学者ポール・ハーヴィーの言葉に、「アリストテレスの論理が、他のいかなる影響にもましてヨーロッパの精神を形作った」というのがある。しかし、アリストテレスがおこなった観察は時の試練をくぐり抜けることができなかった。とりわけ科学上の観測（たとえば天体の動きの観測）や、人間の性行動の目的が単なる出産にあるとする意見などはそうだ（ガリレオとカトリックの支配層との軋轢も、元はといえば、教会の高位の人々が信じて疑わなかったアリストテレスの宇宙論を、ガリレオが解明し覆したことによる。われわれの時代でも、カトリックの支配層との軋轢は、人間の性行動に対するアリストテレスの観察［すべての人々がすでにこれが不十分であることはよく承知している］に支配層の人々が、今なお固執していることに起因している）。しかし今日、アリストテレスの書物を読むことで生じるおもな問題点は、あまりにも流麗なプラトンの文とは異なる、退屈で単調な彼の文章である。

したがって、アリストテレスの知性上での本当の父は、彼の退屈な散文からではなく、その広範な興味からいっても、おそらくプラトンではなくハリカルナッソスのヘロドトスではなかろうか。そして、この意見には十分ないい分がある。ヘロドトスは紀元前五世紀のはじめに、小アジアの南西岸にある都市(イオニア学派の影響下にあったハリカルナッソス)で生まれた。ソクラテス以前の哲学者たちと共通していた点は、彼もまた飽くなき好奇心の人だったところだ。ヘロドトスは九巻に及ぶペルシア戦争の報告(『歴史』)を書いた。この戦争は、ギリシアの小都市国家群と果てしなく強力な帝国との間でおこなわれた長い戦争で、「ペルシア戦争」と呼ばれているが、この名称はギリシア側のつけたものだった。強国ペルシアをギリシアの東方に建てたのは、とても打ち負かすことなどできそうにないと思われたペルシア人である。彼らは当時知られていた世界のほとんど大半を領土としていた。このあたかも叙事詩に出てくるような戦いは、マラトンの原野ではじめられた。そののち、テルモピュライでスパルタの軍団が悲劇的な敗北を喫したりしながら、一一年後、紀元前四七九年に至ってやっと終結した。ギリシア軍の勝利に終わり、その結果、ギリシア人たちは、ひとつの国家として団結した意識をもつようになった。それも空前絶後の最強帝国(ペルシア)よりもすぐれた国家としての自覚を。(7)ヘロドトスは自分の報告を「ヒストリアイ」(調査)と読んだ。この言葉はやがて暗示的な意味(歴史)をもち、それが今日に至るまで保持されている。実際ヘロドトスは、彼に続く世代によって「歴史の父」と呼ばれた。しかし、彼の九巻に及ぶ書物が話題にする範囲は驚くほど深くて広い。たとえば第二巻ではそのほとんどが、ペルシアによって侵略された風変わりなエジプトの描写にあてられていた。ヘロドトスは歴史的な物語を語りながら、その中で物事を科学的に、考古学的に、そして人類学的に、民族誌学的に追求した。そしてこの方法において(またその驚くべき関心の多様性において)、アリストテレスの先達となったのである。

ヘロドトスの技量(雑談風の問いかけを果てしなく続けていくやり方)を受け継いだのが、彼のあとの世代に属するアテナイの歴史家トゥキュディデスだった。彼はこの問いかけをレベルアップして本格的なものにした。トゥキュディデスの主題は、アテナイとスパルタの間でおこなわれたペロポネソス戦争である。航海の術にたけたアテナイ人は、いくつもの海を結びつけることのできる位置にいた。エーゲ海から黒海、そして地中海へ、さらにはアドリア海から、ティレニア海に至るまで。ペルシアの敗北によってもっとも利益を享受したのがアテナイ人たちだった。やがて彼らは、ギリシアを救うために連合していたさまざまな都市国家の同盟を支配するようになった。しかしアテナイが徐々に力を増してくると、一見、全世界にまで及ぶかと思えるアテナイの影響力が、周辺に強い恐怖感を呼び起こした。そして、陸地に閉じこめられ、威嚇され続けていたスパルタとの戦いは避けがたいものとなったのである。数多くの小競り合いがあり、平和への試みもあったのだが、やがて紀元前四三一年に戦争がはじまった。戦いは以降ほとんど三〇年の長きにわたって続いた。トゥキュディデスは真剣に、自分の作品を「すべての時代に通用するもの」にしたいと思った。「いっときの印象をとどめ、ただ見せかけだけのために書かれた」さかしらで軽薄なものにはしたくなかった。彼はその引き締まった簡潔な散文を駆使することにより、ストーリーテラーの常套手段である印象的な効果をまったく避けた。むしろ彼は自分自身を科学者か医者のように思っていたのだろう。表面の現象の下を探ることにより、その下に横たわる原因を確定した。彼が厳密に区別をしたのは、戦争の口実（これはアテナイの同盟について、アテナイと他の弱小ポリスとの間で起こった確執）と戦争を引き起こした真の原因である。トゥキュディデスはこの原因を、アテナイのはてしのない拡張に対するスパルタの恐怖であると看破した。人々が戦争に参加するのは、「名誉や恐怖、それに利益」などの理由によると彼は結論づけている。この結論は以降、改良を加えられた形跡がない。ヘロドトスと違って、トゥキュディデスは神託や前兆といったものにまったく関心がなかった。彼の物語には神々がひとりとして登場していない。

現実をしっかりと真正面から見据えようとする彼の決意は確固たるもので、戦争（この戦争もそうだが、あらゆる戦争がこれに当てはまる）がどれほど社会の衰退をもたらすものかという点についても、彼の視点が揺らぐことはなかった。

実質的に、ギリシア社会の全体が身もだえをしていた。あらゆる国家で、それぞれの集団が対抗し、張り合っていた。デモクラシーを掲げる指導者たちは、それぞれアテナイ人を味方につけようとしていたし、寡頭制の支配者たちは、たがいにスパルタ人を自分の陣営に引き入れようと画策していた。……出来事が変化していくのに合わせるようにして、言葉もまたいつもの使い方を変えていかざるをえなかった。侵略を事とする、思慮の足りない行動とされていたものが、いつしか今では、集団のメンバーの中で人々が期待する勇気と見なされるようになった。将来のことを思い、ひたすら待機していることは、単に臆病者という言葉のいい換えにすぎなかった。中庸の考えなどというものも、ただ、自分の男らしくない性格を隠蔽する試みと変わりがなかった。あらゆる方向からくる疑問を理解できる能力は、その人物がまったく行動に不向きであることを意味した。熱狂的な意気込みこそ、真の男らしさのしるしだった。敵に対してその背後に回って画策をする。これこそ完全に正当な自己防衛だった。乱暴な意見をもつ者がつねに信頼され、彼らに対して異議を唱える者は不審者と見なされた。……その結果として……ギリシア世界全体にわたって、人々の性格の劣化が見られた。物事を素直に見る見方、これこそ従来は高貴な性格のしるしだったのだが、それが今では滑稽な性質と見なされるようになった。そのために、やがてこの見方をする者はいなくなってしまった。社会はふたつの陣営に分かれた。そして、それぞれの陣営の中では、仲間を信頼する者などひとりもいなくなってしまった。　　　　　　　　（『戦史』）

トゥキュディデスはつねに、皮膚の下にある頭骸骨を見つめていた。そのためだろうか、彼は抽象的な言葉をあたかもそれが彼のドラマにおける俳優ででもあるかのようにして使った。それはたとえば、攻撃、勇気、中庸、熱狂的な意気込みといった言葉だ。歴史を叙述するのに、彼は完全な不偏不党の公正さをもって臨んだ（これはおおむね成功したといってよいだろう）。が、彼のペリクレス（アテナイの防備を固めたリーダーで、実物より大きな人物として描かれている）に対する賞賛の気持ちは全編を通じて輝き続けていた。それは先祖伝来の都市に対する彼の愛情が全編に満ちあふれていたのと同様だった。

紀元前四〇四年、アテナイはスパルタとの戦いに敗れる。そしてこの敗戦からアテナイは、二度と立ち直ることはなかった。そして、またたくまにアテナイはデモクラシーまでをも失い、スパルタの僭主制の前で頭を垂れなくてはならなかった。しかしアテナイの息子ともいうべきトゥキュディデスは、ヘロドトスの切り開いた道をたどることにより、まったく新しい知識のスタイルを生み出した。それは哲学的な問答から完全に独立したものだった。もはや知識は、科学者や数学者、それに哲学者たちの専有物ではなかった。それはまた自然現象を観察し、その中から物事の本質を発見したり、あるいは世界の彼方にある世界について熟考を重ねる人々の専有物でもなかった。人間の行動（社会や政治、それに戦争や平和など）に深い注意をもって近づくことにより、もうひとつの知識が生み出された。そして、過去に思いをいたし、人間の出来事に深い考察を加えた結果、この知識は新しい原理を生み出した。それは、従来の哲学や科学によって打ち立てられたものとはまったく違う、人間を未来へ向けて導いていく原理だった。

6 芸術家——見方について

ダイダロスはギリシアの伝説上の芸術家である。青銅時代の終わり頃に生きたとされている。アテナイの建築家であり、また彫刻家でもあった。彼はクレタ島のミノス王に雇われて、曲がりくねった迷宮を設計した。「ラビュリントス」と呼ばれたこの建物は、ミノタウロスという名の、牡牛の頭をもち人間の体をした恐ろしい怪物を閉じ込めておくために作られた。ミノタウロスは人間の血に飢えていた。そのため怪物には、少年や少女たちを定期的に食べさせなくてはならない。少年少女たちは、ラビュリントスの中に入れられていたのだが、廊下が入り組んで作られていたために、とてもそこから逃げ出すことなどできなかった。それはまるで子供の頃に見た悪夢のようで、子供たちはミノタウロスに捕らえられては、次から次へと食べられてしまう。しかしついにひとりの少年（テセウス）が怪物を殺し、ラビュリントスから抜け出すことに成功した。それも、ミノス王の娘の王女アリアドネからもらった糸を頼りに、迷宮へ入った道順を逆にたどって、ぶじに引き返すことができたからである。

のちにテセウスはアテナイの王となる。彼のやさしさと勇気は伝説の材料にもなった。テセウスは、盲目となり追放されたオイディプス王に避難所を与えている。そして死んでからのちもテセウスの魂は、戦時にアテナイの人々を励まし続けたという。紀元前五世紀になってもなお、マラトンの戦いのさなか、彼は幽霊のような巨人の姿で現れ、アテナイ人といっしょにペルシア軍と戦ったといわれている。クレタ島のラビュリントスは、西洋の芸術や文学の中に繰り返し現れた。その現れ方はさまざまである。シャルトルの大聖堂。これもまた、中世の床の上にそびえ立つラビュリントスだった。そしてスティーヴン・キングの『シャイニング』。ここでも現代のラビュリントスから逃れようとして、狂った牡牛のような父親をまんまと出し抜く少年の姿が描かれていた。原作を映像化したフィルムを見た人は、父親役のジャック・ニコルソンを何の苦もなくミノタウロスに重ね合わせることができただろう。

年老いたダイダロスはなお、ミノス王によってクレタ島にとどまるように命じられていたのが、彼はひそかに島を逃れる工夫を考え出していた。一対の翼を作り、それで島から飛び去ろうというのである。

彼は羽をきちんと並べた。すべてを順序よく。はじめに小さなものを並べ、次に長いものを順に（そうすれば、スロープをなして羽は徐々に大きくなっていくだろう）。それは、田舎の人たちがよく吹いていた笛のようなもの。長さの違った葦を並べて、徐々に大きくしていく。あれと同じだ。そして彼は、並べた羽の真ん中あたりをより糸でつなぎ合わせ、根元の部分をロウでしっかりと留めた。こうして形を整えると、彼はそれを少し曲げた——

するとそれはやっと、鳥の翼らしくなった。

これはオウィディウスが『変身物語』で語ったダイダロスの話である。ダイダロスの名は「巧みな制作者」を意味する。「知られざる技術に取り組み、自然を改変する」能力をもつ男という意味で、つまりそれは底知れぬ力をもつ芸術家のことだった。ダイダロスは愛する息子イカロスのために、さらにもう一対、少し小ぶりな翼を作った。そして息子に忠告をして「真ん中の道を飛ぶのだ」といった。あまり低く飛んで海の飛沫に羽を濡らさぬように、そして、今度は逆に高く飛びすぎて、太陽の焼けるような熱でロウを溶かさぬようにと注意した。

年老いた男は作業を進め、息子に諭した。彼のほおは涙で濡れた。そして心配のあまり、手は震えはじめた。

さて、ふたりは陸を離れた。ダイダロスが先を飛び、キクラデス諸島の上空にさしかかった。

下では、しなやかな竿を手に、釣り糸を垂れていた漁師が、ふたりの姿を見た。さらに羊飼いは杖にもたれて、農夫は鋤の柄にもたれながら、やはり親子の飛ぶ姿を見ては、腰を抜かした。
彼らはてっきり、神のようなものが、
空を飛んでいるにちがいないと思った。

たしかに芸術家たちは、彼らが成し遂げた仕事を見れば神のようにも見える。が、ダイダロスが抱いた心配はまったくの杞憂ではなかった。イカロスは「有頂天になり／大胆になった」そして、「空の広さにうっとりとなって、／さらに高みへと飛んでいった」。そして太陽はロウを溶かし、イカロスはエーゲ海へと墜落してしまった。落胆した父親(「この言葉は今ではもう虚しい」)は、「最愛の息子」を現在イカリア島として知られている島に埋葬した。

クレタ島の物語というこの神話の輪は、以後千年余にわたって反響を投げかけることになる。その影響は、トマス・マロリー(一四〇〇?―七一)の『アーサー王の死』からリヒャルト・シュトラウス(一八七〇―一九五四)の『ナクソスのアリアドネ』に至り、ジャン・ラシーヌ(一六三九―九九)からユージン・オニール(一八八八―一九五三)にまで及んでいる(ふたりの劇作家は『フェードル』と『楡の木陰の欲望』を書いた。ともに成人となったテセウスと、彼の第二の妻パイドラが演じた性の悲劇をベースにして書かれている)。中でももっとも記憶すべき反響のひとつは、たしかに、ジェームズ・ジョイスによって使われた典型的な芸術家としてのダイダロスだろう。それは、大きな危機に立ち向かいながら、なお一か八かの賭けを試みるダイダロスの姿である。ジョイスは『若い芸術家の肖像』の中で、主人公の芸術家スティーヴン・ディーダラスを創造した。ディーダラスはやがて『ユリシーズ』の中で、これから青春期を迎えるテレマコスという、かなり両義性のある人物として登場することになる。

アガトンは自分の家で催した酒宴で演説をおこなったが、その中で韻を踏んだ詩句をふんだんに使った。が、この韻というものを、ギリシアの古典期に生き、地位もあり教養もあるギリシア人たちはことの他軽蔑した。それはこうした詩句が、市場でものを売る商人の気配を感じさせるからというだけではなかった。それはまた、四六時中韻を踏んでいる語が、いかにも自国の言葉に対する無関心を表しているようで、彼らにはそれを聞くのが耐えられなかったからだ。もし本気になってあなたが自国のギリシア語を考えているのなら、当然、あなたはそんなに子供じみた、調子ばかりのいい言葉づかいをすべきではないというのだ。しかし、このように韻を含んだ言葉は、ひょんなところで偶然に入り込んでくる。したがって、まっとうな人は演説をする際にも、十分な注意をして不用意な詩句の侵入を避けるべきだという。が、そうはいっても言葉の偶然というものはどうしようもない。とりわけギリシア語においてはそうなのだ。思わず知らずに韻を踏む言葉も出てくるし、とくに単語の音が奇妙なまでに似通ってしまう場合がある。これについては手の施しようがない。したがって、このようにわれわれの制御をやすやすとくぐり抜ける言語上の現象は、かならずや「何かを意味している」にちがいない。そうギリシア人は考えた。そこには「ダイモニア」(「ダイモニオン」の複数で、「ダイモン〔神霊〕のようなもの」という意味)がある。つまり、神の意思を示す手がかりがあるにちがいないと思った。そしてこれを識別できるのは、仲間の中でもとりわけ深い学問のある者に限られるとした。このような推理の道筋が、ピュタゴラス学派の人々に確信させたことは次のようなことだった。ある種の押韻や脚韻(それは何らかの前触れに満ちたものとして、彼らを圧倒したのだろう)に出会うことにより、また、相互の言葉に見られるきわめて似通った音に注目することにより、これまで隠されていた意味の深みを探り当てることができるのではないかということだ。さらにはまた、ギリシア語の驚くべき豊饒さがこのような言葉の奇癖を、他の古代言語で見られるものよりいっそう風変わりなものにしていたということもいえるだろう。

人間の言語はおのおのが長所と短所をもっている。それはたとえてみると楽器のようなもので、各言語は、それぞれの集団が自分たちの固有な情報や考え、それに感情を表現できるようにうまく工夫されている。たとえばヴァイオリンとトロンボーンでは共通するところがほとんどない。しかしふたつの楽器は同じメロディーを奏でることができる。が、奏でられたメロディーは使われた楽器によって音色が違うし、聞く者にもまったく異なった印象をもたらす。言語についていうと、たとえば古代ヘブライ語は張りつめていて簡潔な感じがする。むだのない筋肉ばかりの砂漠の言語である。それは、言葉の動きや効果といった点でもきわめて経済的で、砂漠に生きる遊牧民の活動を思わせる。遊牧民たちはたえず脱水症の恐怖に見舞われているために、つねに次の動作へ移る前には考え、そして言葉を口に出す前にもまず考える。つまりむだな動きを極力抑えるのだ。一語ですますことのできるときには、けっして二語を使うことはしない。黙っていて意思が表現できるときには、けっして一語たりとも口に出すことをしない(ヘブライ語聖書[旧約聖書]の詩句の中には、沈黙の内に意味が含まれているものが少なからずある)。さて、それに反して古代ラテン語は、記録の保存や単純な格言の表現、それに、人を服従させるための道具としては、まさにうってつけの言語といってよいだろう。極度にけちな農夫たちの集団だった民族が、土地を収奪して土地の開発業者となり、植民地の主人となって、最終的には、全世界を当然自分のものだと考える帝国主義者へと変貌していったわけだが、この民族にとってラテン語はまさしく完全無欠の言語だった。そして、ウェルギリウスのような詩人が途轍もない努力をした結果（懸命になって彼はホメロスを模倣した）、ラテン語は鍛えられ、かろうじて詩の感情的な抑揚や思考の微妙な動きを表現できる道具となった。しかし、いかに努力を重ねても、古代ローマの劇作家のだれひとりとして、ギリシア人が成し遂げた高みへ近づくことはできなかったし、独創性に乏しいローマの哲学者たちは、ことごとく、ギリシアの先達たちの弱々しい模倣者に終始してしまった。

古代の言語は語彙が非常に少ないのがその特徴である（世界はなお若く、名前の付けられた事象も今日われわれが目の前にしているものにくらべると、はるかに数が少なかった）。が、その中でもギリシア語は例外だった。古代ギリシア語の辞書に収録された言葉の豊饒さは、それを学ぶ学生だけではなく、言葉の専門家をも仰天させるほどだ。そこにはさまざまな人々の語彙が流入している。スパルタ人、アカイア人、アテナイ人、ボイオティア人、アイトリア人、エウボイア人、テッサロニカ人、マケドニア人、リュディア人、イオニア人、さらには、アドリア海やエーゲ海に浮かぶ島々、シチリア島や南イタリア、それに黒海沿岸の植民地出身の人々まで、あまたの人々がそれぞれに、見事なまでに濃淡のある地方の語彙をもち込んで、ひとつの言語を作り上げていた。したがって古代ギリシア語は譬えてみると、いろいろな楽器が寄せ集まった巨大なオーケストラのようなものだった。そのために、このオーケストラは驚くべき洗練さをもつ音の転調や抑揚を奏でることができた。ギリシア人はユダヤ人と違って、おしゃべりをやめることがけっしてできない。そしてこのような特徴をもつ人々の常として、彼らのもっともお気に入りの話題はきまって自分自身のことだった。

これも譬えだが、古代ユダヤ人の図書館は、二四巻の巻物（スクロール）というコンパクトなキャビネットに丸ごと収まるほどだった。それにくらべるとギリシアの図書館に収められた本の数は数え切れない。語彙の豊饒さというだけではない。自然のなりゆきなのだろうが、ギリシア語は次々に話題を変えながら進行する。あちらへいったりこちらへきたりと、たえず曲がりながら進む。エレガントなリフレインがあるかと思えば、デリケートなヴァリエーションが現れる。それはまるで支流へと流れ込む春の川のようだ。あるときには曲がりくねって細流となったり、また、あるときには淀んで泡立ちながら流れていく。たとへあなたが他の言語で考えたり、話をしたりしているときでも、頭のうしろの方では、ギリシア語が茶目っ気たっぷりに頭の中をひっかいていたり、あなたの考えをこすり取ろうとしていることさえある。ギリシア語はヘブライ語のように、簡潔であることはまずない。が、それはたえず力を貯めていて、隙あらば飛び出そうと待ち構えている。また、ラテン語のようになめらかで小ぎれいでもない。ギリシア語はむしろ逆で、経済学者のグラフのように激しいアップダウンのある、とげとげとした言語といってよいかもしれない。したがって、ヴァージニア・ウルフ（一八八二—一九四一）が狂気に陥ったとき、彼女は小鳥が古代ギリシア語で歌うのを聞いたというのは、まんざら不思議なことではないだろう。ギリシア語は彼女の父親から教わったものだった。その後何年か経って、ウルフはふたたび、小鳥たちが同じ言葉で歌うのを聞く。そのとき彼女は、自らの出発の時がやってきたのを悟った。そして、ポケットを石でいっぱいにすると、ウーズ川へと歩み入った。

ギリシア人は自らの優越という祭壇に礼拝を捧げるあまり、他の言語を学ぶことを拒否した。そして彼らは、他の言語はことごとく幼児語のように不完全なものだと確信していた。野蛮人が「バア、バア、バア」と訳の分からないことを片言で話していると思っていた。もしギリシア人が他の言語を学ぶことを厭わなかったら、おそらくピュタゴラス学派の人々はまた、相対化された文化の中から何らかの教訓を学んでいたにちがいない。そしてギリシア語の中でたまたま見られた音の類似を、この世のものではない道しるべだなどと思いあやまることもなかっただろう。しかし、ギリシア風でないものに対するたえざる軽蔑の念（これはあきらかに、ギリシア人の優越感の裏側にあるものだ）が、ト・ヘレニコン（ギリシア人のもの）を彼らの身近なものだけに限定してしまった。そしてそのことによってギリシア人は、自ら、感覚の文化的な「他花受粉」（ある植物の花粉が他株のめしべの柱頭につく受粉）への道をふさいでしまい、ひいては、外部の影響を吸収する能力の発育をも阻止してしまったのである。

古典期のギリシア人が典型的な階級差別者であり、性差別主義者であり、人種差別主義者であることを知るのに、それほど長い間、葡萄酒色の海を航海する必要はないだろう。また、軽蔑の誇示のうしろに隠れるようにして、理性に基づかない恐怖感が潜んでいることを理解するのに、さほど強力な洞察力が必要なわけでもない（われわれの考え抜かれた雄弁が、野蛮人の片言という汚点をことごとく追い散らしてしまうのではないのだろうか。われわれの元気のよいデモクラシーは、風通しのよいアンドロン［男子の部屋］のようなものではないのか。そしてそれは、結果として、他の政治システムをすべて使い古された仕組みだと決めつけてしまうのではなかろうか。たしかに、自由市民の唯一の仲間は自由市民である――しかしそれにしても、なぜ、奴隷たちはいつもいつも、あんな大失態ばかりを演じているへまな奴らなのだろうか。だいたい私は、トレーニングの結果もっともらしい風をしているが、いってみれば鍛錬された強さの典型にすぎないのではないのか——それにしても、ギリシア社会の中で、女性でいることは何とひどいことなんだろう。これではまるで、女性は弱々しく、出口のない穴蔵のようではないのか。彼女たちは、肉体においても精神においても不完全だとされている。これは蛮族の言語が、音においても意味においても不完全と見なされているのと同じだ）。私は思うのだが、これらの卓越した模範的なギリシアの人々は、どれほどしばしば、耳元でやさしくささやきかける問いかけの声を聞いたことだろう。——しかし、野蛮な人々が、あなたにいくらか似ているということはないのですか。あなたは、普遍的な人間性というものを奴隷と分けもってはいないのですか。だいたい男と女は、それほどまでに違ったものなのですか、あなたの中に女性的なものがひとつもなく、女性の中には男性的なものがひとつもないほどに。「他者」に対する恐怖感があまりに深く内在していたために、たしかにギリシア土着の神であるディオニュソス（もっとも初期の時代にさかのぼってみてもなおそうなのである）でさえ、つねによそ者（他者の模範）として語られていた。ディオニソスは退廃した東方から流れ込んできた者と見なされていたのである。しかし、ギリシア人の「他のもの」に対するアンビヴァレンス（相反する感情）がもっとも顕著に見られるのは、何といってもギリシア芸術における「ねじれとゆがみ」においてだろう。

タレスが幾何学を創造したときと同じように、ギリシア美術やギリシア建築の起源もまたエジプトの測量法にあった。もちろん、ギリシア人の芸術に他の要素が影響を与えたということはある。現に、ホメロスの時代やさらにそれより前の時代から、われわれの時代へと受け継がれてきた初期の小像や陶器類などは、そのほとんどがフェニキア人やメソポタミア人、それにサハラ砂漠以南のアフリカ人の影響の下に作られたものである。それらは故郷を遠く離れた場所で伝統として伝えられてきた芸術的手法をしっかりと模倣していた。が、それが紀元前七世紀や六世紀になると（抒情詩人やソクラテス以前の哲学者たちが活躍した時代である）、エジプトがギリシアに新たなインスピレーションを与えることになる。それより前の時代には、神殿にしても彫像にしても、ギリシア人は巨大な建造物というものをいっさい知らなかった。ギリシアの神殿は小ぢんまりとしていて、泥のレンガで作られ、木材で補強したほんの一時しのぎの建物だった。それに軍事用の金工細工を除けば、造形的な芸術といっても、幾何学模様を施した陶器のたぐいと、木や粘土でこしらえた奉納用の供え物くらいしかなかった。それも、ほんの数インチの大きさの神や人間をかたどった素朴なもので、神の恩寵を願ったり、謝恩の気持ちを込めて小さな神殿に置かれるために作られたものにすぎなかった。

が、やがてギリシア人たちの中には、物質的に豊かになると、外の世界へ旅行に出かける者が出てきた。それにつれて、北東アフリカがより魅力的なものとしてクローズアップされてきたのである。だいたいが、東方の敵ペルシアの広大な土地とくらべると、アフリカの方が断然ギリシア人を暖かく迎え入れてくれた。こうして旅行者たちは、ゆったりとして変化の少ないファラオの故郷で、見る者に畏怖感を与える建造物や、堂々として立派なファラオや神々の像をながめては、そのすばらしさに賛嘆の声を上げるのだった。このような途方もなく大きなものを作り上げるのに建築家や芸術家が必要としたのは、正確な測量に基づく精密な計画だったろう。エジプト人が、ギリシアからやってきた客人に提供したのもこうした技術だった。もちろんそれといっしょに、石を切り出して加工する方法も伝授した。その結果が、のちにギリシアの主な都市で展開されることになる新しい建築のプログラムである。そしてそれがそのまま時を経て、西方世界の視覚上の環境を作り上げる主要な要素となったのをわれわれは見ることができる。

ギリシア人はエジプトから途方もなく巨大なものというアイディアを拝借したのだが、現実に作り出したギリシア人の仕事を見ると、そこにはすでにギリシア人特有の表現が現れていた。新しく作られた神殿（やがてそのあとには、他の公共建造物が続くのだが）は、今では大きく、そして耐久力のあるものとなった。それは石で作られ、丘陵の斜面に建てられた。やがて人々がそのまわりに住むようになり、神殿は人々の集落の上に高くそびえることになる。エジプトの建物は、上からのしかかってくるようで気味が悪い。どの建物もどっしりとした壁をもち、近づきがたい入り口を構えていて、そこには、花崗岩で作られたファラオの像や、無表情な動物の神々の像が立ちならび、巨大な石の守護者のような役目を果たしていた。それはまるで、上方から威圧しているかのようだった。それにくらべると、ギリシアの建物はだいぶ様子が異なる。神殿はけっして「お辞儀をしろ。中に入るな」などと怒鳴ることもしない。むしろ、泥と木で作られていた昔の質素な建物と同じように、新しいギリシアの建物も周囲の環境と調和を保っていた。それは建造物があたかも風景そのものから成長してきたかのようだった。壁はほとんど目にとまらないほどで、見る者の前にあるのは、優雅な階段状のポーチ（玄関）である。そこにはどっしりとした、しかし細身の柱が立っていて、控えめな角度をなして傾斜する屋根へと達していた。神殿の周囲を囲んでいる列柱（コロネード）は、風通しのいいあけっぴろげの風体で、人々に階段を上り、神殿内へ入ってくるようにと誘っている。建物に近づくと上方に見えるのは、柱と屋根の間を水平に走る、装飾の施されたフリーズ（小壁）である。

驚くほど変化に富んだギリシアの風景が、世界でもっともドラマティックといってよい背景を提供している。そしてそれがまた、この新しい建築上の冒険に力を貸していた。荒涼として目がくらむような丘が突然途切れ、下方へと落ちていくと、そこには優美な谷が広がる。陸地のはるか先には海の波が光っている。海をよぎっているのは、ごつごつとした半島と経帷子に覆われたように真っ白な島々である。

それらがいっしょになって眼前にドラマを繰り広げていた。光と水と草木とがたがいに協力し合って入り江を形作っている。海岸線の近くはアクアマリンの淀みが色鮮やかだが、さらに遠くをながめてみると、海の色は紫がかった赤みを帯びている。それはあたかも、葡萄酒色をしてきらきらと輝く海面下の水底で、フェニキアの紅い布がはためいているようだ。今日、われわれは、アテナイの壮大なアクロポリスに上ることができるし、眼下に青い海の広がるスーニオン岬の先端で、日の光をさえぎって立つポセイドンの神殿の遺跡を訪れることもできる。また、パルナッソス山の荒々しい中にも気分を引き立たせてくれる山腹、その山腹にある深い神秘に包まれたデルポイの遺跡へ上っていくこともできる。そうして、われわれが心の奥底から感じるのは、古代のギリシア人たちがどれほど彼らの土地の風景を愛したかということだった。それは風景に対して人間が高い評価を下すようになる以前、それも二五〇〇年以上も昔の話なのである。

しかし建築的な要素といっても、それらがすべて一時にギリシアの建築に取り入れられたというわけではない。すべてが最適なプロポーションを形作るまでには、いくつもの実験的な試みがなされた。巨大な神殿を建てる試みとしてもっとも初期に試みられたものは、のちの神殿が天駈けるようで、重さというものを感じさせないのにくらべると、いかにも地面にくくりつけられているようで、うずくまった形に見える。しかし何度か試行錯誤を重ねる内に、建築家は建物のかさと線との間に理想的ともいえる関係を作り出すことに成功した（ラテン期の詩人ホラティウスはこれを「アウレア・メディオクリタス」［黄金分割］と呼んだ）。彼らがのちにおこなった仕事は、今では廃墟の形で見るしか手はないのだが、それでもなお、精神を高揚させる力がそこに潜んでいたことを十分に感じ取ることができる。この効果はおそらく、彼らが柱のプロポーションを処理した方法によるところが大きかったかもしれない。柱は基底を堅固なものにし、屋根へと向かうにつれて先細りの形にしてある。そして実際は、柱をやや内側に少し傾けて立てていた。そのために一見まっすぐに見える柱は、ややカーヴがつけられていて、そのままでは視覚上の幻覚で外側に開いて見えてしまうのを矯正していた。時が経つにつれてギリシア人の建築家たちは、このような建築上の洗練を多く学ぶことで、プロポーションをさらに高度なものにしていった。そして、彼らの仕事をますます目で見て心地のよいものにしていったのである。

神殿内の神像が安置されているところを「ケラ」という。神殿の中心部にある壁で囲まれた部屋である。ここに入ると目の前には、神殿がそれに捧げるために建てられた神や女神が、巨大な像の形をして立っている。高さは何メートルにも及ぶ。これこそ人々が思い描いたままの神や女神の姿だった。像はランプの光で照らされていたが、しばしば像の前に浅い水がたたえられていて、それが光を反射して、さらに像を照らし出している。中心に像が安置されているこの「内部の聖所」は、とりわけエジプト風ではない。というのもここは、リンカーン・メモリアルと同じで「立ち入り禁止」の場所ではなかったからだ。神の像の他にもなお建築家は、彫刻家に腕をふるう機会を与えている。それはファサード（建物の正面）にあるフリーズである。これは屋根を支えるコーニスと、柱の上部のアーキトレーヴとの間を走る、細長い水平の帯状の空間である。この空間が彫刻家に、連続したパネルの上で物語を丸ごと語る機会を与えていた。ファサードのティンパヌムは、傾斜した屋根とコーニスによって形作られた細長い三角のパネルなのだが、ここもまた彫刻家に、群像の劇的な情景を彫りつけることのできる絶好の舞台を提供した。

しかし紀元前六世紀になると、巨大な彫像にひとつの変化が生じる。それは巨大な像が、等身大の大きさかそれより少し大きな彫像となり、神殿を抜け出て、公園や市場などに立つようになったからである。像は戦闘や神々、それに傷つき倒れた英雄たちを記念して立てられた。ここに至ってはじめて、人々の住む新しい集合体が形作られるのだが、そこには神殿があり、少しあとには劇場が加わり（「ストア」——今日のショッピング・モールの先駆けのような覆いのついた歩道——のように幾分公共建造物とはいいがたいものもそこにはあった）、さらには巨大な記念物がところどころに置かれ、公に開放された広場（アゴラ）もあった。そしてこれらの集合体の外観や、そこで営まれていた市民の生活が、そのまま、現在われわれが知る都市（ポリス）の風景となっていった。それは喧噪に満ち、雑多な感じがして、多くの必需品を給しはしていたものの、本質的には現世的な空間だった。が、この集合体にはまた、隠遁と静謐のために、既存のものに取って代わる心地のいい場所もあった。

アルカイック期（紀元前七世紀末から紀元前四八〇年頃までの期間をいう。ギリシア文化の古典期に先行した時期を指す）に作られた大きな彫像は、堅苦しい対称性によっておのずからその起源がエジプトにあることを明かしている。それはエジプトの伝統的なグリッドによる方法に基づいて作られていた。グリッドによる方法とは、人体の形状をグリッド（碁盤目）の中に厳密に割り当てることにより、人体の構造を隅から隅まですべて抽象的なパターンでとらえ直すやり方である。この時期に好んで描かれた人間の像は「クーロス」（図1。直立裸身の青年像）と呼ばれる青年像だった。これは戦いで倒れた英雄を記念した像で、いろいろな場所で広い範囲にわたって作られた。その後、表現のスタイルは激しく変化していくのだが、クーロスという男性の絶頂期＝青年を描く彫像が、つねにギリシア芸術の中心をなしていたことに変わりはなかった。この男子の像は、他の視覚上の実体（彫像）にくらべると、はるかにその数でまさっている。たしかにこれはギリシア人の理想を表現したものなのだろうが、それだけではない。最終的にそれは、ギリシア文明の下に横たわっているオブセッションに対して、われわれの注意を喚起するものではないのだろうか。

エジプト人のやり方を採用したギリシアの彫刻家たちは、当初、肉体の形をすべて、端から端まで几帳面に配置することに拘泥した。たとえばそれは、頭と両肩のスペースの関係、あるいはまた、鎖骨と胸との関係、トルソー（胴部）と両腿との関係など、すべての比率を正確に、エジプトから受け継いだままに踏襲していた。両腕は両方の脇腹にきちっとつけ、こぶしは固く握られている。左の足はつねに一歩前へ踏み出されている。しかしここにも、はじめからギリシア人の打ち出した刷新とおぼしきものがふたつばかりあった。それはまず、彫像の対象がはっきりと青年だったこと。通常、エジプトで作られる肖像はきまってひげを蓄えた大人の像だった。そして、第二の特徴として挙げられるのが、描かれた青年がことごとく裸であったこと。エジプトの彫像はかならず腰にスカートをつけている。それがギリシアの彫像にはない。裸体なのである。ギリシア人は生活の中でも、芸術においても、ことの他男性の裸体を好む傾向があったが、これは近隣の社会にとってははなはだ厄介なものとして映った。周辺の社会では、男性が極端に内気で恥ずかしがり屋だったわけではない。彼らは完全な裸体になること（少な

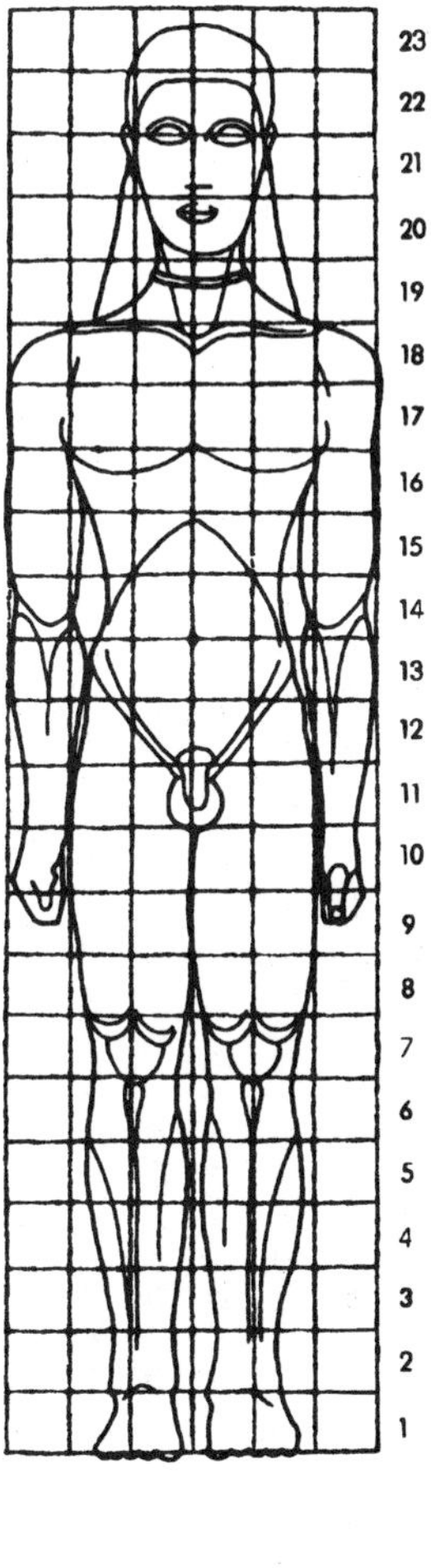

図1　古代エジプトのグリッド法で描かれた人体。「クーロス」像の下絵

くとも公衆の前で裸になること）を、屈辱以外の何ものでもないと考えていた。奴隷や下層階級の労働者たち（たとえば漁師や石切工など）は、労働の最中にときどき裸になって働く。が、社会的に身分の高い者は、あらゆる形の肉体労働から免除されていたために、必然的に衣類を身につけていたのである。

しかしそれなら、どうしてギリシア人だけが裸体について違った考えを抱くようになったのだろう。それは単に周囲の社会と違っているというだけではない。芸術の歴史を通してながめて見ても、ギリシア人の伝統は他とまったく異なっている。だいたい裸体についていえば、他の社会ではたとえそれが描かれるにしても、これほど四六時中というわけではないだろう。たいていはときおり登場してくるにすぎない。ただし、外国の芸術の伝統をながめてみると、ひとつだけ際立って目につく例外がある。それは紀元一〇世紀頃、インドの神殿に彫りつけられた彫刻だ。しかしこれにしても、元をたどればギリシアの彫像をモデルにして作られたものなのである。このようにしてギリシア人の選択したスタイルは、そのまま西洋芸術へとつながっていった。それは、もっとも早い時期のアルカイック期ギリシアからローマの崩壊へ、そして初期ルネサンスから現在へと続いていく（途中で慎み深い中世に遮られたとはいえ。中世においては、アダムとイヴだけが唯一、主題を裸にするいいわけを芸術家に与えてくれた。アダムとイヴにとって、裸で描かれることは何といっても必須で不可欠な条件だったから）。しかし、ローマやルネサンス、それにのちの芸術家は、ことごとくギリシアの手本を意識的に模倣している。したがってわれわれは、質問の答えを求めようとすると、やはりもう一度、ギリシアの手本にまで引き返して、これに向き合うしか手はない。

さてそれでは、人々が公衆の面前で裸をさらすこと（仕事中、運動をしているとき、酒宴のようなお祭り気分のときなど）が、クーロス（青年裸像）にとって、裸で描かれることの先例となったのだろうか。あるいは、至るところで陳列されているクーロスの存在が、人々に対して、公衆の面前で裸になることをむやみにせき立てることになったのだろうか。この点については学者の間でも意見の一致を見ていない。しかしこの場合、もっとも分別のある推測は、やはり芸術が生活を模倣していると考えることで、その逆ではないだろう。が、しかし同時に、裸ということでいえばたしかに、生活にくらべて芸術の方が優位に立つのは当然のことかもしれない。芸術ということになれば、あらゆる機会が裸を描く機会になるからである。ギリシアの戦士の場合を考えてみようか。戦士が芸術の中に登場するときには、ほとんどの場合衣服をまとっていない。が、その戦士といえども、戦場で真っ裸になって戦うほど気が動転することなどまずあるまい（ほとんどの戦士たちは重い鎧を身にまとっている）。また、どんな運動競技者でも、裸のままギュムナシオン（体育場）を出てアゴラを通り抜け、ぶらぶらと散歩する者などいないだろう。いかに飲んだくれた酒宴の客といえども、前夜、酔った勢いで裸になり、公衆の見せ物になったとしても、翌日の真っ昼間に、日の光の下で裸になる者はいないだろう。

社会が裸になること（中でも若い男性の裸に限るが）を奨励するのは（それが彫像においてであろうと、ギュムナシオンの中においてであろうと）、社会のもつ特別な慣例（社会的に認可された男色）の別の面を表明したものにすぎないのだろうか。もしこれが真実だとすると、われわれは彫像の中にもっと性的なものを見つけることを期待してもいいのではないか。だいたいクーロスはけっしてペニスが勃起した姿で彫塑されることはない。実際、アルカイック期からこの方、芸術家たちは非常に大きな柔軟性を勝ち取り、彫刻の媒体を自由にコントロールすることができるようになった。それなのに、クーロスのペニスは、ギリシアで描かれた他のすべての男性のペニスと同様、まったく小さくしぼんでしまっていて、それを見た現代の男性のほとんどを当惑させてしまうほどである。もちろんそこには例外もある。奴隷や外国人がそれだ。彼らはつねに醜い姿で描かれ、ときには巨大な性器をもった姿で描写されることもある。それは、ディオニュソスのサテュロスたちがたいてい不格好で、気の狂ったような様子をしているのと同じである。さらに、飲めや歌えの乱痴気騒ぎ（オルギア）やベッドルームの性行為を描写する芸術家たちも、そこでおこなわれている行為を正確に示すことには、いっこうに恥ずかしい思いを抱いていない。しかしこの種の場面はすべて、壺の表面（そこには奴隷、外国人、サテュロス、オルギアなどが描かれた）や鏡の裏面に描かれたもので、けっしてそれは公に見せるためのものではなかった。もっぱらそれは個人の性的な快感のために描かれたものだったのである。

性的な情熱というものは、すでにわれわれが見てきた通り、エロスという名の神である。したがって、性的情熱にとらわれることとは、神によって打ち負かされることを意味した。もちろんこれに対して人間は屈服せざるをえない。神に打ち勝とうとすること自体まったく無分別なことだったからである。しかし相手がだれにせよ、打ち負かされるという考えは、ギリシア人にとって屈辱そのもので、とても高級芸術の主題にふさわしいものではなかった。性的な情熱に対して現実的であること、つまりその存在を認め、あからさまにそれを名指しして、騒々しくそれを楽しむことと、その情熱に対してアゴラの中で第一位の場所を与えることとの間には大きな隔たりがあった。そのためにオルギアは当然、酒杯にふさわしい主題となり、セックスは閨房の鏡を飾るにふさわしい題材として珍重されたのである。しかし、この両者は断じて公共の場所に属することはできなかった。そこでは典型的な威厳が支配していたからだ。したがって公共の場では、男性のペニスを描いたり、彫刻したりするときにはいくらか控えめにしておくにしくはない。戦いの最中のように、あるいは激しい運動をしているときのように、また、ジェームズ・ジョイスがホメロスの形容辞をパロディー化していったように、「陰嚢が引き締まる海」から現れるときのように、ペニスを股間に引っ込めておくのがいちばん安全な方法だった。運動競技者が知らされていたのも、包皮を固く縛り上げることだった。まるでソーセージの袋のように。それもこれも、運動をしている最中にいつの間にやらペニスが勃起していたという喜劇を避けたいがためだった。

しかしながらここに、どのような描写がなされようと、それがあまりに刺激的だなどといわれることのない領域がある。それが劇場で演じられる喜劇の世界だった。したがって喜劇役者たちは、観衆の注意を彼らの性器に引きつけても、いっこうに咎められない唯一のギリシア人たちだったのである。彼らは巨大なペニスと睾丸を携えて登場する。ペニスはパタパタと揺れて、ほとんど膝のあたりまで垂れている。これでは道化の赤い口と同じでまったくエロティックではない。しかし『女の平和』の舞台では、セックスを渇望する男性のコロスが、屹立した巨大なペニスをつけて登場する。あきらかにペニスは勃起している。これは俳優たちがサテュロスを演じるときと同じである。俳優たちはつねに、腰の固定用ベルトに勃起した「パロイ」(男根)をつけて舞台に登場した。成就する見込みのない性的な情念(成熟した女性パイドラはテセウスの妻だったが、ハンサムな義理の息子に恋焦がれた)は、エウリピデスが書いた『ヒッポリュトス』の主題とされていた。劇はもちろん悲劇的な結末を迎える。しかし、これは異例ともいえる劇作家が書いた作品の中でも、なお例外的な作品である。ギリシアの芸術において、直接セックスに言及しているものは、だいたいが野卑で、肉欲的なものか、滑稽なもの、あるいは個人的な使用のために作られたものに限られていた。したがってそれは、クーロスの公的で慎ましやかな側面をもっぱら強調する役割を果たしていたのである。しかしクーロスの際立った存在は、なおわれわれに難題を投げかけている。

何といっても裸体が送りつけてくる信号は屈辱であり、恥である。この感情はギリシアの近隣の者だけに限らない。人間の歴史を通じてそうなのである。公衆の前で裸にされることの意味を思い出したければ、ナチスのことを考えるだけで十分だろう。やせ衰えて裸にされた犠牲者たちが、中央ヨーロッパにあるガス室へと放り込まれ、殺されて、集団で墓穴の中へと投げ入れられた。ソマリアの首都モガディシュの通りでも、死んだアメリカの兵士が裸で引きずり回された。ローマ人たちは十字架刑のもたらす意味をよく知っていた。この刑罰の不面目はそれが与える手ひどい苦痛にあるのではなく、犠牲者が公衆の前で裸になって死ぬことにある、という事実を彼らはよく心得ていた。イエスの断末魔の苦悶によって引き起こされる肉体上の震えが、それを見る者すべてにとって、ある種のショーのような役割を果たした。(1)が、裸が示しているのはそれだけではない。裸は無防備そのものを示している。それゆえにそれは、見る者に哀れみと連帯の感覚を呼び覚ました。そしてその連帯は、裸になった犠牲者との連帯だけでなく、無防備な人間全体との連帯を意味した。シェイクスピアの『ヘンリー五世』の中でヘンリー五世が、アジャンクールの戦いの前夜に全軍に向かって呼びかける場面がある。「裸になってしまえば、(王といえども)ただのひとりの男だ」。このことをよく覚えておくようにと話したのだが、これもまた無防備と連帯との関係を表したものだった。

さてそれでは、この屈辱のしるし(もう少し深いレベルでは、悲しげな連帯を表すしるし)がいったいどのようにして、ヒロイズムを示すシンボルとしてギリシア人(そして、そののちの西方の伝統)の要求に応えることになったのだろう。結論からいうと、クーロスは理想的な状態にあるギリシア人を表現したものだったのだろう。永遠に若々しい、永遠に発芽寸前の、そして永遠に強さを失わないギリシア人。しかしにもかかわらず、それはどんなときにでも固定されているわけではない。それは時の経過とともに固定されもしないし、少年期から大人へ至る途中で固定されているわけでもない。永遠に完成されたもの、永遠の「一者」なのである。したがって究極的な理想として、彼は裸体でなくてはならない。彼の永遠性に役立つのは衣服ではなく、彼自身の皮膚だった。しかし、彼は永遠にすべての生成過程から放免されている。これ以上成長することもないし、さらに性的な開花をするわけでもない。そして、いずれは衰退していくことさえない。クーロスはすべての発展から永遠に超越している（発展は必然的に最後の段階で崩壊を内に含むことになるから）。つまり彼は「イデアの世界」（アリストテレスの言葉でいうと「形相（エイドス）の世界」）に属している。いってみれば彼は「人間のイデア」であり、「完全な人間」だった。すべての美しくヒロイックな人間はことごとく、部分的な実例として人間のイデアを共有している。つまりは、彼こそすべての人間がそうなりたいと願う人間だった。そしてわれわれが、自分のもつパトスをクーロスに付け加えるのも、この願望、この実現不可能な願望のなせる業なのである。

したがってクーロスは、単にギリシア人の理想の表現にとどまるものではなく、深い人間的な切望の表現だった。そして、この切望の覆いをはじめて取って、目に見えるようにしたのがギリシア人だった。切望はのちにも、美術や文学を通して延々と反響をし続ける。二〇代で死んだジョン・キーツ（一七九五—一八二一）が、吹き出すように詩（「ギリシア古壺に寄せる頌歌」）で表現したのもこの切望である。きっかけは大英博物館で見た「ギリシアの古壺(2)」にあった。壺の表面には牧歌的な風景が描かれていた。

美しい若者よ。木の下でお前は歌をやめることなどできない。
木々もまた、落ち葉を散らして裸になることなどできない。
大胆な恋人よ。めざす娘を追いつめても、お前はけっして彼女に口づけすることなどできない。が、悲しんではいけない。
お前も喜びを得ることはないだろう。しかし、彼女もまた色あせることはないのだから。
永遠にお前は愛し続けるだろう。そして彼女も永遠に美しいままでいるだろう。

ああ、幸せな枝よ。お前は葉を散らすことがない。
春に別れを告げることもない。
そして、幸せな楽人よ。お前は倦み疲れることもなく、
永遠に笛を吹き、永遠に新しい曲を奏でている。
それにもまして幸せなのは恋だ。いちだんと幸せな恋。
永遠に暖かで、いつまで経っても喜びがつきない。
それは永遠に熱望し続け、永遠に若々しいままだろう。
生きとし生ける人間すべての情熱を、はるかに越える境地がそれだろう。
人間の情熱は、人の心に強い悲しみと歓楽への倦怠をもたらし、
熱くほてった額と乾いた舌をあとに残すだけなのだから。

それはまた、年を取ったW・B・イェーツが、「ビザンティウムへの出帆」の中で、打ち震えるような
あきらめとともに表現した感情でもあった。

おお、壁に施された金モザイク、その中に立つようにして、

聖なる神の火の中に立つ賢者たちよ。
外へ出てきておくれ、渦を巻いて回転する聖なる火から。
そして、私の魂のために歌の教師となっておくれ。
私の心を焼きつくしておくれ。欲望に病み、
死にゆく動物につなぎとめられた心を。
それは自分が何ものであるかを知らないのだ。私を抱きしめて、
永遠の工芸品に変えておくれ。

ひとたび自然から出てしまえば、私は二度とふたたび
自然のものから、自分の肉体の形を作らないだろう。
私が選ぶのは、ギリシアの金細工師たちが、
眠そうな皇帝の目を覚ましておくために、
打ち延ばした金と金珐瑯でこしらえる形だ。
それはまた、ビザンティウムの殿方やご婦人方に、
過ぎてしまったこと、過ぎゆくこと、これからやってくることを歌い聞かせるために、
金の枝の上に置かれるものの形だ。

今では金の小鳥となった詩人が、金の枝から歌を歌うのだろう。それは、キーツの詩と同じように、自然そのものがすでにすべての形成過程から解き放たれているからだ。そして詩人は、たしかに「形成」

そのものを彼の主題（「過ぎてしまったこと、過ぎゆくこと、これからやってくること」）にしてはいる。が、彼自身はこの世の変転から、はるか高みへと飛び立っていくだろう。キーツがいったように、「生きとし生ける人間すべての情熱」を超えたはるか高みへ。

このふたつの詩はともにギリシアに言及している（これは別段驚くべきことではない）が、「形成」というものから（つまり、「私がまわりに見るすべてのものの変化と衰退」から）免れていたいと思う気持ちや願望は、深く人間一般に根ざしたものである。そしてそれはあるときには高い調子で、また、あるときには低い調子で表現される。表現の拍子は早かったり遅かったり、さまざまだ。それは、ホメロスのトロイアやイタケという失われたユートピアの中にもあった。サッポーの悲しげに表現された若者への欲望や、年を経ることに対する悔恨の中にもあった。また、ソクラテスの「浮き世のわずらわしさを捨て」（『ハムレット』三・一・六七）て、イデアの世界へ駈け上りたいとする熱烈な抱負の中にもあった。さらにそれは、クーロスという形となって現れたパトスの中にもあっただろう。この願望こそ、ギリシア人が西洋の伝統へもたらした、もっとも複雑でもっとも重要な贈り物だったのである。

裸体についていうべきことは、これがすべてというわけではない。アルキロコスの下卑た冗談を視覚化したような、猥褻な絵の描かれた陶器の破片も残っているし、さらには、石の角柱を台座にした胸像も残っている。これは頭とパロス（男根）だけでできていて、胴体は角柱の像だ。ここではパロスがひどく勃起していて、しぼんでいない。しかし陶器は、ほとんどのポルノグラフィーがそうであるように私的なものである。したがってそれは、人々のざわめくアゴラから遠く離れたところで、一時的な楽しみを得るために作られたものだろう。ただし、角柱の形をした胸像の方は陶器とまったく反対の機能をもっていた。それはポリスの境界線に置かれて標識として使われたのである。そのためそれは、きわめて公的な役割を果たしていたといえるだろう。いわばポリスを凶事から守る厄よけの監視人（エジプトの巨大なファラオ像や動物神の彫像が果たした役割に似ている）の役目を果たした。男性的で素朴な力（パロス）を見せつけることにより、邪悪なものの流入を防ぎ、すべての敵を寄せつけないことを表わしていた。しかしクーロスなら、これらのたがいに枝分かれして、途中で止むことのないギリシアの話をひとまとめにして、権威のあるひとことでいうことができるかもしれない（それは冗談でもないし、おまじないでもない）。「ここにあるもの（自分こそ）がわれわれギリシア人の理想だ。これこそ、われわれが差し出さねばならない最善のものである」と。

この言葉は、NASA（アメリカ航空宇宙局）がコスモス（宇宙）へ向けて送ったメッセージに似ていないこともない（図2）。それは一九七二年、宇宙のどこかにいると目されている知的生命体へ挨拶を伝えるために、NASAが宇宙空間へ送り出した惑星探査機（パイオニア一〇号と一一号）に搭載したメッセージだ。宇宙船は今もなお、地球からはるか彼方何十億マイルも離れたところを旅している。宇宙船には、地球の自然や文化のサンプル（画像や音、音楽、五五ヵ国語で述べられた挨拶など）が金メッキされた銅のディスクに収められていた。また宇宙船の主要な船体骨には、アルミ板に金を蒸着した板がボルトで留められている。そしてそこには絵でメッセージが描かれていた。地球の位置を示した惑星の図、その隣には男と女の人物像がある。ふたりはともに裸だった（結局のところわれわれは、亀の背中から甲羅が生え出ているように、われわれの体から衣服が生長していると、地球外生命体［ET］に思われるのがいやなのだ）。しかしここで描かれた男女は、どうみても人類の平均的男女とはいいがたい。だいいち、このふたりは人口的には少数派の人種の一員である（彼らは白人種だ）。それに彼らは、平均的なアメリカ人ともまた違っていて、彼らにくらべると幾分やせ気味だ。さらに細かなことだが、このふたりはあきらかに大人として描かれているのに、毛があるのは頭だけで、他には体中のどこにもない。ということになると、NASAが宇宙へ打ち出すために選んだものは、一見、肉付きのよい男女のカップルのように見えるが、実は彼らは、二〇歳くらいの顔をしていながら思春期前の男女だったということになる。そう、ギリシア人のクーロスという理想が、アメリカ人の嗜好によって少々変形されているとはいえ（たしかに不快な陰毛はいらないのだろう）、おそらく今この瞬間にも、遠く離れたところにいるエイリアンによって、次のようなことが吟味されていることだろう。銀河系のある星（太陽）を同一中心として、三番目の輪を描く人間の住む惑星では、はたして彼らの繁殖はどのようにしておこなわれているのだろう。エイリアンたちは、こんな問いかけの解答を見つけ出そうとしているのかもしれない。しかし、緑色の小さな頭を掻き掻き懸命に考えてみても、彼らにはとてもそれを見つけ出すことはできないだろう。

たとえアメリカ人によるこの理想化が、ギリシアの先人たちの理想の、いくらか品位の下がったヴァージョンであったとしても、また、まったくオリジナルの気品に欠けるものであったとしても、ともかくそれが、紀元前六世紀のクーロス（その視覚的な理想、そして時間から放免された理想という抜群のアイディア）に起源をもつということだけは確かなことだ。しかし考えてみるとこれ（時間から放免された理想というアイディア）は、われわれの宇宙時間という連続体を通して、永遠の旅へ送り出すにはやや奇妙な概念だった。ただし、結局のところわれわれは、過去にわれわれがそうであったもの以外のものであることなどできない。われわれの作り上げる像は、風船玉のように自由にどこへでも浮遊することなどできないのである。像はおのずから深い歴史的な根を所有している。したがってあきらかなことは、人間の歴史が人間の想像力を形作る過程についていえば、さすがのNASAといえども、彼らにで

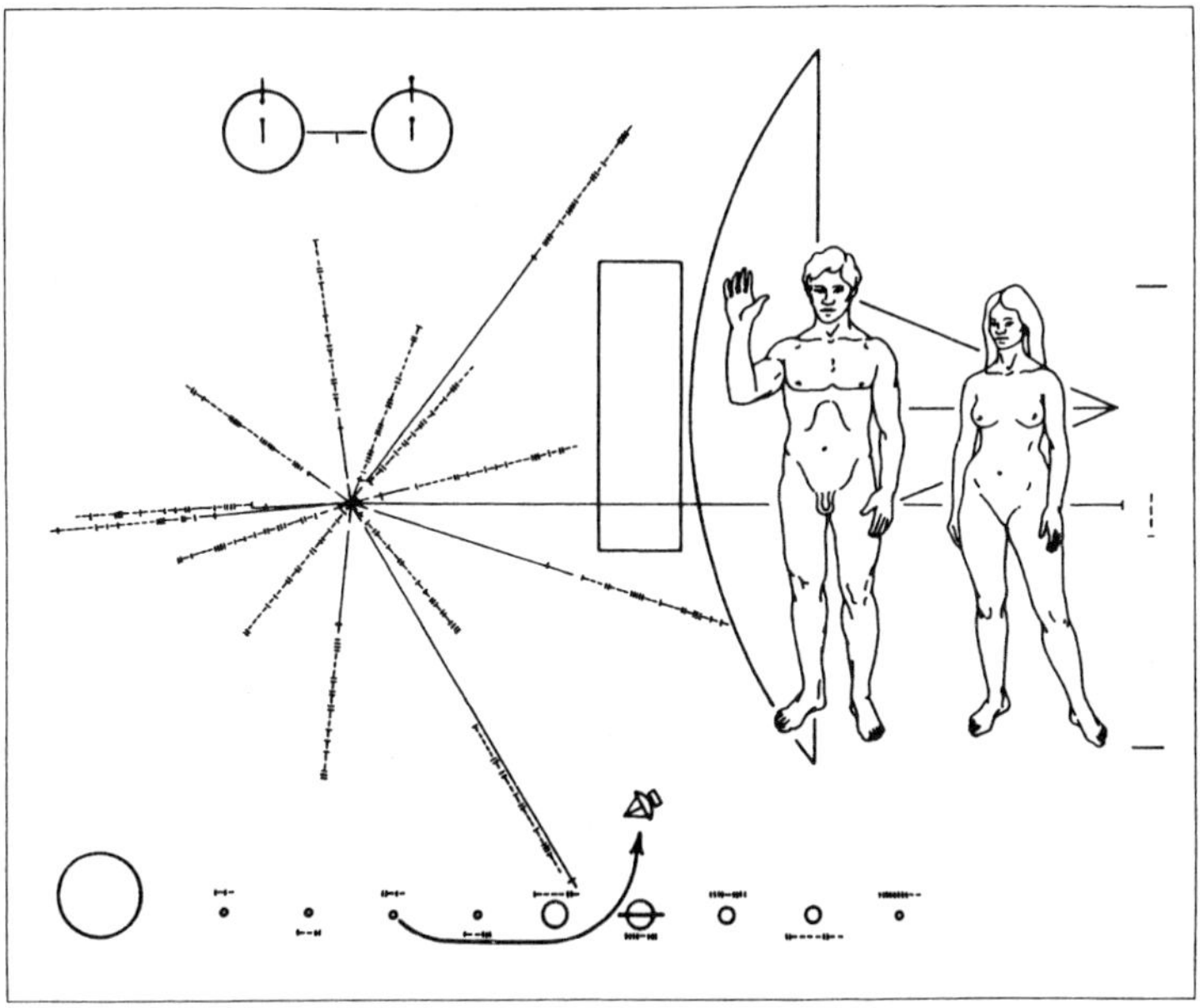

図2　NASAの惑星探査船に搭載されたメッセージ板

きることなど何ひとつないのである。

紀元前七世紀や六世紀のクーロスに見られたのは、こわばって硬直したシンメトリー（対称性）だった。が、五世紀になるとアテナイの彫像にも革新的ともいえる変化が現れる。シンメトリーの緩和である。以降、シンメトリーの硬直は緩和へと道を譲ることになる。そしてそれからというもの、アテナイの模範は急速に広がり、ギリシア彫刻の絶頂期を招来した。今ここにあるのはアクロポリスから出土した「クリティオスの少年」（図3。紀元前五世紀初頭）である。このクーロスの顔つきはあきらかに、少年が日常で見せているおだやかな表情だ。たしかに腕は脇に沿って下ろされているし、左の足は前へ一歩踏み出されている。が、彫刻家の目や手は、もはやこれまでの伝統にとらわれてはいないし、彼（おそらく作者はクリティオスだろう。この少年像は彼が作った他の作品によく似ている）は単に、以前に作られたものを繰り返し、同じようにしてこの彫像を作ったわけではない。初期のクーロスはどれもが、なんとか自分の重量を均等に配分して立っていようと努力するあまり、注意深げにたたずんでいたのだが、クリティオスの少年は違う。くつろいだときに少年が取りがちなポーズで、体の重みを左足の方にかけ、右足はゆるく膝のあたりで曲げている。それが少年の体全体に柔らかなカーヴをもたらしていた。少年の腰や肩は、もはやはっきりとした平行の位置に置かれることはなく、堅苦しい水平の面を構成していない。むしろそれは、少し傾斜した面を形作っている。頭も従来のように首の上に、真正面を向いて置かれるのではなく、やや斜めに（かなり斜めである）右前方を向いて据えられている。触覚的にとらえられた人体、そして彫像全体に漂う優雅さが、この像を見る者に驚きを与える。テーマについていえばそこには、以前の筋肉の硬直した彫刻と同じで、無垢の慎ましやかさが表現されてはいたが、この少年像には疑いもなく、見る者に何かエロティックな反応を起こさせるようなものがある。先行する彫像とくらべてみて明らかな点は、「クリティオスの少年」が驚くべき天才の手によって作られた作品だということである。非凡な創造的才能をもった天才の頭と心がそこにはある。これまでの長い芸術の歴史を振り返って見ても、これほどまでに人間の体が情愛深く形作られたことは例のないことだった（まっすぐな脚と曲がった脚のバランス。それに、張りつめた筋肉と弛緩した筋肉の均衡を見よ）。その情愛があまりに深いために、作者はまるで少年の魂の中にまで潜入しているかのように思われる。ここにいるのは少年の肉体をよく知りつくしたひとりの職人だった。彼は単に大理石の像を作る者ではなかった。彼は少年そのものの創造者でもあった。それ以来というもの、ギリシアの彫像は単に表面を模倣することではなく、人体の基調をなす構造をとらえることで統一されるようになる。

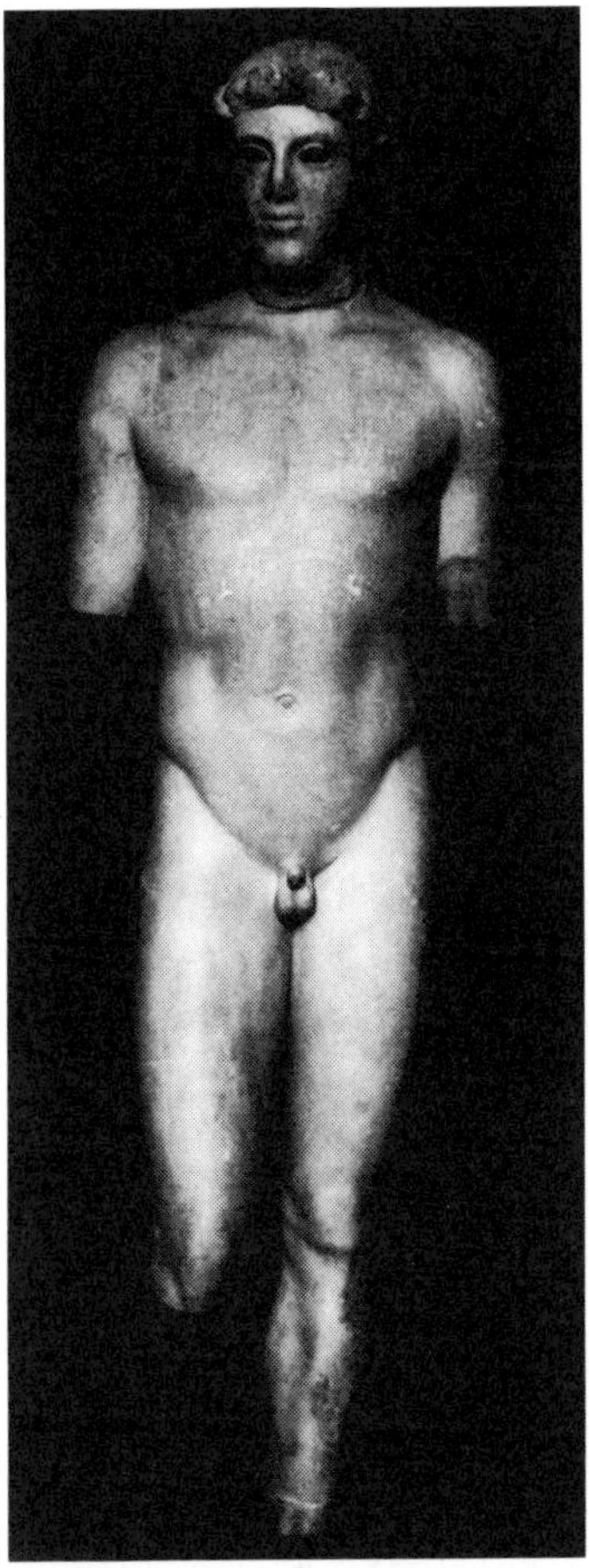

図3　紀元前5世紀初頭の「クリティオスの少年」

硬直化したクーロスの肉体を緩和させたことは一大革新だった。そしてこの緩和的な表現は、さらに多様な表現を生みだしていった。「クリティオスの少年」はあきらかに少年を描いたものだ。それは先行するアルカイック期の青年像にもまして、いっそう少年らしい。彼が体現しているのは、一般的にいわれる男らしさといったものではない。むしろそれは男の子らしさといわれるものだろう。これははっきりとしている。そしてこのことが彫刻家に、さらなるヴァリエーションを暗示し提案することになる。ここにきてやっと、理想化された男性らしさ（それはさまざまなポーズの中に現れた荒々しさであり、より円熟した姿だった）を表現することが可能になった。そしてやがて人々は、いろいろな形で表現された理想的な男性の彫像に出会うことになる。それは戦いのさなかにいる射手であったり、出征中の騎手であったり、自らの肉体をいろいろな肉体的訓練に従わせている運動競技者たちであったり、または、革命的な英雄たちや恐ろしいほどに美しい神々であったりした。しかし、新しい多様性の下に隠されているものは、まったく同じものだったのである。たとえそれぞれがたがいに違っているように見えても、それらの肖像はことごとく、完全な男性らしさを表しているという点では一致していた。古典期の最盛期に作られたギリシア芸術は、ギリシアの男性がそこに自分自身の姿（それは、完璧なまでに均整のとれた、おどろくほど円熟した自分自身の姿である）を写して賛嘆の声を上げている、いわば鏡のような役割を果たしていた。

もちろん女性が描かれることもあった。しかし、これはまれなことだったし、たいていは着衣の姿で描かれた。したがってここでいえることは、ギリシアで理想とされた女性像は人目につかないように隠れた処女であるか、あるいは同じように人目から隠された既婚の婦人だったのだろう。男性と違って「ギリシアの女性には青春というものがない」と書いているのは、カナダの詩人で古典学者でもあるアン・カーソンだ。「まだ熟しきらない処女の時代に、今度は熟しすぎた成熟の季節がすぐに続いている。その間の境界線としてあるのが破瓜の瞬間なのである」。ここで述べられていることは次のようなことだろう。良家の少女たちは（彼女たちはまだ、男性とも女性ともいえない存在である）、やがて夫婦という関係に慣らされる。そしてただちに、家庭の仕事に従事することになる。それは夫の家を切り盛りすること、そして子供たちを育てることだった。したがってそこには、ギリシアの女性にとって真に理想的なもの（ありのままの永遠性といってもよい）など何ひとつなかった。そこにあるのはただの「形成過程」の仕事ばかりだった。結婚の準備、結婚、出産、子育て、閉経期を過ぎてなお長生きすれば、世間の寛容を身に受けながら生きなければならない。そしてそのあとには死が待つばかりである。バークリーの美術史家アンドリュー・スチュアートは次のようにいっている。「パルテノス（処女）であろうと、妻であろうと、はたまた寡婦であろうと、ともかく女性はつねに過剰と欠乏の両方をもつ生き物であったし、これからもそうなのだろう（つまり女性は精神よりはむしろ感情が先行し、道具というより、むしろ容器にたとえられるというのだ）。それゆえに、彼女のアレテー（卓越性、善さ）はまず男性の優越性を認めて、彼女を取り巻く男性の保護者たち（父であり、兄弟であり、夫である）が正しいと考えることをおこなうことだった」。さらにスチュアートは、皮肉混じりに次のようなことをいい添えている。「いうまでもないことだがこうした指示は、それが守られたときにはむろん尊敬される。が、それが不履行に終わったときにもまた、多大な名誉が与えられるのである」。

たしかにわれわれは、断片的にではあるが、女性が抵抗を示した証拠を手にしている。しかしまたわれわれは、ほとんど本能的にスチュアートの叙述が正しいことも知っている。われわれが指摘できるのは、胸を張ったサッポーの厳然たる自信、アリストパネスが描いた女性の革命、それにエウリピデスのメディアである。彼女は断固として譲らない姿勢を示していた。さらにわれわれが確信しているのは次のようなことだろう。ギリシア人が理想としたものの表面は冷ややかな様相をたたえているが、その下では熱いものが泡立っていたということを。それはおそらく、公のメッセージとして読み取られるものより、なおいっそう熱を帯びたものであるにちがいない。アイルランドの批評家テリー・イーグルトンが、そのあたりのことを詳しく述べている。

男性支配の社会では、根本原理が男性であるために、女性はつねに男性から閉め出される反対物とされる。そして、こうした区別がきちんと所を得ているかぎりは、男性中心のシステムは有効に機能することができる。……女性は男性の正反対のものであり、男性にとっては「他者」と見なされた。彼女は非＝男性であり、欠陥のある男性だった。そして男性を第一原理とする社会では、おもに否定的な役割を振り当てられている。しかし同時にまた男性も、自分自身を女性に対するアンチテーゼとして規定しているために、たえず、他者であり対抗物である女性を閉め出すことによってしか、自分自身ではありえない。それゆえに彼のアイデンティティーは、自らのユニークで自立的な存在を主張する方途を探し求める彼のそぶりの中においてこそ確保されうるものであり、またその中でこそ危険にさらされうるものなのである。

女性が他者だというのは、それが男性社会を越えたところで存在するという意味ではない。そうではなくて、女性は男性ではないものというイメージとして、男性に深く関わりをもつもうひとつの存在なのである。したがって女性は、男性が自分自身であることを思い出すためにも、なくてはならない存在だった。そのために男性はこの他者を必要とした。たとえ彼がそれを足蹴にしようと、他者は必要なのである。そして男性は、自分が価値のないと見なすものに対してもなお、積極的なアイデンティティーを与えざるをえない。したがって、男性の存在は寄生的に女性に依存するものであり、女性を排除し、女性を服従させようとする行為自体に依存していることは確かなのだが、単にそれだけではないだろう。こうした排除が必要だという理由そのものが、結局のところ、女性がまったくの他者などではありえないことを証している。おそらく男性の中では、女性は何かしるしのようなものとして存在しているのかもしれない。それは、男性が押さえつけ、自分の存在の彼方へと追い出す必要のあるもの、そしてそれは、彼が明確にした境界を越えて、あきらかに見知らぬ領域へと追いやる必要のあるものを指し示す、ある種のしるしのようなものなのだろう。しかし外側にあるものはまた内側にあるものでもあり、異質なものはまた、親密なものでもある。したがって男性には、このふたつの領域の間に横たわる国境をたえず管理下に置いていて、警戒を怠らないようにすることが必要だった。それもこれも、つねに国境線は越えられる危険があるし、現にこれまでにもすでに、何度も越えられたことがあったからだ。そしてその国境線は見かけとは違って、絶対安全などとはとてもいえない代物だったからである。

しかし、この女性という他者は今まで、個人的に境界線を越えたり、戦争について国内で白熱した闘争を繰り広げてみたり、あるいは詩や劇の中で、虚構の文彩とはいえ、自分を主張したりしてきたのではないだろうか。彼女はまた神殿やアゴラに侵入し、世間を転覆させるような公の声明を出したり、あるいは理想化された彫像となって置かれたりしているのではないのか。こうした質問に答えるひとつの方法として、さらにこの質問を続けていくという方法がある。つまり、ギリシア芸術において、女性は自らの衣服を失う（裸になる）ことがあったのかどうか。もしそれがあるのだとしたら、女性はそのとき、どんな風に見えたのだろうか。

たしかに女性は衣服を脱いだ。そしてそのとき彼女はすばらしい姿を見せた。

紀元前四世紀の末、「クリティオスの少年」が作られてから一五〇年ほど経った頃である。比較する者もないほどすぐれた芸術家のプラクシテレスが、あえて禁じられていた領域に二度も足を踏み入れた。彼が描いた主題は愛の女神アプロディテだった。人はだれしもこのアプロディテの裸体こそ、女性の裸体の理想だと思っていただろう。しかしアプロディテの神話は、彼女に自分の秘所を何としても守るようにと教えている。だれでもよし、彼女が自分の贈り物を進呈したくないと思う男性が、たまたま彼女が裸でいるところに出くわしたとしよう。そのとき男性に下される懲罰は、有無をいわさぬ即刻の死だった。紀元前四世紀頃にもなれば、神々に対するこのようなタブーもいくらか弱まっているのではないか、とわれわれは想像するにちがいない。が、女性の像を裸にすること自体、大胆この上ない行為だったし、それはなお真実としてまかり通っていた。ましてや、裸にする女性として女神のアプロディテに白羽の矢を立てるとは、それこそ心臓が止まるほどの出来事だった。プラクシテレスが作ったアプロディテ（図4「クニドスのアプロディテ」）は、湯浴みを終えたばかりの姿でものうげに、そして優雅にS字型のカーヴを描いて立っている。左手で布をつかんでいる。したがって衣類は何ひとつ隠していない（そしてそれがまた、彼女の裸をよりいっそうはっきりとしたものにしている）。右手は秘所を隠そうとしているが、それはまったく成功していない。その体は扇情的で、あたかも手で触れることができそうだ。ギリシアで支配的だった、従来の女性の描き方にこのアプロディテ像が負うところはまったくなかった。これまでの女性像といえば、乳房をもつ細い腰をした少年といった風情で、いってみれば、ペニスのない二流の男性といったところだった。しかしアプロディテは違っていた。お定まりの決まり文句を使えば、彼女は「すべての女性」だった。それは恐れるところのない、恥ずかしがるふりもまったくない、そしてどんなギリシアの男性でも、彼女を見ると沈黙せざるをえないほどの衝撃力をもつ彫像で、それはけっして小さな仕事ではなかった。それでは彼女は、ちょうど今、侵入してきた者に驚かされたところなのだろうか。もちろん彼女は驚かされたにちがいない。というのも、侵入者は彼女を作った彫刻家だったのだから。それも自らのノミで、彼女の体の隅から隅まで愛しつくした彫刻家だ。のちに続く世紀に、あこがれの思いを抱きながら、愛の女神の裸体をためつすがめつながめたすべての男性と同じように、彫刻家はながめたのである。それにしても彼女の堂々とした顔つきはどうだろう。私の侵入を遺

図4　「クニドスのアプロディテ」(プラクシテレス作。紀元前4世紀中頃)

憾に思っているのか、あるいは、私をうなずき顔で手招きしてくれているのか。彼女はこれから体を柔らかな布で包もうとしているのか、あるいはそれを地面に置こうとしているのか。彼女は私を殺すつもりなのか、あるいは私を迎え入れてくれるつもりなのか。しかし、だれがそれをいうことができるのだろう。彼女はあきらかに「女」である。気まぐれで、とても彼女のすべてを知ることなどできない、そして、いいようのないほど神秘的で、異常なまでに魅力的な「女」なのである。

ここにきて人類史上はじめて、表に出すことを禁じられていた女性の力が明らかにされ、さらには女性のヌードがもつパトスでさえ、その覆いがぬぐい去られた。それも人々が期待するようにおずおずとためらいがちになされたものではなく、ひとりの天才のはっとさせるような自信に満ちた手によっておこなわれた。そしてこの天才は、以前は人々の夢の中でしか存在しなかったものを、公の前で現実に彫り上げてみせたのである。いかなる彫刻家もこのような革命をふたたび成し遂げることはできなかった。それはさらにこれよりのち、ルネサンスの時代になり、ミケランジェロがフィレンツェの人々の前にダヴィデの像を作って見せることで、中世の時代に決定的な終末をもたらすまで、なお二〇〇〇年もの間待たなくてはならなかった。それにもまして驚くべきことは、ギリシア人たちが、はじめて受けた衝撃のあとに、この新しい芸術を公衆の前で陳列することを許可したこと、そして、彼らがプラクシテレスからインスピレーション（鼓舞激励の元）を得た芸術家たちを支援したことである。結局のところ、芸術家たちはアリストパネスやエウリピデスのような作家ではなかった。ギリシアの階級システムの中では、芸術家たちは労働者階級に属する男たちなのである。自分の手を実際に動かすことによって生計を立てていた人々だった。したがって、このような単なる職人を甘やかす者などだれひとりとしていなかったにちがいない。それなのに彼らは自分たちの仕事をやりおおせた。やがて裸の女神たちは至るところで見られるようになる。あるときには一方の手で秘所を隠す姿で、またあるときには、もう一方の手で乳房を覆う姿で。優雅な姿でうずくまり、湯浴みをしているときもある。そんなときには彫刻家が彼女の腹のひだをひとつひとつ愛撫するように彫り込んでいた。また、ときには横になり、体の一部に柔らかな布を巻きつけていることもある。さらにときには、平然と裸を衆目にさらしていることさえある。しかしもし、アプロディテが身にまとった衣服を取り去ることがなかったと仮定したらどうだろう。そんなとき、西洋の美術史がはたしてどんな風になっていたのか、それを今想像することはとても難しい。

プラクシテレスと彼の同時代の彫刻家たちに、見事、仕事を完遂させたものはいったい何だったのだろう。紀元前四世紀の終わり頃になると、ギリシアは変化をしはじめていた。とりわけアテナイでは。これはギリシア人がこれまで、自ら進んで文化的な足踏み状態になるのにまかせていたということではない。プラクシテレスの時代になると、ギリシア人の感性が急激に進化しはじめたのである。その理由のひとつとして、ヒッポクラテスが医学を根本から変革したということが挙げられる。彼は紀元前四六〇年頃にコス島で生まれて、少なくとも三七〇年までは生きていた。医学に革新をもたらすと同時に、彼はそれを実験科学としてしっかりと確立した。そして医学を霊感による民間療法や、一般におこなわれていたイカサマ治療から永遠に引き離した。プラクシテレスの活躍する頃になると、ヒッポクラテスの数多い著作が真剣に取り上げられるようになっていた。とりわけ彼の人体解剖の研究書が読まれた。それは彫刻家が人体を知る上で、豊かな資料を提供してくれたのである。ヒッポクラテスが書いた解剖に関する論文は、ばかげたことをいっさい許さなかったために、肉体の研究を神話上の空想から隔絶させる結果となった。そしてそれはまた生徒たちに、もっぱら注意深く観察することに専念するよう、そして自分の前に、破棄することのできない原因と結果のつながりをつねに保持するよう心がけよと諭していた。このようにしてヒッポクラテスの医学は、アプロディテのヴェールを剝がし、ギリシア彫刻をいまだ残存するタブーから解き放つ間接的な要因となって作用したのである。

さらに重要な事柄として、以前は難攻不落とも思われていたアテナイの自信が、大きなダメージを被ったことが挙げられるだろう。アテナイは何といっても、究極のアレテーの都市、デモクラシーの土地、勇気ある自由人によって守られた無敵の故郷と見なされていた。そのアテナイがペロポネソス戦争（紀元前四三一—四〇四）で敗北を喫したのである。それはアメリカが北朝鮮に敗れるようなものかもしれない。政治制度の模範と見られていたポリスが、ギリシア世界でもっとも風変わりで、もっとも時代に逆行していたポリスに負けた。そしてアテナイが、紀元前四〇四年にスパルタに降服したときには、偉大な都市はひたすら他のポリスに依存するばかりの、まったく無力なポリスとなっていた。城壁は廃墟と化し、人口は激減した。植民地はすべて手放し、勇名を馳せた船隊も今では数えるほどの船しかない状態である。敗北を喫した紀元前四世紀のアテナイでは、プラクシテレスが抱いたような男性の理想に対する懐疑主義（前の世紀では何ひとつ損なわれることのなかったものだったのだが）が芽生えはじめていた。

アテナイはそののち、富と威厳を幾分かは回復するのだが、再び攻撃を受けるまでに、さほど長い期間を待つ必要はなかった。そして次に、アテナイを攻めてきたのはマケドニアのフィリップ二世だった。彼はバルカン半島にある準ギリシア風の王国を治めていた。このマケドニア人がどれくらいギリシア人に近い人種だったのかについては、今なお論議の的となっている。しかし、本国や島々、および昔から植民地にいたギリシア人たちは、マケドニア人が話す「ギリシア語」はまったく本来のギリシア語ではないという。聞いた者が理解できないからだ（私は思うのだが、この情況はスコットランドの映画が英語圏の世界で放映されるときに似ているのではないだろうか。配給する際映画には、かならず字幕スーパーをつけなくてはならないという）。いずれにしてもマケドニア人は、軍事的な才能という点ではあきらかにギリシア人だった。とりわけすぐれた指揮官だったフィリップ二世は、この才能を十二分に生かす方法を熟知していた。ひどく弱体化していたアテナイは、もはや彼に太刀打ちすることなどできない。そして紀元前三四六年、ついに不利な講和条約を受け入れざるをえなくなった。

アテナイは形の上ではなお自由都市であったが、もはや今ではフィリップ二世の長い影に覆われて逼塞していた。しかしそれから一〇年ほどのち、フィリップ二世は暗殺され、息子のアレクサンドロスがあとを継いだ。やがてアレクサンドロスは大王となる。父親にくらべるとアレクサンドロスの計画はかなり壮大なものだった。彼は全世界の征服を画策した。そしてそれはほとんど完成しかかっていた。が、彼は最初の遠征（ペルシア帝国の打倒がその目的だった）へ向かう前に、ギリシアをある程度掌握しておこうと考えた。そして彼に反逆の気配を見せたテバイを、その仕返しとばかりに完膚なきまでに破壊しつくした。テバイの大虐殺はギリシアを沈黙させた。そしてこの沈黙は、アレクサンドロスの短い生涯の間中続いた。紀元前三二三年にアレクサンドロスは死ぬのだが、彼の死は古典期と古代ギリシア時代に終末をもたらした。そして彼の死は、われわれがヘレニズムと呼んでいる時代の幕開けを招来することになる。この時代は、紀元前五世紀と四世紀の大半にわたって栄えた文化が、その高みから急降下し落下した時代だった（あるいは、そのように考えられている）。たしかにアレクサンドロスにくらべて彼の後継者たちは、ことアテナイの扱い方という点では、さほど未熟というわけではなかった。が、アレクサンドロスが拡張した帝国は、結局のところ、成長著しいローマの力の前に屈服せざるをえなかった。紀元前一四六年、全ギリシアはローマの「保護領」となった。そして紀元前二七年、ローマの最初の皇帝カエサル・アウグストゥスはギリシアをローマの属州にした。ローマ人自らがいった言葉とされているが、まさしく「このようにして世界の栄光は過ぎ去っていった」(Sic transit gloria mundi.)(3)。

長く続いた一連の大破局の下で、次第にアテナイは首を低く下げざるをえなくなる。紀元前四世紀の時点では、プラクシテレスの作品の中にまだはっきりと見られていた落ち着きと自信が、徐々に失われていき、やがてはもうひとつの精神が完全に前面に出てくることになった。この変化はすでにエウリピデスの劇の中にも見られたものである。そのエウリピデスは、ペロポネソス戦争が激しくなってきたさなかに死んだ。人間を描く際に彼は、「彼らはこうあるべきだ」という理想を描くのではなく、「彼らのあるがまま」の姿を描いたということはすでに述べた。われわれがこれまで見てきた彫刻家はすべて、われわれに理想化された人物を描いてみせた。今、アテナイの軍事的な敗北の結果として、エウリピデスがもっていた現実的な精神が、彫刻家の心の中にも侵入してきたのである。新しい考えはまず文学の上に現れ、少し遅れて視覚芸術の分野に現れるというのが、文化の一般的な原則である。おそらくこれは考えというものが、その主たる乗り物である言葉と非常に密接なつながりをもっているためだろう。そしてまた文学の道具(文字)が、芸術家が使う道具にくらべると、取るに足りないほどわずかなもので、もち運びにも便利だったということも理由のひとつとして挙げられるかもしれない。

アテナイの彫刻にリアリズム(写実主義)が徐々に侵入してくるのだが、それはスパルタやマケドニア、それにローマの侵入にほぼその歩調を合わせていた。リアリズムが浸透しはじめたのはおそらく、最近死んでしまった者の姿を記憶に留めて起きたいという強い願望のためだったのではないだろうか。

記憶に残したいと思ったのは、死者が実際に生きていたときの姿であって、けっして理想化された姿ではなかっただろう。第一に理想化された姿は、記憶の中にある死者の顔や体とほとんど、いや、まったく関わりをもっていないからだ。が、人生の盛りの時期に死ぬギリシア兵の場合には、まだそれでもこのような理想化は幾分か意味をもつだろう。しかし、戦いで死んだ年老いた男を記憶するのに、こんな方法がどれほどの意味をもつのだろうか。人間の解剖された体をつぶさに観察することを学んだ彫刻家たちは、今では現実を元にして彫塑する準備をしていた。そしてその最初の成果が、年取った醜いソクラテスや広い額のプラトンのような男性を描いた半身像となって現れた。彼らの容貌はどう見てもアポロンとは似ても似つかない。

ひとたび境界線が越えられると、われわれはあらゆる種類の肖像を見ることになる。たとえば、打ち砕かれてしまったデモステネスの像。彼は偉大な雄弁家で、倦むことなく（むだに終わってしまったが）自己満足に耽っているアテナイ人に、マケドニアのフィリップが危険なことを警告し続けた。さらには、ひたすら夢想に耽っているクリュシッポスの像。彼は紀元前三世紀に活躍したギリシアのストア派哲学者である。ヒーローとはもっともほど遠い存在である。そして、ハンサムな（これはかなり信用ができるようだ）アレクサンドロスの頭像もある。ひげをきれいに剃った彼の顔は、ギリシア人の新しいスタイルとなった。それまでのギリシア人は、ひげを男らしさや十分な市民性を体得しているしるしとして、あるいは族長という地位を示すしるしとして考えていた（ギリシア正教会の聖職者たちは今なお、そんな風に考えている）。新しいスタイルは、ローマ帝国の時代になっても引き続き踏襲され、われわれがなおひげを剃った男性を好むのは、このマケドニアの風習に負っている（しかし、アレクサンドロスの手入れをしていない、もじゃもじゃのカール髪をまねする者はほとんどいないようだ）。

もちろんのことだが、神々の像はこの時点でもなお作られていた。が、その神々でさえ、新たな個性を示しているように思われた。リュシッポスのヘラクレス像（「憩うヘラクレス」）は彼の棍棒にもたれていて、肉体は過度の筋肉でふくらんでいる。そのためにそれは、往時のバランスの取れた肉体的な理想から彼を遠ざけてしまっていた。おそらく彼の骨折り苦労は、単に年老いたベンチ・プレッサーを消耗させるだけに終わってしまったのだろう。さてもう一方にいるのはアポロンである。彼は作者が不明のために「ベルベデーレ」（図5。バチカン宮殿の絵画館のこと。アポロン像はここにある）という名で呼ばれている。このアポロン像はちょっとやせすぎである。それに少々優しすぎる。気取ってポーズを取っているところが自意識過剰気味だ。脚はまるで女性の脚のようだ。髪型はどうだろう。ビューティー・パーラーからそのまま駆けつけてきたようだ（それにこの格好は何のまねなのだ。まるでファッション撮影のようじゃないか）。たしかにふたつの像はたがいに違っている。しかし双方ともに、理想から現実へと引き戻されているという点では共通している。

あの神々が、以前そうであった理想とはまったく異なったものになってしまったわけだから、人間の極致とされていたギリシアの男性が、その名誉に異議ありといわれるのも当然のことだった。ギリシアの芸術で最初にギリシア人以外の人々が、英雄的な扱いを受けて肖像として描かれたのは蛮族のケルト人だった。ギリシア人がケルト人に出会ったのは、紀元前三世紀のはじめである。ケルト人のガリア族が、ギリシアの諸都市を征服しながら小アジアへと侵入してきたときだった。ギリシア人にくらべると、ケルト人の方がずっと容貌が神々に似ていた。だいたいケルト人は背が高く、やせていて、肌も白い。それにくらべてギリシア人は、彼ら自身をモデルにして理想化を試みたのだろうが、背は低く、全体にずんぐりとしていて、肌も浅黒い。それにケルト人は戦うときには裸でやってくるし、その勇気は計り知れないほどだ。身にまとっているものといえば、首にトルクと呼ばれる鎖をつけているだけである。それにひきかえギリシア人は、頭の先から足の先まで鎧兜で武装しているために、歩くたびにチャリンチャリン、ガランガランと大きな音を立てる。ケルト人はあたかも理想化された彫像のようだったので、彼らが戦いに臨む姿を見ることは、ギリシア人にとって、まったく驚き以外の何ものでもなかった。そしてケルト人は、実際のところ、ギリシア人といろいろな点で異なっていたにもかかわらず（ケルト人は毛むくじゃらの口ひげ以外は、顔をきれいに剃っていた。また、巻き毛を目立たせるために髪の毛を石灰で固めていた）、ギリシア人は、他の蛮族のすべてにしたような風刺的な方法で、彼らを描くことはしなかった。ペルガモンにある戦争の記念像で描かれているケルト人（「自殺するガラテア人」）は、妻

図5　「ベルベデーレ」と呼ばれるアポロン像（紀元前4世紀）

を殺したあとで、自らも剣を胸に刺して自殺する族長像。敗北を喫しているケルト人である（ギリシア人が作ったものだからこれは当然だろう）。しかしここでもケルト人は、敗北していながら実に美しく、英雄的で、神のように描かれている。

さて今では、苦悩でさえも（善人の苦悩でさえ）新たな強度をもって描かれることが可能となった。「ラオコーンの群像」（図6）はおそらくペルガモンの記念像より一〇年か二〇年あとに作られたものだろう。それは善人の苦悩を描いた傑作で、傑作の程度もほとんど度を越えている。この場合善人というのはラオコーンのことで、彼はギリシア軍に包囲されていた期間、トロイアのアポロン神の祭司をしていた。ラオコーンについてはふたつの伝説がある。ひとつは彼が、ギリシア軍の放置していった木馬をトロイア城内に引き入れることに反対したというもの（ギリシア軍の木馬の計略を見破ったために、アテネ神が送った二匹のウミヘビに巻き殺された）。もうひとつは、彼の好色が原因だった。祭司の独身主義という誓いを破ってしまったのである。かたわらにいるふたりの息子がその何よりの証拠だった。そして親子三人は神の報いを受けることになった。ふたつの伝説の内、どちらを選ぶかはまったくあなたの自由だ。が、ラオコーンの顔やトルソーを見ていると、彼らは力の限りをつくして、からみつき巻き込もうとするヘビから逃れようとしながら、なおその一方で、それがもたらす結末についてすでに十分に知っているようでもあった。これはおそらく、人間の心の奥底で生じて、明確な形を取った悪夢だったのではないか。ほんの数年前ですら、ギリシア人が無から何かを作り出すのを想像することは不可能だった。そのことを思うと、彫塑のテーマとなる具体的な材料が彫刻家の目の前にあったと考えてよいのかもしれない。

苦難を引き受ける英雄的なシーンと、日々の生活とその中で見られる残忍性のシーンとが、今は拮抗して描かれるようになった。マルシュアスは笛の巧みなサテュロスだったが、アポロンに音楽の腕くらべを挑んで負けた。彼は今、木にひもでつり上げられ、これから生きながら皮を剝がれようとしている（「つり下げられたマルシュアス」）。「ヒュブリス」（思い上がり）の罰を受ける。一方、運のつきたマルシュアスの下でうずくまって、これから使われるナイフを研いでいるのは、アポロンの奴隷のスキュティア人である（「スキュティアの死刑執行人」）。見上げる顔は心配気だ（あるいは期待を秘めた残忍な顔というべきなのか）。昔の運動競技者の像はつねに、われわれより高みの台座の上に立っていた。が、叩き潰されたボクサー像（「休憩する拳闘士」）は下からわれわれを見上げている。ボクサーの傷ついた顔は苦悩の「パリンプセスト」（元の字句を消した上に字句を記した羊皮紙のこと）といった感じだ。腰

図6　「ラオコーンの群像」（紀元前3世紀末頃）

の曲がった老婦人もいる（図7「老女」）。彼女の体は寄る年波と病のためにひどくゆがんでしまっている。体を引きずるようにして歩いているが、これもつらいのだろう、顔が引きつっている。これから町の市場へいくところのようだ。左手に提げている死んだニワトリや、かごの中のヒヨコ（これは生きている）がそれを明かしていた。しかし彼女の頭は花冠で飾られているし、年老いた足は、細くてエレガントな革ひもがくくりつけられたサンダルを履いている。歩くのに気を取られるあまり、彼女の右の乳房が下に垂れたドレスの襟ぐりからこぼれ落ちそうになっている。ここにいるのは、いかにもレンブラントが描きそうな老いた美女である。かつては彼女も、勇んで町の祭へ出かけていく田舎の少女だったのだろう。今は年老いてしまい、おそらく今度が最後の祭ゆきになるのだろうか。この日のために取っておいたよそいきの一張羅を着込んで出かけてきた。さらに紀元前二世紀に作られたブロンズ像もある（「足のとげを抜く少年」）。これはどこででも見かけることのできる、英雄的なところなどまったくないただの少年の像だ。岩の露出部に腰を下ろして、足に刺さったとげを注意深げに抜いている。

新しい彫刻家たちは苦悩を描く才をみせた。しかし、彼らは同時にまた快楽を描く才能にも恵まれていた。ここにあるのは大の字に寝そべっているサテュロス像である（図8「まどろむサテュロス」）。彼はあきらかに少しはめを外しすぎてしまったようだ。酒盛りでしたたかに酔った体を休めて眠っている。肉体はたしかにすばらしい。が、そのポーズ（今は萎えてしまっている彼のペニスに思わず目がいってしまう）は、クーロスのヒロイックな慎ましやかさのまったく対極にある。これではまるでゲイの雑誌から抜け出てきたようだ。以前は醜さの代表だったサテュロスだが、それが今ではまったく醜いところがない。ここにあるのは、現実的であけすけで、エロティックなリアリズムである。それは誘惑的で好色、禁断で、いつでも求めに応じられる風情の世界だ。が、そこにはちょっと眉唾なところもある。という

図8　「まどろむサテュロス」（紀元前2世紀頃）

図7　「老女」（紀元前100年頃）

のもここでは、サテュロス（のペニス）を目覚めさせるものが何ひとつないからである。その点でいうと、別のグループにもうひとり楽しいことの大好きなサテュロスがいる（「シンバルを打ち鳴らすサテュロス」）。こちらはちょうど、大の字に寝そべったさっきのサテュロスが、少し前に演じた歓楽を再現しているかのようだ。張りのある筋肉をしたハンサムなサテュロスである。今やすべてのサテュロスが、以前の奇形という装いを脱ぎ捨ててしまったようだ。この陽気なサテュロスは足で拍子を取りながら、楽しげにシンバルを打ち鳴らしている。彼はまさしく、音楽に夢中になっている若い音楽家の肖像だ。彼の笑いはこの世のもので、そこには、音楽が自分を連れていく行き先について、危ぶむ様子など微塵もない。サテュロスの元気のいい誘いに対して、うれしそうに応えているのが若くてかわいらしいニンフである（「バッカス神の巫女」）。このニンフ自身、すでに昔の気が狂ったようなバッカイ（バッコスの信女たち）からはるかに遠く隔たっていた。ニンフの少し開いた口元、幸せそうな顔、それにまだ固い乳房などのすべてが、自由に芽を出しかけた女性の性衝動の、まったく無垢な肖像を作りあげている。これは古代芸術ではおそらくはじめてのことだろう。ニンフは岩の上に座っていたのだが、今はすでに立ち上がって、彼女の音楽家の元へ向かおうとしている。やがてはじまる元気のいいダンスの準備のためにサンダルを脱ぎながら。このすばらしいカップルについて、ジョン・ボードマンは次のように述べている。彼らが表現しているのは「とても愉快で楽しい、ディオニュソス的な野外の世界……ヘレニズムの園遊会」といったところだろう。

ディオニュソスがギリシア芸術に登場する頻度は、時代を経るにしたがってますます高くなっていくようだ。そして彼はつねに移動しているように見える。早い時期に現れたとき、すでに彼は航海者だった。ここにあるのは、アテナイの酒杯の内側に描かれたもの（「海を渡るディオニュソス」）で、委曲をつくした、きわめて見事なできばえだ。陶工のエクセキアスの作とされている。ここではディオニュソスが、すばらしい曲線を描く船に乗って葡萄酒色の海を航海する姿が描かれている。今しも彼を誘拐しようとした海賊を魔法によってイルカに変えたディオニュソスは、頭に花冠をいただき、ひげを蓄えて、自らの小さな船の舵を楽しげに取っていた。船では大きな葡萄の房をつけた蔓が急速に成長して、葡萄の房が帆や柱の上でゆさゆさと揺れている。一方イルカたちは、手も足も出すことができず、ただ船のまわりを取り囲んでいるだけだ。アルカイック期の掉尾に発したこの壮大な思いつきは、エウリピデスの「巡礼の旅をするディオニュソス」という着想に対応している。どこから到着するわけでもない不思

図9　ディオニュソスのモザイク画（マケドニアのペラ、紀元前4世紀末）

図10　「ニンフを襲うサテュロス」（ヘレニズム期）

議な存在。静かにバランスのとれたアポロンと違ってディオニュソスは、無変化と静止の状態を保持するより、むしろ成長と変化をむやみやたらと急がせたのだった。

紀元前四世紀の彫刻を見ると、ディオニュソス自身が変化と成長を遂げているのが分かる。おそらくプラクシテレスの作品だろう、ディオニュソスはヘルメスの腕の中にいる（「オリュンピアのヘルメス」）。ヘルメスは道路と境界の神であり（ヘルメスの像は厄よけのイメージの装いを凝らされ、ギリシアの国境辺に立てられた）、幸運と解釈（解釈学［ハーマニューティクス hermeneutics］はヘルメスが語源）の神でもある。ヘルメスがゼウスの子供として生まれたとき、その生まれた日に彼はアポロンをばかにしたという。そののち、アポロンの怒りを鎮めるために赤ん坊のヘルメスは、自分が発明したばかりのリラ（竪琴）をプレゼントした。たしかに大人のヘルメスは赤ん坊のディオニュソスを、愛情のこもった眼差しで見つめている。これは別段、不思議なことではないのだろう。一方で赤ん坊のディオニュソスは、小さな人差し指でヘルメスを指さし、「あなたは私と同じ仲間だ」とでもいっているようだ。それとは対照的な作品がリュシッポスのブロンズ像（「子供のディオニュソスを抱くサテュロス」）である。ここでは赤ん坊のディオニュソスはすでにだいぶ大きくなっている。年老いたサテュロスの胸に抱かれていた。サテュロスは子供の体重を支えるために、木の幹に寄りかからなくてはならないようだ。ヘルメスにくらべるとサテュロスは荒削りで素朴な感じがするが、やはり、抱きしめたくなるほどかわいいディオニュソスの顔をじっと見つめている。感嘆のあまり「私の時代はすでに終わりつつある。しかし（ディオニュソス）神よ。今度はあなたがこの世に大混乱をもたらしてくれるだろう」とでもいっているようだ。

マケドニアの都ペラには、小石を敷き詰めて作ったすばらしいモザイク画の床がある（図9）。紀元前四世紀末のものといわれている。ここでもまたふたたび、われわれは移動中のディオニュソスを見ることができる。今度はひげのない青年のディオニュソスである。筋骨はたくましいがどこか官能的で、機敏ではあるがゆったりとくつろいだ感じがする。彼は左手でリボンのついたテュルソス（ディオニュソスやその信奉者たちがいつも手にしている杖）を振っている。杖にはキヅタが巻きつけられていて、杖のてっぺんには松かさがついていた。ディオニュソスの右手は跳び上がっている軍馬ののど元を押さえている。軍馬は馬ではなく、野性味あふれるすばらしいヒョウだ。ヒョウはまたこの神にまったく従順に反応している。モザイクを見ていると、あのバッコスたちの金切り声が聞こえてくるようだ。「万歳、万歳。神がやってくる。神がやってくる。ディオニュソス様のお出ましだ」。

「何て愉快なんだろう」。こんなことを、たしかにこの長い足をした年輩のサテュロスは心で思っているのだろう。恐ろしいほどの精力でサテュロスが年頃のニンフに襲いかかっている（図10「ニンフを襲

図11　踊る小びとの像（紀元前200年頃）

うサテュロス」)。しかしサテュロスは抵抗する餌食をただうしろから見ているだけだった(それにしてもニンフのうしろ姿の何と魅惑的なこと)。が、やがてサテュロスはひどいショックを受けることになる。それはこの彫刻の見学者であるわれわれも同じこと。絡み合うサテュロスとニンフの背後に回ってみると、柔らかく丸みを帯びたニンフが実は、ヘルマプロディトス(両性具有者)であることが明らかになる。ニンフには立派なペニスがついていた。ヘレニズム時代が進むにつれて、このようなスケルツォ(諧謔曲)がますます一般化してくる。そしてそこからわき上がる笑いも、ますます虚ろなものとなっていく。古典期の理想がもろくも崩れ去り、時代の感受性は急激に低下していった。その目安として、われわれが目にすることができるのが、男根を連想させる小びとや絶望した酔漢、それに巷の人々などを描いた小像(ときには大きなものも作られた)がある。たとえばここにあるのは、グロテスクなまでにデフォルムされた小びとの像だ(図11)。一見したところ、何か大きな作品の原型のようにも見える。巨大なパロス(男根)を見せながら踊っている。左手を口に、右手を尻に当てている。ひどいちんばでせむしの男が座っている像もある。おそらく、公衆の前だろうか、巨大なペニスを勃起させてマスタベーションをしている。オルガスムを表す言葉にフランス語で「小さな死」(la petite mort)というのがある。が、この「オルガスム」もここでは、字句の通り「生の中の死」「死としての生」といった意味に次第に卑小化していった。もはやそこには、哀れみという感情の入る余地はない。ただルーティーン化した喜劇があるだけだ。

そもそもアポロンは元をたどると、神々や人々の英雄的なすべての像の究極的な原型と思われていたものだった。それが敗北を喫した。ギリシア自身が敗北したように。今ではその姿はめったに見られなくなった。そしてすでに彼の死さえ囁かれている。それに代わって登場してきたのがディオニュソスである。ディオニュソスがやってきた。葡萄酒と霊感の神ディオニュソス。成長と変化の神ディオニュソス。情熱と死の神ディオニュソス。そして、そのディオニュソスはあまりに長い間居続けている。

7 ギリシア人が向かっていった道

——グレコ・ローマ世界とユダヤ・キリスト教世界の邂逅

「プシュケ」という言葉は、当初、ギリシア語で「生命」という意味を表していた。人間個人個人の生命である。ホメロスでは「人の生命を危うくする」とか「人の生命を救う」といった詩句の形で出てくる。ホメロスはまた、この言葉を冥界の霊の意味でも使っている。それはすでに死んでしまった人たちの、弱々しい、ほとんどあるかなきかの影のような霊だ。科学者であり哲学者でもあった人々（ソクラテス以前の哲学者たち）の書いたものの中では、プシュケは究極の物質を指していた。それは生命と意識の根元、宇宙の霊といってもよいだろう。しかし、紀元前五世紀頃にはすでに、プシュケは「意識的な自己」「人格」、そしてさらには「感情的な自己」といった意味さえ表すようになっていた。それ以来、とりわけプラトンに至って、プシュケは急速に「不死の自己」の意味に使われるようになる。これは肉体に対する魂という意味である。ギリシア人たちはまた、プシュケを蝶の意味でも使っている。蝶々が死者の魂だと一般には信じられていたからだ。そしてやがて、プシュケはついにひとりの少女の名前となったのである。

この少女はアプレイウスが書いた小説の中に出てくる。『黄金のロバ』というピカレスク（悪漢）小説で、完全な形で現存するラテン期唯一の小説である。が、アプレイウスがプシュケの構想をかなり古いギリシア語の資料から得ていたことは確かなようだ。プシュケは美しい少女だった。そのためにいつしか、ウェヌス（ローマの美と愛の神。ギリシアのアプロディテと同一視されている）の嫉妬を買うことになった。ウェヌスは息子のクピドを送り込んで、プシュケに魔法をかけようとする。クピドは「欲望」あるいは「性欲」といった意味の名前で、ローマ神話ではギリシアのエロスに相当する。今日と同様（今日、彼はキューピッドと呼ばれている）、彼は背中に羽を生やし、矢筒にはたくさんの矢を入れてもっていた。彼はこの矢を人間どもに射かけて、彼らを自らの意に反した恋に陥らせることができた。さしあたって彼の仕事は、プシュケに魔法をかけ、彼女が下劣この上ない男に恋をするよう仕向けることだった。しかし、プシュケを見た瞬間、恋の神（クピド）はとたんに自分が恋に落ちてしまう。クピドは自分の恋情を内密にしておくために、プシュケをすばらしい宮殿に住まわせ、自分は夜な夜な彼女のベッドを訪れることにした。が、それは暗闇の中でのことで、クピドはプシュケに釘を刺し、けっして光の下で自分を見てはいけないといった。それもこれも自分の輝きは、彼女にとってあまりにまばゆすぎるというのである。プシュケには姉がふたりいた。彼女たちはプシュケが送っている新しい魅惑的な生活を見ると、たちまち嫉妬の炎を燃やした。そして、哀れな少女に諭すのだった。お前が添い寝をしている相手は神なんかじゃない、見るも恐ろしいヘビなんだと。プシュケは神秘のヴェールに包まれた訪問者を、すでに深く愛するようになっていた。が、姉たちの言葉にも動かされ、心は千々に乱れた。そしてともかく真実をつきとめようと決心した。次の夜、プシュケはランプを手に、となりで眠るすてきな訪問者の姿を間近に見た。そして、前にもまして深く彼を愛するようになってしまった。しかし、さらによく見ようと差し出したランプから、熱い油のしずくがクピドの肩に落ちたために、彼は目を覚ましてしまう。プシュケが約束を守らなかったことに怒ったクピドは、すくっと立ち上がると、輝く羽を広げて飛び去ってしまった。いうまでもないことだがアプレイウスの着想では、クピドはけっして丸々と太った天使なんかではなく、強い印象を与える若者だった。

みじめな気持ちになったプシュケは、最初にいき当たった川に身を投げようとした。しかし牧人の神パンに助けられ、厳しく叱責された。それからというもの、幾多のみじめな経験をしたあと、やがてプシュケはウェヌスの手に落ちることになる。ウェヌスはプシュケを奴隷のように扱った。はげしく打擲もした。そしてウェヌスはさらに、プシュケに不可能とも思える仕事をいいつけ、家から送り出した。プシュケは情け深い万物の力に助けられて、なんとかいいつけられた仕事をすべて片づけることができた。しかし最後の仕事で冥界へいったあと、にわかに彼女は気を失い、深い眠りに落ちてしまう。やがてクピドは彼女を許した。そして彼女を助けるためにもどってきて、ユピテルにプシュケとの結婚を許してくれるよう嘆願した。ウェヌスもやむなくこれに同意した。そうこうしている内に、やがてプシュケも眠りから覚めて、元気を取り戻した。もちろんクピドとプシュケは、その後、いつまでも幸せに暮らした。

古代世界では多くの人々が、このクピドとプシュケの物語を、プラトンの説いた魂の遍歴のアレゴリーと見ていた。さまざまな人生の苦難をくぐり抜けて旅をする人間の魂、その魂を物語るストーリーと見なしていたのである。プシュケはなるほど神性という不死のすばらしさをかいま見た。そしてそのために罰を受けることになった。神性の忘れがたい味をひとたび味わったプシュケには、神性から引き離されることは何よりつらかった。しかし彼女は、深い死の眠りから甦ったあとにはじめて、完璧な恋人とふたたびいっしょになることができた。のちにキリスト教の世紀になって、プシュケの物語は神をあこがれる魂のメタファーとして立ち現れた。シエナの聖カテリーナ（一三四七—八〇）、アヴィラの聖テレサ（一五一五—八二）、十字架の聖ヨハネ（一五四二—九一）などの偉大な神秘主義者たちは、その著書の中で、キリストとの婚約と結婚の経験を記している。言葉はきわめて色彩に富んでいて、むしろ肉感的な感じさえする。おそらく彼らは知ってか知らずか、この驚くほどくだらない（と彼らは思っていただろう）ラテン期の小説に出てくる異教の話から影響を受けていたにちがいない。

ギリシア人たちははたして何を信じていたのだろう。彼らにとって神々は本当に信ずるに足りる存在だったのだろうか。それとも単なるメタファーにすぎなかったのか。たしかにギリシア人たちには、今日、われわれが宗教から期待するような信条もなければ教義もなかった。信仰の告白もなければ、教義上の立場もない。そこに見られるのはつねに宗教的な事柄につきものの、順次色の変化していく解釈のスペクトルだった。それは階級や共同体の広がりをもち、その強度はある時代から他の時代へと移るにしたがって変化していく。ホメロスの時代の神々（これはわれわれのほとんどが慣れ親しんでいる——「慣れ親しむ」という言葉はたしかに適切ではないかもしれないが——「一者」とはまったく対極にあるものだ）の特徴としてとりわけ目立ったところは、そのあまりに神々らしくない姿だった。なるほど彼らは、この世でもっとも力のある王が夢にさえ見なかったほどの強い権力をもっている。が、

それを行使するやり方はまったく現世の王と同じだった。無器用で、ときに無慈悲で、悪意に満ちているときすらある。それに彼らが四六時中夢中になっているのは、まったく意外性に欠けた、自分の身内のもめごとばかりである。だれがだれと寝ただとか、だれがだれに仕返しをしただとか、だれがだれをけなしただとか。いったいこんな神々をだれが「信じる」ことができるのだろう。

これに代わるものが、他になかったということなのだろうか。その通りである。一神教の長い世紀(さらに最近の不可知論と無神論の世紀)が過ぎたあとでは、われわれもギリシア人の宗教的意識へとあと戻りすることは難しい。多くの形を取り、一見、際限がないかのように見える神々の物語は、口承伝説のたくさんの流れを通じてギリシアへと流入した。しかしその伝説を批判する方法を彼らはもち合わせていなかったのである。たとえばこの本のはじまりにデメテルと娘のペルセポネの話がある。われわれなら、この物語をひとつの巧妙なメタファーだということができるだろう。文字のまだ使用されていなかった社会で、移り変わる季節を「説明」するために考え出された巧みな譬えだと。しかし古代のギリシア人には、それをいうことができなかった。実際、現代人ならこうした話は、「なぜヘビには長い足がないの」「キリンはどうして首が長くなったの」といった質問と同じたぐいと見なし、とうの昔に子供部屋へ放逐してしまったことだろう。が、デメテルの話も本気になって見てみると、二一世紀に生きるわれわれでさえ、そこにあふれる詩情と深い感情に魅了されてしまうことに気がつく。それはわれわれを導いて、次のようなことを思わず叫ばせてしまうだろう。「そう、たしかにこれは、科学的な見地からいえば何ひとつ解明すべきものなどない。が、そこには何かわれわれを得心させてしまうものがある。それはおそらく夢の真実といったものなのだろう」。

夢がきわめて真実をいい当てうるものであることは、われわれすべてが承知しているところだ。意識的な批判にさらしてみれば、夢がばかばかしい不合理に満ちていることは明白である。が、それでもなおわれわれはこれに引かれる。このような夢に対する評価は、たしかにソクラテスやプラトンなどの考えの中にもあった。彼らは自分の弟子たちに、神話をメタファーとしてとらえるようにと教えていた。メタファーといっても、それは自然現象の単純な説明としてのメタファーではない。社会の予言者（幻視者）たちが、現実の核心に達することのできる言葉を見つけ出そうとしておこなう企てのためのメタファー、手段としてのメタファーである。こうした哲学者たちが理解していたことは次のようなことだったろう。つまり神話というのは、それが擬人化（神々をあたかも人間のように指し示すこと）されているという意味ではたしかにナイーヴだが、神話はまた深いレベルで、手に触れることのできないものを感じ取り、口に出していいがたいものを伝えようとしている。

ギリシア人が歴史上の事件によって変化を遂げていくにつれて、ギリシアの神々もまた変化した。アルカイック期のクーロスが示す厳格な像は、ホメロスやヘシオドス、ソロン、それにアイスキュロスなどが考えた神のイメージと共通していた。彼らの神々はいってみれば、巨人のような人間といってよいだろう。力に満ちてはいたが、要求もまた厳しかった。したがって神々は、人間に対して荘厳な儀式（繰り返し同じ方法で挙行される鎮静の行為）を要求し、それによってはじめて満たされることができた。このような行為が人間の側に要求するのはつねに損失と浪費で、神の側にはつねに利益がもたらされた。それは献酒（葡萄酒を大地や生け贄に注ぐ神事）であり、動物の供犠であり、大きな危機が迫っているときには、供犠が人間の生け贄となることもある。が、一方的な行為と見えたものにも、実は神から人間にもたらされたものがあったのかもしれない。というのも、作法を守って几帳面に儀式をおこなうことによって、われわれは神の不興を避けることができ、自ら天の恩寵の受け手となることができたからである。
オイディプスの王家が、相矛盾する神託のおかげで混乱に陥ってしまったとき、イオカステは宮殿から姿を現した。神への嘆願者が手にする木の枝をもって。枝には羊毛が巻きつけられていた。イオカステは祈願の儀式をとりおこなおうと思った。そうすれば、神の怒りを避けることができると考えたのである。アポロンの社へ向かいながら、コロスへ向かって話しかける。

町のお歴々方よ、私は今、
神々の神殿を訪れようと思い立ちました。
それで、手に枝と香をもっているのです。

オイディプスはわれを忘れています。彼は、最近の予言が、
昔のものと同じように、虚ろで中身のないことを認めません。
恐ろしいことをいう者がいれば、その者のいいなりで、
すべてを信じておしまいになる。
私は彼をやさしく諭してみるのですが、むだのようです。
それで私は、アポロン様のところへいきます。あなたがいちばん近くにいらっしゃるので。

彼女は枝をアポロンの祭壇に置くと、祈りを捧げた。

私は祈りと捧げものを手にして参りました。……あなたにお願いします。どうぞわれわれの穢れを清めてください。われわれを汚辱から解き放ってください。ご覧ください。われわれは恐怖にとらわれた客のように、船の長が取り乱しているのを、ただながめているだけです。

イオカステは定めの通りに儀式をとりおこなった。が、われわれはこれが虚しく役に立たずに終わったことを知っている。宮殿にはびこった穢れはあまりにひどく、わずかな祈願としかるべき場所に置かれたオリーヴの枝だけでは、とてもぬぐい去ることのできないものだった。アポロンは正義の原理そのものであり、劇を通してつねに目に見えない恐ろしい存在だった。「いちばん近くにいらっしゃる」と考えたイオカステの認識は、ある意味ではまちがっていたのかもしれない。結局のところアポロンは、イオカステの願いを受け入れなかったとして、ばかにされることもなく終わった。というのも、彼は自分の正義を貫いたからである。正義の遂行は必然的にイオカステの自殺とオイディプス王の盲目を招来した。そしてオイディプス家には永遠の恥辱をもたらすことになった。この時点では、イオカステはそのすべてを知ることはできなかったし、それゆえに、彼女のおこなったささやかな儀式がどれほど不十分なものだったかについても、彼女は知りえなかったのである。つまり、ギリシア宗教の中心には次のような信仰があった。われわれはときに神々に対して慈悲を、われわれやわれわれの申し立てに下し給うようにと祈る。そしてそれに預かる場合もある。が、われわれはそれに対して、もちろん自らの罪を償わなくてはならない。それを意識していようが、あるいは意識していまいが。そしてもしこの罪が大きなものであれば、それに見合った償いをわれわれはしなくてはならなかった。こうしてみると、ギリシアの宗教は、われわれの時代に見られる信仰や慣例と（その教義がたとえどんなものであろうと）どれほどの違いがあるのだろうか。ギリシア宗教の核心でも、すべての宗教（たしかにそれはほとんどすべての宗教だと思う）を動かしている力とまったく同じものが稼働している。そう考えれば、われわれもまたギリシアの宗教を理解することができるだろう。カトリックやギリシア正教のミサではじめに唱える祈りの文句に「キリエ・エレイソン」（主よ哀れみ給え）というのがある。これは起源を探ると、キリスト教よりはるかに古いギリシアの祈りにたどりつく（ギリシア語では「キュリエ・エレイソン」）。

しかしイオカステの話の底にはまた、宗教上のパースペクティヴ（展望）に生じたある変化をほのめかすようなものがあった。変化が起こったのは僭主の時代というより、むしろ悲劇作家のソポクレスが活躍した時代である。たとえばイオカステが神の社へ向かう場面でも、そこには何かしらぞんざいなやっつけ仕事といった趣きがないこともない。だいたいからして彼女は、神託などというものをまったく信用していない。それが証拠に神託は「虚ろで中身がない」といっている。彼女が「神々の神殿を訪れよう」と「思い立」ったのも、ほんの「今」だった。そして彼女はアポロンの神殿へいくことを選択したのだが、それも神殿が彼女の宮殿から「いちばん近くに」あったという理由からだった。そんな彼女は、いったい神を信じていたのだろうか。あるいは信じていなかったのだろうか。どうやら彼女は、常日頃応用している自分の「コーピング機構」（環境のストレスに対して、単に受動的に反応するのではなく、能動的に対処・克服しようとする適応機構）をはるかに越えたトラブルに巻き込まれた結果、もはややまったく懐疑的になってしまったようだ。したがって彼女は、われわれの時代でいえば、ふだんはあまり神のことなど考えたことのない人が、ひとたび自分の世界が動揺しはじめ、ばらばらに壊れてしまうと、ひそかに教会へ滑り込むといったタイプなのかもしれない。

ソポクレスが『オイディプス王』を書いていた時代に、アテナイのアレテーは絶頂に達していた。芸術上でも政治上でもアテナイの自信はこの上ないほど大きなものになり、植民地や姉妹都市もギリシア本土からイタリアへ、小アジアのエーゲ海岸から黒海の沿岸へと広がっていった。植民地や都市は、必需品や異国の産物などの交易を盛んにすることにより、さらに大きな富を生み出していた。アテナイのデモクラシーや軍事力（双方は手に手をとって進んだ）は世界の羨望の的となっていった。アテナイ人はこの情況の変化について、それを現出させたのはひとえに自分たちの力であり、けっして神の加護によるものではないと思っただろう。たしかに彼らはイオカステがしていたように、ギリシア宗教の儀式や祭儀を引き続きとりおこなっていた。が、彼らは、新しい企てをさらに続けていくためにも、自分たちが生来もっていた力と才覚に頼ることになったのである。アテナイ人たちは心底、世俗的な人間となっていた。

ここにひとつの演説がある。おそらくこれは西洋の歴史の中でももっとも名高い演説だろう。そしてそれは、紀元前五世紀に生きたアテナイ人のエスプリ（精神）に多くの光を投げかけた演説でもあった。演説をしたのはペリクレスで、演説はペロポネソス戦争の第一年に死んだアテナイ人を弔うものだった。少し長いが（ギリシアの基準からいえばこれでも短い方なのかもしれない）、私はあえてこれを全文引用した。これほどわれわれに、アテナイ人の考え方や感じ方を知らせてくれる文化的表現は他にないと思ったからだ。演説が収録されているのは、トゥキュディデスの正確無比な『戦史』であるが、この中で彼は、アテナイ人がおこなっていた「古代の習俗」について説明している。それは毎年、前年にアテナイのために戦って死んだ人の遺骨についておこなわれる埋葬の習わしだった。「遺骨が大地に埋葬されると、市民によって選ばれたひときわ知力に恵まれ、人望も目立って高い人物が、死者を称え、死者にふさわしい演説をおこなう。そして演説が終わると、すべての人々は去っていく」。ペリクレスは「墓から前に進み出ると、高い壇の上に立った。それも、できるだけ多くの人々に聞いてもらうためだった」。

「私より以前に、この壇に立った多くの弔辞者たちは、式典の最後におこなわれる演説というしきたりを称えている。戦いに倒れた戦士たちは、荘厳な言葉で弔われることこそふさわしいと彼らは考えたのだろう。しかし、私はそうは思わない。戦士たちの名誉ある行為は同じ行為によって称えられるべきで、単に言葉によって称えられるべきではないと思うからだ。今しがた、あなた方がしかと見届けたように、荘重な葬いこそ彼らにはふさわしい行為であり、たくさんの戦没者たちの勇気を称えるのに、たったひとりの弁者の雄弁で事足りるとするのはあまりに早計にすぎるのではないだろうか。加えて、聴衆の多くが弁者の誠実さをほとんど信用していないときに、弁者が死者に対して正当な発言をおこなうことはきわめて難しい。死者をよく知り、死者を愛していた人々は、死者を名誉ある者として記憶している。したがって彼らは、死者について弁者の語る話を、おそらくは公正に欠けたものとして受け取るだろう。一方、死者を知らない人々は、死者の勲功が自分の力量をはるかに越えたものであるとき、嫉妬心から、弁者の話を大げさなものとして疑惑の目で受けとめるだろう。というのも、他人の賛辞にがまんができるのは、きまって、他人の手柄が自分の力量の限度を越えていない場合に限るからだ。しかし、ひとたびこの限度を越えてしまうと、人々は嫉妬の炎を燃やし、猜疑心をもちはじめる。しかし、われわれの祖先の知恵が演説という慣例を定めたからには、私もまたこれに従わなくてはならない。そして力の及ぶかぎり、葬儀に参列したすべての人の願いと気持ちに添うような話をしたいと思う。

何よりもまず私は、われわれの祖先に賛辞を捧げたい。このような葬儀の場で、われわれの祖先の思い出に敬意を払うのは至極当然なことで、この場にふさわしいと思うからだ。われらの祖先は代々変わることなく、そして途切れることなくこの国に住み続け、たゆまぬ努力と勇気によって、自由の土地をわれわれに伝えてくれた。したがって彼らこそ、われわれの賛辞を第一に受ける権利のある者たちだと思う。そして、それにもまして褒め称えたいのはわれわれの父である。彼らは祖先が残してくれた領土に加えて、今日われわれが手にしている領土を付け加えてくれた。そしてそれを、艱難辛苦の中で、われわれの世代に伝え残してくれた。この大いなる領土にあまねく力をゆきわたらせ、戦時と和平時を問わず、われわれのポリスを完全な独立状態にして守るのは、われわれ壮年期を迎えた者たちの務めであろう。

われわれや父親たちが戦い抜いた戦闘については、もはや私には何もいうべきことがない。これについてはあなた方のあまりによく知るところだからである。われわれは他国で勝利を収めて力を得たし、近隣の敵の侵入に対しては、それがギリシア人であろうと他国の者であろうと、勇敢に抵抗してよくこれに耐えた。ここではむしろ、敵に立ち向かったわれわれの精神について、そして、われわれに今日の大をなさしめたアテナイの政治制度とアテナイ人の生活態度について述べ、それをもって死者に対する賛辞としたい。というのも、本日の荘重な葬儀の場でこれらを思い起こすことは、きわめてふさわしいことだと思うし、ここに集まった市民ならびに他国の人々が、これらの話に耳を傾けることはきわめて適切なことだと思うからだ。

われわれの政治の機構は近隣の機構をまねたものではない。われわれが近隣の模範となることはあっても、けっして彼らがわれわれの模範となることはないからだ。われわれの制度はデモクラシーと呼ばれているが、それは、権力が少数の手に独占されることなく、つねに多数の手にあるからである。われわれの法は個人のいざこざに対しても、すべての者に等しく公正である。そして公の行政官を選ぶ際も、われわれが歓迎するのは、すべての領域ですぐれた業績を残した才能である。けっしてわれわれは社会的な階級に基づいて行政官を選ぶようなことはしない。あくまでも選択の基準は卓越した能力にある。公の生活において、だれにでも自由が与えられているのと同じように、日常生活においても、われわれはたがいの間で自由な精神を生かしている。たとえば近隣の者が自分のやり方で生活を楽しんでいるのを見ても、けっして嫌な顔をしないし、怒りの言葉を投げつけることもない。たとえそれが致命的な打撃を相手に与えるものでなくても、あきらかに相手の感情を害するような野卑な行動は、われわれの心して慎み控えるところだ。このように個人の生活においてわれわれは、つねに心を開いて寛容を旨としているが、公的な物事においては、あくまでも法を敬い遵守している。われわれは尊敬がもたらす自制の念をよく知っているからだ。したがって政務に携わる者にわれわれは従う。法にも従う。とりわけ、抑圧された者を守ろうとする者には従う。そして、これを破る者に公然たる羞恥心を感じさせるのが不文の法だが、われわれはこれをも尊敬する。

しかしだからといって、われわれのポリスは無味乾燥なところではけっしてない。人々の精神を活性化させる娯楽を数多く提供するという点では、他のどのポリスにくらべても抜きん出ている。一年を通じて、さまざまな競技があり、供犠の祭典がある。公の建造物の美しさはわれわれの心に喜びを与えてくれるし、それは日々、われわれの目を楽しませてくれる。さらに、われわれのポリスは広大でしかも力にあふれている。それは世界中の富がわれわれのポリスへ流入してくるのを見ても明らかだ。アッティカ地方の産物はもちろんのこと、それと同じくらいわれわれは他国の産物にもなじみが深い。

軍隊により国を守るやり方を見ても、われわれの方法は敵とあきらかに異なっていた。われわれのポリスの門はつねに世界に向かって開かれている。われわれは他国人に対して、定期的な国外追放という措置を取らないし、この国を訪ねる人には何ひとつ隠し立てをしない。どこを観察しようと、たとえ彼らが敵に軍事的利益をもたらす「秘密」を見つけ出そうと、それはわれわれの関知するところではない。というのも、われわれが重きを置いているのは秘密の武器などではなく、信頼するに足る人々の勇気だからである。

これは教育についても同じことがいえる。スパルタ人は幼年期の早い時期から、勇気を習得するために奮励努力をする。しかしわれわれは自由に楽しく生活し、しかも危機に瀕したときには、何ら気おくれすることなく、敢然とこれに立ち向かう。ここでひとつ例を出して、私の言葉を証明して見せよう。たとえば、スパルタ人がわれわれの国に攻め込んでくるときには、彼らは一国でやってくることはなく、つねに同盟国といっしょだ。が、われわれが近隣に攻め込むときには、それが他国の地であろうと、国土を守って戦う敵を打ち負かすのに、われわれ一国で何ら困難を覚えることはない。さらにいえることは、敵がわれわれの全軍と相まみえることは、かつて一度もなかっただろうということだ。一方で戦士を各地に派遣しながら、われわれは他方で、海軍の訓練をおこなっているからだ。したがって、敵方がたまたまわれわれの軍隊の一部と遭遇して、そのわずかな戦士を打ち負かしたとする。彼らはわれわれの全軍を破ったかのように思い、自慢をするだろう。あるいはまた、敵方が打ち負かされたとしよう。しかし、これについてもわれわれの全軍が打ってかかって勝利したわけではないのである。実際、われわれはつねに危機に直面するときにも、厳格な訓練のあとで立ち向かうわけではなく、つねに平常心で立ち向かう。そして国によって鼓吹された勇気ではなく、むしろわれわれは、自分たちのもつありのままの男らしさで戦うことを選ぶ。両者の利点がどちらにあるかは歴然としているだろう。やがてやってくる苦難に備えて退屈な訓練をおこなうことを、われわれはまったくしないからだ。それなのにわれわれは、一歩戦いの場に入れば、艱難辛苦の訓練を積み重ねてきた敵方と、何ら遜色のない戦いぶりを見せることができる。他の場合と同じようにここでもまた、わがポリスは賞賛に値する手本を示している。

われわれは過剰なけばけばしさのない美を愛する。そして柔弱さのない知恵を愛する。富はわれわれにとって、単なるうぬぼれ心を満たす材料ではなく、成功への機会を与えてくれるものだ。そして貧乏は、それが克服される努力がなされているかぎり、何ら恥ずべきものではない。われわれ市民はつねに、公の政務と個人的な仕事のふたつに心を向けている。したがって、公の業務をなおざりにして、個人の仕事に専心することは許されない。われわれが他の国家と異なるところは、これら公的な生活から遠くはなれ、政務に見向きもしない者を、単に「私事にかまけている」と見なすのではなく、われわれははっきりとその者を役に立たぬ無用の者と見なす。われわれはつねに慎重に判断を下すし、論議もおこなう。それは私事であろうと、公事であろうと変わりがない。そしてわれわれは言葉と行動がつねに同道して、一向にさしさわりのないものだと思っている。行動は、それに移る前に十分な思考が重ねられ、十分な検討が加えられていないとき、必ず挫折の憂き目に会う。他の人々は、あらかじめ考えることをやめ、無知となったときにこそ、大胆な行動に移ることができると考えるだろう。しかしもっとも勇敢な者とは、目の前にあるもの（それが栄光であるときも、危険であるときも同じだ）に対して明晰なヴィジョンをもち、しかもそれに相まみえるために敢然と立ち向かう者であろう。

これは徳（善行）についても同じことがいえる。われわれは他の人々とまったく反対の考えをもっている。われわれは友情について、人から親切を与えられることによってそれを保証しようとはしない。むしろ親切を与えることによって、それをゆるぎのないものにしたいと思う。そしてこのことが、かえってわれわれにとって友情をさらに重みのあるものにさせている。それは、われわれが与える者として親切を継続的に施すことにより、友人との関係をさらに確固としたものにするからである。しかしもし、友人たちが同じように暖かい心でこれに応えてくれないとすれば、それは友人たちが、われわれの親切を自発的に生じたものではなく、何らかの見返りを期待して施したものだと感じているからに相違ない。われわれは人々の間に立ち混じり、進んで恩恵を人々に施す。それは自分の利害に基づいた計算の下でおこなうことではなく、何ものをも恐れない自由という自信の下でなされる行為である。

これをひとことでいうと、われわれのポリスはギリシアを教育する手本といってよいと思う。われわれアテナイ市民は、そのひとりひとりが、独立の精神という点でも、多方面に達した業績という点でも、肉体と精神における自恃という点でも、他の何者に対しても譲るものではない。

これはけっして虚栄心からいう言葉ではない。それは、われわれの生き方が現に勝ち取り、あまねく認められたリーダーシップが明らかにしている事実である。今日存在するいかなるポリスといえども、われわれが経験したような試練をくぐり抜けたポリスはないだろう。それに、わがポリスに侵入した敵がわれらの軍に敗北を喫したときにも、彼らは何ら憎悪を感じないだろう。さらに、彼らがたとえわが国の属国となったとしても、その依存関係に彼らは何ら卑屈な気持ちを抱くことがないだろう。このような強力な国家を他のどこに見出すことができるというのだろう。われわれの強大さを示すしるしや象徴はあまりにも大きい。したがって、今日の人々だけではなく、未来の人々もこぞって、われわれに賛嘆の声を上げることだろう。われわれにはホメロスは必要ない。また、われわれを賞賛の言葉で飾る詩人も不要である。というのも、このような文字による粉飾はほんの束の間の快楽にすぎないからである。真実をもって示せば、われわれの行為を描く詩人でさえも恥ずかしい思いをするだろう。われわれの先人たちはあらゆる海を渡り、あらゆる地を踏み分けて、あるときには人々に懲罰を加え、あるときには人々に恩恵を施しながら、植民地という永遠の記念碑を全世界に打ち立てた。

これがわれわれの弔った戦士たちが、おのれの命をかけて守ったポリスなのである。彼らはそれが失われるのを恐れて、雄々しく戦士として死んだ。したがって残されたわれわれもまた、このポリスのために一身を投げ打って、戦いに臨むことは至極当然のことなのである。私がこれまで縷々ポリスについて述べてきたのは、まさしくこのためだった。私がいいたかったことは、このようなすばらしいものを受け継ぐことのない者にくらべれば、われわれはいちだんと危機感を強めるべきだということである。さらには、戦士たちが成し遂げたことをあなた方にはっきりと示すことにより、死者に対する私の賞賛をいっそう強固なものにしたかった。というのも、私がポリスの栄光を歌えば歌うほど、そのポリスを輝かしい行為で飾った者こそこれらの戦士たちだということになるからだ。ギリシア世界でくらべるものとてない彼らの行為を、言葉でいい表すことは難しい。いかに大仰な言葉を用いても、それは表現しきれないだろう。

われわれがここで見せられた死ほど、よき生活（徳）の何たるかを如実に語っているものはない。それは、死に対する徳の力をはじめて示したしるしに他ならないからである。というのも、これまでの生活でいかに過失をおかし、失敗を重ねていようとも、最後に示した力いっぱいの献身はそれらの過誤をものともしないし、戦士たちは悪を善でぬぐい去り、個人の生活において彼らがポリスに及ぼした害よりも、むしろ多くの奉仕を戦士としてポリスにおこなったことになるからだ。彼らは名誉より富を愛し、そのために怯懦の心を抱くこともなく、またいかなる貧しい者も、将来に富の希望をもつがゆえに義務を回避することもない。戦士たちはこれらすべてを脇へ置き、ポリスのため敵に一撃を食らわせることに専念するだろう。彼らは、ポリスの名誉が汚されたことに対する復讐こそ、すべての物事の中でもっとも栄誉に輝くものと考える。そして、あてにならない「希望」の女神は彼女のなすがままに捨ておいて、彼らは自分たちの男らしさのすべてをもって、目前に迫ってくる敵に相対した。戦いの衝撃はやがて彼らの元へもやってくる。しかし、臆病心から自らの身を助けようとするより、むしろ彼らは最悪のものを進んで引き受けようとした。そうすることで、彼らの思い出は人々の非難から逃れることができた。が、その代わりに、彼らの身体には敵による打撃の跡がつけられた。やがて生涯のクライマックスともいうべき死が訪れる。死にゆく彼らの目には、もはや恐怖の念はなく、栄光に包まれた世界がある。だが、今はそれも遠のき、ただ恍惚として死におもむくばかりだ。

このような者たちがここに眠っている。そしてこれが、彼らを励ましたわれわれのポリスなのだ。したがってわれわれ残された者は、彼らの味わったつらい時を思いやり、祈りを捧げるべきだろう。

が、しかし、われわれはなお、ひるんだ気持ちで敵に相対するべきではない。あなた方の眼を、しっかりと大いなるアテナイにとどめ置かれんことを。日々あなた方がアテナイを目の前にしているときのように。アテナイを愛されんことを。そしてアテナイの偉大さを感じることができれば、その偉大さが、勇気と義務の心と名誉心をもつ人々によって勝ち取られたものであることを、あなた方は思い起こすだろう。たとえ彼らが個人の生活であやまちを犯したとしても、ポリスは彼らの忠誠を拒むことはしない。したがって戦士たちは、ポリスのために最大の捧げものとして自らの命を犠牲にした。彼らは自分の肉体を公のために与え、その代わりに、それぞれの名にふさわしい賞賛の言葉を与えられたのである。それはけっして死滅するものではない。すべての墓の中でも最大のものの中に彼らは入ったからだ。死すべき彼らの遺骨は墓に埋葬されただけではなく、人々の心の故郷に納められた。そこでは、彼らの栄誉はつねに新たに思い起こされ、時が必要とすれば、いつでも人々の言葉と行動を勇気づけてくれるだろう。

名を成した者にとっては地上のすべてが墓である。そして彼らの偉業は、生まれ故郷で碑文として石に彫りつけられるだけではなく、はるかに遠くに住む人々の生きるよすがとなり、目には見えないしるしとなって人々の心の中に織り込まれる。彼らが成したことにあなた方も並ぼうとするのなら、次のことをよくわきまえておくことだ。つまり、幸福の秘密は自由にあり、そして自由の秘密は勇敢な心にあるということ、そしてそれは、敵の猛攻に際して脇で傍観するような怯懦な心ではけっしてないということを。というのも、死をものともしない者は、ただ貧困にあえぐ者や不運をかこつ者ではないからだ。またそれは、富み栄える望みをなくした者でもないだろう。それは自らの運命に逆らうことを恐れる者、そして、もし困難がわが身にふりかかるとすれば、その運命の反転をこそ最大の運命と心得る者なのである。したがって運命の与えた試練を、柔弱な心のために拒否することは、誇りの高い者にとっては死よりもなおつらいことだ。全身に力が満ちあふれ、自信をもって戦っている最中に、突然、われ知らずやってくる死、その死よりなおそれは耐えがたいことなのである。

それゆえに私は、ここにいる死者たちの両親に哀悼の言葉をかけるのはやめよう。むしろ私はあなた方に慰めの言葉をかけよう。それはすでにあなた方が次のことを知っているからだ。あなた方はこの世に生まれ、この世にはさまざまな好機のあることを経験した。そして、最高の運をつかんだ者がもちろん幸せ者と見なされることも知っている。が、もっともよい悲しみというのは今日のあなた方の悲しみをいうのではないだろうか。そして、戦いの中で倒れた死者こそ最高の死を迎えた者といってよいだろう。彼らにとっては生による幸福と死による幸福とがしっかりと結びついているからだ。あなた方に慰めの言葉をかけるのはたやすいことではない。私はそのことをよく承知している。また私は、あなた方が他人の喜びを見て、かつての自分たちの喜びをどれほどしばしば思い出したことか、そのことも知っている。元々味わったことのないものなら、その損失もさほど苦にはならないだろう。が、今まであなた方にとっていとしいものとなっていた者が突然奪われてしまったとき、どれほどの悲しみが人々を襲うのか、そのことも私は知っている。しかし、あなた方は勇気のある心を失ってはならない。あなた方の中で、まだ子供の産める者は、次の子供に期待を託すことだ。新たに生まれ出る子供たちは、あなたの心に生じた裂け目を忘れさせてくれるだろう。そして、将来、働き手や戦士となって、ポリスに空いた穴を埋めてくれるだろう。というのも、もしポリスが危殆に瀕したとき、他の仲間とは違って、戦士の子供たちのように不幸な家族で育った経験をもつ者は、議会に出て、公正で正直な助言をするのに最適な者となるからだ。壮年期をすでに過ぎたあなた方に私はこれだけはいっておきたい。これから過ごす短い余生にくらべて、あなた方の過ごした長くて幸福だった日々を大きな幸せと思うこと。そして、死者の名誉によってあなた方の重荷を軽減すること。名誉だけを愛することは、老いの日々を新鮮なものにしてくれるだろう。生涯の終わりのわびしい年月を、楽しいものにしてくれるのは名誉であって、けっして人がいうようにお金ではないからだ。

あなた方の中でも、とりわけ死者の子供たちや兄弟に向かって、私はいおう。あなた方にとって、死者の思い出が強い競争相手となると私は思う。すべての人の口々に出てくるのは死者に対する賛辞の言葉だろう。たとえあなた方が英雄的なおこないをしても、死者たちの勇ましいおこないにはとてもかなうまい、と厳しい判断を下されることだろう。というのも、生きている者は競争相手に嫉妬心を感じるからだ。が、死者は違う。彼らは変わることのない賞賛でつねに崇められる。

今、寡婦となっているご婦人方にもその義務について、ひとこと話しておかなければいけないというのなら、短い言葉で助言を与えたい。あなた方自身の内にある性質を低下させないことこそ、あなた方の誉れとなろう。賞賛であろうと、非難であろうと、ともかく男たちの口の端に上ることのないのが、あなた方の誉れの最たるものだ。

すでに私はしきたりにのっとり、いわねばならぬことをすべて話した。そして死者に対する捧げものも滞りなくすませた。これからは死者たちの子供が成年を迎えるまで、ポリスが面倒を見ることになるだろう。これこそ、死者たちがポリスのために耐えた試練に対して、ポリスが死者とその親族に捧げる王冠であり、恩恵である。もっとも高い徳に名誉が与えられる国にこそ、もっとも徳の高い者やもっとも勇敢な者が生まれるのである。

さて今やあなた方も哀悼を終えた。それぞれがここを離れていくがよい」。

ペリクレスの言葉は、西洋の歴史上でおこなわれた重大な演説の中に、その残響を留めている。演説の冒頭で語られたペリクレスの慎ましい前口上は、われわれにゲティズバーグのリンカーンを思い起こさせずにはおかない。「われわれがここで話す事柄について、世界はほとんど気づくこともなく、記憶することもないだろう」。リンカーンはこの演説の中で、「最後に示した力いっぱいの献身」というペリクレスの言葉をそのまま使っている。ペリクレスの決意は「幸福の秘密は自由にあり、そして自由の秘密は勇敢な心にある」というものだった。修辞を凝らし、血と労苦の覚悟を強調したペリクレスの言葉は、第二次世界大戦中にチャーチルがイギリス国民に対して、繰り返し要請した言葉を思い出させる。それは国民のすべてに、「血と労苦と涙と汗」という多大な犠牲を払ってもらうことになるだろうというものだった。ここでいえるのは、このふたりの演説者がまちがいなくトゥキュディデスを知っていたし、ペリクレスの演説も知っていたにちがいないということだ。

しかし私にとって、ペリクレスの演説にもっとも比肩しうる演説といえば、それは一九六一年におこなわれたジョン・F・ケネディの大統領就任演説である。当時、アメリカは国力、威信ともに最盛期を迎えていた。自由世界の臆することなき指導者として、その階級のない社会、市民の寛容さ、それに言論の自由などはまさしく人類すべての羨望の的だった。われわれは、同時代にくらべるものもなければ前例もない(とわれわれは思っていた)、ひたすら「幸福を追求する」ことに専心する開かれた社会にいた。それは、秘密主義のソ連とその陰鬱な軍国主義とはまったく反対の国家で、勝利に対してもの惜しみすることもなく、われわれに援助を求める人々には、勇んで手を差し延べる、そんな国だった。ケネディの抑揚ある話ぶりはゆったりとしていて、しなやかで、それはペリクレスの演説を髣髴とさせた。「われわれに対してよい感情を抱いているか、あるいは悪い感情を抱いているか分からないが、いずれにしても、すべての国々に知らせよう。われわれが自由の存続と継続のためには、いかなる犠牲をも払い、いかなる苦しみにも耐え、いかなる苦難にも対処し、いかなる友をも支えて、いかなる敵に対しても抵抗することを」。ケネディは自分の演説が、「これからくる年、これからゆく年に遭遇する、長い薄明の苦闘をともに耐えていくようにという呼びかけ」であることを認めたが、このとき彼が示していたのも、ペリクレスと同じ慎み深さとバランスのとれた平衡感覚だった。そこには政治論議につきものの誇張と豪語は微塵もなかった。彼がこれから予想される犠牲について語るときも、なんら手加減を加えることがない。これもペリクレスと同じである。アメリカの大統領が、国民個人に国家への義務を思い起こさせるということは、ちょっと今日では想像することが難しい。これは平たくいえば、公共の利益のためにわれわれは、四輪駆動車のような些細なものまであきらめなければならない、ということさえ示唆していたのだから。大統領が今日ふたたび、真顔になって次のようなことをいえば、これは本当に信じられない瞬間となるだろう。「あなたの国があなたに何ができるかを問うのではなく、あなたがあなたの国に何ができるかを問うてみよう」。

ケネディはまた、違ったことでわれわれにペリクレスを思い出させる。はるかに昔の人物ではあるが、なおそうなのである。ペリクレスはアテナイの「第一の市民」であり、ストラテーゴス（指揮官）に一五回選出されている。彼が支配したのはアテナイの政治だけではなかった。彼はアテナイ人の心をもとらえていた。というのも彼は、単なる「政治的動物」（政治家的人間）ではなかった。真に知的で、芸術的な関心をもった人物だった。親しい彼の友人の中には、彫刻家のピディアス（ペリクレスの要請にしたがって巨大なアテネ・プロマコス［突撃を先導するアテネ］の像を作った）や悲劇作家のソポクレス（われわれに懐疑的なイオカステを書いてくれた）、それにヘロドトス（歴史の父）や哲学者のアナクサゴラスなどがいた。何ものをもその正体を暴かずにはいられないアナクサゴラスだが、ついには、神々の存在に疑いを差し挟み、それに異議を唱えた。ペリクレスは最初の結婚を離婚で終わらせたが、教養のあるアスパシアとは終生添い遂げた。彼女はかつて高級娼婦だった女性で、アテナイでは名士の扱いを受けていた（そのために、他の女性にくらべると、はるかに自由を享受していたし、世間的な経験も豊かだった）。紀元前五世紀のアテナイでは、このロマンティックなカップルから誘いを受け、テーブルをはさんで彼らと会話を楽しむことは、この上ない名誉なこととされてありがたがられた。したがって、ペリクレスの死（ペロポネソス戦争がはじまって二年目に疫病で死んだといわれている）はアテナイ人にとって大きな打撃となった。そして結局のところ、アテナイはこの打撃から立ち直ることができなかったのである。それ以後というものアテナイは、政治的にも軍事的にも、ひとつの災厄からもうひとつの災厄へとあてどなく吹き流されていった。そしてついには考えてもみなかったことが起こり、帝国それ自体が失われ、二度と回復されることはなかった。それとともに、ポリスの力と威信もまた失われた。

もちろん、すべての時代といえども、またすべての指導者といえども、それぞれに盲点はあった。ペリクレスが賞賛してやまなかった「自由のポリス」には奴隷があふれていた。そして、そこにはまた、世に知られることなく、薄暗がりの中で生きなくてはならなかった自由市民の女性たちもいた。これはペリクレスが演説の最後で明らかにしている通りである。しかし、ペリクレスにとってアテナイ帝国は、何といっても疑問の余地のない善そのものだった。ケネディが主人の役を務める「自由な人々の国」そして「勇者の故郷」はまた、黒い肌をした人々が奴隷制度と変わらないほど、ひどく暗い場所に追い込まれていた国でもあった。女性も、たとえ世に知られるとしても、それはたいてい彼女たちの夫の妻として知られるだけだった。が、しかし、ケネディが提示したものに関するかぎり、ともかくアメリカの国力はつねに正義に与するものだった。

ペリクレスの言葉や物事に対する対処の仕方を聞いていると、あまりにもその現世的なことに、人は気づかざるをえないだろう。ここでは、神々はほとんど語られていない。アテナイ人はもっぱら自分自身に依拠していたにちがいない。ケネディについても同じことがいえる。彼はもはや神への祈りに逃げ込むことをしていない。ただ、演説の最後で彼は次のように神について述べている。「この地上では、神の仕事はまったくわれわれ自身の仕事なのだ」。別の言葉でいえばこれは、われわれのよく知る世界からわれわれはけっして離れるべきではない。むしろ、この世界から出ていくのは神の方であるということだった。これは神学(反・神学でもない)というより、戦略というべきだろう。ペリクレスの場合も、ケネディの場合も、そこには無神論の告白といったものはない。ただ、そこに見られる暗黙の認識は、ともかく政治家はけっして神託を垂れる託宣者ではないということ、そして、天のために宣伝の文句を話すつもりも毛頭ないということである。ハーヴィー・コックス(一九二五—)が感心したのも、ケネディの演説が紋切り型の信心を排除している点だった。このとき、ハーヴィー・コックスはまだ若かったが、それに促されて書いた『世俗都市』の中で、ケネディを世俗の理想的な政治家だとして褒め称えている。コックスによれば、宗教的に見て多様な社会では、理想的な政治家は自分の演説を信心家ぶった言葉で飾り立てることをしないものだというのである。「(ケネディの)キリスト教徒としての良心のありかを知らせているものは、とりわけ人種上の公正という領域で彼が下した多くの決断だ。が、彼はアメリカ人がしばしば自分たちの大統領に与えようとする、いくらか宗教味を帯びた栄光を断じて受け取ろうとはしない。実際、神の恩寵によって（グラティア・デイ）統治する君主のいないアメリカでは、往々にして栄光が大統領に付与されるのだが」。

ペリクレスの時代が過ぎると、アテナイの自信はますますか細いものとなっていった。それにつれて、高名な自信はシニシズムにとって代わられ、慎み深さは自惚れに、誠実はごまかしに、力は脅しへと変質していった。人々は神々に対してますます大きな声で祈りを捧げるようになったが、それも虚しく響きわたるばかりだった。良心へ訴えても、返ってくるものは無言だったし、社会的な公正へ言及してみても、それが出会うのは知ったかぶりの薄ら笑いばかりだった。われわれの時代に比肩できるものは、ほんの部分的なものにすぎないが、それでもなおそれは、われわれをしばし考えさせるに足るほどいきいきとしたものである。たとえば「神」である。今では奇妙なほど公正という要素をはぎ取られてしまった「神」が今もなお、われわれの国家的な動きを指図しているように見える。(1)

アテナイの自信が最後にもろくも崩れ去ると、社会には大きな空白が残された。芸術については、すでにわれわれが見てきた通りである。理想主義（アイディアリズム）のあとには写実主義（リアリズム）が起こり、リアリズムは、はかない束の間の刺激を求める倦み疲れた欲望にとって代わられた（びっくりするようなヘルマプロディトス［両性具有者］の彫像などがその例。しかもこれについては数多くの例が挙がっている）。そして弱体化の一途をたどる欲望は気むずかしいペシミズム（悲観主義）へと続いていった。それでは哲学の分野はどうだろう。ここでもアテナイの独立が失われると、哲学の主題として取り上げられる内容が急速に狭いものとなっていった。もはや哲学者たちは、かつてのソクラテスやプラトン、それにアリストテレスなどのように、深い精神的な洞察と幅広い道徳的な視野にあこがれることもなくなった。彼らはいくつかの派に分かれて、グレコ・ローマ世界の移民としてさまよい歩き、力をつくしては家庭教師の口を見つけた。今もわれわれはこの哲学者たちのグループ名を使っている。それは当時流行していた哲学のグループ名を表したものとしてではなく、むしろ、人間の気質や心的傾向を表す言葉として使用している。はじめにいるのはソフィストたちである。彼らはまったく真理というものに関心を示さず、ただ、どのようにすれば議論に勝つことができるのかについて腐心し、その方法を人々に伝授することを任務と心得ていた。次にいるのが懐疑派の人々。彼らは認識と名のつくものはいかなるものも不可能だと信じていた。そして三番目に挙げられるのが犬儒学派(キュニコス学派)の人々。彼らが教えたのは自足である。四番目がストア派の人々。彼らは物質的なものから心身を引き離す、高潔で超然たる生き方を説いた。最後に登場するのがエピクロス派の人々である。彼らは「幸せな生き方をするのに大切なのは、何をおいてもまず快楽である」と教えた。こうした各派(その数はさらに多かったにちがいない)はたがいに競い合った。それは人々の心を獲得するための競争でもあったが、彼らはまた家庭教師の仕事を求めてたがいに争った。各派の内部でもさらに細かな議論が、それぞれの哲学者たちによっておこなわれていた。したがっておのおのの派の哲学は、私が書き記した以上に微妙で繊細なものとなっていた。しかし、こうして四分五裂していった結果もたらされたものは知的風土の質的な低下である。そしてそこで見られたものは、断片化した知識と不可知論ばかりだった。たしかにストア派が正しいかもしれない。それなら私は、余生を禁欲と克己の生活をすることにしよう。が、待てよ。あちらのエピクロス派も正しいかもしれない。それなら、イノシシのすばらしい料理をもうひと皿食べることにしよう。

宗教の断片化も顕著となっていった。ギリシア人とローマ人は相互に影響を与え合う関係にあったのだが、それがまたたがいにとげとげしい、高圧的な態度を取った。征服された側のギリシア人は、自分たちが文化的にも知的にも征服者より優れていることを知っている。そのために彼らは、つねにいらいらとしていて、超然とした態度を崩そうとしなかった。一方、ローマ人の方も「成り上がり者」に特有の劣等感にさいなまれていたために、こちらもまた、どなりちらしたり、威張ったり、さもなければ職権を乱用するといったやり方に慰安を求めた。ギリシアの芸術家や哲学者たちは、今ではもっぱらローマ人の富と支援に頼る生活だった。それは現代のフランス人の立場に似ていなくもない。たしかにフランス人は、今やフランスがもはや経済上でも文化上でも世界の中心ではない、ということをなかなか認めることができない。ローマ人の目から見ると、そんなギリシア人の無礼をなだめる方法などとてもありそうもなかった。が、ローマ人はそれをやろうとした。彼らはギリシア人家庭教師の足下に座り、自分の精神を向上させようとした。ギリシアの文学を読み、それをまねた。ギリシアの建造物や彫像のコピーを作るよう芸術家たちに命じて、がらんとした簡素な彼らの都市を少しはましなものにしようと試みた。ギリシアの宗教についてもローマ人は、外側に現れたものだけを懸命になって模倣した。

地球上には数多くの人々が住んでいたのだが、ローマ人ほど退屈な宗教をもっていた人々はいないだろう。彼らは神々の万神殿（パンテオン）というものをもっていた。これには、さまざまな家族や氏族のパトロンとなる神や守護神が含まれている。が、ほとんどの神は名前が知られているくらいで、他にはほとんど知られるところがなかった。そのローマ人が、ギリシア神話の印象的な話や、それを基にして作られたわくわくするような芸術作品に接した。この接触は、ギリシア人が南イタリアに作った植民地を通してはじまったものだろう。ローマ人はこれに触発されて、自分たちの宗教をギリシア風の装いで飾り立てようと思った。彼らの最高神はユピテルである。ローマ人はこれを解釈し直してギリシアのゼウスのヴァリアント（別形）とした（これについてはローマ人はたしかに正しかった。南ロシアの地域に住み、原インド・ヨーロッパ語を話していた先史時代の人々は上天神を崇拝し、これを「ディエスピテル」（diespiter）と呼んでいた。この言葉が初期のギリシア語を話す子孫たちの言葉では「ゼウス・パテル」（Zeus Pater）、つまり「父なるゼウス」になり、初期のラテン語を話す子孫の言葉では「ユピテル」となった）。同じようにして、ローマのウェヌスにはギリシアのアプロディテの話が割り当てられ、ユノにはヘラの話が、ミネルワにはアテネの話が、マルスにはアレスの話が、ウルカヌスにはヘパイストスの話が割り当てられた。以下同様。このにわか仕立ての神話作りが、ローマの神々にそれらしい風貌と物語を与えることになった。そしてそれはまた、ローマ人の想像力をかなり活性化させもした。

ローマの宗教は根本的には、契約上の義務を遂行するビジネスマンの宗教といってよいだろう。ローマには大昔から引き続き継承されてきた公の儀式があった。彼らはこの儀式に対しては実直に注意を払ってきた。が、それは多分に「あなたが背中を掻いてくれるなら、私もあなたの背中を掻きましょう」といった精神でおこなわれるものだった。つまりこれは恩寵を求める儀式である。そこにはローマの神話もなければ、神学もない。宗教の理論的な側面に対する興味などいっさいなかった。これこそ初期のギリシア人哲学者を誘発して思索に耽らせた謎といってよいものだったのだが、そんなものはローマの宗教にはなかったのである。ときには神の名前が忘れられることさえ起きた。ウェルギリウスの書いた『アエネイス』の中では、トロイアの王子アエネアスが登場する。ローマ人の先祖と見なされている人物である。このアエネアスが地方のラテン王エウアンドロスに導かれて、カピトリヌスの丘へいく場面がある。そこで王はトロイアの王子に次のようなことを知らせた。「この森、木立の頂きが描くこの丘が神の故郷です。……われわれはその神の名を知りませんが」。

ローマ人は実際的で、やる気満々の民族である。したがって哲学についても、結局はその倫理的な目的に幾分か興味を抱くことになったようだ。最善の生き方とは何かという問題である。そしてその結果、後期のギリシア哲学者たちのそばでじっと長い間座り続け、やっとチップにありつけたといったぐあいだった。とりわけ彼らが影響を受けたのは、禁欲的なストア派の人々や快楽を愛するエピクロス派の人々だった。ふたつの哲学の流行がもっともローマ人の空想（哲学といっても、彼らの哲学はこの程度のものだったのだろう）をかき立てたのである。「秩序への愛」。これこそローマ人を行政官にさせたものの、広大な帝国を統治する巧みな行政官にさせた資質だった。しかし、この資質が知的なもの、美的なものに対する彼らの適性を制限したことも確かなことだった。ギリシア人を文化的巨人にしたのは彼らのもつ創造的な好奇心だったのだが、これが彼らの初期に成し遂げた帝国としての成功を、今度は制限し、ついには台なしにしてしまう原因になってしまった。ギリシア人の敏感すぎるエネルギーは、それが日々の帝国の業務に生かされるよりも、さらに多くの量が、芸術や観念、それに政治上の革新などに費やされてしまったのである。

しかし、ギリシアの宗教についていうと、ローマに影響を与える前にすでにギリシアの宗教は衰退していた。ギリシア人にとって宗教はたしかに、ローマのヴァラエティーに富んだ宗教にくらべて、いちだんと刺激に満ちたものだったが、それはむしろ公的な行事といった方がいいかもしれない。ある種のデモンストレーションのようなもので、そこではすべてのギリシア人たちが、同じ神々を崇拝することにより、あるレベルで合一されるといった体のものだった。したがってそれは、おだやかで当たり障りのないものへと移行していく傾向にあった。譬えてみると、スタジアムに集まったアメリカ人が「忠誠の誓い」（アメリカ国民の自国に対する誓約。小学校の始業時などに、国旗に向かって斉唱される）を唱えるようなものだろう。しかしギリシアには、まだ、たくさんこれに取って代わる宗教があった。その多くは影のように目立つことなく、とらえどころのないものだった。そしてこれらは「秘教」と呼ばれた（英語の「ミステリー」「秘教」の語源はギリシア語の「ミュステース」「入会者」と「ミュステリア」「加入の儀式」である）。秘教は秘密の教団で、人々はまずそれに入会しなくてはならない。そして信者はその秘密を漏らさぬように保持していなくてはならなかった。今日われわれは、秘教の信者たちがひそかに伝えた事柄について、情報に基づいた推測以上のことはまったくおこなうことができない。

秘教の中でももっとも人が集まったのは、エレウシスで挙行されたものだった。エレウシスはアテナイから北西方向に一二マイル（約一九キロメートル）ほどいったところにある都市。この秘教が祝っていたのは、収穫の女神デメテルと彼女の娘で春の女神のペルセポネである。儀式は播種の時期におこなわれた。九月の末頃、それはアテナイではじまる。デメテルの信者たちは、まず海に入り、海水によって身を清めた。そしてすばらしい子豚の犠牲を神に捧げる。そのあとで、新たに教団に入会した者たちが、行列を作ってエレウシスへ向かい「聖なる道」を練り歩いた。それはデメテルとペルセポネの神話のシーンを演じるためである。ちょうどキリスト教徒たちが聖金曜日（復活祭の前の金曜日。イエスの磔刑を記念する祭日）に、「十字架の道」をたどるようなものだろう。われわれが知っているのは、入会者が断食をしていて、この断食をやめるときにはミント茶を飲むということや、行列でエレウシスへ向かう途中、卑猥な冗談がやりとりされることなどだ。それはたとえば、年老いた婆さんが腰をねじ曲げて古びた性器を見せては、悲しみに打ち沈んだ収穫の女神を笑わせたといったたぐいのものだった。

またわれわれは、穀物の女神デメテルと葡萄の神ディオニュソスとの間に、何らかの関係があったことも知っている。大行列がエレウシスに着くと、いっせいに信者たちは「テレステリオン」(何千人という数の人々を収容できるホール)へとなだれ込む。そしてフェスティヴァルが最高潮に達した時点で、イニシエーションをおこなう祭司によって、「聖なるもの」が公開される。しかし入会者がいったいそこで何を見せられたのか、われわれには分からない。彼らの秘密は、約一〇〇〇年にわたりこの儀式がおこなわれていた間中、まったく隠されたままになっていた。そしてそれは、紀元三九三年にキリスト教徒だった皇帝によって弾圧されるまで続いた。そののち、聖所そのものも、アラリック王と彼の率いる西ゴート族によって平地にならされてしまった。したがってエレウシスの秘密は、死者とともに今もなお秘されたままなのである。

それでもエレウシスの秘教は、秘教の中でももっとも公にされ、もっともポピュラーになったものだ。アテナイ人のほとんどがこの秘教の入会者になった。女性も「メトイコス」(外国人居住者)でさえ歓迎された。が、殺人者や根っからの野蛮人(「理解できない言葉を話す人々」)だけは除外された。エレウシスの秘教の他にも秘教はたくさんあったのだが、それらの教団は聖所をもたなかったし、さらに秘密主義が徹底していた。そのためにそこでおこなわれていたことについては、デメテルの儀式以上にわれわれには闇に包まれて薄ぼんやりとしている。ローマがギリシアを征服する頃になると、さらにエキゾチックな宗教的儀式がエジプトやアジアから流入してきた。これらの影の多い宗教はその多くが、ローマ帝国の機構を管理する者の神経をいっそう逆立てることになった。というのも彼らは、政治的に違った意見の香りを漂わせていたし、ときには、社会を覆す暴動の恐れを感じさせたからである。また、そうした宗教は、力の弱い者や財産を奪われた者などに対して、知的で文化的な隠れ場を提供した。女性や奴隷、傭兵や外国人などが群れをなして、地下でおこなわれた儀式に参加し、熱心に何やらわけのわからない屑のような教え（ローマ人から見ればたしかにそうだ）に耳を傾けた。そしてその教えはひょっとすると、国家の安全をむしばむ恐れがあるものかもしれなかったのである。ここにとりわけ曖昧模糊として、厄介な教団がひとつあった。それはグレコ・ローマ世界の重要な都市で着々と足場を築きつつあった。それを率いていたのは、シリア・パレスチナにあったローマの属州からきたというユダヤ人たちである。やがてしばらくすると、その教団の教えはキリスト教と呼ばれるようになった。

われわれはやっとふたつの流れが合流する地点に到達した。この地点で、われわれの文化的な遺産ともいうべきふたつの大河（グレコ・ローマ的なものとユダヤ・キリスト教的なもの）がひとつとなり、さらに西洋文明という大きな奔流となって流れていく。ここでもまた、われわれの文化史の皮肉といったものがうかがえるのだが、それは、あの重い足取りで歩いていたローマ人が水路の役割を果たし、デリケートで気品のあるギリシア文化が西方へと流れ入るのに力を貸したことである。また、ユダヤの価値観が文化の主流に入り込むのに、キリスト教がその乗り物となって力を貸したことも、のちのユダヤ人憎悪の歴史を考えてみると、実に皮肉な話だと思う。しかし、それもこれもすべては事実なのである。

この広大な合流点のさまざまな側面については、このシリーズ（「歴史の要シリーズ」）中のはじめの巻で取り上げている。ユダヤ人が、われわれの西洋史へもたらした独創的な貢献（この貢献なしには、それからのちのことは何ひとつ起きなかっただろう）については、第二巻の『The Gifts of the Jews』

（邦訳名『ユダヤ人の贈り物』青土社刊）で主題とされている。また初期のキリスト教のもたらした貢献とそのユダヤ教への依存については、第三巻『Desire of the Everlasting Hills』で取り上げた。ローマ人についてもなおざりにされていたわけではない。たとえローマ人で一巻を構成することがなくても、彼らはシリーズの序章である第一巻『How the Irish Saved Civilaization』（邦訳名『聖者と学僧の島』青土社）の最初の二章で主題とされている。それにローマ人は第三巻の中でも、終始、重要な要素を形作っている（が、われわれはそれですべてローマ人について語り終えたわけではない。彼らはこの本のあとに予定している第五巻のはじめの部分でもまた、違った顔を見せることになる。第五巻ではローマ人がどのようにしてイタリア人となったかについて、探求してみるつもりである）。したがってここでは、ただ緩やかに話の結びをつけるにとどめたい。

キリスト教という曖昧模糊とした「不可思議な」宗教は、当初、ローマの体制を脅かすものと見られていた。現に紀元六四年には皇帝ネロによってスケープゴートとされている（ローマの大火をキリスト教徒のせいにした）。が、それから二四九年ののち（三一三年）に、もっとも高名な改宗者のコンスタンティヌス帝によって公認されることになる（ミラノ勅令）。キリスト教のルーツはどう見てもユダヤ教にあるわけだが、それにもかかわらずキリスト教は、ギリシア文化とローマの権力によって形作られたグレコ・ローマの世界で主役を演じることになる。古代ヘブライ語ではなく（最初のキリスト教徒たちが話していたアラム語でさえないのである）、ギリシア語がキリスト教の言語となった。そしてキリスト教の聖なる書物（のちにそれは『新約聖書』として知られるようになる）もまたギリシア語で書かれた。さらに「福音書」（イエス・キリストの「よい知らせ」）は古代世界全域へギリシア語によって伝えられた。この新しい宗教の用語は元来、ヘブライ語の手本に基づいていたのだが、結局はギリシア語の用語が使われるようになった。それはたとえば、「キリスト」「エクレシア」（教会）「洗礼」「聖餐」「アガペー」（慈愛）などの言葉である。これらはそのどれもがキリスト教の中心となる言葉だが、すべてがギリシア語だった。言語だけではない。キリスト教の思考のパターンそのものもまた、発端を海岸に近いレヴァノン地方のユダヤ教にもちながら、しばしばそこには、ギリシアの古色蒼然たる輝きが見られた。それは譬えていえば、細長い一片の板に貴重な石の象眼が施されているようなものかもしれない。パウロとルカはふたりで『新約聖書』のおよそ五〇パーセントを書いている。そしてふたりはともにギリシア哲学へ深い親しみを見せていた。またふたりは、ストア主義に対しても強い愛着を示している。この禁欲の哲学は人間の友愛を教えた。それは次のようなストア派の信念に基づいていた。つまり、すべての人間は分け隔てなく、神性の幾分かを保持しているという。そしてこの神性は神と共有するものだった。ストア派の体系の中でこの神は「ロゴス」（「言葉」「理性」「理法」）と呼ばれている。ヨハネの福音書ではこの言葉が、イエスを叙述するときに使われていた。

キリスト教が興って最初の五世紀の間、さまざまな神学上の論争がおこなわれたが、そのほとんどは終始ギリシア語によって交わされた。「ラテン語を話す西方」にいたキリスト教徒は、知的に卓越することについてまったく関心を示さなかった。神学上の争いの熱い温床となったのは、むしろ「ギリシア語を話す東方」だった。イエスははたして神だったのか、それとも人間だったのか、あるいはまたその両方だったのか。もし両方だとすると、それはどのような形で両方だったのか。論争でいったりきたり、やりとりをしたときに使われた用語がギリシア語だった。それは「ペルソナ」（位格）「実体」「自然」などといった言葉である。そして結局人間イエスは「ホモウシオス・パトリ」（父なる神と同じ実体をもつ）者ということになった。考えて見ると「ウシア」（実体・実質）は、紀元前六世紀に活躍したソクラテス以前の哲学者たちが、不変の実体を表すのに作り出した用語である。それが千年以上ものちに、キリスト教の神学上の論争を解決するために引用された。そしてそれはなお時代を下って現代にまで至っている。世界中のキリスト教会では日曜日になると、ミサのクレド（信条）が復誦されるが、そのときに引用されるのがこの言葉である。

キリスト教の世界は、ギリシア語の語彙とギリシア語による弁別法、ギリシア語のカテゴリー（範疇）からなる世界に変貌してしまった。そしてそれは、単に言葉の問題だけではなかった。言葉はそれとともに価値を運ぶ。ギリシア人による物質と精神、肉体と魂の区別は、キリスト教徒の意識の中でも生き、キリスト教徒の感受性を形作った。この区別は、繰り返し繰り返し避けることのできないウイルスのように現れた。したがってこの二元論の出所はユダヤ人のキリストではなく、あきらかに対話を事とするギリシアの言語にあった。それはプラトンをはじめ、哲学上の先達たち、さらには彼らの前に生きたギリシア人の知覚や先入観といった大きな文化上の文脈によって形作られたものである。実際、キリスト教が入ってくる頃には、「物質」と「精神」というカテゴリーがあまりに巧みにギリシア語の中に織り込まれていたために、それはまったく問題にされることもなかったし、気づかれることすらなかった。

キリスト教の修道院生活がはじまったのは、ギリシア語を話す東方の地だった。しかもそれは、ピュタゴラス学派やその精神的な息子であるプラトン主義者たちをまねてはじめられたという。しかしこれも偶然の一致などではけっしてないだろう。彼らはときに、誓いを立てて共同で生活し、世間でおこなわれていた通常の生活を放棄した。そして人里離れたところで、ひたすら最後の啓示を待った。キリスト教の修道院生活に付随したこと、それはたとえば、沈黙、瞑想、聖歌を歌うこと、特有の身なり、ロザリオ、香、ひざまずくこと、祈りのときに手を上げることなど、すべてこれらは元をたどればピュタゴラス学派にまでたどりつきそうだし、さらに彼らを飛び越えて、むしろ彼らに影響を与えた大元の、インドの仏教徒やその先達にまでいきそうだ（キリスト教の修道院生活の最終的な起源を見つけようと思えば、イエスについて知っていることへ目を向けるより、ダライ・ラマに注目した方が得策かもしれない）。こうした修道院でおこなわれる手の込んだ典礼は、たしかに異教徒のギリシア人がおこなった公の祈禱や儀式の手本を元に作られていて、それは典礼の際の連禱、聖歌、ページェント、行列などを見ると明らかである。

しかしこれらの目に見える影響は、あくまでも例外的である。グレコ・ローマ的なものとユダヤ・キリスト教的なものとの合一といっても、その大きな部分を占めていたのは、何といってもグレコ・ローマ的な性質が、ユダヤ・キリスト教的な価値観と結びついている状態だ。西方世界の外見はなおグレコ・ローマン風のままなのだが、中身は徐々にユダヤ・キリスト教的になっていた。『新約聖書』の底を流れている世界観は、ギリシア人やローマ人の世界観とは違っているというよりも、むしろ、ほとんどその対極にあるものといってよいだろう。それは公的な手柄をこそ第一とする世界観ではなく、神と同道する個人的な旅、その冒険を強調する世界観である。この生涯にわたって続く旅で、人間は神の公正と慈悲をまねることにより、神と自分の合一を促された。ユダヤ・キリスト教的な世界観はまたきわめて個別的なもので、ギリシア人がかつて提案し強調したもの（これもかなり個別的だったのだが）を、その程度においてはるかにしのいでいた。ギリシア人の間に見られた個別的なものといえば、それは内なる神の声を聞いた経験だったり、個人的な使命感だったり、おのおのの人間に特有な運命などである。ユダヤ人の神はただひとりだけで、その神が世界を作り、世界のすべての人間を創造した。そして神はまたその世界に終末をもたらすものだという。そこには際限なく巡り巡る永遠の宇宙（コスモス）などといったものはなく、時はつねにそのとき限りのもので、けっして巡りくるものではなかった。したがってそれは、繰り返すことはなく、ただ容赦なしに前へ前へと進んでいく。そのためにそれぞれの時間は貴重この上ないものとなり、ときどきにわれわれが下す決断もまた重要なものとなった。私はもはや「人間」というイデアの単なる一例ではなく、特別な、そしてけっして繰り返されることのない人間だった。過去には存在したことのない、また、未来にも二度と存在することのない人間だったのである。私は今の時点で、「現在」のままの私によって未来を創造する、そんな存在だった。ギリシア人やローマ人にとって中心となっていたのが運命だとすると、ユダヤ人やキリスト教徒にとって中心となっていたのは希望だった。このふたつの世界観の間に横たわる深い溝に疑問を差し挟む者がいれば、ひとまず、ヘクトルがアンドロマケに話した言葉を読み直してみるのがいいだろう。そうすればだれでもよし、こんな言葉がユダヤ教やキリスト教を信じている者の口から出てくるわけがないとつくづく合点がいくだろう。

「運命とは、だれもがそこから逃れることのできない定めだ。
勇者も臆病者も、ともにそこから逃れることはできない。私はお前にいっておくが、
運命はわれわれが生まれた日から、つねにわれわれとともにあるものなのだ」

ユダヤ人やキリスト教徒が抱いた価値観の核となる部分については、そのすべてがギリシア人やローマ人にとっては異質のものだった。彼らの哲学でいえば、ユニークなものはことごとく奇怪なもので理

解不能なものだったのだから。彼らにとっては永遠で「ある」ものだけが真に理解できるものであり、瞑想する価値のあるものだった。興味があるのは理想であり、個人はどうでもよかったのである。しかし、ギリシア人の自信が退潮しはじめ、ギリシア哲学が多数の学派に分かれて、四分五裂の状態になると、ギリシア人はますます途方に暮れてしまった。哲学においても彼らは道を失ってしまった。そうなると、ただギリシア人のまねばかりをしていたローマ人はなすすべがない。ギリシア人が陥っているジレンマから彼らを救い出すような、創意に富む考えを産み出すことなど彼らにはできなかったのである。

洗練されて教養のあるギリシア人にとって、キリスト教は当初、騒がしい音を立てて押し寄せてくる幾多の波のひとつとしか思えなかった。が、やがてギリシア人の中にも、死後の生活で魂の平安を得たいと願う者が現れはじめた。魂の平安ということでいえば、すでにギリシアでも、デメテルの秘教のような宗教が約束していたところだった。しかしギリシア人は、「肉体の」復活という考えになじむことができない。彼らにはこれが奇怪至極なものと感じられた。肉体といえば、彼らはこれをやっとのことで追い払ったわけである。それをふたたび呼び戻すことなど、いったいだれが望むというのだろう。ともかく彼らにとって、物質は理解できないものの根幹に位置するものだった。物質は処理してしまうに越したことはなかったのである。しかし、ユダヤ人は違った考えをもっていた。彼らは魂の不死をほとんど信じていないか、あるいはまったく信じていなかった。ただ「肉体における」復活だけが意味をもっていた。こうしてギリシア人とユダヤ人は、長い間、たがいに食い違いながら話を交わしていた。

しかし、ギリシア語によって教育された人々が、ユダヤ・キリスト教の信仰について人々に説明をしはじめると、徐々にその信仰はギリシア人やローマ人にとって意味をもつものとなっていった。とくに彼らが伝統的に抱いていた宗教が活力を失っていくにしたがって、それは顕著なものとなっていった。

すでに哲学者たちは眉をひそめて、真理へ到達することの不可能なことを嘆いていた。そんなとき彼らに、キリスト教が答えを差し出してくれているように思えたのである。そして結果は次のようなことになる。ユダヤ・キリスト教の世界がギリシア語を学び、ギリシアのカテゴリーを取り入れて、自己のものにするにしたがい、グレコ・ローマ世界はすでに死にかけていた神々を少しずつ放棄して、一神教信者となりはじめた。ときにはこの異質な要素からなるふたつの文化が、うまく合一されていることもあった。しかしまた、他のときには、この合一も奇怪な形となって現れ（現代もなおそうなのかもしれない）、内部ではあきらかに矛盾をすら見せることもあった。

紀元三三〇年、キリスト教徒にしてはじめて皇帝となったコンスタンティヌスは、首都をローマからビザンティウムへ移し、この都市をコンスタンティノポリスと名付けた。そして三九五年、テオドシウス一世の息子たちの間で、帝国は永遠に二分されることになった。コンスタンティノポリスから東方のギリシア語圏を統治したのがアルカディウス帝（東ローマ帝国最初の皇帝）で、西方のラテン語圏を治めたのがホノリウス帝だった。それ以降というもの統治も皇帝の継承も、ふたつの領土の間で、完全に分断しておこなわれるようになった。そしてそれから一世紀経つか経たずの内に、西ローマ帝国は北方の蛮族（略奪を事とするゲルマン民族）の侵入によって永遠に崩壊した。しかしビザンティン帝国の命脈は、おおむね何ら変化を被ることなく一五世紀の中頃まで保たれた。そしてこの帝国にとどめを刺したのがオスマントルコである。ビザンティン帝国は高度に装飾化され、洗練された、しかも階層化の進んだ静的な社会だった。そしてそれは徐々に、西方のヨーロッパとのつながりを失っていった。帝国で信仰されたキリスト教は東方正教と呼ばれるようになる。深淵で霊的な瞑想をもっぱらにしたこのキリスト教もまた、西方ではけっしてよく知られることはなかった。

一方、西方でキリスト教が遭遇したのは蛮族の大群だった。彼らはユダヤ・キリスト教の流れの方向を、彼ら特有の狂気じみたやり方で変えた。それは程度において、少なくともギリシア人がキリスト教に及ぼしたのと同じほどだった。ここにあるのは初期に作られたアイルランドの抒情詩（「ベアの魔女」と呼ばれている）の一部である。語っているのはひとりの老女だ。彼女は今は修道女となって、余生の日々を罪の悔い改めに費やしている。彼女は実のところアイルランドの異教の女神なのである。それが今はキリスト教の新しい秩序に自らを順応させようと努力している。が、彼女のいにしえの心は当初、相反する感情に引き裂かれながら、やがては元気だった若い頃の情景を思い起こして涙に暮れる。彼女は美しく、だれからも愛される王女だった。

今はやせこけて、細くなってしまったこの腕、
もう若い男たちには無用のものだ。
かつては王子たちの手によって、
巧みな愛撫を受けたものなのに。

やがて彼女は、異教の中にいた自分の過去について真情を吐露する。かつてその中で浸っていた喜びについて。たとえそれが今は、新しい秩序の中で自ら受け入れることのできないものであっても。

しかし、私はありがたいことだと思う。
むだに過ごしてしまった私の日々を。

だって、新しい環境に飛び込むことは、大胆にしろ臆病にしろ、ともかく血の凍る思いがするものだから。

このような元気のいい声がビザンティウムから聞こえてくることは望むべくもなかった。そこでは詩(賛美歌を除くと)というものがまったく知られていなかった。劇も死に絶えていた。瞑想は厳密にその内容が限定されていたし、芸術は過去の手本の模倣に終始していた。かつては女神たちを包み込み、彼女たちのすばらしさをいちだんと引き立たせていた着衣も、今はその高潔ぶった荘厳さで、幾重にもわたってすべての人物を覆いつくしていた。比較的着衣に覆われていない人物、たとえば気むずかしい洗礼者ヨハネの人物像でさえ、プラトンの影響を受けたキリスト教が、ギリシア芸術に働きかけた変容について如実に語っていた。これについては、現代ギリシアの作家パトリシア・ストレイスが、彼女のすばらしい一品料理『ペルセポネとの晩餐』の中で次のように述べている。「われわれの理想としていた肉体がキリスト教によって変貌を遂げてしまった。運動競技者の美しい肉体がイコン(聖画像)の中で見られるような、零落しやせ衰えた聖人の肉体へと変わった。洗礼者のヨハネはだいたいがつねにほとんど裸同然の姿で描かれる。これは古い神々や少年の運動競技者と同じである。が、彼の腕や脚は病人のように細く、まるで拷問にでも遭ったみたいだ。しかしこの肉体は一種の理想なのである。キリスト教の理想的な肉体だった。くびれたのど、聖化されたみじめな手足、顔には聖なる苦しみの表情をたたえている。これらのものと引き替えに肉体は、美が勝ち取ることのできなかった永遠の命を手にしようというのである」。ギリシア人はもはやアポロンやアプロディテと争い、これを見習おうと努力することもなくなった。彼らはだんだんと、彼らが作るイコンの中で見られる、渋面を作った険しい顔つきのキリストや、あきらめの表情を浮かべた聖母マリアの顔に似ていった。彼らはもはや自分たちのことをギリシア人（ヘレン）と呼ぶことさえしなくなっていた。彼らはすでにキリスト教徒以外の何者でもなくなっていたのである。

さてこの最後の段階に至って、かつてのギリシアと相つながるものがやっと現われてきたようだ。それは肉体と魂の二元性をもうひと押しして、（たとえばかばかしいとはいえ）その論理的な結論（洗礼者ヨハネのやせ衰えた肉体と永遠の命）へもっていってやりさえすれば、ギリシアとの接続点は見えてくる。が、ビザンティン帝国の「永遠の技巧」が作り上げた建造物には、おそろしく硬直化したもののあるのも事実だった。そして、ここにはさらにもうひとつ歴史の恐ろしいアイロニーがあった。それは蛮族が西方のキリスト教に与えた影響だ。今では昔日の勢いを失ってしまったビザンティウムのギリシア人、そのギリシア人がキリスト教に施しうることをはるかに越えて、蛮族は西方のキリスト教を活性化したのである。気ちがいじみた蛮族が威圧したおかげで、西方のキリスト教は多元的な豊饒さや創意に富む柔軟性、それに計りしれない多彩さをいくらかでもとどめおくことができた。そしてこれこそ、かつてギリシア人がもっていた他に比類のない特性だった。蛮族がもたらしたこの傾向は、たとえ新しいキリスト教の秩序の中で、つねに支配的な位置を占めることがなくても、それが完全に失われることはないだろう。そしてこのように間接的な契機によって、ギリシアの遺産のゆらめく炎は西方の中で燃え続けていったのである。

しかし「ベアの魔女」のように感情に直接訴えてくるものをギリシアの中で見つけようとすると、やはり抒情詩人にまで戻らなくてはならない。そしてここにふたたび（これで最後だが）サッポーの登場となる。彼女は擬人化した「ヘスペロス」（宵の明星）に呼びかけている。ヘスペロスは夕空に輝く神である。サッポーの詩は大胆だ。とりわけよく響く最終句で使われている用法は、大胆と同時に、蛮族がもたらしたものと同じ優しさに満ちている。

宵の明星よ。夜明けが散らしたものを、
日の暮れた今、お前は呼び戻してくれる。
子山羊や子羊や子供たちを、
それぞれの母親の元へと。

人間が自然のすべてに連続しているという感覚が、ここでは何ひとつ夾雑物もなく直接表現されている。これは今日でもわれわれがめったに経験のできないことだ。レスボス島では、今も古代と同じように夕方になると、羊飼いの子供たちと家畜の群が森に覆われた山腹を下りてくる。が、たとえ、同じようなことが、毎夕、同じ場所で繰り返されていても、サッポーの詩で味わう自然の直接性を経験することはできないだろう。

もちろん今では、われわれと自然との間に知的な媒介物が入り込んでいる。しかしこの媒介物をもたらしたものは、他ならぬサッポーのあとに登場したギリシア人たちだった。それなら、ギリシア人は今日のわれわれにとってなぜ問題となるのだろう。それを理解するためにわれわれはまず、彼らの示した人間の感応の多彩さ、それも疾走するようにすばやい反応を高く評価しなくてはならないだろう。それは稲妻のように早い変容、オデュッセウスの示した機略縦横さ、そして尽きることのない創造力など。これらのものが多くの世紀を経て、絶えざる変化と再生を遂げながら、最終的にはビザンティン帝国の文化へと収縮し縮小していった。考えてみると、古代ギリシア人が手がけずにすましたことなど、何ひとつなかったのではないだろうか、彼らが遠ざけて経験しなかったことなどなかっただろう。解くことを試みずに終わった問題などなかった。世界がまだ若々しかった頃に、彼らは夜明けとともに出かけて、アゴラ（広場）から早々に戻ってきた。日々の買い物を腕いっぱいに抱え、荷車いっぱいに積み込んで。国内でとれた物や外国からきたもの、自然のものや人が作ったものなど、彼らが見つけたものは何もかも積み込んで。われわれが今日何を経験しようと、われわれが何を学びたいと望んでも、そして、われわれが何を手に入れたいと思っても、またわれわれが何を見つけ出しても、つねにわれわれの前にはギリシア人がいたことをわれわれは知っている。そしてわれわれはいつも、アゴラから帰ってくる彼らに出会うのである。

原注

序

（1）『変身物語』は簡潔で、感覚に訴えてくるようなエピソードからなる長編物語詩である。私が年少の学年にいたときだった。カリキュラムがあまりにきつすぎると思ったのだろうか、ラテン語の先生はこの物語を飛ばして進んでしまった。代わりにカリキュラムに入っていたのは、もっぱらキケロの政治演説ばかりだった。キケロが取り上げる話題がまた退屈なものばかりで、思わず私は眠気を催した。

（2）最近出た研究書で論議を呼んだものに、ケネス・ラパタンの『ヘビの女神の謎』がある。この本の中でラパタンは、アーサー卿と彼の「復活を図る人々」が、これらのフラスコ画を勝手に捏造したのではないかと書いている。そこまではいかなくても、必要以上に高く評価しすぎたのではないのかという。これではあたかも、輸出用に「ミノア文明の」遺物をせっせと作り出す工場のようではないかというのだ。しかし、イギリスの考古学者（アーサー・エヴァンズ）は元来が変人・奇人のたぐいで、几帳面なことは几帳面だが、かなり風変わりな人物だった。そんな彼に、はたしてこれほど大規模な詐欺まがいのことができたかどうか。われわれがこの件について、真理を確信するまでには、まだまだこれからたくさんの論文が書かれることだろう。最終的な結論がはたしてどんな形で出ることになるのか（おそらく何らかの結論に達することは難しいかもしれない。というのも、世界中の博物館や個人の収集家が、アーサー卿のお墨付きの遺物に対して、すでにかなりの額の投資をしているからだ）。いずれにしても「線文字A」だけは、ミノア文明の宗教や建築を読み解く重要な要素として、また本物の考古学上の記録として残されていくだろう。それも「線文字A」の資料の出た遺跡が、アーサー卿とまったく関わりのない遺跡だったことによる。

1章

（1）「ピュグマイオス」はギリシア語で、人間の腕の長さを指す。肘から指の付け根の関節までの長さである。この語はまた、背丈の小さな人種を指す言葉としても使われた。小人族（ピュグマイオス）はエチオピアに住み、夏になると鶴の餌食にされると信じられていた。ピュグマイオスについては、話がひとつ伝えられている。ピュグマイオスたちがヘラクレスを打ち倒そうとしたことがあった。ふたつの大軍が寝ているヘラクレスを襲い、彼を地面に杭で留めたという。このイメージはジョナサン・スウィフトによって借用され、『ガリヴァー旅行記』の中で使われた。一九世紀の終わりに、ヨーロッパの探検家たちが、アフリカの赤道付近で背丈の小さな人々を見つけたとき、なぜ、ギリシア人たちがピュグマイオスという語を使ったのか、その理由がわかった。この発見によって、ギリシアの伝説にはつねに、何らかの事実の裏付けのあることも確認された。

（2）愛の詩ということでいえば、ホメロスの時代以前にすでにたくさんの例がある。たとえば二〇〇〇年期の早い時期に、メソポタミアで書かれた断片が見つかっているし、ほぼ同じ時期に書かれたものがエジプトでも、かなりまとまって存在している。しかし、問題なのはこれらがすべて、物語の一部として書かれたものではなく、儀式化された対話であったり、モノローグであったりすることだ。それはたいてい神と女神（あるいは神か女神のどちらか）の口から発せられた言葉として書かれている。おそらくそれは、多くが「聖なるオルギア」（酒神祭）で使うために書かれたものだったのかもしれない。この祭では王が神の役を、王妃は娼婦の役を演じた。たしかにオルギアは、メソポタミアではごく普通に見られたものだった。しかしともかく、こうした儀式化した詩はもっぱら性的な感情を挑発する目的で書かれていて、そこには愛する者同士が「結婚する」ことをほのめかす詩句は一行もない。それとは反対の詩句ばかりが並んでいる。このジャンルで最初の（そして唯一の）ものはヘブライの『旧約聖書』の一篇「雅歌」である。おそらくこれが書かれたのは、バビロンの捕囚（紀元前五九七—五三八）のあとだろう。そのためにこれは、紀元前六世紀以前の成立ということはありえない。

（3）西洋におけるロマンティックな愛の起源や、幼年時代という概念がきわめてゆるやかな発展を示してきたことなどを証すために、学者たちは膨大な量の文学を引用している。これについては、たとえば、ドニ・ド・ルージュモン『愛について』やフィリップ・アリエス『〈子供〉の誕生』などを参照のこと。

(4) トロイアの原野で倒れたヘクトルの死は、古典世界を通じて、文学で表現された悲劇的経験の極致とされてきた。そしてその一節は、中世の時代に入ってもなお同じように尊重され続けた。ローマ時代のあとの頃だろうか、アイルランドの写字生が、ヘクトルの死をラテン語で改作した話を筆写している。手書きの原稿の余白に彼は自分で注を書き入れていた。「ここに書かれている死がひどく私を悲しませる」。

(5) 嘆願者が取ることを要求される姿勢は、一方の手を嘆願する相手の膝の上に載せ、もう一方の手でひげの生えた顎をつまむポーズだ。いうまでもないことだが、嘆願の相手があなたを避けようとしたときには、この姿勢を取ることは困難となる。そしてそれは逆に、卑屈な屈従を示す絶望の態度となる。

2章

(1) 形成されつつあったアルファベットが記されたものとして、もっとも年代の古いものは、シナイ半島のセラビト・エル・カディムで発見されている。見つけられた場所は古代に銅とトルコ石の鉱山があった所で、そこではかつて、セム人の奴隷やそれを監督するエジプト人などが働いていた。アルファベットのアイディアがこの場所で最初に生まれたと推測する理由はない(ここから現存する最古の証拠が出たという事実は認めるにしても)。が、シナイ地方が、文化の伝播していくちょうどその道筋に位置していたと考える理由は十分にある。文化の伝播とはこの場合、エジプトのヒエログリフが一語一音に整理されたセム語のアルファベットへと移行していったことだ。ヘブライ人の中でももっとも傑出した人物といわれるモーセ。彼はまた、もっとも早い時期にヘブライ語で書かれた書物の作者と目されていた。そのモーセが、エジプトで上流階級の教育を受けたといわれていたこと(それゆえに彼は、ヒエログリフを読み書きすることができたのだろう)、さらには二〇〇〇年期中頃のいつの頃だったのか、彼がセム族の奴隷たちを導いてシナイ地方へ入っていったことなどを勘案すると、はたしてこれらのすべてが、単なる偶然の一致だったのだろうかという気がする。モーセが古代の律法(モーセ五書)の作者であるという伝説の中に、真実の核が幾分かでも含まれている可能性はないのだろうか。つまりそれは、モーセがアルファベットの書字法を考え出したのではないかということ、さらにもっとありそうに思われるのは、彼がこの書字法を使ってはじめて文学的表現をしてみせたのではないかということだ。彼はそれを、ヘブライの神の戒律を石板に書き記すことでおこなったと思われるのだが、この可能性はまったくないのだろうか。

（2）ギリシア神話の中でも、人の意表をつく話のひとつに、脚萎えの神ヘパイストスが（驚くべきことか）あのアプロディテと夫婦だったというのがある。妻のアプロディテと軍神のアレス（ローマ神話のマルス）とがベッドで添い寝をしているとき、狡猾なヘパイストスは巧妙な策を講じて、ふたりの密通を暴いた。それは文字通り、ふたりを縛り上げ、他の神々に見せて笑いものにしたのである。ヘパイストスはまず、クモの糸のように細かく薄い鎖の網を鍛え上げた。そしてその網で、セックスに夢中になっている愛人同士をすくい取った。ヘパイストスはすぐに他の神々を呼び集め、彼らに恋人たちが裸で身悶えしている姿を見てもらい、その屈辱的な行為の目撃証人になってもらった。神々たちは笑いながら「不倫にはあいにくの日だったな」とからかった。この話は『オデュッセイア』の第八書の中で、吟遊詩人のデモドコスが「アレスと花冠をつけたアプロディテ」という題で吟じている。

（3）「スキュラとカリュブディスの間」という言葉は、世界の文学で使われているメタファー（隠喩）の中でも、もっとも見事なもののひとつだろう。両者はともにぞっとするほど怪物じみていて、イタリア、シチリア間の狭いメッシーナの海峡を航海し、しばしば災難に遭遇した船人たちにとっては、十分に現実味のあるメタファーだった。スキュラは六頭一二足をもつ女の怪物で、それぞれの頭には、鋭い歯が六列ずつ林立している。この女怪はシチリア沖合の危険な岩の上に腰を下ろしていたという。カリュブディスは大きなイチジクの下に住むやはり女怪で、海の水を一日に三回飲み込んだ。そして巨大な彼女ののど元から、飲んだ水を海へ向かって投げ返した。

（4）侵入してきた者たちは、ペネロペイアの求婚者たちだ。彼らの内だれひとりとして、ペネロペイアに好ましいと思わせた者はいなかった。求婚者たちはひたすら、彼女の財産を使い果たしてばかりいたのだが、彼女には彼らを追い出すことができない。オデュッセウスは（息子のテレマコスと力を合わせて）彼らを皆殺しにした。しかしこのエピソードは、ただ滑稽としかいいようのないもので、むしろユーモラスにさえ感じられる。たしかにこうした荒っぽいコメディーはわれわれの好みにはまったく合わないだろう。が、考えてみると、ここには土曜の朝刊に載っている漫画や、ティーンエージャー向けの映画で見られる滑稽な暴力に近いものがある。それは暴力には違いないのだが、ばかばかしい暴力なのである。そこには物理的にありえないこと、物理的に不可能なことが満ちあふれている。したがってそれは、われわれに次のようなことを警告しているのだろう。つまりわれわれは、これをあまりに真剣に受けとめてはいけないということ、そして復讐を心ゆくまで存分に楽しむべきだという警告である。

（5） この場面の前に、オデュッセウスが裸の姿で王女ナウシカアと出会うところがある。ナウシカアと侍女たちはちょうど川で水浴びをしていた。オデュッセウスは乗っていた船が難破して、裸のまま岸辺に打ち上げられたのである。王女たちに出会うとオデュッセウスは、陰部をオリーブの枝で隠そうとした。そして、こんな非常事態のときでも、はたして「王女の膝に手をかけて」嘆願者のポーズをとった方がよいのかどうかと思案をする。しかし、ここで起きた一連の出来事は、ほとんどサイレント映画のドタバタ喜劇のようでもあった。

3章

（1） ギリシア人は「ヘレン」と呼ばれていた。「パン」はすべてを意味するギリシア語。したがって、英語の「パンヘレニック」は「全ギリシアの」という意味。このようにフェスティヴァルの人気が高くなり、現に詩人たちもそちらへ誘われるようになったのだが、それにもかかわらず、宮廷詩の習慣は完全にすたれることはなかった。それはつねに新たな政治的指導者が現れ、彼らがそのつど自分たちを称える詩を求めたからである。紀元前六世紀の末にピンダロスという詩人がいた。彼はもっぱら注文により詩を書いていた（そのほとんどは優勝した運動競技者を称える詩だった。そのため彼の詩はいわば、現代の週刊誌「スポーツ・イラストレーティッド」のような役割を果たしていた）。その彼が、新たにシュラクサイの僭主となったヒエロン一世のために合唱歌を書いた。シュラクサイはシチリア島の南海岸にあったギリシアの植民地である。ヒエロンはかつて、オリュンピア競技祭の競馬競技で「クドス」（この言葉はしばしば誤用されているが、本来の意味は「勝利の名誉」）を勝ち得たことがある。したがって、ヒエロンの賞賛を受ける態度にはほとんど限界というものがなかった。ピンダロスは次から次へと要求される課題に腹を立てていたにちがいない。ヒエロンに捧げた頌歌の最後の数行で仕返しをしている。

いちばん高い山の頂きは、ただ自分で冠を被るだけ。
自分より高い山頂を探す必要などまったくない。

あなたの高さも、一時として遮られることなく、つねに遠方から望むことができますように。

それは友人たちに対して、つねに勝者の位置を占めている私のように。

ギリシア全土で、もっとも偉大な詩人である私のように。

(2) ギリシア語の男性名詞の単数形は通常、-os の語尾を取る。その複数形の語尾は -oi。これはラテン語でそれぞれ、-us と -i に対応する。

(3) ある祝婚歌は激励の句ではじまる。「大工よ、梁を高く上げよ」。花嫁の寝室を作る大工を励ましているのだが、それと同時に、花婿に自分の「梁」を精力の高みまで上げるようにと激励している。この句をJ・D・サリンジャー(一九一九—)は、グラス一族について描いた連作の一篇のタイトルとして使った。

(4) もっぱら同性だけしかいない小集団では、同性愛が生じる確率は、その集団を取り巻くさらに大きな社会にくらべるとはるかに高い。カロリン諸島やマーシャル諸島で伝道活動をしていたニューヨークのイエズス会士たちが、彼らの仲間内でよく冗談まじりに話していた話題がある。それは次のようなもの。伝道をしていた島の土着の言葉には、本来「ホモセクシュアル」という言葉はなかった。この言葉が使われはじめたのは、彼らが島に少年たちの寄宿学校を建ててからだという。しかし、社会全体が、厳しい性の分離を日常化していた社会では、むしろ社会が、自然に同性愛の関係を奨励する形になってしまった例もある。たとえば、日本の一九世紀の武家社会がそうだった。この社会では、武士階級はセックスのパートナーとして、むしろ同性を好むことが多かったようだ。さらに今日でも、中東の禁欲的なイスラム教徒たちの間では、この傾向が強い。

(5) ギリシア人とヘブライ人は、じっくりと検討に検討を重ねる会合に対しても、アルファベットの書字システムに対しても、たがいに似通った接近の仕方をしているのだが、日常の習慣についてもおおまかとはいえ、平行関係を保持している。ここで述べた食事の内容も、『新約聖書』に出てくる「パンと魚」から、それほどかけ離れたものではない。古代ユダヤ人の日常の食事もまたパンと魚だった。そして彼らもギリシア人と同じように、肉は宗教上の行事のために取っておいたのである。しかし、ユダヤ人がヒレとウロコのついた魚しか食べなかったのに対して、ギリシア人は海の産物ならどんなものでも歓迎した。ペルガモンのモザイク師ソソス(紀元前二世紀頃に活躍)がこしらえた床のモザイク画がある。タイトルは「掃除のされていない大広間」(正確にいうとこれは模作。ソソスのモザイクをまねてローマ時代に作られたもの)。この絵はわれわれに、典型的な酒宴で出される食べ物を驚くべき完璧さで再現してくれている。床には食べ物が均等に散らかされていて、それがトロンプ・ルイユ（だまし絵）の手法で描かれていた。そこには、鳥の胸の叉骨や、カニやエビのはさみ、果物や野菜、それに打ち捨てられた骨や、地中海で泳いでいる海の生き物がほぼすべて、何らかの断片としてあった。

（6）この語の語尾 -ion（ラテン語では -ium）は中性名詞の単数形を表す。複数形の語尾はギリシア語、ラテン語ともに -a となる。同じパラグラフで、少しあとに出てくるヘタイライ（hetairai）は女性名詞の複数形。単数形はヘタイラ（hetaira）。男性名詞の複数形ヘタイロイ（hetairoi）は単数形ではヘタイロス（hetairos）となる。

（7）少女たちは注意深く、こうした場所から遠ざけられていた。とりわけ裕福な家の娘たちはそうだった。彼女たちはサッポーのような大人の女性に指導されて、結婚生活に役立つ技術を学んだ。

（8）どのような社会の喜劇でも、それを文字通り受け取って、その社会を描写したものと思うのは危険だ。が、その一方で、ユーモアはもし、それがわれわれが見聞きした覚えのないことに言及しているときには、まったく意味をなさないことも確か。また、他にも喜劇的なものとして、たとえば過剰とやりすぎが嘲笑されている例がある。それはギリシア人より、むしろ外国人の典型的な悪徳として描写されていた。たとえば『アカルナイ人』という喜劇がある。作られたのはアテナイとスパルタが凄惨な争いを繰り広げていたペロポネソス戦争のさなかだった。アテナイが生んだ天才的な喜劇作家アリストパネスは、反戦劇をいくつか書いているが、これはそのもっとも早い時期に作られたもののひとつだ。劇中で、主人公の「よき市民」と堕落した大使がやりとりをする場面。大使は、非ギリシア人（バーバリアン）の宴会をさかんに褒めそやす。それは非ギリシア人が、「おそろしい量の食べ物を食べたり、大酒を飲む人を、ひとかどの人物として尊敬している」からだという。それに答えて「よき市民」は、「われわれ（ギリシア人）は彼ら（非ギリシア人）をコックサッカー（吸茎者）として、またバットボーイ（尻少年）（いずれもホモの女役）として尊敬する」という。――ホモセクシュアルは、かならずしもすべてのところで是認されていたわけではなかったのかもしれない。アリストパネスの劇の中にはこのことを示すヒントが数多く含まれているが、これもそのひとつ。

4章

（1）フランク・マッコートの『アンジェラの灰』が一九九六年に刊行されたときに、このような物議をかもしたことがあった。それはこの回想録の美しくエレガントな散文が、これまで文学ではめったに記録されることのなかった生活の物語とうまく結びついていたということもあっただろう。きわめて貧乏な環境で育った人々は、そのほとんどが、中流階級の者たちが身につけている文章力を習得する機会をもたなかったのである。

（2）外国人嫌い（クセノポビア）という語はギリシア語のふたつの名詞、「クセノス」（外国人）と「ポボス」（過度の恐怖）とからできている。ポボスは、ギリシア起源の結合語の中で使われている。「アクロフォビア」（高所恐怖症）、「アゴラフォビア」（広場恐怖症）など。

（3）古代世界では、避妊は通常魔術的な方法によっておこなわれた。そして堕胎は女性にとって死を意味した。また、捨て子はごく当たり前の行為だった。その名残はラテン語の名字にも残されている。「エクスポシトゥス」というのがそれで、捨て子の孤児を意味した（のちにイタリア語の「エスポジト」、スペイン語の「エスポシート」になった）。捨て子は荒野に捨てられるより、むしろ戸口の上がり段に置かれることが多かった。

（4）語尾が -ic や -ics で終わっている英語の多くの言葉と同じように、「イーセティック」（美学）や「ポエティクス」（詩学）もギリシア語に由来する。

5章

（1）デルポイのアポロン神殿にいた巫女は、彼女が告げる神託で有名だった。最近、考古学者が発掘した報告によると、巫女が曖昧模糊とした神託を口にする神聖な場所の下で、深い岩の割れ目が見つかったという。古代世界ではこの割れ目はよく知られていて、そこから人を酩酊させる蒸気が出ていたという。巫女が高貴な身分だったという可能性も十分にある。

（2）プラトンの翻訳はそのほとんどが、彼をあたかも年老いた大学教授のように見せてしまう。彼がすり切れたノートを、これも酷使したために変形してしまったポートフォリオからそっと取り出すと、ノートはまるで最後に残った秋の枯葉のように、ぱらぱらと薄片になって剝がれてしまった。そんな風なのである。が、このプラトンもギリシア語で読むと、相変わらず新鮮で痛快、しかも刺激的である。彼はひょうきんな物まね道化役者でさえある。彼の作品に登場してくる役者の演説をその特徴を生かして再現させるからだ。たとえば、ポレマルコスのまじめなためらい。そして、トラシュマコスのいばり散らす様子。それはあたかも中国人の店で売られている雄牛の人形のようだ。そしてソクラテスのキツネのような巧妙さ。プラトンの登場人物たちに、それぞれ現代的な調子を加えながら、特徴のある肉声を与えたという点では、私の知るかぎり、ロビン・ウォーターフィールドが最初の翻訳者だと思う。その一方で彼は、プラトンの議論がもつ多義性とほのめかしをとらえることに成功している（必要とあらば、プラトンのギリシア語が作り出す、難解だが達意の文章の再現を放棄までして、彼はこれをおこなった）。この章を通じて私は、彼の翻訳を使用した。

(3) プラトンは五〇年の間に長短とりまぜて、二五ほどの対話篇を公にした。その他に、自分の弁明演説をするソクラテスを描いた『ソクラテスの弁明』がある。対話篇の中にはその真偽が論議されているものもいくつかあるが、彼の作品のほぼ全編をわれわれが手にしていることを疑う理由はない。また彼の手紙も三〇通ほどが失われずに残っている。これもはたしてすべてがプラトンの手になるものなのか、あるいは、彼の取り巻きの連中が書いたものかについては、今なお熱い議論が交わされている。歴史の気まぐれのおかげで、われわれはギリシア・ローマ時代の書物の内、そのいくつかを今も所有しているが（もちろん、そのすべてではない）、これについては、本シリーズ（歴史の要シリーズ）の導入部として書いた『How the Irish Saved Civilization』（邦訳名『聖者と学僧の島』）で主題にした。しかし、時の浸食と蛮族の略奪にもかかわらず、何人かの作者の作品はすべて（あるいはほとんどすべて）救い出されている（とりわけプラトンやウェルギリウス、それにキケロなどがそうだ）。これは彼らのテクストが、「生来キリスト教的な人間」によって書かれた、『聖書』に準じる書物として考えられていたからだろう。たしかにホメロスはこのカテゴリーには入らない。が、その作品は完全な形で残されている。それはおそらく、彼が文語のギリシア語を作り出した当の本人だったからだろう（それに、彼に続く作者たちのテクストに出てくる無数の詩句は、『イリアス』や『オデュッセイア』を参照しないかぎり、とても読み通せるものではなかったからだ）。しかし他のほとんどの作者の作品は、本のコレクションが蛮族によって焼かれるといった環境の中で、あるものは救出され、あるものは失われた。たしかにどの時代の写字生も、テクストを救出するのに精一杯で、とてもそれを選別する余裕などなかった。現にピンダロスの運動競技者に捧げたオード（頌歌）は山のようにわれわれの手元に残っているが、サッポーの詩はわずかな断片がもの悲しげに残っているだけだ。それがかろうじて残された彼女の遺産だった。
(4) ここに引用した詩は、アガトンの長広舌を私が簡潔に要約したものである。プラトンによって書かれた現実のテクストはさらに長く続く。アガトンは安っぽい韻をしきりに踏んでいるが、それはプラトンのもくろみによる。彼はそれをアガトンの頭の空っぽさ加減を示すために使った。
(5) ふつうのギリシア人の考え方によると、われわれが感情に突き動かされるのは、神に魅入られているしるしだという。それが怒りや「エロス」のように、われわれを導いて破壊へと至らしめるものであってもそうなのである。他のギリシアの言葉でやはり、エロスと同じように英語の love と訳されているものがある。「ピリア」(philia)。これは「子としての尊敬心」といったほどの意味(「哲学」philosophia の中で使われている)。次に「アガペー」(agape)がある。これは(兄弟姉妹間に見られる)「愛情のこもった親切心」という意味。この愛情にエロティックな色合いはない。ユダヤ人はヘブライ語の「アハヴァ」(ahava)をギリシア語に訳すときに、この「アガペー」を使った(早い時期には「アハヴァ」は「アハバ」と発音されていた)。「アハヴァ」は「汝自身を愛するように隣人を愛せ」というときに使われた語。キリスト教徒たちもまた、ユダヤ人と同じようにして、この「アガペー」を使った。したがって、『新約聖書』の中で神が「愛」と呼ばれるときに使われるのは、「エロス」ではなく「アガペー」だった。「アハヴァ」と「アガペー」は音が似ているために、人々に次のような疑惑を抱かせた。ギリシア人たちがユダヤ人から言葉を借りたのではないだろうか。そしてそれを、自分たちの音感に合うように若干変えたのではないだろうか。
(6) ア・プリオリ(「前のものから」という意味)の論法(演繹的論法)では、われわれは原因から結果を導き出す。あるいは原理から答えを導き出す。それはたとえば、われわれが数学の証明でいつもおこなっているやり方である。ア・ポステリオリ(「あとのものから」という意味)の論法(帰納的論法)では、われわれは結果から原因へと議論を進める。それは法廷の訴訟事件が、たとえば殺人の行為から、犯意という内面の気質を推理して議論する方法のようなものだ。
(7) ギリシアで起こった歴史上の事件は、われわれの言語の中に入り込み、象徴的な里程標の役割を果たしている。紀元前四九〇年にマラトンの戦いがはじまったのだが、その前に、アテナイの走者のピディッピデスは、スパルタに援軍を乞うために使者として送り出された。彼はアテナイとスパルタの間、およそ一二五マイル

（約二〇〇キロメートル）の距離を一日で走り、そしてまた、アテナイへ走り戻ってきた（彼は最初のマラソン・ランナーということになる）。伝説によると、彼はさらにアテナイからマラトンの戦場まで走り（二六マイル＝約二八キロメートル）、戦いに参加したあと、今度はアテナイに駆け戻り、ギリシア人の勝利を伝えたあとで倒れて死んだという。マラトンで戦った戦士たち（「マラトノマッコイ」と呼ばれた）の勇気はギリシアを鼓舞し激励した。それがどれくらい大きなものだったのかは、アイスキュロス（彼もマラトンの原野で戦った兵士のひとりだった）が自分の墓碑銘についていい残した言葉によく表れている。自分の墓碑銘には劇作品については何も書かないでほしい。それより何より、自分の唯一の名誉はマラトンで戦ったことだと記してくれと彼は頼んだ。

それから一〇年ののち、スパルタの小さな軍団がテルモピュライの険峡で全滅した。険しい崖と海に挟まれたこの隘路は、おそらく守るのが難しい山道だったのだろう。が、彼らの死はペルシア戦争の決定的なターニング・ポイントとなった。ペルシア軍がギリシアに侵入するのを阻止したからだ。そしてこのテルモピュライは、やがていずれはやってくるすべての終わりを意味する言葉となった。が、その本当の意味は、西洋の歴史の終末を意味する言葉だったのかもしれない。テルモピュライの険峡には、スパルタ人（彼らは自分たちのことをラケダイモン人と呼んだ）を称える感動的な墓碑が作られた。碑文を書いたのは抒情詩人のシモニデスである。碑文は山道の石の壁に彫り込まれた。

そこを通る人よ。ラケダイモンにいって、人々に伝えておくれ。

彼らの言葉のままに、われらはここで眠っていると。

ジョン・ラスキン（一八一九—一九〇〇）はこの詩こそ、かつて人間の口から出たもっとも高貴な言葉だと考えた。

6章

（1）政治的な権力によって個人に加えられる報復の懲罰は、罰せられる者にとって裸体がきわめて恥ずかしいということを前提にしているわけだが、裸体に対する受け取り方は必ずしもそれだけとは限らない。監督のスタンリー・ドーネン（一九二四—　）が最近、ブロードウェイの舞台で演じている女優のキャスリーン・ターナー（一九五四―　）に難癖をつけた。ターナーは『卒業』の舞台でミセス・ロビンソン役を演じていて、ベッド・シーンではヌードになった。ドーネンはそれをやめた方がよいと忠告した。ショー・ビジネスに関しても、ドーネンはまんざら素人ではない。「私はけっしてキャスリーン・ターナーの裸を見にいかないだろう。それは自分自身の反応を知っているからだ。『これがキャスリーン・ターナーの裸なのか』。私は彼女を見て気恥ずかしく思うし、われわれはみんな、彼女の裸を見ることにはとても耐えられない。即刻、表に飛び出してしまうだろう」。

（2）だれひとりとして、キーツが詩に書いた壺を見つけた者はいない。そのために疑惑がもち上がった。彼が実際に見たのは、いわゆる「エルギンの大理石彫刻」と呼ばれているものだったのではないかという疑惑である。これはエルギン伯のトマス・ブルース（一七六六―一八四一）が、アテナイのパルテノンから盗み出し、今なお大英博物館に収蔵されている彫刻群である。

（3）「このようにして地上の栄光は過ぎ去っていく」。あまりにも有名なこのラテン語の格言は、その究極の出典がどこにあるのか、今なお定かにされていない。この言葉は教皇の即位式のときに使われるのが慣例となっているが、どうも起源はキリスト教よりはるか昔にあるようだ。アレクサンドロス大王の経歴をつぶさに見てみると（この「歴史の要シリーズ」の第三巻「Desire of the Everlasting Hills」の1章を参照のこと）、彼は家庭教師のアリストテレスから学問を習い、（彼のギリシア語の発音がどのようなものであったにしろ）ギリシアの文学を愛した。とりわけ彼が愛したのは『イリアス』だった。彼はこの写本を、研ぎ澄ました短剣とともにつねに枕の下に置いていた。ギリシア語（幾分簡素化した形ではあったが）とギリシアの文化を世界に広めたのは彼の功績によるところが大である。北ははるかドナウ川、南は北アフリカ、東はインドの果てに至るまで。それは、古代における人間の居住可能な土地のほとんどすべてといってもよいだろう。ローマはこれを受け継ぎ、さらに西方へと広げた。遠くブリテンの島まで。

7章

（1）第二次湾岸戦争がはじまると、古典学者たちはあらためて彼らが親しんでいたトゥキュディデスの元へとあわてて走り戻った。そこで彼らはびっくりするような相似を発見した。一見向かうところ敵なしに見えたアテナイのヒュブリス（傲慢）とブッシュ政権の高慢な態度との相似である。アテナイはたとえ同盟国が一国もいなくても世界を支配するという恐れを知らない決断をした。一方、ブッシュ大統領はアメリカの伝統的な友人たちに対して、また、国連とそのメンバーに対して、はたまた、世界中の世論に対して傲岸不遜な態度を取り続けた。一例として、ここで『戦史』第五巻に描かれている「メロスの会談」を見てみよう。この中でアテナイの使節は、公正にもとるとする抗議の声を無視して、小国家メロスに脅しをかけている。もしメロス人たちがアテナイの要求通り、極端に加盟国の少ない同盟に加わることを拒否すれば、以下のようなことになると威嚇した。「あなた方は、ここでわれわれ両者が実際に考えていることを十分に考慮に入れた上で、現在手に入れることのできるものを、即刻、取得する努力をした方がよい。それもこれも、あなた方はわれわれ同様に次のことを十分に承知しているからだ。つまり、こうした事柄が実際的な人々の間で議論されるとき、公正さが話題にのぼるのはもっぱらそこに力の均衡がある場合だけで、現実には、力の強い者が力で行使できることをおこない、力の弱い者は彼らが受け取るべきものを受け取るだけだということを」。老練な帝国主義者（そんな者がいるとしての話だが）のドナルド・ラムズフェルドは、ペンタゴンを任されたとき、古代の帝国がどのようにしてヘゲモニー（覇権）を保持したのか、そのことについて、すぐに調べるようにと依頼した。むしろ彼は、帝国が得たものすべてを、どのようにして失ったかについて研究した方がよかったのかもしれない。

参考文献

以下に掲げる文献は、私が参考にした書物のすべてを網羅したものではない（この慎ましやかな書物にとって、そのすべてを挙げることはあまりに重量がありすぎて危険だ）。私はもっぱら、自分で取り上げる価値があると思ったもの、そして読者のみなさんがこの本のテーマに興味をもち、さらにくわしく調べてみたいと思ったときに参考となるものだけを取り上げた。本書の全般的なテーマにアプローチするためにとりわけ役立ったのは、ひとりの才能にあふれたアマチュアが書いた本だった。それはCharles Freeman の *The Greek Achievement*（London and New York, 1999）である。それともう一冊、すぐれた学者たちの書いたコレクション、*Literature in the Greek World*, edited by Oliver Taplin（Oxford and New York, 2000）である。このふたつの本は、現在論じられている主要な議論に対して、他のものとは少し異なった方法で吟味を加えていた。後者が焦点を当てていたのは文学の「受け手」である。それは読者でもあり、観衆でもあり、聴衆でもあった。*The Oxford Companion to Classical Civilization*, edited by Simon Hornblower and Antony Spawforth（1993）と *The Oxford Companion to Classical Literature*, edited by M. C. Howatson（1990）は、欠かすことのできないチェック・ポイントを私に提供してくれた。古代世界に関しては、そのさまざまなジャンルがたがいに独立して存在することがなく、錯綜しているために、ここではすでに私のなじみの友となっていた六巻立ての *Anchor Bible Dictionary*（New York, 1992）が役に立った。同じように、時に触れて私は *The Oxford Companion to the Bible*（1993）も参照にした。すべての人々が利用している Edith Hamilton の *Mythology*（New York, 1942）は他の数え切れない文献とともに、本書の各章で紹介した神話を選ぶのに役立った。ギリシア語のオリジナル・テクストについては、つねにLoeb シリーズを利用した（Loeb については1章の参考文献を参照のこと）。

序

上に挙げた以外では、次のようなものが序を書くための準備や、今回の研究を通して私が利用した本である。*The Oxford Illustrated History of Greece and the Hellenistic World*, edited by John Boardman et al. (1988); Oswyn Murray, *Early Greece* (Cambridge, MA, 1993); Thomas R. Martin, *Ancient Greece* (New Haven and London, 1966)。二〇世紀中頃に発表されたもので、洞察に満ちた刺激的な研究成果の一例としてはStringfellow Barr, *The Will of Zeus: A History of Greece from the Origins of Hellenic Culture to the Death of Alexander* (Philadelphia and New York, 1961) がある。

ギリシア人の起源については、現在激しい論争が繰り返されている。ギリシア人の祖先がコーカサス地方からやってきたらしいということ、そしてギリシア語が、たしかにインド・ヨーロッパ語族から枝分かれしたものだという推測はナチスに悪用され、彼らの人種理論を追認する道具とされてしまった（どういうわけなのか、ここでギリシア人は突然ドイツ人に入れ替わってしまっている）。このナチスによる悪用が、現代の学者（とりわけフランス人の学者たち）のあと押しをして、さらに広い範囲で、しかもさらに遠い祖先を追求させることになった（それは、たとえ人種的にあるいは言語学的に違っていても、文化的につながっていさえすればそれでよしとされた）。アフリカやアジアについていえば、たとえ少々距離が離れていても、それらが長期にわたって持続的に、ギリシア文化の形成に何らかの影響を及ぼしたことはたしかに疑いのないところだろう。アフリカの文化は、エジプトからヌビア、そしてヌビアからエチオピアを経由して伝達されただろうし、アジアの文化は、シュメールからアッカドを経由して伝達されたにちがいない。が、学者が懸命に弁論を繰り返すのだが（たとえばMartin Bernal のいかにも当世風だが、悪名の高い *Black Athena* がその一例）、このつながりは（シュメール・アッカドの神話とそれに対応するギリシアの神話、そして *Epic of Gilgamesh* と *Odyssey* の類似した物語の要素などを除けば）なお立証するのが難しいというのが現況である。

この他にも学問的におこなわれているたくさんの論争がある。これを読者のみなさんに示して悩ませることはたやすい。が、私はここで、少なくとも令名の高い学者たち——ほんの少しだけ例を挙げてみると、Peter Ucko, Ruth Tringham, Mary Lefkowitz, Colin Renfrew などの人々——が、先史時代のギリシアでは大地の女神の信仰が重要視されていたという意見に、疑いをはさんでいることだけを述べるにとどめたい。

1章

幸運なことに私は、Robert Fagles の清新な訳を引用することができた。それは *Iliad*（New York and London, 1990）と *Odyssey*（New York and London, 1996）である。Fagles の訳はいくら賞賛しても賞賛しすぎるということはない。それほどまでにすばらしい。Bernard Knox の序文と各巻につけられた注がまた際立って価値のあるものだ。ギリシア語のオリジナルについては、なお終わることなく Harvard によって刊行が続けられている Loeb Classical Library の中の四巻を参照した（この本を書いている間中つねに私は、ギリシア語のテクストを調べるのに Loeb のシリーズを利用した）。

戦争時のギリシア人、および西洋世界の軍事的伝統に及ぼしたギリシア人の影響という主題については、Victor Davis Hanson が数冊の本の中で巧みに説明している。中でももっとも役に立ったのが、*The Wars of the Ancient Greeks*（New York, 1999, and Lonon, 2000）と *Carnage and Culture : Landmark Battles in the Rise of Western Power*（New York, 2001）である。Dick Cheney が Hanson の歴史に深甚な興味を寄せているということは、数人のジャーナリストによって報告されている。ひとり例を挙げておくと、Michiko Kakutani, "*How Books Have Shaped U. S. Policy*" (New York Times, April 5, 2003)。

西欧の戦争というテーマについてもう一冊挙げておく。Philip Bobbit, *The Shield of Achilles : War, Peace, and the Course of History* (New York, 2002)。タイトルをご覧になるとお分かりの通り、私の主題と直接の関わりはないのだが、この本は私が西欧の戦争について考える際、非常に強力な触媒の役割を果たしてくれた。章末に引用した文は、私のお気に入りの Dr. Seuss の *The 500 Hats of Bartholomew Cubbins* から取ったもの。

2章

口承や識字能力（読み書きの能力）、それにアルファベットについては、私もこれまで長い間考え続けてきた（これについては、すでに刊行されているこのシリーズの最初の二巻をご覧いただきたい。*How the Irish Saved Civilization* と *The Gifts of the Jews*）。したがって、私が影響を受けた本をすべてここで列挙することは難しい。しかし、さらにこのテーマについて知りたいと思う人には、たとえば、Samuel Noah Kramer の本が役に立つだろう。中でも *The Sumerians*（Chicago, 1963）は、メソポタミアの楔形文字をやさしく解説してくれているので、読者にとって最良の出発点を示してくれるだろう。最古の書字システムの解読という謎については、Andrew Robinson が *Lost Languages*（New York, 2002）の中で、興味深い物語を軽快に語ってくれている。それに付随している参考文献もすばらしい。最近、私は *L'Orient ancient et nous : L'Écriture, la raison, les dieux*（Paris, 1996）の中で Clarisse Herrenschmidt のエッセイを見つけたのだが、これは非常に刺激的なものだった。このコレクションで彼女に協力した Jean Bottéro や Jean-Pierre Vernant のエッセイもまた、かなり貴重なものだ。コレクション自体は、*Ancestor of the West : Writing, Reasoning, and Religion in Mesopotamia, Elam, and Greece*（Chicago, 2000）というタイトルで英訳されている。他に重要な研究としては、Rosalind Thomas, *Literacy and Orality in Ancient Greece*（Cambridge, 1992）が挙げられる。これは社会的な文脈を提示している点ですぐれている。紀元前七世紀の酒杯に記された銘の訳は私のもの。

Homer における口承と識字能力の問題については、さまざまな論議が交わされているが、もっとも基本となる研究は、Milman Parry の *L'Épithète traditionnelle dans Homère*（Paris, 1928）。これは *The Making of Homeric Verse*（Oxford, 1971）というタイトルで英訳されている。草分けとなった Parry の仕事は、彼の死後、息子の Adam をはじめとして、*Albert B. Lord, The Singer of Tales*（Cambridge, MA, 1960）や Eric A. Havelock, *Origins of Western Literacy*（Toronto, 1976）などによって引き継がれていった。*The Singer of Tales* は最近第二版が出版された（Cambridge, MA, 2000）。これにはCDが付いている。一九三〇年代にバルカン地方で歌われた、民謡歌手の歌声とそのときの映像が収録されていて、音声と画像でテクストを補った形。民謡歌手たちの驚くべき記憶力と歌唱技術の中に Parry は、Homer とその先達たちのパフォーマンス能力を高く評価する鍵を見つけ出していた。Parry とそれに続く人々の研究のおかげで、Homer が口承詩を吟ずる人々の伝統的な手法を利用したことはもはや疑うことができない。しかし、これらの発見のいずれもが、はたして Homer は文字の読み書きができたのかという問題には、今なおきっぱりとした答えを出せずにいる。

口承と識字能力の文化上の因果関係についてはさまざまな人々が論じている。が、その中で主な人々として挙げられるのは、Marshall McLuhan（*The Gutenberg Galaxy* と *Understanding Media*）と弟子の Walter J.

Ong（*Orality and Literacy : The Technologizing of the Word*）などだ。私はおおむね彼らの提案に賛成だが、私はむしろ彼らを理解するのに、古代のたがいに異なる書字システムが文化に及ぼした衝撃の査定者としてとらえるより、中世の共有性から宗教改革の活字文化へと変貌した、その変貌の解説者としてとらえる方がはるかによいと思う。

Tennyson の "Ulysses" はさまざまなコレクションに収録されている。Cavafy の "Ithaca" は、*Before Time Could Change Them : The Complete Poems of Constantine P. Cavafy* からの引用で、これは Theoharis C. Theoharis による新訳である（New York, 2001）。Auden の "The Wanderer" は、*W. H. Auden : The Complete Poems*（New York, 2003）からの引用。Samuel Johnson の引用は、一七五〇年一一月二〇日の *The Rambler*（Johnson がほとんど独力で執筆刊行した刊行物）にはじめて掲載されたものから取った。彼のエッセイ全体は、個人の生活における楽しみを賛美していて、それを公にお世辞を受ける楽しみより一段上のものとしている点で一読に値する。西洋の感受性の発展ということでは、これはまさしく画期的な一里塚といってよいだろう。

3章

Hesiod の *Theogony* の引用は、Richmond Lattimore の訳（Ann Arbor, 1959）である。が、私はテクストのスタイルに合わせるために、Lattimore が使ったギリシア語の代名詞に若干変更を加えた（たとえば Helikon を Helicon にするなど）。

私は自ら認めるのだが、終生、ギリシアの抒情詩に対しては愛情を抱き続けてきた。そのため、だれの翻訳を見ても、なかなか自分の好みに合致するものがなく、結局は向こう見ずにも、自分で訳すことになってしまった。が、それでもなおひとつだけ例外の詩がある。それは「月は沈み、……」ではじまるサッポーの詩の断片である。この詩の訳については、何十年もの間、私は頭の中であれやこれやと考え続けていたために、もはやその訳を自分がどこで最初に見たものなのか思い出すことができない。Eubulus や Aristophanes（原注8）の訳は私のものである。

こうした抒情詩を動かしているメカニズムとは、いったいどんなものなのだろう。まず挙げられるのが、ヴァラエティーに富んだリズム。詩はつねに異なった気分や情況にふさわしいリズムを伴っている。それに長音節と短音節の組み合わせによって作り上げられる音価、そして旋法。こうしたものからなるメカニズムは、現代英語のメカニズムとあまりにも違っている。そのために、ギリシア詩のもつ味わいと似たものを英語で再創造しようとすると、その難しさに翻訳者たちはことごとく絶望してしまうにちがいない。しかし、ここで必要とされるのは、まずギリシア語の中にできるだけ長く踏みとどまってみること。そうすればかならずや利用できるものだけを使いながら、しかもなお、ギリシア語の詩と似た意味や感情をもつ新しい英詩を作り上げるチャンスが生まれてくる。利用できる手段としては、まず言葉を選ぶこと。そしてそれを強勢とリズム、頭韻と類音、それに同韻語などで結合すること。この最後の同韻語はけっしてギリシアの抒情詩では使われていない。が、これは、ギリシア語において他の手段で結ばれている要素を、英語でつなぎ合わせる際に非常に便利な道具となる。この点についてさらにくわしいことを知りたいと思う読者には、Anne Pippin Burnett, *Three Archaic Poets : Archilochus, Alcaeus, Sappho*（London, 1983）が役に立つだろう。

私は、同性同士の社会とホモセクシュアリティの行動を結びつけて論じてみた。これはおそらく、純真な心の持ち主にとってはかなりショックなことなのだろうが、文学の中で十分に立証することができる。それは現代なら、新聞記事で立証できるのと同様である。少なくとも西欧ではほとんど知られていないが、日本の上流社会の生活には、あきらかにホモセクシュアルの流れがある。たとえばこれについては、Eiko Ikegami, *The Taming of the Samurai : Honorific Individualism and the Making of Modern Japan*（Cambridge, MA, 1995）で明らかにされている。イスラム教徒のホモセクシュアリティについては、最近、多くのジャーナリストによって記された報告によって立証されている（たとえば、Jeffrey Goldberg, "The Education of a Holy Warrior," *New York Times Magazine*, June 25, 2000 を参照のこと）。

アテナイの社会生活を理解する上で重要な仕事は、James Davidson の魅力的な *Courtesans and Fishcakes : The Consuming Passions of Classical Athens*（London, 1997）だろう。ただし私は Davidson に全面的に賛成しているわけではない。とくに彼が、ギリシア人の性的習慣と男性による政治権力の掌握との関係について下した解釈（彼は双方が無関係だとしている）には同意できない。このテーマについて基本となる仕事としては、K. J. Dover, *Greek Homosexuality*（Cambridge, MA, 1978）を挙げることができる。この本については私もなるほどと納得させられた。イタリア人によって書かれた二冊の本もまた役に立つ。一冊は法律学者の Eva Cantarella が書いた *Secondo natura* (Rome, 1988)。これは現在、*Bisexuality in the Ancient World* (New Haven, 2002) として英語版を利用することができる。もう一冊は、精神科医の Vittorio Lingiardi が書いた *Compagni d'amore : Da Ganimede a Batman : Identità e mito nelle omosessualità maschili* (Verona, 1997)。これもまた、現在英語版を利用することができる。*Men in Love : Male Homosexualities from Ganymede to Batman* (Chicago, 2002)。

4章

ソロンの詩の断片を訳したのは私である。ギリシアのデモクラシーについては、J. K. Davies, *Democracy and Classical Greece* (Cambridge, MA, 1973) が規範とされているが、私もおおむねこれに頼った。私はソロンをもって、アテナイのデモクラシーの礎を築いた者としたが、もちろん、ソロン以降に登場した人物たち（クレイステネス、エピアルテス、ペリクレスなど）が力をつくしてそれを機能させたことを知らないわけではない。しかし彼らは、創成期のドラマに参画したというより、むしろそれを現実化した時期に属している。そのため私は、この物語から彼らを外すことにした（もちろん、紙面のスペースを考慮したという理由もある）。Davies の他に私がつねに手にしていたのが、Orlando Patterson の記念碑的な研究 *Freedom* の第1巻 *Freedom in the Making of Western Culture* (New York, 1991) である。が、最終的に私は、彼の基本的な主張に賛同することができなかった。彼の主張は、ギリシアにおける自由の表明は奴隷制に端緒を発しているという。が、私にはそれが、ギリシア人の会話と一般的にギリシア人がもつ自説を固持して譲らない性格によるものだと思われるからだ。これについては、*Iliad* までさかのぼるとその証拠に出会うことができる。そしてそれは、アテナイの奴隷人口が急増しはじめるよりおよそ二世紀ほども前のことだった。しかし Patterson の研究は、その見事なまでの独創性と権威のある断定によって、なお、われわれに思わず息を飲ませるほどの仕事であることに変わりはない。

劇については、*The Cambridge Companion to Greek Tragedy*, edited by P. E. Easterling (Cambridge, 1997) が私の知識を現代的なものにしてくれた。*Agamemnon* の中の Clytemnestra の演説は、Fagles が訳し

た *Aeschylus : The Oresteia*（London and New York, 1977）から引用した。*Oedipus Tyrannos* の数行もやはり Fagles の訳で、*Sophocles : Three Theban Plays*（London and New York, 1982）から、また *Medea* の数行は、日常語をふんだんに取り入れて勢いのいい、Frederic Raphael と Kenneth McLeish の訳（London, 1994）から引用した。Sigmund Freud がその中でエディプス・コンプレックスの理論を展開した *The Interpretation of Dreams*（1900）はたくさんの版が出ているので、手に入れることはたやすいだろう。それは Friedrich Nietzsche の *The Birth of Tragedy*（1872）についても同じことがいえる。

この章と次の章を私が書いた際に、次から次へとたくさんの材料を紡ぎ出してくれたすばらしい本が二冊ある。Martha C. Nussbaum, *The Fragility of Goodness : Luck and Ethics in Greek Tragedy and Philosophy*（Cambridge, 1986）と Simon Hornblower, *The Greek World 479-323 B. C.*（London and New York, revised 1991）である。

5章

ニーチェの作品はそのすべてがさまざまな版で出ており、自由に手に入れることができる。彼が狂気に陥った理由について、新しい論を Richard Schain が *The Legend of Nietzsche's Syphilis*（Oxford, 2002）で述べている。非理性に関しては、いちだんと理性的なアプローチをしたものとして、すでに古典となっている E. R. Dodds, *The Greeks and the Irrational*（Berkeley, 1951）がある。Hesiod と Aristophanes の翻訳は私のもの。ギリシア人の宗教的な信仰について古典的な研究とされているものに、Walter Burkert, *Greek Religion*（Cambridge, MA, 1985）がある。

Plato の *Republic* からの引用は、Plato の *Symposium* の引用と同様、Robin Waterfield の訳（Oxford, 1993）。彼が *Republic* に施した序文と注はすばらしく、いくら賞賛しても賞賛しすぎることはない。New Testament（Mt 5 : 43-48）の引用は私の訳である。多くの側面をもつギリシア哲学について、さらにくわしく徹底的に調べたいと思う読者には、とくに次の三冊をお勧めしたい。まず、驚くべき明快さとそのウィットで、Anthony Gottlieb, *The Dream of Reason : A History of Philosophy from the Greek to the Renaissance*（New York, 2000）。次に、古代の哲学が現代に及ぼした影響について、近づきやすい入門書として Melissa

Lane, *Plato's Progeny : How Plato and Socrates Still Captivate the Modern Mind* (London, 2001)。そして最後に、Frederick Coplestonの9巻からなる、堂々とした*History of Philosophy*のVolume I (New York, 1962)。これは今なお、ギリシア哲学について英語で書かれた基本的な論文とされている。たしかに密度は濃く、熱心な学生向けに書かれているが、内容は明晰である。しかし、この三冊にもまして私に強い影響を与えたのは、四〇年前、幸運にも私が受けることのできた伝説的なJ. Giles MilhavenのPlatoセミナーだった。Milhavenは私以上にPlatoを愛していたのだが、彼は私に、Platoの散文の一部始終について、その真価をどれくらい自分が認めているかを示してくれた。

Herodotusのすぐれた新訳は、信頼のおけるRobin Waterfieldによっておこなわれている。*Herodotus : The Histories* (Oxford, 1998)。Thucydidesの引用は*History of the Peloponnesian War*から取られたもので、翻訳はRex Warner (London, 1972) による。しかし、最後のふたつのセンテンスは私の訳である。アテナイの歴史についてさらにくわしく知りたい人には、Mark Munn, *The School of History : Atehns in the Age of Socrates* (Berkeley, 2000) が歯切れのよい案内をしてくれるだろう。HerodotusとThucydidesの差異について、簡潔で啓蒙的な考察が見られるのは、T. J. Luce, *The Greek Historians* (London, 1997) である。

6章

Ovidの引用は彼の*Metamorphoses*から。翻訳はAllen Mandelbaum (New York, 1993) の手になる。

ギリシア芸術については優れた研究が数多くなされている。もっとも優れたものを挙げてみると、John Boardman, *The Oxford History of Classical Art* (1993)、それにMartin Robertson, *A Shorter History of Greek Art* (Cambridge, 1991) など。しかし、私にもっとも考えるきっかけを与えてくれたのは、Andrew Stewart, *Art, Desire, and the Body in Ancient Greece* (Cambridge, 1997) だった。ギリシア芸術における女性の描き方についてStewartが下した解釈は、終始、私の頭に中にこびりついていて、念頭から消え去ることがなかった。私がTerry Eagletonの引用を見つけたのもStewartの論文の中だった。彼はそれをEagletonの*Literary Theory* (Minneapolis, 1983) から引いていた。

7章

Rovert Gravesは Apuleiusの *The Golden Ass* をすばらしい翻訳で残している（New York, 1951）。ギリシア人の宗教上の信仰については、5章で引用した Burkert の他に、Paul Veyne, *Did the Greeks Believe Their Myths?*（Chicago, 1988）がある。Sophocles の *Oedipus Tyrannos* の引用については、4章の原注を参照のこと。

Pericles の送葬演説では、私は自分の要求にぴたりと添うような翻訳を見つけることができなかった。手に入れることのできる翻訳はすべて、あまりにも口語的でくだけすぎているか、あるいはあまりにも時代遅れのものか、そのどちらかだった。この演説は元々が美しく組み上げられている。したがって、Pericles の言葉がやけに凡庸な感じに訳されていたり、あまりにも陳腐に扱われているのに、私はどうにもがまんができなかった。そして結局のところ、私が使用したものは Richard Livingstone が編集した Thucydides の Oxford edition（1943）だった。これは遠い遠い昔に、Richard Crawley によって訳されたもので、さらにそのあと、これも遠い昔に Richard Feetham によって見直し改められたものだ。しかし、私が使う段になって、ふたたび私はこれに手を入れた。かなり改訂を施したために、これを見た Crawley の亡霊はおそらく、それが自分の訳したものだとはとても気づかないのではないかと思う。私は、Pericles の演説を荘重な言葉に置き換えることに努力した（そしてギリシア人にも、たえず眼差しを向けるようにと心を配りながら）。その結果私は、これを現代語風に作り変えることはさほど難しくないと思えるようになった。しかし、注で引用した "The Melian Dialogue" には Rex Warner の訳を使った（5章参照）。Harvey Cox, *The Secular City*（New York, 1965）は大きな影響を世間に与えた研究だが、これは一九六六年に改訂され、一九九〇年にふたたび記念版として出版されている。

Ionian Presocratics は、「存在、もの」という意味を表すのに、ousia（substance）という言葉より、むしろ physis（nature）の方を使った。これについては私もよく知っている。が、ousia もまた同じように使われていたし、少なくとも哲学者によって使われていた用語としては、このふたつの言葉は十分に交換の可能なものだった。そして Plato の頃になると、ousia の方がむしろ好ましい用語として使われるようになり、Aristole の頃には、専門用語として使用方法が定まった。

7章の最後の部分を書くために利用した資料は多い。そのためにここでそれらをすべて挙げることはできないが、その多くはこの「参考文献」で列挙しているし、「歴史の要シリーズ」のすでに刊行された巻の章末の注でも挙げてある。ユダヤ人とギリシア人との間に横たわる文化上の分水嶺について、さらに深く知りたいと思う読者には、手はじめとして、Thorleif Boman, *Hebrew Thought Compared with Greek*（London and New York, 1960）と、Martin Hengel, *Judentum und Hellenismus*（Tübingen, 1973）をお勧めしたい。Hengelのものは、現在、オレゴン州ユージーンのWipf and Stockから英訳本が*Judaism and Hellenism*というタイトルで出ている。が私は、何をさておいても、まずHebrew BibleとGreek classicsに浸りきってみるのがいちばんよいと思う。Byzantiumについては、その基本とされている研究は、John Julius Norwichが*Byzantium*というタイトルの下に出した3巻本である（New York, 1988, 1991, 1955）。現在、このダイジェスト版が、*A Short History of Byzantium*（New York, 1997）として出版されている。これはたくさんの人々の手で編集されたもので、すばらしい写真がふんだんに入っていて、かなり取り組みやすい。その他にすぐれた研究としては、G. W. Bowersock, Peter Brown, Oleg Grabarなどが編集した*Late Antiquity : A Guide to the Postclassical World*（Cambridge, Mass., 1999）がある。グレコ・ローマンの感じ方がキリスト教に及ぼした影響について研究した古典的な作品としては、Henry Chadwick, *Early Christian Thought and the Classical Tradition*（Oxford, 1966）を挙げることができる。

"The Hag of Beare"からの抜粋は、John Montagueがアイルランド語から訳した彼の*Tides*（Dublin and Chicago, 1971）から取った。Sapphoの詩の断片は私の訳である。

ギリシア年表

[紀元前]

三〇〇〇—一一〇〇	ギリシア青銅時代。ミノア人とミュケナイ人。
一六〇〇—一四〇〇	クレタ島ミノア人の黄金時代。
一四〇〇頃	クレタ島の王宮破壊。ミュケナイ人がクレタ島征服?・
一一八四	トロイア陥落の年（伝説上）。
一一〇〇	ギリシア鉄の時代（暗黒時代）のはじまり。
八〇〇—六〇〇	ギリシア人の植民地建設時代。
七五〇	植民地イスキアのはじまり。
七五〇—七〇〇	ホメロス『イリアス』『オデュッセイア』。
六二一	ドラコンとアテナイ最初の成文法。アルカイック期（建築）のはじまり。
六一二頃	サッポー、レスボス島で生まれる。
五九四	ソロン（六四〇頃—五六〇）、アテナイで権勢をふるう。経済改革と政治改革。
五六〇—五二七	ペイシストラトスのアテナイ僭主政治の時代。
四九九	イオニアのギリシア都市、ペルシアに対して反乱を起こす。ペルシア戦争のはじまり。
四九〇	アテナイ人、マラトンでペルシア人を破る。
四八〇	ペルシア人、テルモピュライで勝利。

四七九　プラタイアとミカレで、ペルシア人敗北。ペルシア戦争終結。古典期（建築）のはじまり。

四六〇―四三〇　ペリクレスのアテナイ黄金時代。ペリクレス、アテナイに建物を次々に建て、民主制（デモクラティア）を強化。アテナイとスパルタの敵対関係強まる。三人の悲劇作家の活躍。アイスキュロス（五二五―四五六）、ソポクレス（四九六―四〇六）、エウリピデス（四八五―四〇六）。

四三一―四〇四　ペロポネソス戦争。

四三一　戦争一年目がペリクレスの追悼演説で終わる。

四三〇　アテナイに疫病流行。

四二九　ペリクレス疫病で死す。

四一六　アテナイ人、メロス島を攻撃。トゥキュディデス「メロスの会談」。

四一三　アテナイ人のシチリア遠征。アテナイ人敗北。

四一一　アテナイで寡頭派のクーデター。「四〇〇人の寡頭支配」成立。

四一〇　アテナイ、民主制を回復。

四〇四　アテナイ、スパルタに降服。アテナイ、ふたたび寡頭制となる。

四〇四―三七一　スパルタ優位の時代。

四〇三　アテナイ、民主制となる。

三九九　ソクラテス、アテナイで刑死。

三五九―三三六　フィリップ二世のマケドニア統治。

三四七　プラトンの『国家』完成。

三三六―三二三　アレクサンドロス大王の統治。

三三五　アリストテレス（三八四―三二二）、リュケイオンを創立。

三二三　アレクサンドロス大王の死。
三二三—一四六　ヘレニズム時代。
一四八　マケドニア、ローマの属州となる。
一四六　ギリシアのアカイア地方、マケドニアの一部となる。
【紀元後】
三三〇　ビザンティウム、ローマ世界の首都となる。「新しいローマ」あるいは「コンスタンティノポリス」と呼ばれた。

ギリシア小辞典（人名・神名・地名・書名）

アイギストス――テュエステスの息子。クリュタイムネストラの情人。アガメムノンの殺害者。

アイスキュロス――アテナイの悲劇作家（紀元前五二五―四五六）。

アエネアス（アエネイアス）――アプロディテとアンキセスの息子。トロイアから海を渡ってイタリアへいき、王朝を作る。やがてこの王朝からロムルスとレムスの双生児が出て、ローマの建国者となる。

アカイア人――ホメロスは、トロイアを攻めたギリシア人をいろいろな呼称で呼んだが、これもそのひとつ。他にアルゴス人、ダナオイ人など。

アガトン――紀元前五世紀のアテナイの悲劇作家。プラトン『饗宴』の登場人物。

アガベ――テバイの王ペンテウスの母。

アガメムノン――アトレウスの息子。メネラオスの兄。トロイア遠征軍の総大将。妻のクリュタイムネストラによって殺された。

アキレウス――ペレウスと海のニンフ、テティスの息子。トロイアに遠征したギリシア軍中、もっとも勇敢な戦士。

アステュアナクス――ヘクトルとアンドロマケの息子。

アトレウス――アガメムノンとメネラオスの父。

アナクサゴラス――哲学者（紀元前五〇〇頃生）。

アナクレオン――抒情詩人（紀元前五五〇頃生）。

アプレイウス――ローマの風刺作家（一三〇頃ヌミディア生）。
アプロディテ――愛と美の女神。
アポロン――光と音楽と予言の神。ゼウスとレトの息子。アルテミスの兄弟。
アリアドネ――クレタ王ミノスの娘。テセウスを助けた。
アリストテレス――哲学者（紀元前三八四―三二二）。プラトンの弟子。アレクサンドロス大王の教師。
アリストパネス――アテナイの喜劇作家（紀元前四四四―三八八）。
アルカディウス――ローマ皇帝（三九五―四〇八在位）。
アルキビアデス――アテナイの将軍。政治家（紀元前四五〇頃―四〇四）。ソクラテスの弟子。
アルキロコス――紀元前七世紀の抒情詩人。風刺作家。
アルクマン――紀元前七世紀のスパルタの抒情詩人。
アルテミス――狩猟の処女女神。ゼウスとレトの娘。アポロンの姉妹。
アレクサンドロス大王――ギリシアの都市国家を征服した（紀元前三五六―三二三）マケドニアの王。フィリップ二世の息子。アリストテレスの弟子。
アンドロマケ――ヘクトルの妻。アステュアナクスの母。
イオカステ――オイディプスの母であり妻。ライオスの寡婦。
イカロス――ダイダロスの息子。太陽にあまり近づくなという父親の警告を無視した。
エウアンドロス――アルカディアの王。息子のパラスはアエネアスに味方して戦った。
エウボイア――ギリシア東部の海岸沖にある島。
エウリピデス――アテナイの悲劇作家（紀元前四八五―四〇六）。
エクセキアス――紀元前六世紀のアテナイの陶工。壺絵師。
エリス――不和の女神。

エリュクシマコス——紀元前五世紀の医師。プラトン『饗宴』の登場人物。
エレクトラ——アガメムノンとクリュタイムネストラの娘。オレステスとイピゲネイアの姉。
エンペドクレス——紀元前五世紀の哲学者。政治家。
オイディプス——ライオスとイオカステの息子。テバイの王。
オウィディウス——ローマの作家（紀元前四三—紀元後一七）。『変身物語』『恋の技（アルス・アマトリア）』。
オデュッセウス——イタケの王。ペネロペイアの夫。テレマコスの父。
オレステス——アガメムノンとクリュタイムネストラの息子。エレクトラとイピゲネイアの弟。
『女の平和』——アリストパネスの喜劇（紀元前四一一）。
カッサンドラ——アポロンの女予言者。トロイア王プリアモスとヘカベの娘。
カルカス——トロイア遠征軍に随行した予言者。
キルケ——オデュッセウスの部下たちを豚に変身させた魔女。
クサンティッペ——ソクラテスの妻。
クセノパネス——哲学者。詩人（紀元前五六〇頃—四八〇）。エレア学派を設立。
クセノポン——歴史家（紀元前四三〇頃—三五四頃）。ソクラテスの弟子。
クノッソス——クレタ島北岸の都市。
クピド——ローマの愛の神。ギリシアのエロスに当たる。
クリティオス——紀元前五世紀の彫刻家。
クリュシッポス——ストア派の哲学者（紀元前二八〇頃—二〇七）。
クリュセス——トロイアの祭司。娘がアガメムノンによって、戦利品として拉致された。
クリュタイムネストラ——アガメムノンの妻。夫の殺害者。
クロノス——ティタン族。ゼウスの父。ウラノスとガイアの息子。

サッポー——レスボス島生まれの抒情詩人（紀元前六一二頃生）。
スカイエ門——トロイアの正門。
ゼウス——オリュンピアの神々の王。クロノスの息子。ヘラの夫。
ソクラテス——アテナイの哲学者（紀元前四九六—三九九）。プラトン、クセノポン、アルキビアデスの師。
ソポクレス——アテナイの悲劇作家（紀元前四九六—四〇六）。
ソロン——アテナイの政治家。立法者（紀元前六四〇頃—五六〇）。
ダイダロス——アテナイの建築家。クレタ島の迷宮（ラビュリントス）を設計した。イカロスの父。
タレス——イオニアの哲学者（紀元前六三五頃—五四六）。
テオグニス——紀元前六世紀の哀歌詩人。
テオドシウス——ローマ皇帝（三七八—三九五在位）。
テスピス——ギリシア悲劇の父。ペイシストラトスの同時代人。
テセウス——アテナイの王。パイドラの夫。ヒッポリュトスの父。
テッサロニカ人——ギリシア北西部の海港テッサロニカ（サロニカとも呼ばれる）の住人。
テティス——ペレウスと結婚した海のニンフ。アキレウスの母。
テュエステス——アトレウスの弟。アイギストスの父。
ディオティマ——マンティネイアの伝説的な女祭司。ソクラテスの先生。
ディオニュソス——豊饒、葡萄酒、劇の神。ゼウスとセメレの息子。
デメテル——農耕の女神。ペルセポネの母。ゼウスの姉妹。
デモクリトス——紀元前五世紀の哲学者。
デモステネス——アテナイの雄弁家（紀元前三八四—三二二）。
デモドコス——『オデュッセイア』に登場するパイエケス人の吟遊詩人。

トゥキュディデス——紀元前五世紀の歴史家。『戦史』。
トラシュマコス——紀元前五世紀のソフィスト。プラトン『国家』の登場人物。
ナウシカア——パイエケス人の王女。アルキノオスとアレテの娘。オデュッセウスの味方となる。
ニオベ——アポロンとアルテミスによって皆殺しにされた子供たちの母。自分がたくさんの子供（七男七女）をもっていることをレトに向かって自慢したために、レトの子のアポロンとアルテミスに復讐された。レトの子供はこのふたりだけ。
ハデス——冥府の神。ゼウスの兄弟。ペルセポネの夫。またこの名前は地下界、黄泉の国を指すこともある。
『バッコスの信女たち』——エウリピデスの悲劇。
パイエケス人——スケリア島の住人。難破したオデュッセウスを親切にもてなしてくれた。
パイドラ——テセウスの妻。ヒッポリュトスの義母。
パイドロス——ソクラテスの弟子。プラトン『饗宴』の登場人物。
パウサニアス——アガトンの愛者。プラトン『饗宴』の登場人物。
パトロクロス——アキレウスの友人。ヘクトルに殺された。
パリス——トロイアの王子。プリアモスとヘカベの息子。ヘクトルの弟。ヘレネを誘惑し、夫のメネラオスの元から連れ出した。
パルメニデス——紀元前五世紀の哲学者。詩人。
ヒッポクラテス——紀元前五世紀の医師。「医学の父」。
ヒッポリュトス——テセウスの息子。義母のパイドラからレイプの罪で告発された。
ピディッピデス——紀元前四九〇年、アテナイ人によってスパルタへ送られた走者。ペルシア軍に対する援軍依頼のために走った。
ピュタゴラス——紀元前六世紀の数学者。哲学者。宗教上の指導者。

ピロストラトス――二世紀のソフィスト作家。
プシュケ――クピドの妻。名前の意味は「魂」。
プニュクス――アテナイの民会が開かれたアクロポリス西方の丘。
プラクシテレス――アテナイの紀元前四世紀の彫刻家。
プラトン――哲学者（紀元前四二八―三四七）。ソクラテスの弟子。アリストテレスの師。
プリアモス――トロイアの王。ヘカベの夫。ヘクトル、パリス、カッサンドラの父。
ヘカベ――プリアモスの妻。ヘクトル、パリス、カッサンドラの母。トロイアの王妃。
ヘクトル――トロイアのもっとも勇敢な戦士。プリアモスとヘカベの息子。アンドロマケの夫。パリスの兄。
ヘゲロコス――アテナイの悲劇俳優。
ヘシオドス――紀元前八世紀から七世紀に活躍。『神統記（テオゴニア）』『仕事と日々』。
ヘパイストス――火、冶金、鍛冶の神。アプロディテの夫。
ヘラクレイトス――エペソスの哲学者（紀元前五三五頃―四七五）。
ヘレネ――メネラオスの妻。ゼウスの娘。パリスとの恋愛沙汰がトロイア戦争を引き起こした。
ヘロドトス――紀元前五世紀の歴史家。『歴史』。
ペイシストラトス――アテナイの僭主（紀元前五六〇年から五二七年まで）。
ペネロペイア――オデュッセウスの貞節な妻。
ペリクレス――アテナイのもっとも偉大な政治家。アテナイを紀元前四六〇年から四二九年まで治めた。
ペルセポネ――冥界の女王。ハデスの妻。ゼウスとデメテルの娘。
ペレウス――アキレウスの父。海のニンフ、テティスの夫。
ペンテウス――テバイの若い王。母のアガベによって体を切り裂かれ、ばらばらにされた。

ボイオティア――ギリシア中東部の地方。アテナイの北西に位置する。
ポイボス――アポロンの呼称。「輝ける者」。
ポセイドン――海と地震の神。ゼウスとハデスの兄弟。クロノスの息子。
ポレマルコス――ソクラテスの弟子。プラトン『国家』の登場人物。
マルシュアス――アポロンと音楽の腕くらべをしたサテュロス。
ミュケナイ――古代ギリシアの都市。アガメムノンの故郷。
メデイア――コルキス人の魔女。イアソンの妻。
メネラオス――アガメムノンの弟。ヘレネの夫。
ライオス――イオカステの最初の夫。オイディプスの父。
ラエルテス――オデュッセウスの父。
ラオコーン――トロイアの祭司。トロイア人に、ギリシア軍の木馬を城内へ入れないようにと警告した。
リュシッポス――紀元前四世紀の彫刻家。
レウキッポス――紀元前四世紀の哲学者。弟子のデモクリトスとともに原子論を説いた。

謝辞

私はまず、私の草稿を読んでくれた信義に厚い友人たちに深く感謝したい。友人たちは以下の人々だ。Susan Cahill, John E. Becker, William J. Cassidy III, Michael, D. Coogan, Gary B. Ostrower, Burton Visotzky, Jane G. White, Robert J. White。彼らは、大小とりまぜていくつかのあやまちを指摘してくれた。しかし、それでもなお本書にあやまちが残っているとすれば、それはすべて私の責任である。このシリーズが回を重ねるにつれて、信義堅固な友人たちは、批評家のレパートトリー劇場とでもいったものを形作るようになっていった。そこには、私にいっそうの明快さを要求してくれた者もいる。この要求は、私の能力をはるかに越えていたために、私はとてもこれに応えることができなかった。また、私には最上と思われた内容の概括を苦もなくくつがえしてしまうような、歴史的な例外を上手に引き合いに出してくれた者もいる。さらには私ではとても思いつかないような、人をあっといわせる決まり文句を考えてくれた者もいた。友人たちのすべてが身につけていた学問の広さと深さは、とても私などに太刀打ちのできないもので、それと競い合おうという気さえ起こらないほどだった。この本の執筆に際しては、ほとんど五〇年にわたる友人の間柄のBob Whiteがとりわけ貴重な存在となった。彼は編集の段階で入念な吟味をしてくれたが、それに加えて「ギリシア小辞典」「ギリシア年表」の作成についても私を手助けしてくれた。

Doubleday社の多くの人々に対しても、また、そのたゆまぬ熱意と支援に対して感謝をしなくてはならない。とりわけNan A. Taleseには。そして、次に挙げる人々にも同じように感謝を捧げたい。Katherine Trager, Stephen Rubin, Michael Palgon, Jacqueline Everly, John Pitts, Nicole

Dewey, Lorna Owen, Judy Jacoby, Rex Bonomelli, Kim Cacho, Marysarah Quinn, Terry Karydes, Rebecca Holland, Sean Mills, Amy de Rouvray、それに理解されることの少ない販売努力を続けている社内すべてスタッフのみなさん。Anchor社の支援チームの方々――Martin Asher, Anne Messitte, LuAnn Walther, Jennifer Marshall――もまた、同じように賞賛を捧げてしかるべき人々だ。今回はとりわけ最高経営責任者のPeter Olsonに深い感謝をしている。彼は私にまして議論好きだった（少なくとも読書に関しては）。彼の推奨がなければ、Victor Davis Hansonの仕事を私は見落としてしまっていたかもしれない。ここで私は、長年の間世話になっている私の著作権代理人のLynn Nesbitと、彼女の有能な同僚Bennett Ashley、Cullen Stanleyの名前をなおざりにするわけにはいかない。また、私のアシスタントとして働いてくれたDiane Marcus、それにフロリダ州サラソタのSelby Public Library司書のAndrea Ginskyの名前も。

　現代ギリシア人とギリシア系アメリカ人が、たがいに楽しい会話を交わし合い、彼らの先祖である古代ギリシア人と手に手を握り合ったことは大きな価値のあることだった。この洞察に満ちた会話については、まずアテネの友人たち――Makis Dedes, Despina Gabriel, Nikos Megapanos, Lykourgos V. Parayannopoulos, Takis Theodoropoulos, Louisa Zaoussi――に感謝をしなければならない。そしてニューヨークのOlympia Dukakisにも。さらには同様の感謝をレスボス島のTedoroとHeraにも。

訳者あとがき

クーロスと呼ばれる彫像がある。これは文字通り「青年」を描いた直立の裸像で、作られた時期は美術史でいうアルカイック期（紀元前七世紀末から五世紀はじめ）。ギリシア文化の古典期に先行した時代である。彫像は正面を向いて立つ全裸の青年像。左足をわずかに前へ出している。が、重心はほぼ均等に両足へかけられていて、両腕はしっかりと両脇に付けられ、こぶしは左右ともに固く握られている。なぜかこの時期に、おびただしい数のクーロス像が作られた。

クーロスはあきらかに、エジプトの彫像をまねて作られたものだが、そこにはすでに、ギリシアに特有の性格が見られると著者のケイヒルはいう。まず、彫像がことごとく青年を描いたものであること。エジプトで作られた人物像はだいたいが大人で、ひげを蓄えている。ギリシアではこれが青年に限定された点が、かなり特異だ。さらに、ギリシアのクーロスが全裸であること。これもまたエジプトでは見られなかった特徴である。エジプトの彫像は、裸体は裸体でもかならず腰に布を巻いていた。美術の歴史を見ても、これほど四六時中裸体が登場する例はめずらしい。

ギリシア人はたしかに裸体を好んだのだが、近隣の社会はそうではなかった。裸体は奴隷や労働者など、身分の低い者が作業中に見せるだけで、肉体労働に従事しない高い身分の者が人前で裸になることは、まず考えられなかった。それなら、裸体像はホモセクシュアリティを容認したギリシア社会に特有のものだったのだろうか。が、そうだとすると、彫像の中にもっと性的な要素が見られてもよさそうなものだ。たとえば勃起したペニスのような。しかし、クーロスのペニスはすべて小さくしぼんでいる。

ケイヒルの説によれば、この一群の青年裸像は、モデルを忠実に写したものではなく、あくまでもその理想像を描いたものだという。そしてそこに見られるのは、リアリズム（写実主義）ではなくアイディアリズム（理想主義）だという。ギリシア人の視線はつねに、現象世界でとどまることをせず、そこを突き抜けて、対象の本質へと向かう傾向にあった。モデルが身につける衣服や装身具は、いわば現象そのもので余計な邪魔物だ。したがって、描かれる対象はつねに裸体。それも、永遠に若々しい、人生盛時の青年の裸体である。像は時の経過とともに移ろいゆくものであってはならない。人生のある時期に固定されたものであってもいけない。それは永遠の理想、究極の理想でなくてはならなかった。

紀元前七世紀末といえば、小アジアのイオニアで、科学者とも哲学者ともつかぬ人々が出現した時代である。新たに登場した賢人たちの思考法にも、現象より本質を優先させる傾向がほの見えていた。自分たちが経験する現実世界の奥にあるもの、現象の彼方にある究極の実体を求めて彼らは思索した。千変万化する現実世界の実相を見極めたい。万物の根源（アルケー）を何としても確定したい。彼らはそんな思いに駆られた。タレスは世界（コスモス）のアルケーを「水」だといい、アナクシマンドロスは「不定のもの」だといい、アナクシメネスは「空気」だといった。やがてそれらは、アテナイに登場したプラトンによって整理され、「イデアの世界」こそ世界のアルケーに相違ないということになる。究極の「真」「善」「美」「正義」はことごとく、現実の彼方のイデアとされた。世の中に美しい人がいれば、それは「美」のイデアの一部を分けもっているからであり、「美」のイデアの方は、すべての実例（個々の美しい人）を越えてはるか高みに存在した。したがって、アルカイック期のギリシア人がクーロスに託して示そうとしたのは、「青年」のイデア（人間の理想像）だったということになる。

アポロンの神託で名高いデルポイは、中部ギリシアのパルナッソス山南麓にあった。ここには往時アポロン神殿が建ち、その正面に、古代ギリシアの賢人たちが残した格言が彫り込まれていたという。「あなた自身を知りなさい」の句がよく知られている。この句の次に「度を過ごしてはならない」という格言があった。これは一見過度をいましめ、節制を勧めている言葉のようだが、ギリシア人にとって度を過ごすとは、過剰なエネルギーの横溢が引き起こす結果ではなかった。それはむしろ逆で、心身に力が満ちあふれているときには度を過ごすことはないが、ひとたび生命力が枯渇すると、人は道を踏み外す。そんな風にギリシア人は考えた。そして彼らはつねに、「度を過ごしてはならない」という格言を胸に、イデアの世界を求めて邁進した。

サーカスの綱渡りを思い浮かべると、容易に想像ができるかもしれない。長い棒を両手に掲げて、そろりそろりと綱の上を歩く。一瞬の気のゆるみも許されない。異常な緊張を強いられる。力の衰弱はかならずや転落を招く。緊張感にあふれたこのバランス感覚こそ、ギリシア文明を解く鍵だとケイヒルはいう。ギリシア人は、綱の上で平衡を取りながら、高み（イデア）へ高みへとたえず前進を試みた。

紀元前四〇四年に、長い間続いたペロポネソス戦争が終わりを告げ、アテナイはスパルタに降服する。アテナイ帝国の急激な失墜である。綱の上の天秤棒が大きく傾き、強い力で保たれていたバランスが失われはじめる。ポリス間の争いで力の衰えたギリシア人には、もはや「節度を保つ」ことが困難となってきた。彼らに現実世界の奥を見すえる眼力はなく、せいぜいが、移りゆく現象を追いかけることで手一杯となる。理想主義に代わって写実主義が台頭し、彫像には、悲嘆や苦悩や歓喜をストレートに表現したものが多くなり、クーロスとは対極をなすリアリスティックな描写が主流を占める。哲学者たちもまた、本質を模索する膂力を失いはじめ、ソフィスト、懐疑派、犬儒学派、エピクロス派、ストア派へと四分五裂していく。そしてやがて、ギリシア文化はヘレニズム文化へと移行していった。

トマス・ケイヒルは今もなお、「歴史の要シリーズ」と題した、壮大なシリーズを執筆中である。本書はその四作目。シリーズのテーマについてケイヒルは次のように述べている。西方世界の歴史は繰り返し危機に見舞われ、滅亡の危険にさらされたことも数限りなくあった。が、そのときどきに、「偉大な贈り物の与え手」が登場して、西方世界は救われたという。あるときはそれがアイルランド人であったり、ユダヤ人であったり、イエス・キリストであったりした。そして、この第四作では、贈り物の与え手がギリシア人となる。一作目の『聖者と学僧の島』でケイヒルは、「多くの歴史家」が「時代から時代への推移の過程を分析すること」を忌避していると述べていた。それは「動きのある状態（古典期から中世へ）を描くことより、静止の状態（古典期、そして中世）を描く方がたやすい」からだという。「歴史の要シリーズ」の「要」と訳された英語は「hinge」である。これは元々「蝶番（ちょうつがい）」を意味した。板と板や、扉と柱を繋ぐ蝶番だ。ケイヒルは時代と時代を結びつける蝶番を描こうとした。そして、「時代から時代への推移の過程」を記述しようとした。ある時代は次の時代へ何を贈り物として残したのか、それを見届けたいと思ったのである。

それでは、ギリシア人は次の時代へ何を贈り物として残したのだろう。ケイヒルはギリシア人を「アレテー（卓越性・善）をめざしてたえず努力する人々」だと規定している。あらゆるものに挑戦してやまないギリシア人、本質をめざしてつねに前進するギリシア人。彼らが示した人間の多様な感受性（これこそギリシア人が残した贈り物だった）をケイヒルは描いて見せた。感性豊かなギリシア人の姿を、彼はあらゆるジャンルにわたって描いた。戦士にはじまり、詩人、政治家、悲劇作家、哲学者、芸術家にいたるまで。「考えてみると、古代ギリシア人が手がけずにすましたことなど、何ひとつなかったのではないだろうか」。

「世界がまだ若々しかった頃に、彼らは夜明けとともに出かけて、アゴラ（広場）から早々に戻ってきた。日々の買い物を腕いっぱいに抱え、荷車いっぱいに積み込んで。……われわれが今日何を経験しようと、われわれが何を学びたいと望んでも、そして、われわれが何を手に入れたいと思っても、……つねにわれわれの前にはギリシア人がいたことをわれわれは知っている。そしてわれわれはいつも、アゴラから帰ってくる彼らに出会うのである」。

本書は Thomas Cahill, *Sailing the Wine-Dark Sea : Why the Greeks Matter*（Nan A. Talese Doubleday, 2003）の全訳である。

著者のトマス・ケイヒルは、ニューヨーク郊外ブロンクスで、アイルランド人の家庭に生まれた。コロンビア大学、フォーダム大学で学び、出版社勤務を経たあと作家となる。「歴史の要シリーズ」としてすでに、第一巻『聖者と学僧の島』（青土社）、第二巻『ユダヤ人の贈り物』（青土社）、第三巻『Desire of the Everlasting Hills』が刊行されている。本書はシリーズ第四巻。こののち、五、六、七巻と書き継ぎ、全七巻で「西方世界の感受性がたどった進化の物語」を完結させる予定。ケイヒルは作家である妻スーザンとともに、ニューヨークとローマを往復しながら執筆を続けている。

本訳書では当初、ギリシア語の長音をすべて省く方針だったが、慣習上入れざるをえないものが出てきて、方針を貫徹することができなかった。読み方についても、同様の理由で、原則を貫くことができなかったことをお断りする。

今回も編集の作業をしてくださったのは水木康文さんである。ここに記して感謝の意を捧げたい。

二〇〇四年一二月　　訳者

索引

ア行

『アーサー王の死』（マロリー） 269
愛（エロス）（の性質） 231-47
アイアス 51, 79
アイオリス旋法 125
アイギストス 22, 147
アイスキュロス 65, 149-50, 171-73, 179, 183, 327
アイルランド文化 14-15, 362-63
アインシュタイン，アルバート 208-9
アヴィラの聖テレサ 325
アウグスティヌス（ヒッポの） 254
アウグストゥス（ローマ皇帝） 306
アウレア・メディオクリタス 278
アウロス 116, 124
アエネアス 350-51
『アエネイス』（ウェルギリウス） 118-19, 350
アカデメイア 255
アガトン 230-33, 235-36, 245, 270
アガベ 191
アガペー 356
アガメムノン 22-23, 28, 30-33, 35-38, 48, 59-60, 63, 65, 72, 93, 146-48, 174
『アガメムノン』（アイスキュロス） 174
アキレウス 28-29, 31-32, 35-36, 38, 51, 52-54, 59-61, 63, 78-81, 89, 93, 96-98, 101, 112, 126, 136
アクロポリス 149, 158-59, 166, 201, 278, 294
アゴラ（広場） 166, 219, 280, 283-84, 299, 366
アステュアナクス 53, 78
アスパシア 345
アダムとイヴ 282
アテナイ 81, 149, 151-52, 154-56, 158-63, 198, 200-1, 220, 261-63, 266, 303-7, 314, 331-48
アテネ 27, 37-38, 111, 149, 159, 345, 350
アテネ・プロマコス（突撃を先導するアテネ） 159, 345
「アテネの学堂」（ラファエロ） 256
アトランティス 21
アトレウス 146-47, 150, 172, 179
「アトレウス家の崩壊」 146, 150, 171
アナクサゴラス 206, 345
アナクシマンドロス 204
アナクシメネス 204
アナクトリア 130-2, 136
アナクレオン 137
『アナバシス』（クセノポン） 66
アナルキア 158
アプレイウス 322, 324
アプロディテ 27-28, 37, 48, 86, 88, 300-1, 304, 323, 350, 363
アポロン 16, 31-37, 147, 175-76, 192, 196-97, 199, 211, 234, 307, 311, 316, 318, 328-30, 363
アポロン像（ベルベデーレ） 308-9
アメリカのデモクラシー 160
アラリック王 353
アリアドネ 266

アリストクラシー（貴族政） 122, 151, 155–58
アリストテレス 180–1, 184, 189, 255–60, 348
アリストパネス 200–1, 234–35, 238, 239, 297, 302
アルカイオス 137
アルカイック彫刻 280–83
アルカディウス（東ローマ帝国皇帝） 361
アルキビアデス 245–47, 251
アルキロコス 140–1, 143, 151, 290
アルクマン 134–35
アルゴナウテス 185
アルコン（執政官） 155, 157–58
アルコン・エポニュモス（執政官の長官） 151, 155
アルテミス 16, 147, 150
アルファベット 82–91
アレクサンドロス大王 66, 69, 160, 232, 305–7
アレス 93, 350
アレテー（卓越性，善さ） 181, 198, 297, 304, 331
アンティロコス 79
アンドロマケ 53–54, 57–58, 78, 93, 98, 99, 190, 359
アンドロン 140, 230, 274
イアソン 185, 189
イーグルトン，テリー 298
イェーツ，ウィリアム・バトラー 23, 110, 120, 134, 288
イエス・キリスト 118, 170, 181, 228, 251, 325, 355–56, 364
イオカステ 175, 177, 180, 328–29, 345
イオニア旋法 125
医学 303–4
イカロス 268–69
イスキア 85, 88
イタケ 90, 103–4, 154, 198, 290
「イタケ」（カヴァフィス） 103–4
一神教 326, 361
イドメネウス 51–52
祈り 116, 141, 203, 328–30
イピゲネイア 147, 150
『イリアス』（ホメロス） 22, 30–75, 81, 89–91, 92–93, 97–99, 101–2, 117–19, 126, 175, 188, 250
韻 270–71
飲酒 86, 88, 139–43, 230, 284
インド・ヨーロッパ語 20, 23, 350
隠喩（メタファー） 325–27
ヴァイキング 20
ヴァグナー，リヒャルト 196
ヴァチカン 256
ヴェイユ，シモーヌ 117
ウェヌス 27, 322, 324, 350
ウェルギリウス 119, 272, 350
ウォーターフィールド，ロビン 228
『ウパニシャッド』 215
ウラニア 116–17
「ウリクセース」（テニソン） 102, 120
ウルカヌス 350
ウルフ，ヴァージニア 273
運動競技者 285, 311, 363
運命 42, 93, 138, 172, 358
詠唱（聖歌の） 116
エヴァンス，アーサー 21
エウアンドロス 351
エウダイモニア（幸福・幸運） 240, 343
エウテルペ 116
エウノミア（調和・秩序） 160
エウブロス 142
エウメニデス 149
エウリピデス 126–27, 150, 171, 184–89, 191–92, 196, 285, 297, 302, 306, 315
エーゲ海 20
エクセキアス 315
エクレシア 167, 356
エジプト 21, 82–83, 103, 211, 260, 275–76, 279–81, 291
エディプス・コンプレックス 181
エピクロス派 348–49, 351

エピタラミア（祝婚歌）　129
エポロス（民選行政監督官）　165
『エミール』（ルソー）　59
エラト　116
エリオット，T. S.　134
エリス　27
エリュクシマコス　231, 233
エリュシオン　103
エレウシスの秘教　352-53
エレクトラ　148, 156
エロス　135, 233, 240, 243-44, 284, 323
演劇　149-50, 169-92, 196-201, 230, 272, 285
エンペドクレス　206, 213
オイディプス　126, 175-81, 197, 266, 328
『オイディプス王』（ソポクレス）　175-80, 197, 328
オウィディウス　16, 268
『黄金のロバ』（アプレイウス）　322
オーデン，W. H.　106
オストラキスモス（陶片追放）　167-68
『オデュッセイア』（ホメロス）　30, 65, 78, 89-92, 120, 190
オデュッセウス　16, 28, 40-41, 78-81, 96-102, 118-20, 146, 154, 190
オリュンピア競技祭　123
オリュンポス山　26
オリュンポスの神々　26-27, 29
『オレステイア』（アイスキュロス）　149, 174
オレステス　148-49, 156
『オレステス』（エウリピデス）　171
音楽　116, 124-28, 169, 215-16
『女の議会』（アリストパネス）　200-1
『女の平和』（アリストパネス）　200, 285

カ行

カーソン，アン　296-97
懐疑派の人々　348
カヴァフィス，コンスタンディノス　103, 105-6
カエサル，ユリウス　69
カオス　26
科学　208-11, 258-59, 263, 303
家族　53-59, 117, 249
カタルシス　180, 189
カッサンドラ　147-48
神　205, 259, 324-25, 346, 356, 358-59
カリオペ　116
カリュプソ　98, 109
カリュブディス　96
ガリレオ　259
感情表現　97-100, 117, 132-34
キーツ，ジョン　287, 290
議会（アテナイの）　157, 167, 184, 200
幾何学　211, 275
喜劇　200-1, 285
キュクロプス　16, 96
宮廷風恋愛　58
ギュムナシオン（体育場）　255, 283
『饗宴』（プラトン）　230-47
ギリシア
——における農耕の伝統　12, 20, 23, 29, 154
——年表　391-93
——の階級　156-58, 161-63, 253, 302
——の交易　154, 163-64
——の言葉　16, 21, 23-24, 82-88, 270-71, 305, 355-57, 361
——の植民地　85, 304, 331, 349
——の人口　163, 165, 304
——の先史時代　18-24, 29, 150
——の戦士文化　19-20, 23, 29-30, 49-52, 63-75, 93, 97, 117, 164-65, 190-91
——のデモクラシー　81, 86, 159-61, 165-66, 168, 172, 251-52, 263, 331
——の都市国家（ポリス）　154-55, 163-64, 166, 173, 198, 252, 260, 290-91, 304
——の風景　277
——の文化的な革命　85-89, 117-21, 149-51, 154, 303-4
キリスト教　69, 101, 167, 181, 229, 250, 255,

325, 330, 346-47, 352, 355-64
キルケ　96, 105, 109
金の羊毛　185
吟遊詩人　92, 122, 124
クーロス　280-83, 285-7, 292, 294, 296, 312, 327
楔形文字　89
クサンティッペ　247
クセノパネス　205-6, 213
クセノポン　66, 93
屈辱　284, 286
クノッソス　21
クピド　323-24
「クリティオスの少年」（ギリシア彫刻）294-96, 300
クリュシッポス　307
クリュセス　31-32
クリュタイムネストラ　147-48, 174
クレイオ　116
クレタ　21, 266-67, 269
『クレタの王イドメネウス』（モーツァルト）　51
クロノス　26, 114
形式／形相（フォルマ，　エイドス）　257-58, 287
芸術　17, 265-319
啓蒙主義　160, 196
劇場　170, 280
ゲティズバーグの演説（リンカーン）　343
ケネディ，ジョン・F.　343-46
ケラ　279
ゲルシア　164, 167
ケルト人　20, 308-10
犬儒学派（キュニコス学派）　348
元素　206
建築　275-80
高級娼婦　141, 237, 345
考古学　20-24
口承伝説　14, 30, 89, 91, 146, 326
肛門性交　190
コーカサス人　19-20
個人主義　88
コスモス　203, 207, 211
『国家』（プラトン）　221-28, 252-53
子供　58, 162, 233, 242-43, 248, 266
コリントス　164, 177, 185
コロス（合唱歌舞団）の活動　124, 129, 134, 169, 171, 175-76, 183-84, 328
『コロノスのオイディプス』（ソポクレス）126
コンキスタドール（征服者）　70
コンスタンティヌス一世（ローマ皇帝）355, 361

サ行

「さすらい人」（オーデン）　106
サッポー　127-37, 190, 248, 290, 297, 364-65
サテュロス　198, 284-85, 311-18
三段論法　259
サントリーニ（島）　21
散文　218-19
死　51, 59-61, 250
詩　89-93, 97-98, 115-16, 121-22, 124, 127-40, 363
子音　85, 87
シェイクスピア，ウィリアム　64-65, 286
シエナの聖カテリーナ　325
『詩学』（アリストテレス）　181
識字能力　82-93, 122
四原因説（アリストテレス）　258-59
思考実験　208
『仕事と日々』（ヘシオドス）　123
七賢人　211
シチリア遠征　127
嫉妬　26-27
シモニデス　221, 223
シャルトルの大聖堂　267
宗教　123, 138-39, 169, 174, 183, 209, 214, 325-32, 349, 355
十字架刑　286
十字架の聖ヨハネ　325

シュトラウス，リヒャルト　269
シュリーマン，ハインリヒ　22-23, 30
シュンポシオン　140-44, 231
ジョイス，ジェームズ　104-6, 269, 284
象形文字　21, 23, 82-85
書記／写字生　82-83, 87, 89
書字　21, 23, 30, 82-88
叙事詩　90-93, 97-98
抒情詩　132
女性
　劇の中の――　185-90
　――の芸術的表現　297-303, 312
　――の社会的地位　12, 127-29, 136, 162, 165, 296-97, 345-46
　――の性　141, 237, 297, 314, 345
ジョンソン，サミュエル　101
神学　211, 356-58
人種差別　73, 274
神託　177, 330
神殿　276-78
『神統記』（ヘシオドス）　115
神話　18, 115, 327
スウィフト，ジョナサン　101, 140
数学　211, 215-17
スース博士　74
スキュティア人　311
スキュラ　96
スチュアート，アンドリュー　297
ストア派　307, 348, 351, 356
ストラテーゴス　73, 167, 183, 344
ストレイス，パトリシア　363
スパルタ　154, 164-65, 260-61, 263, 304, 306, 335
スピンクス　175-76
スラヴ人　20
西欧文明
　――における哲学　217-18
　――による軍事的征服　68-75
　――の芸術の伝統　282
正義　151, 172, 197, 199, 250, 329
聖書　123, 155, 167, 203, 251, 271, 355-56, 358
青銅時代　23, 35, 146
聖母マリア　18
セイレン　96, 105
ゼウギタエ　157
ゼウス　13, 20, 26-27, 32, 36, 40-41, 56-57, 62, 93, 114-15, 150, 172, 188, 199, 316, 350
『世俗都市』（コックス）　346
セム語　84-88
善　244, 252
『善悪の彼岸』（ニーチェ）　196
『戦士の政治学――なぜリーダーシップは異教徒のエトスを要求するのか』（カプラン）　69
戦車　64
僭主　155, 168, 175, 199
戦争　43-45, 49-52, 63-75, 260
旋法　125
線文字 A　21, 23, 82
線文字 B　23, 30, 82
洗礼者ヨハネ　364
装甲歩兵　64, 255
創世記　202
ソクラテス　66, 208-10, 219-52, 256, 307, 327, 348
ソクラテス以前の哲学者たち　202-17, 227, 233-34, 260, 357
ソフィスト　348
ソポクレス　66, 126, 173-79, 183-84, 191, 196-97, 345
ソロン　151-58, 165, 168, 211-12, 253, 327

タ行

第一次湾岸戦争　70
ダイダロス　266-69
大地　20, 26, 29
大統一理論（アインシュタイン）　210
第二次世界大戦　68
ダイモニオン　249, 270
ダイヤモンド，ジャレド　74
「ダヴィデ像」（ミケランジェロ）　302

竪穴式墳墓　23
タプリン，オリヴァー　121
魂（プシュケ）　213, 215, 254, 322-25, 360
ダライ・ラマ　358
『タリウスのイピゲネイア』（エウリピデス）　150
タレイア　116
タレス　204, 211, 275
ダンス（舞踏）　116, 126-27, 141, 169
チェイニー，ディック　69
チャーチル，ウィンストン　343
中庸　212
彫刻　276, 279-304, 306-19
罪
　宗教上の――　180, 329
　法的・倫理的な――　172
テアトロン　169-70
ディオス　31
ディオティマ　236-37, 239-44, 247-48, 255-57
ディオニュソス　141-43, 183, 191-92, 196-97, 217, 275, 284, 314-20, 353
　――祭　183-84, 191, 199
ディオメデス　50
ディカステリア　167
ティタン　26, 93
ディテュランボス（バッコスの熱狂的賛歌）　141
テイレシアス　80
ティンパヌム　279
デウス・エクス・マキナ　174
テオグニス　142
テオドシウス一世（ローマ皇帝）　361
テスピス　170
テセウス　266, 269
哲学　193-263, 272, 327, 348, 350-51, 357, 360
テティス　27-28, 93
テテス　157
テニソン，アルフレド（卿）　102-3, 105-6, 120
テバイ　175, 305
デメテル　12-13, 18, 20, 29, 135, 326, 352-53, 360
デモクラシー（民主制）　81, 86, 160-1, 166-68, 172, 251-2, 263, 274, 331
デモクリトス　207-8
デモステネス　66, 307
デモドコス　98
テュエステス　147
テュラノス→僭主をみよ
テラ（島）　21
テルプシコラ　116
デルポイ　176-77, 211, 215, 278
テルモピュライ（の戦い）　260
テレステリオン　353
テレマコス　100, 111, 270
テロリズム　71
天体の音楽　215
ト・ヘレニコン　201, 274
トゥキュディデス　66, 260-63, 331, 343
トーラー（モーセ五書）　86
都市化　154-55
ドラコン　156
トラシュマコス　226-27
ドリア旋法　125
奴隷制　89, 151, 156, 163, 345
トロイア　22, 27-29, 39, 43-46, 52-53, 118-19, 154, 198, 310
　――戦争　23, 26-75, 78, 89-90, 146-48, 310
　――のヘレネ　22, 28, 45-49, 78, 146
　――の木馬　78, 98, 310

ナ行

ナウシカア　110
長崎　69
『ナクソスのアリアドネ』（シュトラウス）　269
NASA（アメリカ航空宇宙局）　291-93
ニーチェ，フリードリヒ　192, 196-97, 251, 253

ニオベ　16
肉体労働　282
西ゴート族　353
乳幼児の遺棄　177
『楡の木陰の欲望』（オニール）　269
ニンフ　314-15, 317-18
ヌース　206
ネロ（ローマ皇帝）　355
農奴　163, 165
ノビーナ　18

ハ行

ハーヴィー，ポール　259
バーンズ，ロバート　153
ハイゼンベルク，ヴェルナー　209
パイドラ　269, 285
パイドロス　231-32
『パイドン』（プラトン）　250
パウエル，コリン　70
パウサニアス　232-33
パウロ（聖）　356
バシレウス　154-55
裸　281-87, 290-91, 309, 363
バッカイ（バッコスたち）　191, 217, 314
『バッコスの信女たち』（エウリピデス）　191
パットン，ジョージ・S.　52
ハデス　12-13, 79, 96, 103-4, 138
パトロクロス　59-62, 79, 136, 188
母なる女神　21, 23
パピルス　122
ハマルティア（性格的欠陥）　180, 212
パリス（トロイアの王子）　27-29, 37, 46, 48-49, 78,
——の審判　26-29
パルテノス（処女）　297
パルテノン　17, 159
パルナッソス山　278
パルメニデス　205, 213, 244
パロイ　183, 190, 285
パン　324
犯罪（法律上の）　156
ハンソン，ヴィクター・デイヴィス　63, 68-70, 74
パンダロス　50
美　237, 242-44, 247
ヒエログリフ（象形文字，聖刻文字）　83
秘教（ギリシア宗教の）　352-53, 360
悲劇　168-92, 196-200
『悲劇の誕生』（ニーチェ）　192, 196
ビザンティウム　361, 363, 364
「ビザンティウムへの出帆」（イェーツ）　288-89
ヒッポクラテス　303-4
『ヒッポリュトス』（エウリピデス）　285
ピディアス　159, 345
人身御供　327
ピュグマイオイ　45
ピュタゴラス　212-17, 241
——教団（学派）　214, 216, 271, 274, 357
——の定理　216
ヒュブリス（傲慢）　172, 311
広島　69
ファランクス　67
フィリップ二世（マケドニア王）　304-5, 307
フィロストラトス　42
フェイグル，ロバート　35, 46, 150
フェスティバル（祝祭）　123-24, 157, 162, 169-70, 183, 192
フェニキア　84, 275, 278
不可知論　326
復讐　148-49, 156, 173
復讐の女神たち　148-49, 172
不死　213, 241-42, 254, 360
プシュケ　322-25
部族社会　72
ブッシュ，ジョージ・W.　69
ブッダ　215
葡萄酒　139, 141-43
プニュクス（丘）　166
不変　205, 211

プラクシテレス　300-4, 316
プラトニック・ラヴ　247
プラトン　66, 196, 208, 217-59, 307, 322, 324, 327, 348, 357, 363
——主義者　254, 357
——の洞窟　194-96, 252
プリアモス　22, 27, 47, 53, 55, 60, 72, 98, 120, 147
プリュギア旋法　125
ブルケルト，ヴァルター　217, 237
プルタルコス　212
プルトン　79
フロイト，ジグムント　181
文学　24, 122
「ベアの魔女」（アイルランド初期の抒情詩）　362-65
ペイシストラトス　158-59
ペイライエウス　154
平和の都市　94-95, 119
ヘカベ　53, 147
ヘクトル　53-54, 56-62, 67, 78, 99, 119, 147, 190, 359
ヘゲロコス　171
ヘシオドス　114-16, 123, 199, 250, 327
ヘタイライ　141
ヘッジ，クリス　44
ペネロペイア　105, 108-10, 120, 126, 190
ヘパイストス　94, 350
ヘブライ語　84, 87, 271, 355
ヘラ　26-28, 38, 93, 350
ヘラクレイトス　66, 204-5, 208, 210, 213
ヘラクレス　308
ペリクレス　263, 331-47
——の送葬演説　331-47
ペルガモン　309
ペルシア　73, 260-61, 276, 305
ペルセポネ　12-13, 326, 352
『ペルセポネとの晩餐』（ストレイス）　363
ヘルマプロディトス　318
ヘルメス　213, 316
ペレウス　27
ヘレニズム芸術　306-19
ヘロット（ヘイロタイ）　165
ヘロドトス　95, 259-60, 345
ペロポネソス戦争　261-63, 304, 306, 331
変化と不変　203-7, 287-90
『変身物語』（オウィディウス）　16, 268
ペンテウス　191-92
ベントリー，リチャード　97
『ヘンリー五世』（シェイクスピア）　286
母音　87
法律のシステム　89, 156, 160, 162
ボードマン，ジョン　314
ポセイドン　79, 278
ホノリウス（西ローマ帝国皇帝）　361
ホメロス　16-17, 24, 30-75, 81, 85, 89-112, 114, 117-22, 139, 153, 188, 190, 205, 250, 252, 272, 284, 290, 322, 325, 327
ホモ・ナトゥラリテル・クリスティアヌス　229
ホモセクシュアリティ　136, 190, 230, 232-34, 245-46
ホラティウス　278
ポリス　164, 173, 198-99, 252, 290, 304
ポリュヒュムニア　116
ポレマルコス　221-26
ホワイトヘッド，アルフレッド・ノース　217
本質　203-6, 227

マ行

マーロー，クリストファー　29
『マクベス』（シェイクスピア）　64
マケドニア人　304-7
マラトン（の戦い）　65, 260, 266
マルシュアス　311
マルス　350
マロリー，トマス　269
ミクソリュディア旋法　125
ミケランジェロ　302
ミネルワ　350
ミノア人　21-23

ミノス　21, 266
ミノタウロス　266-67
ミモス　219
ミュケナイ　22-24, 30, 66, 72, 89, 146-48, 150
ムーサ　114-16
無神論　328, 346
メソポタミア　21, 82, 163, 275
『メデイア』（エウリピデス）　185, 188-90, 298
メテムプシュコシス（霊魂転生）　213
メトイコス（外国人居住者）　163, 353
メネラオス　28, 37, 46, 48-49, 51, 63, 78, 146, 154
メルポメネ　116
孟子　248
モーセ　86
モーツァルト，ヴォルフガング・アマデウス　51
モザイク　316-17

ヤ行

野蛮人（バーバリアン）　274-5, 309, 364
ユートピア　119, 198, 253, 290
ユーモア　201
ユスティアヌス一世（東ローマ帝国皇帝）　255
ユダヤ教　229, 354-56, 358, 360
ユノ　350
ユピテル　324, 350
夢　326-27
『ユリシーズ』（ジョイス）　104
「陽気さについて」（デモクリトス）　207
予言　148, 177, 211

ラ行

ライオス　175, 177
ラウリオンの銀山　163
ラヴレース，リチャード　67
ラオコーン　310-11
ラップ・ミュージック　63
ラティモア，リッチモンド　150
ラテン語　16, 272-73, 356
ラビュリントス　266-67
ラファエロ　256
リアリズム（写実主義）　184, 306-7, 347
理想主義（アイディアリズム）　252, 257, 286-88, 296, 306
リュケイオン　256
リュシッポス　308, 316
リュディア旋法　125
リラ（竪琴）　116, 125, 215, 316
リンカーン，アブラハム　343
ルソー，ジャン-ジャック　59
ルネサンス　160, 166, 201, 282
犂耕（れいこう）体　84
レイトゥルギア（典礼）　169-70
レヴァント地方　83
レヴィ＝ストロース，クロード　83
レウキッポス　207
レスボス（島）　128, 137
レダ　28
レナイア祭　200, 230
ローマ文明　348-51, 353-54, 361
ロゴス　356
論理学　258-59

ワ行

『若い芸術家の肖像』（ジョイス）　269-70

『Desire of the Everlasting Hills』（ケイヒル）　355
『Gifts of the Jews』（『ユダヤ人の贈り物』ケイヒル）　354-55
『How the Irish Saved Civilization』（『聖者と学僧の島』ケイヒル）　355

トマス・ケイヒル　Thomas Cahill

ニューヨーク郊外ブロンクスの生まれ。コロンビア大学、フォーダム大学で学ぶ。ダブルデイ社で編集者をしたのち、執筆活動に入る。現在、本書が第四作目となる「歴史の要シリーズ」を書き続けている。著書に『聖者と学僧の島』『ユダヤ人の贈り物』（以上、青土社）『Desire of the Everlasting Hills』などがある。やはり作家である妻とふたりで、ニューヨークとローマの間を行き来して暮らしている。

森夏樹（もり なつき）

翻訳家。訳書にT・ケイヒル『聖者と学僧の島』、R・L・フォックス『非公認版聖書』『アレクサンドロス大王』、G・J・ライリー『神の河　キリスト教起源史』、S・F・ブラウン＋Kh・アナトリウス『カトリック』、Ch・ウッドワード『廃墟論』、P・ウィルソン『聖なる文字ヒエログリフ』（以上、青土社）、Ph・ジャカン『アメリカ・インディアン』（創元社）ほか。

ギリシア人が来た道

2005年2月10日　第1刷印刷
2005年2月25日　第1刷発行

著者――トマス・ケイヒル
訳者――森夏樹
発行者――清水一人
発行所――青土社
東京都千代田区神田神保町1－29市瀬ビル〒101-0051
［電話］03-3291-9831（編集）　03-3294-7829（営業）
［振替］00190-7-192955
印刷所――シナノ（本文）／方英社（カバー・表紙・扉）
製本所――小泉製本

装幀――高麗隆彦

ISBN4-7917-6166-9　　Printed in Japan